Karin Friedrich

Zeitfunken

Constant Forgeois de Semerpont
– das von Generation zu Generation weitervererbte Porträt (um 1789).
(Original 7 × 8 cm)

Karin Friedrich

Zeitfunken

Biographie einer Familie

Verlag C. H. Beck

Mit 28 Abbildungen

Die Abbildungen stammen aus dem Archiv der Verfasserin

Die Deutsche Bibliothek – CIP-Einheitsaufnahme

Friedrich, Karin:
Zeitfunken: Biographie einer Familie /
Karin Friedrich. – München: Beck 2000
ISBN 3 406 45868 8

ISBN 3 406 45868 8

Satz: Fotosatz Janß, Pfungstadt
Druck und Bindung: Spiegel Buch, Ulm
Gedruckt auf säurefreiem, alterungsbeständigem Papier
(hergestellt aus chlorfrei gebleichtem Zellstoff)
Printed in Germany

Für Bettina und Catherina
– de tout mon cœur!

Vorwort

Dies ist eine subjektive, in mancher Hinsicht unvollständige Familiengeschichte, die in zwei Ländern spielt, Frankreich und Deutschland. Eine Reportage, kein Roman.

Als meine Mutter starb, hinterliess sie mir sieben Aktenmappen mit akribisch geordneten Dokumenten, Briefen, Photographien. Angefangen bei der Französischen Revolution bis hin zur jüngsten Zeit. Sie hatte selbst ein Buch über die Familie schreiben wollen, war aber nicht mehr dazu gekommen.

Der Nachlass war keine Überraschung für mich. Mit Legenden und Familienabenteuern bin ich aufgewachsen wie andere Kinder mit Andersens oder Grimms Märchen. Statt Aschenputtel und Schneewittchen: die Odyssee der „armen Charlotte", Mimis frühe Witwenschaft, Adèles unglückliche Liebe oder das aufregende Leben meiner Urgrossmutter Hélène, die im Krieg 1870/71 erst gegen die verfluchten Preussen kämpfte und dann – welche Mesalliance – einen verfluchten Preussen heiratete.

Für fast alles gab es Belege. Nicht nur Bilder, Briefe und Dokumente, auch Erinnerungsstücke. Die alte, eichene Reisetruhe, mit der schon Adèle nach Amerika gesegelt war, Klöppelspitzen, einen Orangenblütenkranz, die Schnupftabakdose meines Ururgrossvaters, Gebetbücher, Poesiealben und aus jüngerer Zeit Flugblätter gegen die Nazis.

Bei Durchsicht der Papiere fiel mir auf, dass die dominierende Rolle in dieser Familie eigentlich immer die Frauen gespielt hatten und zunehmend von Generation zu Generation auch die Politik. Persönliche Schicksale und Historie waren eng miteinander verwoben. Zuweilen stark beeinflusst durch die Ideale der Französischen Revolution.

Der Kontakt zu den französischen Verwandten allerdings war Ende des 19. Jahrhunderts plötzlich abgerissen. Immer wieder hatte meine Mutter vergeblich versucht, sie ausfindig zu machen. Das reizte mich weiterzuforschen. Mehr noch, die Arbeit meiner Mutter fortzusetzen und die Familiengeschichte für meine Töchter aufzuschreiben. Eine Geschichte, die vielleicht auch andere vom Leitmotiv meiner Urgrossmutter Hélène überzeugt: „Soi vigilant – sei wachsam!"

Im Juli 1999 *Karin Friedrich*

Es beginnt mit einem Mann

„Gänsehaut“, sagt Nina und krempelt die Ärmel herunter, während wir das Auto beladen. Das sollte sie auf der Reise noch ein paarmal sagen. Für Mitte August war es empfindlich kühl, und so blieb es später auch in Arras. Wir packten also, Nina und ich. Erst die Koffer ins Auto. Darauf das übliche. Landkarten, Regenzeug, Mineralwasser, Proviant.

Wir gehen auf Expedition. Auf die Suche nach einem Mann. Steckbrief: Constant, Xavier, Joseph Forgeois de Semerpont, um die 30, volles, halblanges, brünettes Haar. Über der schmalen Nase leicht schräggestellte Augen. Fordernder Blick. Trägt blaues Jackett mit hochgestelltem Kragen, darunter Leinenhemd mit lässig zur Schleife gebundenem Halstuch. Zuletzt gemeldet in Arras, Département Pas de Calais, Frankreich.

Der Mann ist längst tot. Es gibt ihn nur noch auf dem Papier. Als Miniportrait, wie steckbrieflich geschildert, und eingetragen im Geburtsregister der Stadt Arras. Constant Forgeois, geboren 1768, ist mütterlicherseits unser französischer Ahnherr. Der Legende nach soll er ein Anhänger der Revolution und Freund des jungen Robespierre gewesen sein. Den adligen Schnörkel de Semerpont habe er, heißt es, schon vor dem Sturm auf die Bastille freiwillig abgelegt.

Das Miniporträt des Revolutionärs, von Generation zu Generation weitergereicht, hing bei meiner Urgrossmutter Hélène über dem Schreibtisch, später bei meiner Mutter. Beide haben vergeblich versucht, mehr über ihn zu erfahren, denn der geheimnisvolle Forgeois hatte die Frauen aller ihm nachfolgenden Generationen inspiriert. So oder so. Auf jeden Fall dazu, aus der Reihe zu tanzen. Mit dem Kopf durch die Wand bei der Wahl ihrer Männer. Politisch auf dem Quivive, als das für Frauen noch ungewöhnlich oder dann im Widerstand gegen die Nazis selten war.

Mir selbst hatte die Urahnlegende Anno 1942 eine Fünf in Deutsch eingetragen. „Thema verfehlt“, aber eine Eins „für Phantasie“. Der Hausaufsatz sollte Eichendorffs Verszeile vertiefen: „Schläft ein Lied in allen Dingen ...“ Ich hatte, 17jährig, das Forgeois-Miniporträt als „Ding“ gewählt und eine pathetische Hymne auf den freiheitsdurstigen Ahnherrn geschrieben – in der Hoffnung, die mit den Nazis keineswegs sympathisierende Deutschlehrerin werde zwischen den Zeilen lesen und Parallelen zum Dritten Reich ziehen können. Das konnte sie offenbar, denn überraschend hatte sie die Fünf und die Eins zur Gesamtnote „gut" zusammengezogen.

Nun, 1986, wollte ich endlich herausfinden, was sich wohl abgespielt hat in Arras zur Zeit der „Deklaration der Menschenrechte". Warum dieser Constant Forgeois mit dem später als so blutrünstig verschrieenen Robespierre befreundet gewesen sein könnte. Und wie es weiterging mit den Frauen, die ihn sich so oder so zum Vorbild nahmen. Zurück zu den Wurzeln wollte ich – nach Arras – und vielleicht ein bisschen weiterstricken an der Familiengeschichte, für die meine Mutter und Urgrossmutter Hélène schon so viel Historisches, Robespierres Erinnerungen, Photographien und Brieforiginale zusammengetragen hatten.

Wir packten also, Nina und ich, und begaben uns auf die Stau- und Rasestrecke München–Karlsruhe–Strasbourg. Ende August '86 war das, als man in der Bundesrepublik Deutschland 2,1 Millionen Arbeitslose zählte, 100 Gramm Salamiaufschnitt „fünffach sortiert" noch 99 Pfennige kosteten und eine Literflasche Rotwein Le Bistro 2,99 Mark. Kanzler Kohl und Staatspräsident François Mitterrand waren gerade in deutsch-französischer Eintracht am Neckar entlangspaziert, und Helmuts „Männerfreund" hatte sich ins Goldene Buch der 600 Jahre alten Universität Heidelberg eingetragen. Nach wie vor machte die „atomare Wiederaufbereitungsanlage" in Wackersdorf Schlagzeilen. Die Regierung beharrte auf dem Bau; die Gegner protestierten.

Ebenfalls kontrovers waren in Ost und West die Proklamationen zum 25. Jahrestag des Berliner Mauerbaus ausgefallen: Der Historiker Golo Mann hatte die Anerkennung der DDR gefordert, US-Präsident Ronald Reagan dagegen seine Garantie für West-Berlin erneuert und den Abriss der trennenden Mauer verlangt, während DDR-Staatschef Honecker sie als „historische Tat für den Frieden" pries und die DDR das Jubiläum des „Antifaschistischen Schutzwalls" mit einer Sonderbriefmarke feierte. Weitgehend unbeachtet übrigens von der Mehrheit der

Westbürger, die sich gerade über die achte Ehe der Skandaldiva Zsa Zsa Gabor mit dem dubiosen Champagner-Prinzen Frederic von Anhalt amüsierte und gierig die jüngsten Bulletins der Pariser Modezaren verschlang. „Mozartzöpfe, Backen- und Schnauzbärte", hatte Ursula von Kardorff in der *Süddeutschen Zeitung* konstatiert, seien von nun an für Herren „out", Baumwoll- und Leinenanzüge „in". Für Damen empfahl sie „gewitterwolkengraue Kostüme", neongrüne und bischofslila Blusen, Federboas „à la Nina von Zola" und als Clou aus St. Tropez eine weisse Perle im rechten und eine schwarze im linken Ohrläppchen. Modereport 1986.

Meine Tochter Nina bevorzugte damals noir en noir, schwarze Hosen und schwarze, schlabberige Shirts. Entgegen dem Modetrend färbte sie das Haar noch nicht tizianrot. „Es bleibt, wie es ist, braun, nun grade." Sie hatte was gegen Trends. Und in der Musik blieb sie Françis Lalande treu und Lucio Battisti.

Also reisen wir im August '86 auch bequem in Hosen und Shirts, begleitet von Lalandes samtener Stimme aus dem Recorder. Erste Station: Strasbourg. Ein Hotel nahe dem Gutenberg-Platz. Im Tagebuch notiere ich: „Wir wuchten das Gepäck über steile Treppe. Zimmer unterm Dach. Balkendecke. Winzigbad. Pittoresk-nett. Aber stickig. Wir flüchten ins Freie. Die Cathédrale en face. Ihre Fenster. Das tiefdunkle Blau, das Rubinrot. Danach durch die makellos restaurierten Fachwerkstrassen der Altstadt. Bilderbuchhaft wie die putzigen Postkarten von ‚Hansi'. Geranienorgien. Gugelhupf und Sauerkraut. ‚Man spricht deutsch' an jeder Ecke. Maison ‚Kammerzell' noch viel teurer geworden. In einem ‚Tearoom' einen trockenen Blaubeerkuchen heisshungrig reingewürgt. Nina schlägt den Jackenkragen hoch, als wir draussen sind: ‚Gänsehaut'."

Kartenstudium am nächsten Morgen. Bei Milchkaffee und Croissants stellt sich die Frage: geradenwegs durch bis Arras oder Zwischenstation? Wir fahren durch. Mit kleinen Umwegen etwa 700 Kilometer nach Norden. Über das lothringische Metz, wo meine Mutter ihre glücklichsten Kinderjahre erlebte, vorbei an den in barmherzigen Nebel gehüllten Schlachtfeldern von Verdun, über Reims, die Stadt der Jeanne d'Arc, bis Le Cateau mit dem vielgerühmten Matisse-Museum. „Wir sollten aussteigen“, sagt Nina und fährt weiter. Arras ist so nah, die Landschaft einladend eben.

Mit Nina in Arras

Arras, die frühe Wiege unserer Familie, ist anders, ganz anders als vorgestellt. Wenige Kilometer vom Kohlebecken Bethune, nur etwa 50 von der Industriestadt Lille entfernt, gibt es keine Fördertürme, keine Fabrikschlote, keine düster sich auftürmenden Kohlehalden. Die Wegweiser zum Centre Ville führen fast unmittelbar ins 18. Jahrhundert zurück, in die Zeit Robespierres und des jungen Forgeois.

Ein Bild von zeitloser Schönheit: der weite, rechteckige Grande Place, von zartbögigen Arkaden gesäumt, darüber hundert barocke Giebelhäuser der anmutigen, flämischen Art. Angrenzend daran der kaum kleinere Petite Place, jetzt Place des Héros genannt, mit einem prunkvollen, spätgotischen Rathaus, dem *Hôtel de Ville*, und dem ebenfalls gotischen, 75 Meter hohen Turm, auf dem sich schon beim Besuch König Ludwig XIV. im Jahr 1667 die Sonne und der angriffslustig nach unten fauchende Löwe als höchst eigenwillige Wetterfahne drehten. Mit der Obrigkeit legten sich die Bürger seit den Zeiten der Römer gern an.

Wie wir später erfahren werden, wurde Arras mitsamt dem in der Welt einzigartigen gotisch-barocken Gebäudeensemble während der Stellungskämpfe im Ersten Weltkrieg von den Deutschen zu 80 Prozent zerstört, was die Deutschenfreundlichkeit seitdem in Grenzen hält. Nach den geretteten Plänen habe man die Stadt jedoch maßstabsgetreu wieder aufgebaut, so dass wir uns nun durchaus in jene Kulisse versetzt fühlen können, vor der sich unser Ahnherr Forgeois und sein Freund Robespierre vor 200 Jahren ergingen.

Zunächst freilich machen wir bei einbrechender Dunkelheit Quartier. Ein kleines Hotel findet sich in einem Seitengässchen beim Place Croix Rouge. Zu milden Preisen offeriert es 1986 ein biedermeierlich anmutendes Zimmer mit Röschentapete, Röschenbettwäsche, einem wackligen Sekretär und gerafften Tüllgardinen vor hohen Fenstern. Dazu ein birkengrün gekacheltes Bad. Man bittet zu Tisch. Der Salle à manger leert sich schon. Es ist spät geworden. Wir nehmen Platz neben dem Kamin auf stramm brokatgepolsterten Stühlen mit hohen Lehnen, auf denen man zwangsläufig aufrecht sitzt. Vor uns Kristall und Serviettenkunstwerke. Rundum an den dunkelgebeizten Paneelen Ölgemälde des alten Arras. Eine Mademoiselle im gestärkten Schürzchen serviert, etwas hochnäsig lächelnd, Ardenner Schinken und Spargel mit sahniger Sauce Mousseline, achterlei Käse und dann eine superbe Isle flottante – karamellisierte Eiweissschaumbällchen auf Vanillecrème. Nina sagt aufseufzend: „Wir sind in Frankreich".

Am nächsten Morgen pladdert es. Bevor wir auf Expedition in die Vergangenheit gehen, leihen wir an der Rezeption das Telefonbuch aus. Vielleicht gibt es noch einen Forgeois in Arras. Einen gibt es tatsächlich: Alfrèd Forgeois, Docteur, Boulevard Carnot 15. Bei unserem Anruf hebt niemand ab. Aber die Madame am Empfang ist im Bilde. „Ah, oui", sagt sie, „der Docteur ist hier sehr bekannt. Ein Chirurg. Berühmt, sehr beliebt." Im Sommer sei er in seinem Haus am Meer, in Le Touquet. „Am besten schreiben Sie ihm."

Für Le Touquet haben wir keine Zeit. Also werden wir ihm schreiben aus Deutschland. Aber aufgeben wollen wir es heute noch nicht, den Forgeois auf die Spur zu kommen. Nina zieht zwei Pullover übereinander und im Regen fahren wir los zum Archiv Pas de Calais. Nach dem Stadtplan: Rue du 19. mars. Das ist Vorstadt. Neubautenlangeweile. Betoncharme.

Im Archiv freilich besänftigt der Lesesaal mit altväterlichem Ambiente. Computer sind noch unbekannt. Zu den Stichworten Forgeois und de Semerpont schleppt uns ein galanter Student die alten, in Leder gebundenen Folianten sogar an den Tisch: *L'histoire d'Arras* und *Le vieux Arras*. Unter dem Namen Forgeois finde ich nichts. Es ist Ninas Tag. Das Stichwort de Semerpont gibt mehr her. In der *Epigraphie Pas de Calais* ist sie gleich auf zwei im 17. Jahrhundert verstorbene Namensträger gestossen. Danach wurde ein „Pierre I. de Semerpont, Lehnsherr von Tincques, Gemahl der Jeanne L'Espillet" Anno 1627 in der (1796 zerstörten) Kirche St. Madeleine zu Arras begraben, 1646 auch sein Sohn „Pierre II., gleichfalls Seigneur von Tincques und Geheimer Rat". Im *Grand Armonial de France* heisst es unter Ziffer 31 689 dazu ergänzend: „de Semerpont, im Artois, Lehnsherren von Tincques und Maisnil. Ratsherren im Grand Conseil und im Conseil Privé des XVII. Jahrhunderts. Wappen: Silber mit sandfarbenen Löwen, armiert, mit emaillierter Zunge".

Die legendären de Semerponts hat es, scheint's, wirklich gegeben. Vielleicht haben sie Kühe, Schweine und Schafe gehalten in Tincques und Maisnil und sich auf Landpartien vergnügt. Es regnet nicht mehr. Nina blättert die Landkarte auf. Die Dörfer finden sich 30 bis 40 Kilometer westlich von Arras in Richtung St. Pol. Damals muss das zu Pferde fast eine Tagesreise gewesen sein. Mit dem Auto ist es ein kleiner Ausflug.

Maisnil enttäuscht. Ein gesichtsloses Dorf. Nur die Kirche überrascht mit der Jahreszahl 1769 am hohen Portal. Vor der Revolution erbaut offenbar, in der Neuzeit hässlich renoviert. Davor auf dem Dorfplatz, umstanden von gespenstisch beschnittenen Krüppelbäumen, wird wohl ab und an Fussball gespielt. Jetzt schlurft nur ein glatzköpfiger Alter vorüber, glotzt, grüsst nicht zurück. In Tincques gibt es immerhin einen uralten, befestigten Gutshof. Der Wachtturm zeigt Risse. Die Ställe sind leer. Nur zwei gedunsene, tote Schweine recken im Hof die Beine gen Himmel. Im verwahrlosten Herrenhaus schlägt jemand krachend die Tür zu. Wir sind nicht willkommen. Nina friert. Unseren Ahnen Forgeois kann man sich hier schwer vorstellen.

Im Hotel brauchen wir erstmal eine heisse Bouillon und rükken nah ans Kaminfeuer. Nach einem wetterbedingten Menü aus viel Gratiniertem, Frittierten und Flambierten ziehen wir uns aufs Zimmer zurück. Nina wickelt sich in die Röschenbettdecke und rekapituliert. Bisher sei die Ausbeute mager. Noch immer haben wir nicht viel mehr als das kleine Porträt von Constant Forgeois, ein paar Daten und die Namen seiner Frau und der Kinder. Da kann nur Robespierre weiterhelfen mit seinen Erinnerungen. „Her mit dem Buch",[1] sagt Nina.

Wie es anfing, ist schnell erzählt. Als Constant 1768 in Arras geboren wurde, war Maximilien Robespierre gerade zehn Jahre alt und eben mit seinen drei kleineren Geschwistern zum Grossvater umgezogen. Die Mutter ist tot, der Vater vor Schmerz über diesen Verlust gemütskrank geworden. „Seine Vernunft wurde irre", schreibt Robespierre.

Während Constant in vermutlich sorglosen Verhältnissen – im Sommer vielleicht auf dem Lande, in Tincques – heranwächst, verliert der Knabe Maximilien auch noch seinen geliebten Grossvater. Mit gnädiger Hilfe des Bischofs von Arras darf er als armer Stipendiat das renommierte Collège Louis Le Grand in Paris besuchen und danach Jura studieren. „In einem Land, das der Pressefreiheit beraubt ist", so Robespierre in seinen Memoiren, „blieb für mich nur *ein* Rednerstuhl – die Schranken des Gerichts." Neben dem Studium habe er sich in Paris ausschliesslich politischer und philosophischer Lektüre gewidmet.

„Die Bewunderung, die ich dabei für Jean-Jacques Rousseau, den Einsiedler von Ermenonville gefasst habe", schreibt er, „überstieg die seiner eifrigsten Anhänger." Um dem Verfasser des „Emile", des „contrat social", um dem Streiter „für den idealen Staat, geschaffen von politisch mündigen, gleichberechtigten Bürgern", ein einziges Mal nahe zu sein, sei er zehn Stunden zu Fuss nach Ermenonville gelaufen. „Ich verliess den edlen Rousseau mit Tränen in den Augen." 1783 habe er, Robespierre, dann seinen Rechtskurs beendet und sei einem Ruf nach Arras an den Obersten Gerichtshof gefolgt.

Bei seiner Rückkehr war er demnach 25; Constant muss eben erst 15 geworden sein. Ein Knabe in der Pubertät, sicher schnell für Rousseau und seine Ideale zu begeistern. Vielleicht ist er ja da schon dem älteren Maximilien begegnet, spätestens aber 1785, als er selbst in Arras mit dem Studium der Rechte begonnen haben soll. Robespierre schreibt über diese Zeit: „Meine Schwester wohnte bei mir. Ihr sanfter, hochherziger Sinn, ihre duldsame, aufgeklärte Frömmigkeit, die Reinheit ihrer Sitten machten sie mir von Tag zu Tag teuerer". Einige geistesverwandte Freunde hätten einen engeren Kreis um die beiden Geschwister gebildet – Enthusiasten, die er habe gewinnen können, einen literarischen Club nach populärem Vorbild zu gründen, die „Gesellschaft der Rosati".

„Man sang die unschuldigsten Lieder. Der Gott des Weins, die Göttin der Liebe, die Grazien, die Nymphen und Sylen mussten der Reihe nach herhalten. Auch ich", so Robespierre, „lieferte meinen Beitrag, zwar nur armselige Kleinigkeiten, aber ich erwähne ihrer, um denen, die später ein wildes, reissendes

Tier aus mir machten, zu zeigen, dass auch ich mich aufheitern konnte." Nur zum Schein allerdings sei der Club ausgelassenen Zusammenkünften gewidmet gewesen. Neben dem Verseschmieden habe man sich vornehmlich den Schriften Voltaires, Rousseaus und George Washingtons gewidmet und dringlichen politischen Forderungen: „Dem Recht, Kopf für Kopf zu stimmen, dem Recht auf unbegrenzte Freiheit für die Person, den Glauben, die Presse."

Er, der kleine Advokat, habe schliesslich eine vielgeschmähte, doch ebenso vielgerühmte Denkschrift herausgegeben, in der er mit dem korrupten Adel und der nicht minder habgierigen Geistlichkeit ins Gericht gegangen sei. Alarmierend auch für Constant. Sofern er nicht ohnehin zur Gesellschaft der Rosati gehörte, dürfte er diese Denkschrift, die, laut Robespierre, „unter Bürgern und Herren vom Stande beträchtliches Aufsehen machte", ganz sicher gelesen haben und seine Bewunderung für den Verfasser dadurch noch gewachsen sein.

Beim Frühstück am nächsten Morgen schlägt Nina vor, den möglichen Wegen der beiden Freunde, Forgeois und Robespierre, nachzugehen. Also umrunden wir mehrmals den Grossen und den Kleinen Platz. Eine Promenade unter Arkaden. Auch bei Regen trockenen Fusses. Wie war das wohl vor gut 200 Jahren? – Aus den Kellergewölben – manche sind heute noch Weinkeller und Bistros – Stimmengewirr und Gesang. Auf den Plätzen das Marktgewühl. In den Laubengängen zwei junge Männer, Maximilien und Constant, in Kniehosen, in taillierten Jacken, mit gelockertem Kragen. Robespierre etwas steif, die Hände auf dem Rücken, Forgeois gestikulierend.

Die beiden werden Freunde getroffen haben, im Gespräch ab und an stehengeblieben oder in eines der Gewölbe hinuntergestiegen sein. In den Gassen roch es recht gemischt nach frischem Brot, nach Gebratenem, Gesottenem, nach Pferdemist, offenen Abwässern und Wein. Bürgerkinder tobten nicht wie heute über das Kopfsteinpflaster. Sie gaben sich manierlich wie kleine Erwachsene. Die Knaben in langen Hosen und Fräckchen, die Mädchen in gerüschten, bis über die Waden reichenden Röcken, Häubchen auf dem Kopf.

Automobile, Telephone, gar Flugzeuge quälten niemanden mit ihrem Lärm. Die Bauern zogen ihre Karren selbst zum

Markt, wohlhabendere spannten Pferde ein. Reiche Bürger liessen sich, in die Polster ihrer Kutschen zurückgelehnt, von brummigen Kutschern fahren. Den Damen von Stand musste man aus dem Wagen helfen, damit sie mit ihren Stiefeletten nicht in den Strassenkot traten. Bettler gab es auch. Viele Bettler. Allein auf Mildtätigkeit angewiesen.

Zur Zeit der beiden Freunde zählte Arras 22 600 Einwohner (heute sind es fast doppelt so viele). 55 Prozent waren Kaufleute und Handwerker, fünf Prozent Gens de Robe, also Advokaten, Prokuristen, Notare, drei Prozent Adlige, drei Prozent „Religiöse“ von Kirchen und Klöstern. Als Reichste galten die Tuchhändler, als Ärmste die Schuster. Etwa 7000 Tagelöhner und Bedienstete ohne Bürgerrechte kampierten im Elendsviertel oder in Kornspeichern unterm Dach und in feuchten Kellern, von ihren Herrschaften in mageren Zeiten rücksichtslos ausgebeutet. So erlebte es auch Robespierre: „Die Fürsten, die bei ihren Willkürakten ihr Volk so gern vergessen, erinnern sich seiner gewöhnlich nur, wenn Geldmangel fühlbar wird, aber dann nicht, um es zu beglücken, sondern um es zu schröpfen.“

Anfang der achtziger Jahre des 18. Jahrhunderts brodelte es darum schon in der Provinz, nur Arras präsentierte sich noch als prosperierende Stadt, wohlhabend durch regen Handel, vor allem mit Tuch und Getreide. Ein Theater hatte eröffnet. Man war den Künsten geneigt. Die Jugend traf sich in kleinen und kleinsten „literarischen Cafés“ und in Kellergewölben. Die Szene florierte. Man gab etwas darauf dazuzugehören. So auch Robespierre.

Heute gibt es sie nicht mehr, die literarischen Cafés, aber Patisserien mit einer unglaublichen Auswahl phantasievoll dekorierter Buttercremetörtchen, kleiner Brandteigschwäne und marzipangefüllter Mürbeteigschiffchen. Nina und ich, nach dem Rundgang plötzlich hungrig geworden, kaufen in der Patisserie am Kleinen Platz von jeder Sorte eins. Und unweit davon, im *Estaminet*, machen wir Pause. Estaminet heisst Schenke zu deutsch. Die Schenke gibt auch Kaffee aus, den besten und stärksten am Ort. Ans ocker getönte Holzpaneel gelehnt, zu den Törtchen den Kaffee schlürfend, behalten wir die beiden Burschen im Auge, die draussen sitzen im Nieselregen.

Ebenso könnten die Männer damals, vor 200 Jahren, ausgesehen haben. Der kleine Sanguiniker mit hochrotem Kopf, der Wein aus allen Poren schwitzt, und der magere Grosse mit Zopf, der, Baguette kauend, auf ihn einredet. Und erst recht die kleinwüchsige Alte, die, mit den Ellbogen auskeilend, jetzt an ihnen vorbeischiebt. „Messiers-Dames“, krächzt sie und dann an der Theke: „Gib mal 'n Vermouth rüber.“ Als wir bei hereinbrechender Nacht, törtchensatt, gehen, hat sie den dritten Vermouth anschreiben lassen.

Nach Robespierre-Andenken suchen wir am nächsten Tag vergeblich. Nicht einmal eine Postkarte ist aufzutreiben. Nur im Stadtführer findet sich der Hinweis, in der Rue Robespierre Nr. 9, ehedem Rue des Rapporteurs, sei das Haus zu sehen, das er 1787 bis 1789 bewohnte. Touristenbusse halten hier nicht. Der einstöckige, schnörkellose Bau aus grauen Quadern und Ziegelsteinen wirkt abweisend streng. Verbogene Abwasserrohre an den Aussenmauern. Drei Steinstufen am Eingang. Davor ein schmales Trottoir. Die Strasse ist menschenleer. Ein Hinweis auf den berühmtesten Sohn der Stadt findet sich nicht.

Wenigstens eine Büste des „Unbestechlichen“, wie ihn das Volk lange hochachtungsvoll nannte, gibt es dann doch im Hôtel de Ville. Ähnlich unserem Urahn Forgeois auf dem kleinen Porträt, ist Robespierre mit dem für die Zeit obligaten hochgestellten Kragen und einem Halstuch – dieses freilich aufs Korrekteste gebunden – von Bildhauer Gladel nachgebildet. Die Haare nach hinten gewellt, die Backenknochen betont, die Nasenflügel nervös gebläht, den Blick pathetisch in die Ferne gerichtet. Eine „Sturm- und Drang“-Physiognomie mit deutlich strengen Zügen. So mitreissend und noch von Jean-Jacques Rousseau inspiriert, muss ihn Constant Forgeois erlebt haben – weit entfernt von der Attitüde des fanatischen Eiferers der neunziger Jahre.

In Robespierres Memoiren sind wir am letzten Abend im Röschentapetenzimmer bei den Prozessen angelangt, die den Anwalt berühmt gemacht haben. Der spektakulärste galt dem „Fall Dupont“ und machte den Anwalt mit einem Schlag weit über Arras hinaus bekannt. Seiner, Robespierres, Beredsamkeit sei es gelungen, schreibt dieser selbst nicht ohne Stolz, dem 12 Jahre unschuldig im Kerker der Bastille von Armentière schmachtenden Monsieur Dupont aus Hesdin nicht nur zur

Freiheit und zur Wiederherstellung seiner Ehre zu verhelfen, sondern im Plädoyer auch das „Ungesetzliche, Verbrecherische der Staatsgefängnisse“ zu geisseln und die „Abschaffung der geheimen Verhaftungsbefehle“ zu fordern. „In meiner heftigen Schlussrede“, so Robespierre, „behandelte ich ausserdem die grossen, politischen Fragen und zeichnete ein Gemälde vom künftigen Glücke Frankreichs, wenn es nach weisen, volkstümlichen Gesetzen regiert würde.“

Mit diesem temperamentvollen, vermutlich auch den jungen Forgeois überzeugenden Vortrag hatte der Anwalt das Volk endgültig gewonnen. „Ein noch süßerer Lohn als der Segen meines Schützlings Dupont“, bekennt er, „zahlte mich reichlich für alle meine Mühe: Ich wurde zum Abgeordneten des Dritten Standes meiner Provinz Artois gewählt.“ Bald darauf, im Frühjahr 1789, habe er sich nach Versailles auf den Weg gemacht, wo die Generalstände zusammentreten sollten. „Freiheit, Gleichheit!“, notiert Robespierre überschwenglich. „Ich durfte mich von diesen Zielen nicht entfernen und knüpfte mein ganzes Leben daran.“

Nur noch fünf Jahre sollte dieses, mit so hehren Absichten begonnene Leben dauern und tragisch unrühmlich enden. Maximilien de Robespierre zählte 31 Jahre, als er Arras verließ. Constant Forgeois war gerade 21 und trug sich mit anderen Plänen. Eine Woche vor dem Sturm auf die Bastille, am 7. Juli 1789, heiratete er die vier Jahre ältere Charlotte Delfeuille, von der wir leider nicht viel mehr wissen als ihren Namen und die Geburtsdaten ihrer Kinder.

Nina und ich reisen ab. Mit Robespierres Memoiren im Gepäck und dem Porträt des Constant Forgeois obenauf. Neben dem Kamin im Salle à manger bestellen wir noch einmal Croissants und Café au lait. Wir machen zum letzten Mal die Runde unter den Arkaden auf den Spuren der beiden Freunde um den Großen und den Kleinen Platz, und Nina sagt lachend: „Gänsehaut“. Dabei ist es heute gar nicht mehr kalt.

Maman Charlotte und die Revolution

Nach München zurückgekehrt, schreibe ich endlich dem Doktor Forgeois in Arras. Schon meine Mutter, schreibe ich, sei auf der Suche nach den französischen Verwandten gewesen. Leider hätte ich ihn im August nicht angetroffen. Möglicherweise seien wir miteinander verwandt. Die mir bekannten Daten unseres Ahnherrn Forgeois, seiner Frau und der Kinder erlaubte ich mir beizufügen. „Für eine Antwort sehr zu Dank verbunden ..."

Der Doktor antwortete fast umgehend und sehr höflich. Nein, leider seien wir nicht verwandt. Mit Pläsier werde er sich aber auf die Suche nach unseren Vorfahren begeben, zumal sein Hobby gewissermassen die Ahnenforschung sei. Bald darauf bestätigt er, die von mir genannten Daten seien korrekt. Ergänzen dürfe er sie durch einige Angaben, die er über den Vater unseres Robespierre-Freundes Constant Forgeois habe ermitteln können. Sein Name: François Eloy Forgeois. Kaufmann, geboren 1726 in Arras, 1787 dort verschieden. Weiter zurückliegende Daten oder Vertreter des Namens seien unauffindbar. Er gestatte sich den Schluss, schon François Eloy Forgeois, der Vater Constants, habe den Adelstitel verloren oder freiwillig aufgegeben und den bürgerlichen Namen Forgeois angenommen. Vielleicht war er „Jansenist"? Anhänger einer damals populären, antijesuitischen Reformbewegung, die Volkes Stimme ernst nahm und schon für die Gleichheit der Menschen eintrat.

Bleiben wir bei Constant, seiner Frau und den Kindern. Constant Forgeois, geboren 1768 in Arras, später wohnhaft Rue de la Housse, das ist nun bestätigt, war 1789 bei Robespierres Abschied 21 Jahre alt. Als Nina und ich 1986 Arras besuchten, war auch sie 21 und ihre Schwester Bettina, meine erstgeborene Tochter, 25 – genauso alt wie Charlotte Delfeuille bei ihrer Hochzeit. Drei junge Frauen, fast gleichaltrig zwar, aber in ihren Lebensgewohnheiten unterschiedlicher kaum denkbar.

Charlotte sehe ich vor mir nach der Mode ihrer Zeit gekleidet. Ins Schnürkorsett gezwängt, Wespentaille, wippende Reifröcke fast bis zum Boden, die Füsse in leichten, spitz zulaufenden Schuhen, das Haar hochgetürmt. Sie wird im Nähen, Stikken und Klöppeln, das in Arras en vogue war, sowie in allen häuslichen Fertigkeiten ausgebildet und gewiss eine brave Kirchgängerin gewesen sein. Wenn ihr die Mithilfe im Haushalt Zeit liess, arbeitete sie an ihrer Aussteuer.

Bettina dagegen war im Sommer 1986 in Jeans und Overall, die Reisetasche geschultert, das blonde Haar der Hitze wegen jungenhaft kurz geschnitten, soeben nach Israel geflogen, um Freunde unserer Familie aufzusuchen. Danach sollte sie eine Stelle als Redakteurin antreten; Nina wollte mit dem 1. Semester an der Münchner Staatlichen Fachakademie für Photographie beginnen. Bettina und Nina hatten mit Heirat noch wenig im Sinn. Constant und Charlotte gaben sich trotz der bedrohlichen Zeiten – oder gerade darum – eine Woche vor dem Sturm auf die Pariser Bastille in Arras das Ja-Wort. So ist es im Kirchenregister von St. Nicolas-sur-les-Fossés dokumentiert: „Constant, Xavier, Joseph Forgeois, 21, und Charlotte Delfeuille, 25, verehelicht am 7. 7. 1789 dahier".

In den französischen Provinzen war da schon längst der Teufel los. Hungerrevolten, Aufstände, Volksaufläufe. Verzweifeltes Geschrei: „Gebt Brot! Brot! ... Tod den Aristokraten! ... Tod den Reichen!" In Versailles hatte sich bereits die Nationalversammlung konstituiert, und der löwenmähnige Graf von Mirabeau hatte gebrüllt: „Wir sind hier nach dem Willen des Volkes. Wir weichen nur der Gewalt der Bajonette."

Gleich nach dem Hochzeitstag der Forgeois' jagen sich in Paris die Ereignisse. Alarmiert durch den drohenden Staatsbankrott und die höchsten Brotpreise des Jahrhunderts, rotten sich die Menschen zusammen. Im Garten des Palais Royal ruft Camille Desmoulins, ein Freund Robespierres, zum Widerstand gegen die anrückenden königlichen Truppen auf. Die Massen lassen sich mitreissen. Auf der Suche nach Waffen strömen sie am 14. Juli durch die Gassen zur Bastille. Aufruhr. Belagerung. Gouverneur Launay lässt auf die Belagerer schiessen. Die feuern aus mühsam herangeschleppten Kanonen zurück. Die Menge tobt. Ein Gebrüll wie aus den Tiefen der Erde. Die Bastille wird gestürmt, Launay getötet, sein blutverkrustetes Haupt, auf eine Pike gespiesst, im Triumph zum Palais Royal getragen.

Eine neue Zeit scheint angebrochen. Schon am 26. August wird „unter dem Schutz des Höchsten Wesens" in Paris die „Deklaration der Menschen- und Bürgerrechte" verabschiedet: „Die Menschen sind und bleiben von Geburt an frei und gleichberechtigt." Garantiert ist unter anderem die „zivilrechtliche Gleichberechtigung, die Zulassung aller zu allen Ämtern, die Freiheit der Meinung, der Rede, der Presse". Eine Deklaration, die die Welt verändern sollte.

Für Robespierre bekommt die Revolution damit „ihre wahre Weihe". So nennt er es in seinen Erinnerungen. In einer denkwürdigen Rede fordert er die gleichen Rechte für diskriminierte Minderheiten. Für Juden und Schauspieler. „Gute Gesetze müssen Vorurteile abschaffen." Als ob das so leicht ginge per Dekret. Seine Kombattanten wollen erstmal dem König die Zähne zeigen. Johlend angeführt von etwa sechzig Flinten und Pappelzweige schwingenden Frauen, erzwingt eine entschlossene Volksvertretung am 5. Oktober die Übersiedlung Ludwig XVI. von Versailles nach Paris. Gut zwei Wochen später wechselt auch die Nationalversammlung von Versailles in die Metropole. Und mit ihr Robespierre. Am gleichen Tag, am 19. Oktober, gründen die „Freunde der Verfassung" den Club der Jakobiner, benannt nach dem Konvent, in dem sie tagen.

Von zwei „Entdeckungen" sollte uns Doktor Alfrèd Forgeois aus Arras im Laufe seiner Recherchen später berichten. Ein Chevalier Forgeois, schrieb er, habe am Sturm auf die Bastille teilgenommen, und eine Madame Forgeois sei in Arras als Anhängerin des fanatischen Gouverneurs Lebon bekannt geworden. Dass mit den beiden Constant und Charlotte gemeint sein könnten, ist denkbar, jedoch eher unwahrscheinlich. Charlotte wurde schon bald nach der Hochzeit schwanger. Am 14. April 1790 wird ihr erstes Kind, ein Mädchen, tot geboren und namenlos in Arras beigesetzt.

Arme Charlotte. In einer Zeit ständigen Umbruchs, begleitet von Hungersnöten, von Jahren der grossen Angst, des Roten und Weissen Terrors, des Flüchtingselends, der Kriege vor den Toren der Stadt und im eigenen Land, sollte sie Jahr um Jahr schwanger werden, fast Jahr um Jahr niederkommen. Für Frauen damals und noch lange danach die Normalität, die viele sehr jung mit dem Kindbettfieber und mit dem Tod im Wochenbett bezahlten. Sieben Kinder brachte Charlotte zwischen 1790 und 1797 zur Welt. Sieben Kinder, geboren während des Auf und Ab der französischen Wende – eine Familiengeschichte, die sich liest wie der Revolutionskalender.

Wenigstens kommt die Mode der Zeit der schwangeren Charlotte entgegen. Während sich bei den Männern die bequeme Röhrenhose (Pantalon) gegen die höfische Kniehose (Culotte) durchsetzt, entledigen sich die Frauen, beflügelt von Rousseaus Philosophie „Zurück zur Natur", nach und nach der geschnürten Korsagen, des ganzen dressierten Gehabes. Sie tragen das Haar nicht mehr hochgetürmt, sondern mädchenhaft gelockt bis zu den Schultern, darüber meist nur eine gebauschte, gerüschte Haube. Die Schuhe sind flach und weniger spitz. Die Kleider fallen leger, leicht gegürtet, später unter der Brust gerafft, gerade bis zu den Knöcheln hinunter, der klassisch-antiken Linie nachempfunden. Geschmückt einzig mit bunten Bändern oder der blau-weiss-roten Kokarde. Die Mode wird zum Ausdruck politischer Gesinnung.

Ob Charlotte drei Monate nach dem Verlust ihres ersten Kindes an den euphorischen Feiern zum Jahrestag der Revolution, an der Fête de la Féderation, teilnehmen konnte, bleibt offen. In Arras wird am 14. Juli 1790 auf dem Grossen Platz die neue Freiheit mit einem eigens errichteten Tempelchen, mit Blumengirlanden, Musik und Banketts wie in vielen anderen Städten gefeiert. Und freudetrunken in Paris. Auf dem Marsfeld versammeln sich in frisch angelegten Gärten 14 000 Abgesandte aus ganz Frankreich. Von 83 Masten wehen die Fahnen der 83 Départements. Ludwig XVI. erscheint mit Gefolge. Marie Antoinette, die Königin, zeigt sich der Menge mit dem kleinen Dauphin. Tausende lachen, tanzen, jubeln. Aber die Tage der Königsfamilie sind gezählt.

Ein Jahr darauf – Charlotte ist gerade mit ihrer zweiten Tochter Isidore Désirée niedergekommen, die nach nur wenigen Stunden stirbt – erschüttert eine böse Nachricht ganz Frankreich: „Der König hat uns verraten." Am 20. Juni 1791 hat Ludwig XVI. sich mit seiner Familie heimlich aus dem Staube gemacht. In Sainte-Menehould freilich wird er von einem Postmeister erkannt, in Varennes festgehalten. Und schon am 25. Juni ist er wieder in Paris, von nun an praktisch Gefangener.

Die anfängliche Utopie von einer gemässigten Monarchie nach englischem Vorbild verflüchtigt sich. Am gleichen Tag, an dem in Wien Mozarts „Zauberflöte“ Premiere hat, am 30. September 1791 macht in Paris die *Verfassungsgebende Versammlung* der *Gesetzgebenden* Platz. Die Zügel werden angezogen.

Charlottes erster Sohn kommt am 13. April 1792 zur Welt und bleibt am Leben: François-Marie, unser direkter Vorfahre, hineingeboren in eine finstere Zeit. Im gleichen Monat wird mit der Hinrichtung des kleinen Diebes Nicolas Pelletiers das Fallbeil „eingeweiht“. Doktor Guillotin, der Erfinder, rühmt seine „humane Tötungsmaschine“. Ein böses Omen.

Noch im April erklärt Frankreich Österreich den Krieg. Rouget de L'Isle komponiert die Marseillaise: „Allons enfants pour la patrie ...“ Die Krieger haben ihr Kampflied. Der Konflikt eskaliert. Preussen und England schlagen sich auf Österreichs Seite. Als der König am 10. August die allgemeine Mobilmachung durch sein Veto zu verhindern versucht, kocht der Volkszorn über. Die Tuilerien werden gestürmt, Ludwig XVI. und die Seinen im Temple gefangengesetzt. Die Monarchie ist am Ende. Nach dem Sieg der französischen Heere bei Valmy, am 20. September 1792, wird Frankreich zur Republik erklärt. Da ist der kleine François-Marie Forgeois gerade fünf Monate alt, und Charlotte schon wieder im dritten Monat schwanger.

Dem König, nunmehr simpel „Bürger Capet“ tituliert, wird der Prozess gemacht. Im Januar 1793 kommt es zum Urteil. Auf die Frage an die Deputierten: „Ist Louis Capet der Konspiration gegen die Staatssicherheit schuldig?“ antworten diese einstimmig mit „Ja“. Für seinen Tod plädieren nach 36stündiger Debatte 380 von 707 Abgeordneten. Robespierre, lange ein strikter Gegner der Todesstrafe, urteilt kühl: „Der König muss sterben, damit das Vaterland lebt.“

Schon am 20. Januar wird Ludwig XVI. das Todesurteil überbracht; am Tag darauf wird er hingerichtet. Er darf noch mit der Kutsche zum Schafott gefahren werden – eine Ehre, die der Königin Monate später nicht mehr zuteil wird. Der Arzt Philippe Pinel war an diesem regnerischen Tag Zeuge der Hinrichtung. „Ludwig“, notierte er danach, „Ludwig wurde auf das verhängnisvolle Brett geschnallt, das man Guillotine nennt, und sein Haupt wurde abgeschlagen, ohne dass er eigentlich Zeit hatte zu leiden ... Der Henker zog sogleich das Haupt wieder aus dem Sack und zeigte es dem Volke ... Da sich bei der Hinrichtung, wie immer, Blut auf die Maschine ergossen hatte, stürzten mehrere Männer herbei, um einen Zipfel ihres Taschentuchs darin einzutauchen und so die Erinnerung an dieses denkwürdige Ereignis festzuhalten."

Wo sich Constant Forgeois zu jener Zeit aufgehalten hat, wie er und seine Familie den Tod des Königs aufgenommen haben, wissen wir nicht. Charlotte wird am 8. März 1793 in Arras von ihrem zweiten Sohn entbunden: Séraphin Gaspar, der sich recht gut situiert einmal in Deutschland etablieren sollte.

Mit der Hinrichtung Ludwig XVI. hatte die Revolution endgültig ihre Unschuld verloren. Anfänglich sieht man sich noch im Recht. Dem korrupten, übermächtig gewordenen Klerus wird der Kampf angesagt. Priester, Nonnen und Mönche sind nicht mehr an ihre Gelübde gebunden. Die kultische Verehrung des „Höchsten Wesens und der Unsterblichen Seele" tritt an die Stelle des Christentums. Das Kirchenvermögen wird eingezogen, eine neue Zeitrechnung eingeführt. Gotteshäuser werden verwüstet oder ihrem Sinn entfremdet. In Arras bleibt die Stammkirche der Forgeois, St. Nicolas-sur-les-Fossés, nahe den Stadtwällen gelegen, nur erhalten, weil sie erst als „Tempel der Vernunft", dann als „Tempel des Höchsten Wesens", zuletzt als „Sitz des Revolutionstribunals" genutzt wird. Auf dem Fischmarkt, heute Place du théatre, lässt Gouverneur Lebon das Schafott errichten und gnadenlos exekutieren.

Denunziation wird zur Tugend erhoben. Ein in seiner Jugend fast schwärmerisch human argumentierender Robespierre erstarrt zum fanatischen Moralisten. Sein Biograph Laponneraye, ein Zeitgenosse, hat das klarsichtig erkannt: „Der grosse Fehler Robespierres", schreibt er, „sein Hauptfehler war, dass er die Menschen in eine Republik zwängen wollte, die er theoretisch begriffen hatte, statt die Republik den Menschen so, wie sie sind, anzupassen."

Als Danton, der grosse Wortführer der Revolution – und nicht nur er –, sich anmasst, die hart erkämpfte Freiheit für ein „ausschweifendes" Leben zu missbrauchen, und Robespierres Freund Camille Desmoulins der Beteiligung an einer Verschwörung verdächtigt wird, stimmt Maximilien, wenn auch nach langem Zögern, für ihren Tod: „Es sei Gerechtigkeit, auch wenn die Welt dabei untergeht.“ Nach wildbewegten Sitzungen im Konvent werden seine einstigen Gefährten am 5. April 1794 zum Tode verurteilt und enthauptet. Innerhalb weniger Wochen sterben danach allein in Paris 1300 „Feinde der Revolution“ unter dem Fallbeil.

Jetzt formieren sich Robespierres Gegner, ihm das blutige Handwerk zu legen. Bei seiner letzten grossen Rede, am 26. Juli 1794 im Konvent herrscht verräterisches Schweigen. Am nächsten Tag schlagen die Gegner zu. Robespierre und sein Bruder Augustin werden verhaftet. Augustin kann sich noch losreissen und aus dem Fenster stürzen. Maximilien wird durch einen Schuss am Kinn schwer verletzt.

Laponneraye schreibt später: „Am Morgen des 10. Thermidor (27. Juli) brachte man ihn in die Conciergerie, wohin auch der jüngere Robespierre und Henriot sterbend geschleppt worden waren. Die Schwester Robespierres eilte ganz in Tränen gebadet herbei, um zum letzten Mal ihre beiden Brüder zu umarmen. Die Soldaten stiessen sie roh zurück.“

Augenzeugenberichte von Robespierres Ende sind ebenfalls überliefert und dürften wohl auch die Forgeois im fernen Arras erreicht haben: „Robespierre wurde auf den Tisch des Audienzsaales gelegt. Ein Kasten aus Fichtenholz diente ihm gewissermassen als Kopfkissen ... Die Wunde am linken Unterkiefer blutete stark; die Kinnlade war zerschmettert und die Wange durchschossen ... Er war ohne Hut und Krawatte. Er trug einen himmelblauen Rock, eine Nankinghose und weisse Baumwollstrümpfe, die bis auf die Fersen hinuntergerutscht waren. Sein sonst gerötetes Gesicht war totenbleich.“

Am Nachmittag habe der düstere Zug der Todeskandidaten die Conciergerie dann verlassen, heisst es weiter. „Die Strassen waren verstopft. Männer und Frauen jeden Alters füllten die Fenster aller Stockwerke ... Nachdem der Henker Robespierre den Rock abgenommen hatte, riss er ihm roh den Verband herunter, den der Feldscher über seine Verletzungen gelegt hatte ... Ströme von Blut ... Als dann das furchtbare Haupt abgeschlagen war und der Henker es an den Haaren packte, um es dem Volk zu zeigen, bot es das entsetzlichste Bild, das man sich vorstellen kann.“

Das war das tragische, unrühmliche Ende des Maximilien de Robespierre. Er wurde 36 Jahre alt. In Arras, von wo er einst ausgezogen, um für Freiheit und Gleichheit zu streiten, wird bald darauf auch Lebon verhaftet, später in Amiens guillotiniert. Die Stimmung schlägt um. Die Gefängnisse leeren sich. Die Konterrevolution gewinnt die Oberhand. In den Salons redet man sich wieder mit Madame und Monsieur an, nicht mehr Citoyenne – Citoyen. Aus Paris wird berichtet, Tanzlokale und Cafés hätten reihenweise geöffnet. Eine wahre Tanzwut sei ausgebrochen. Man geniesse das Leben und überlebt zu haben. Die Jeunesse dorée gröle auch schon ihre neue Hymne, eine Anti-Marseillaise: „Le réveil du peuple".

In dieser Zeit des Umschwungs kommt am 20. Dezember 1794 Charlottes fünftes Kind, die Tochter Adelaïde, zur Welt. Nur gut ein Jahr später, im mörderisch kalten Februar 1796 wird ihr sechstes geboren: Stéphanie, genannt Fanny. Mit Preussen ist da inzwischen Frieden geschlossen, Belgien an Frankreich angegliedert, der Franc als Zahlungsmittel etabliert. Der „weisse Terror" der Royalisten, angeführt von den Compagnons de Jésus, hat den Jakobinischen „Tugendterror" abgelöst.

Nach zwei Missernten ist die Versorgung in diesem Hungerwinter aber schon wieder am Ende. Wieder gellt der Schrei „Brot! Gebt Brot!" durch die Städte. Einsam gelegene Gehöfte auf dem Land werden ausgeplündert, Kutschen überfallen und ausgeraubt. Kinder sterben schon in den ersten Lebensmonaten elend dahin. Auch in Arras ist die Situation zum Zerreissen gespannt. Und wie Öl aufs Feuer wirken die Skandalnachrichten aus der französischen Metropole. Die feinen Herren, heisst es, stolzierten „à la Titus frisiert, in Blüchermantel und Stulpenstiefeln" durch die Strassen; die Damen zeigten sich ordinär, in „wie aus Luft gewebten" Kleidern. Hemmungslos gäben die Neureichen sich ihren Gelagen und perversen Vergnügungen hin. „Die grosse Kluft zwischen Arm und Reich bricht wieder auf".

Ein Umsturzversuch des einstigen Robespierre-Anhängers François Gracchus Babeuf, dessen „Manifest der Gleichen" noch bis ins 20. Jahrhundert seine Nachwirkungen haben wird, schlägt fehl. Im Mai 1796 wird er mit 245 seiner Getreuen verhaftet, im Mai 1797 geköpft. Am 13. August des gleichen Jahres kommt Charlotte mit ihrem siebenten Kind, Charles-Louis, nieder. Im Geburtsregister von Arras ist der Knabe noch ordnungsgemäss als jüngster und letzter der Familie registriert. Danach gibt es über die Forgeois keinerlei standesamtliche Eintragungen mehr.

In Frankreich erscheint indessen ein neuer Stern am Horizont – der kleine General Napoleon Bonaparte. Nach seinen Siegen in Italien und nach dem Friedensvertrag von Campo Formio zwischen Österreich und Frankreich bereiten ihm die Pariser in der Hauptstadt einen triumphalen Empfang. Im Dezember 1797 ist das. Etwa um die gleiche Zeit soll Constant Forgeois Arras verlassen haben. War er ein Anhänger Babeufs und ist darum geflohen? Hat der Hunger die Familie ausser Landes getrieben? Oder der mächtige Bonaparte? Mit Sicherheit bezeugt die Familienlegende nur, Constant und die Seinen seien im Winter 1797/98 über Flandern nach Osten emigriert.

Noch vor der Flucht oder früher muss Constant für ein grösseres Porträt gesessen haben, das ihn in der Männermode der Revolution darstellt: im himmelblauen Rock mit hochgestelltem Kragen, wie ihn auch Robespierre zu tragen pflegte. Mit der locker gebundenen, grossen Schleife am Hals. Das Bildchen im Biedermeierrahmen aus unserem Besitz, das ihn so zeigt, ist eine Kopie, denn das grössere Original sollte viel später wieder auftauchen. Unser Porträt wurde vermutlich gefertigt, als die Familie sich trennte, und das kann erst lange nach der Flucht gewesen sein.

Constant Forgeois, um die 30, Charlotte, etwa 34, und die fünf Kinder, das älteste höchstens sieben Jahre alt, verliessen Arras sans laisser l'adresse. In Eile werden sie gepackt und eine Kutsche bestiegen haben. Charlotte hielt vermutlich das Baby Charles-Louis auf dem Schoss. Die Schwestern Fanny und Adelaïde sassen, ängstlich an sie geklammert, rechts und links von ihr. Den kleinen Jungen, Séraphin und François-Marie, wird man eingeredet haben, sie seien „schon gross" und müssten die Frauen beschützen. Bei Wervicq-Sud, rund 75 Kilometer nordöstlich von Arras, hatten die Forgeois den Fluss Lys zu überqueren. An der schmalsten Stelle. Über eine Brücke oder heimlich mit einem Boot. Eine natürliche Grenze war die Lys von jeher, oft eine heiss umkämpfte.

Erst in Holland soll die Familie endlich zur Ruhe gekommen

sein. Wir wissen nicht, wo. Ersparnisse wurden aufgebraucht, Schmuckstücke zu Geld gemacht, bis Constant Fuss gefasst hatte und die Kinder mitarbeiten konnten. Die Familienlegende weiss, Charlotte sei in der Fremde gestorben. An Erschöpfung, an der Cholera oder im Kindbett. Nichts ist bekannt über ihre letzten Tage und Stunden, nichts darüber, wo man sie begraben hat. Die Spuren der armen Charlotte verlieren sich im Nebel.

Auf Wanderschaft mit Klöppelspitzen

Dass ich mehr weiss von Charlottes Kindern und Kindeskindern, ist einem glücklichen Umstand zu danken – der Sammelfreude meiner Urgrossmutter Hélène, die Vererbtes aufbewahrte und die ihrer Enkelin Ruth, meiner Mutter, statt Märchen lieber Familiengeschichten erzählte. Auffallend ist: meine Mutter entwickelte später nicht nur die gleiche Sammelfreude wie Hélène, auch sie hat mir nie Märchen erzählt. Märchen sollte ich selber lesen oder mir von anderen vorlesen lassen. Meine Mutter rezitierte auswendig Schillerballaden und erzählte Familiengeschichten, die sie sogar mit vielen noch vorhandenen „Dingen" beweisen konnte: einer alten Truhe, Poesiealben, einem Orangenblütenkranz, etlichen Bündelchen verblasster Liebesbriefe, Photographien. So traten nach und nach Charlottes Kinder und Kindeskinder aus dem Schatten heraus und nahmen für mich Gestalt an. Ihre Geschichte ergab sich von selbst. Ich musste sie, was schon meine Mutter vorhatte, nur niederschreiben.

Von Charlottes Töchtern Fanny und Adelaïde stammten die ältesten Erinnerungsstücke. Deckchen und Umlegekrägen aus feinster Klöppelspitze, die meine Grossmutter noch in ihrer Vitrine aufbewahrte, bis sie 1945 bei einem Luftangriff in Breslau verbrannten. Das Klöppeln hatten die Schwestern im holländischen Exil von Charlotte gelernt. Mit den Spitzen in der Kiepe soll Bruder Séraphin um 1810 bei jedem Wetter über Land gezogen sein und sie zum Kauf angeboten haben. Bis ins Münsterland kam er. Und dort, in Coesfeld, war der stadtbekannte Lothringer Kaufmann Johann Philipp Mathieu von der Qualität der Arbeiten offenbar so angetan, dass er dem jungen Mann immer wieder Spitzen abnahm.

Auf seinen Reisen, heisst es, habe Séraphin sich vor umherziehenden napoleonischen Soldaten des öfteren verbergen müssen. Das spricht dafür, dass die Familie tatsächlich vor Napoleon Bonaparte geflohen war. Ein Bauer soll den Franzosenflüchtling sogar längere Zeit versteckt haben. Und zum Dank dafür habe Séraphin, als er dann etabliert war, dessen Sohn, der Klavierstimmer wurde, jederzeit willkommen geheissen und aufs beste bewirten lassen.

Zunächst aber siedelte Séraphin sich um das Jahr 1820 in Coesfeld an, holte die Schwestern nach und eröffnete mit ihnen bald ein eigenes Putzwarengeschäft, das schnell in der ganzen Provinz bekannt war. Fanny führte den Laden; Adelaïde übernahm die Buchführung. Beide Jungfern wurden Séraphin so unentbehrlich, dass er sie zu Teilhaberinnen machte. Im für damalige Verhältnisse gesetzten Alter von 37 heiratete er 1829 die drei Jahre jüngere, etwas einfältige Marie Mathieu, Tochter des ihm so gewogenen Kaufmanns Johann Philipp Mathieu, der dem Schwiegersohn „mit dem goldenen Händchen" denn auch eines Tages seine Coesfelder Immobilien am Lambertikirchplatz, Weberstrasse 1, totaliter überschrieb. Ein gediegenes Anwesen – die erhaltene Photographie zeigt es –, bestehend aus dem dreistöckigen Geschäftsgebäude mit Treppchen zum Laden und zwei Schaufenstern, über deren Rundbögen sich gestreifte Marquisen spannten. Séraphin, Charlottes Zweitgeborener, wurde in Deutschland sesshaft.

Über seinen Vater, den Robespierre-Freund Constant Forgeois, weiss die Legende lediglich, er sei mit den Söhnen François-Marie und Charles-Louis um 1816 aus Holland nach Frankreich zurückgekehrt, als Napoleon Bonaparte verbannt und Bourbonenkönig Ludwig XVIII., der Rechtsgleichheit und bürgerliche Freiheiten wieder garantierte, an der Macht war. Wo Constant blieb, was er trieb, wo er gestorben und begraben war – unbekannt.

Von seinem jüngsten Sohn Charles-Louis, dem Baby auf Charlottes Schoss, wissen wir immerhin, dass er später in Lille, fünfzig Kilometer von seinem Geburtsort Arras entfernt, eine Mademoiselle Eugenie Willette, Tochter eines reichen Tuchfabrikanten, heiratete, mit ihr zwei Töchter zeugte und in Wazemme bei Lille begraben ist. Auch François-Marie Forgeois, Constants ältester Sohn, unser direkter Vorfahre, blieb in Frankreich. Er wurde Officier de Douane und patrouillierte entlang der nordfranzösischen Grenze. Dort, wo er als kleiner Junge einst heimlich bei Nacht mit seinen Eltern die Lys überquert hatte: im Bereich Wervicq-Sud.

Wervicq-Sud, das war zu jener Zeit nicht gerade ein Ort, in dem ein junger Offizier über die Stränge schlagen konnte. Flachland. Waldinseln. Gestrüpp. Weiden und Holunder. Grasende Kühe und Schafe. Etliche Windmühlen, deren Flügel sich laut knarrend drehten. Entlang der Rue Française nicht viel mehr als 300 Häuser. Den abenteuerlichen Reiz des Örtchens machte sein Gegenüber aus, das am anderen Ufer der Lys gelegene, belgische Wervik, wo seit Mitte des 17. Jahrhunderts schon der Tabakanbau blühte. Über die Lys wechselten nachts, in Gruppen organisiert, die Schmuggler. Das Geschäft lief einträglich hin und her zwischen den beiden Ländern. Tabak und Kaffee aus Belgien, Parfum und Wein aus Frankreich. Und wenn Verhaftete ihren Rucksack leerten, fielen auch immer ein paar Kartenspiele heraus. Kartenspiele – ein beliebtes Schmugglergut. Der junge François-Marie Forgeois als Grenzwächter.

Zum Amüsement galoppierten die Offiziere ins etwa 20 Kilometer entfernte Armentières, das Reisende auch mit der Pferdepost oder mit einer „Wasserkarosse" die Lys hinauf erreichten. Armentières war eine richtige Stadt. 7000 Einwohner. Fast jeden Tag ein anderer Markt. Eine Flusspromenade. Würdige Bürgerhäuser. Ein nobles, festungsartiges Rathaus. 27 Cafés, in denen die Offiziere hübsche Jungfern in Begleitung ihrer Mamas, 17 Schankwirtschaften, in denen sie das „gemeine Volk" treffen konnten. Nicht zu vergessen – das Bier. Für sein Bier war Armentières schon damals berühmt.

Mimi, die Eigenwillige

François-Marie begegnet Mimi zum ersten Mal auf dem Markt vor dem Hôtel de Ville, als sie, die Magd neben sich, einen Korb am Arm, die Röcke mit der Hand leicht gerafft, anmutig über Pfützen springt und nach etwas Ausschau hält. Offenbar findet er den Mut und die richtigen Worte, sie anzusprechen. Man trifft sich „zufällig“ wieder, und über kurz oder lang darf François-Marie bei den Eltern seine Aufwartung machen. Beim Landarzt Louis Couprand und seiner Frau Caroline.

Bilder gibt es keine, weder von den Eltern noch von François-Marie oder Mimi, auch kaum Beschreibungen. Der junge Forgeois könnte seiner Mutter Charlotte nachgeraten, aber ebenso die schmale Nase und die fordernden Augen seines Vaters Constant geerbt haben. Als Offizier trug er die Haare kürzer über der Uniform. Mimi werden braune Augen, braune Locken und eine auffallend zierliche Gestalt nachgesagt. Bekannt ist auch: François-Marie und die Eltern Couprand sind sich schnell nahegekommen.

Auch sie waren Sympathisanten der Revolution. Sie hatten zu den Paaren gehört, die sich im Jahre 2 der neuen, revolutionären Zeitrechnung schon nicht mehr in der Kirche das Ja-Wort gaben. Der umständlich formulierte, nun nur standesamtlich registrierte Ehekontrakt, in der Gemeinde Meteren, Département Nord unterschrieben, ist erhalten geblieben. Ein seltenes Dokument. Darin heisst es, aufgesetzt von Mathieu de Creins:

„Heute, am 5. Juni 1793, im 2. Jahr der Französischen Republik, um 10 Uhr vormittags erscheinen vor mir der Bürger Louis Joseph Alexis Couprand, 26 Jahre alt, Chirurgien Major des hiesigen Regiments de Brie, zur Zeit in der Armee von Cassel …, sowie Caroline Josephe Garcette, 22 Jahre alt, wohnhaft im Kirchspiel von St. Etienne in Lille, zum Zwecke der Eheschliessung …“ und so weiter und so fort.

Noch während der Zeit der blutigen Jakobinerherrschaft, 1794, war die einzige Tochter der Couprands geboren worden. Da christliche Namen unerwünscht waren, nannten die Eltern sie schlicht Mimi und mit dem zweiten Vornamen Scévole, nach dem sagenhaften Stammvater des plebejischen Geschlechts der Mucier in Rom, der nach seiner Gefangennahme durch die Etrusker zum Beweis seiner Standhaftigkeit die rechte Hand im Altarfeuer verbrannt haben soll – „scaevola“: Linkshand.

Ganz so verwegen erwies Mimi Scévole sich später nicht, aber ihres ungewöhnlichen Lebenswandels wegen wurde sie, unsere geradlinige Vorfahrin, am Ende von der Familie mit Stillschweigen übergangen. Schon bevor die niedliche Mimi den jungen Forgeois kennenlernte, hatte sie sich in Paris umgeschaut. Vor dem *Hôtel du Lion d'Or* muss sie die in Armentières abgehende Pferdekutsche bestiegen haben, die mit mehreren Aufenthalten in zwei bis drei Tagen die Metropole erreichte. Ein schwankendes Gefährt auf holprigen Strassen, in Staubwolken gehüllt, im Sommer drinnen erstickend heiss, im Winter nur mit Fuss-Säcken und Wärmflaschen auszuhalten.

Obwohl Armentières sich zur damaligen Zeit recht fortschrittlich gab, wird Paris doch für Mimi alles bisher Erlebte überstrahlt haben. Und ganz sicher hat sie sich dort verliebt. Ein uns vererbtes, leider nicht datiertes Billet d'amour lässt darauf schliessen. Das mit ins Blatt gestichelten Blumenranken kunstvoll verzierte Liebeslied ist ihr gewidmet: „À Mlle. Couprand de M. Watten". Dem Fräulein Couprand von einem Herrn Watten. Wer das auch immer gewesen sein mag, er hat für Mimi komponiert und gereimt und dem Lied den vielsagenden Titel gegeben: „Die Liebenden von Paris oder Die drei Tage". In fünf Strophen besingt Watten seine Liebe. Und das kulminiert in den Zeilen: „Der erste Tag, der Tag der Begegnung. / Der zweite – das Mysterium. / Der dritte – der Abschied. / Das ist die Geschichte der Liebe. / Ich liebe, ich werde immerdar lieben. / Unvergesslich, dass meine Liebe / Aus drei Tagen drei Zeitalter machte".

Vielleicht sind die beiden am Seine-Ufer promeniert, haben sich in die Augen geblickt und an den Händen gehalten. Vielleicht war es mehr. So eindrücklich jedenfalls, dass Mimi das Liebeslied mit der Blumenranke bis ans Lebensende hütete und weitervererbte.

Ob Monsieur Watten nicht standesgemäss war oder ihre Liebe nicht gross genug – der junge François-Marie Forgeois, bei den Eltern aufs beste eingeführt, umwirbt Mimi mit mehr Erfolg. Die beiden heiraten 1821 in Armentières, wo Schwiegervater Couprand sich nach der Entlassung vom Militär als Landarzt niedergelassen hat. Der erste Sohn Jules wird im Juli 1823 in einem Vorort von Armentières, in Houplines, geboren, die beiden anderen Kinder – 1825 Emile, 1828 Adèle – in Wervicq-Sud, zur Zeit der restaurativen Regentschaft Charles X.

Sechs Jahre lebt die kleine Familie dort an der Lys, bis das Unglück sie trifft. Nach Paris mit seinem aufregend grossstädtischen Flair und dem durchaus noch unterhaltsamen Armentières muss Mimi sich in Wervicq-Sud wie in der Verbannung gefühlt haben, obwohl ihr zwischen den Geburten mehr Zeit als Charlotte blieb, am Leben teilzunehmen. Aber was hiess Leben für eine junge Mutter in diesem Grenzort? Säuglinge wickeln, Kleinkinder ausführen. Die Rue Française auf und ab für Besorgungen. Kaffeezirkel mit Offiziersfrauen und Bürgerlichen. Warten auf den Mann, der Tag für Tag oder Nacht für Nacht die Lys entlang den Grenzgängern nachjagt.

An einem nebligen Herbstabend im Jahr 1834 kommt er von der Grenze nicht zurück. Erst als er eine ganze, eine ewig lange Stunde über die gewohnte Zeit ausgeblieben ist, gerät Mimi in Panik. Sie läuft zu den Nachbarn. Freundinnen versammeln sich um sie. Die Kinder klettern eins nach dem anderen aus dem Bett. Adèlchen weint. Jules und Emile sitzen da mit grossen, angstvoll geweiteten Augen.

Ein atemlos stammelnder junger Offizier bringt schliesslich die bestürzende Nachricht: François-Marie sei vermisst, von einer nächtlichen Patrouille nicht heimgekehrt. Die Nacht vergeht im Wachen. In zunehmender Angst. In der Morgendämmerung findet man ihn. In einem Gestrüpp nahe der Lys. Erschossen. Von Schmugglern ermordet.

Der Abschied dann von einem Toten in blutiger Uniform. Mimis aufheulende Verzweiflung. Verstörte Gesichter um sie herum. Dem Sarg folgt am nächsten Tag der lange Zug der trauernden Freunde. Die Söhne Jules und Emile gehen steif, wie mühsam beherrschte kleine Erwachsene, hinter der Mutter. Mimi ist tiefschwarz verschleiert. Sie bleibt immer wieder stehen. Adèlchen weint laut und lässt ihre Hand nicht los. Irgendwo gibt es Fahnen. Wie von fern Befehle. Säbelklirren. Weihrauch. Das dumpfe Gepolter von Erde auf Holz. Adieu, François-Marie. Mimi erinnert später nur, dass Adèle ihr nicht von der Seite wich.

Adieu, François-Marie, hiess auch: Adieu, Wervicq-Sud. Überstürzt bricht Mimi auf. 39 ist sie und ohne Hoffnung. Sie kann den Haushalt gar nicht schnell genug auflösen, um dem ungeliebten Grenzort den Rücken zu kehren. Die kleine Adèle steht schluchzend und hilflos um sie herum. Jules, erst elf, und

Emile, neun, versuchen standhaft, sich erwachsen zu geben. Bei den Abschiedsbesuchen fallen sie durch gute Manieren auf. Kein Lächeln. Mütze ab. Verbeugung. Ade.

Die Grosseltern Couprand hatten ihr Haus in Armentières als Zuflucht angeboten. Mehr schlecht als recht richtete man sich in zwei Zimmern ein. Die Brüder in einem, Mimi und Adèle im anderen. Man dinierte frugal. Nur sonntags brachte Grossmutter Caroline Brathuhn oder das landesübliche Potje Vleisch auf den Tisch, dessen Rezept in der Familie durch Generationen weitergereicht wurde. Ein Eintopfgericht, bestehend aus einem halben Masthuhn, einem halben Kaninchen, 500 Gramm Kalb-, 300 Gramm Schweinefleisch und Speck, jeweils in Würfel geschnitten. Vermischt mit einem Pfund gehackter Schalotten, reichlich Petersilie und Gewürzen. In Weisswein drei Stunden geschmort, ergab das im Winter einen herzhaften Pot au feu, im Sommer, noch drei Tage kalt gestellt, eine festliche Beigabe zu Brot oder Bratkartoffeln.

Emile trug die Hemden und Hosen auf, die Jules zu knapp geworden waren. Für Adèle nähte Mimi aus Abgelegtem Kleidchen und Schürzen. Doch selbst die größte Sparsamkeit half nichts. Grossvater Couprand konnte als Landarzt die grosse Familie nicht ernähren. Für eine Entbindung bekam er 1 Franc und 50 Centimes, für einen einfachen Krankenbesuch noch weniger. Brathuhn und Potje Vleisch wurden gestrichen. Mimi verzichtete auf neue Kleider und jederlei Putz, aber es reichte trotzdem nicht.

In ihrer Verzagtheit schrieb sie 1837 dem Schwager Séraphin im fernen deutschen Coesfeld und bat um Rat. Séraphin gab sich mit Ratschlägen erst gar nicht ab, sondern antwortete umgehend: Das Putzwarengeschäft floriere, sein Einkommen sei, Dieu merci, gesichert, das Haus gross genug, so dass er sich zutrauen dürfe, Jules und Emile, die armen Waisen seines Bruders, so lange zu sich zu nehmen, bis sie auf eigenen Füssen stünden. „Meine Marie“, schrieb er, „war mit meinem Entschluss sogleich einverstanden, zumal unser Söhnchen François, der eben sechs Jahre geworden, sich bisher leider vergeblich Geschwister gewünscht hat. Bienvenue“, beendete der gute Séraphin die Epistel, „ich freue mich, in Zukunft drei Söhne zu haben.“ Seine Frau und die Tanten übrigens liessen grüssen und warteten schon mit Ungeduld, die lieben Knaben in die Arme zu schliessen.

Im jugendlichen Alter von 12 und 14 mussten Emile und Jules von der Schwester, von ihrer Mutter und den Grosseltern Abschied nehmen. Und nicht nur das. Sie zogen allein in ein fremdes Land – Deutschland, dessen Sprache sie nicht sprachen, in eine Kleinstadt zu Verwandten, die sie nie gesehen hatten. Diesmal verliess sie die Beherrschung, die sie noch am Grab ihres Vaters gezeigt hatten. Alle weinten, als sich die Kutsche in Armentières, vor dem *Hôtel du Lion d'Or*, in Bewegung setzte – Grossmutter, Grossvater, Mimi, Adèle und die plötzlich gar nicht mehr erwachsenen Jungen. Sie sollten so nie wieder zusammenkommen.

Mimi und Adèle blieben zurück. Von dem, was sich inzwischen auf der „Weltbühne Paris" zugetragen hatte, waren sie kaum unterrichtet. Nachdem Regent Charles X. mit der Wiedereinführung der Pressezensur und einschneidenden Wahlrechtsänderungen die aufgebrachten Pariser auf die Barrikaden getrieben hatte, war er 1830, nach der Juli-Revolution – von Delacroix auf seinem Gemälde „Die Freiheit führt das Volk" durch die barbusig voranstürmende Marianne ausdrucksstark symbolisiert –, zum Rücktritt gezwungen worden. Nach ihm hatte man den Herzog von Orléans, Louis Philippe, zum „König der Franzosen" gekürt.

Damit war die sogenannte goldene Zeit des Finanzbürgertums angebrochen, das sich der Parole Louis Philippes „Enrichissez-vous! – Bereichert Euch!" nur zu gern bediente und den Ärmeren nun erst recht den letzten Franc aus der Tasche zog. Mit der Streitschrift „Was ist Eigentum?" versuchte der Sozialist Pierre Joseph Proudhon vehement dagegen zu steuern. „Eigentum ist Diebstahl", hiess seine sarkastische Losung, und er meinte damit den nicht durch Arbeit erworbenen Wohlstand. „Das Land kapitalisiert und industrialisiert sich", schrieb auch der zeitgenössische Historiker Alexis Clérel de Tocqueville. „Die Regierung gleicht einer korrupten Aktiengesellschaft, die ihre Wähler mit materiellen Vorteilen besticht."

Der alte Couprand mit seiner bescheidenen Landarztpraxis gehörte nicht zu jenen, die von der „goldenen Zeit" profitierten. Mimi reizte es bald, den dürftigen Verhältnissen in Armentières zu entfliehen und in Paris vielleicht an die Liebe von damals anzuknüpfen. In Grossbritannien hatte Königin Victoria gerade ihren Prinzen Albert von Sachsen-Coburg geehelicht. Und obwohl mit Mitte 40 schon fast Matrone, machte Mimi sich, wieder Hoffnung schöpfend, im Jahr 1840 auf den Weg nach Paris. Vergeblich hatten die Eltern gewarnt, vergeblich die kleine Adèle sie beschworen zu bleiben – Mimi setzte ihren Kopf durch und reiste ab.

Den Verfasser des Liebeslieds von den drei zärtlichen Tagen, Monsieur Watten, traf sie in Paris offenbar nicht mehr an, aber einen anderen Herrn, der in den Annalen der Familie nur als Monsieur Franquet erscheint. Weder sein Vorname noch sein Beruf tauchen in Briefen und Dokumenten irgendwo auf. Monsieur Franquet, dabei blieb es. Sogar als Mimi ihn, selbst für die Eltern Couprand überraschend, in Paris geheiratet hatte. Auch Franquet gehörte nicht zum Finanzbürgertum. Er kränkelte. Er machte Schulden. Mimis anfänglich überglückliche Briefe schlugen um in verhaltene Klagen über ihn.

Indessen wuchs ihre Tochter Adèle bei den Grosseltern streng behütet heran. Fünf Jahre, vom 12. bis zum 17. Lebensjahr: sonntags wieder Brathuhn oder Potje Vleisch, werktags Gemüseeintopf oder Fisch. Nach der Schule der häusliche Unterricht in allen für Mädchen, die einmal standesgemäss heiraten wollten, üblichen Fertigkeiten, wie Nähen, Stricken, Klöppeln, Vorratshaltung, Manieren, Konversation. Woche für Woche in Grossmutter Couprands Begleitung Besuche auf dem Markt vor dem alten Rathaus. Kirchgänge feiertags, gelegentlich gesittete Promenaden die Lys entlang. Vielleicht ging es doch nicht ganz so gleichförmig zu in Adèles frühen Jahren, aber so hat sie sie später geschildert. Die Einladung, zum guten Onkel Séraphin nach Coesfeld überzusiedeln, muss ihr darum als willkommenes Abenteuer erschienen sein.

Das war 1845, und ihr Bruder Emile überbrachte die Offerte. Die alten Couprands willigten, wenn auch tief bekümmert, ein. Der Doktor, nun schon 78, hatte seine Praxis aufgegeben und im Stillen gehofft, Adèle würde in Armentières bleiben. Auf Enkel hatte er gehofft und darauf, wie bisher die so belebende, liebreizende Jugend um sich zu haben. Grossmutter Couprand lief mit geröteten Augen durchs Haus und war übertrieben emsig um Adèles Ausstattung besorgt. Die hörte nur noch auf ihren Bruder Emile, der angestrengt versuchte, ein wahrheitsgetreues, farbiges Bild vom gutbürgerlichen Hausstand in Coesfeld zu vermitteln, von der Gastfreundschaft des lieben Onkels und seiner Frau Marie, die ihm und dem Bruder Jules Gymnasium und Lehre ermöglicht hatten, von den stets rührend besorgten Tanten Fanny und Adelaïde.

An einem Frühsommermorgen 1845 stand man dann wieder vor dem *Hôtel du Lion d'Or*. Die Grosseltern versuchten zu lachen. Emile hatte die Arme um die beiden Alten gelegt. Adèle, im modischen fussfreien Glockenrock mit taillierter Reisejacke und Pelerine – letztes Geschenk von Grossvater Couprand –, lehnte, zitternd vor Aufregung, am Kutschenfenster. Ade, Armentières!

Seiner Schwester verheimlicht hatte Emile, dass er vor allem deshalb aus Deutschland angereist war, um Mutter Mimi in Paris zu besuchen, die ihn in dramatischen Briefen um Hilfe gebeten hatte. Jahrzehnte später schrieb er in einer ergreifenden, mir vorliegenden Lebensbeichte nieder, wie es dazu kam, dass auch er sich nach Adèles Abreise von den alten Couprands eilends verabschiedete:

„Ich umarme meine alten Grosseltern, die so gütig waren", schreibt Emile, „und ich komme nach Paris zu meiner Mutter, die sich wieder verheiratet hatte und nicht glücklich war, die Liebe. Ich hatte Malen gelernt. Mein Onkel Séraphin hatte mir noch eine Pension von 1200 Francs für ein Jahr gegeben, und mit dem, was ich verdiente, konnte ich Mutter unterstützen. Aber als das Jahr vergangen war, und obwohl ich mir sehr viel Mühe gab und von sechs Uhr morgens bis sechs Uhr abends malte und von sieben Uhr abends bis Mitternacht zeichnete, konnte ich doch nicht den Unterhalt für einen bescheidenen Haushalt zusammenbringen ..."

„Der Gatte meiner Mutter war krank geworden", fährt Emile fort. „Und schliesslich, sechs Monate später, machte die arme Mutter 1000 Francs Schulden, die sie nicht zurückzahlen konnte. Es galt, die Ehre zu retten. Was war zu tun? Mir kam eine Idee. Ich war frei und ausgenommen vom Militärdienst, während mein Bruder Jules in Afrika diente. Also gehe ich zu einer Einberufungsstelle und verkaufe meine Freiheit und erhalte

1000 Francs. Da der Rekrut, für den ich einspringe, für die Marineartillerie vorgesehen war, hatte ich mich zu einem Regiment nach Brest zu begeben. Ich bringe meiner armen Mutter 980 Francs und behalte 20 für die Reise. Alles konnte bezahlt werden, und die Ehre war gerettet. Nach einer Fussreise von 150 Meilen kam ich am Bestimmungsort an und wurde in die 2. Batterie der Marineartillerie in Brest eingestellt."

Wofür Mimi, wenn nicht für den kranken Franquet, so viel Geld ausgab und wem sie die 1000 Francs schuldete, hat Emile nie verraten. Nach einem halben Jahr, berichtete er weiter, sei er zum Unteroffizier befördert worden, habe dann im wahrsten Sinne des Wortes umgesattelt zur Kavallerie, avancierte nach einem weiteren halben Jahr zum Kavallerieunteroffizier und nach 18 Monaten und einem Examen schliesslich zum 1. Kavallerieunteroffizier. „Aber", schreibt er dann, „die Lage meiner Mutter hatte sich verschlechtert. Da ich bei meinem Vorgesetzten sehr beliebt bin, bitte ich den Oberst um Entlassung als Stütze der Familie, und mit seiner Fürsprache erhalte ich sie ..." Emile kehrte zurück nach Paris, aber zu helfen war Mimi nicht mehr.

Diotima im Putzwarenladen

Adèle Forgeois, Mimis Tochter, reiste an jenem Frühsommertag 1845 einer zunächst unbeschwerten Zukunft entgegen. Als sie in Coesfeld am Lambertikirchplatz endlich aus der Kutsche steigt, steht die ganze Familie Forgeois, einem Begrüssungskomitee gleich, vor dem Haus: Onkel Séraphin, seine Frau Marie, der Knabe François, die beiden Tanten Fanny und Adelaïde. Das Feierliche gibt sich rasch. Küsse rechts, Küsse links. Adèle muss sich drehen und wenden: „Zeig mal, wie ist sie schick! ... Kein Wunder, französisch ... Nimm doch den Hut ab, Kindchen. Nein, tritt erstmal ein." Onkel Séraphin geht voran. Die Tanten haben Adèle untergefasst. François schaut ihr nach mit einem ersten langen, verzückten Blick.

Von den Coesfelder Forgeois gibt es noch Bilder aus der Zeit um 1845. Fünf Porträts in Öl, mittelgross, goldgerahmt, die, etwas ramponiert, den Deutsch-Französischen Krieg 1870/71 und auch die zwei Weltkriege überdauert haben. Wie porträtiert, so sind die Verwandten wohl damals Adèle entgegengetreten. Die Männer mit Weste unter einer Jacke aus gediegenem, dunklen Tuch, goldene Schmucknadeln auf der Hemdbrust. Die Frauen mit breiten Spitzenkrägen und spitzengesäumten Batisthauben, Goldbroschen am Ausschnitt. Séraphin, 52, eher klein von Statur, blickt prüfend. Über dem rundlichen, leicht rotweingeröteten Gesicht sind die braunen Haare, eine frühe Glatze kaschierend, von rechts nach links glatt an den Schädel frisiert.

Seine lothringische Frau Marie, 49, hat etwas rotbackig Ländliches. Sie lächelt, als ob sie sagen wollte: „Lass gut sein". Ganz anders ihr Sohn François. Der 14jährige trägt ein Buch unter dem Arm und scheint skeptisch: „Mir macht man nichts vor." Er wirkt wohlerzogen, doch die hohe, gewölbte Stirn, die schmale Nase verweisen auf eine nervöse Konstitution.

Die Tanten Fanny und Adelaïde haben die gleichen schön geschwungenen Lippen und das gleiche energische Kinn wie ihr Bruder Séraphin. Sonst ähneln sie einander kaum. Adelaïde, 50, trägt ein schwarzes, hochgeschlossenes Kleid und schaut missvergnügt. Zwei scharfe Falten ziehen sich von der Nase zum Mund. Fanny dagegen, 49, hat ein liebes Spitzmausgesicht, über dem halsfernen Ausschnitt eine Perlenkette und lacht mit den Augen.

Fanny ist es auch, die nach Adèles Ankunft sogleich mit Erfrischungen dient. Onkel Séraphin führt die Nichte durch den Laden; seine Frau begleitet sie in das jungmädchenhaft mit allerlei Nippes und gerafften Voilegardinen für sie hergerichtete Zimmer. Alle parlieren, einander ins Wort fallend, französisch. Erst später, als Adèle bei den Coesfelder Familien die Runde macht, wird sie es schwer haben, sich zu verständigen. Zunächst raten ihr die Tanten, sich auszuruhen, aber danach nicht zu versäumen, den Grosseltern Couprand Bericht zu erstatten.

Nach Wochen trifft aus Paris ein Brief von Mimi ein, der einzige und letzte, den Adèle von ihrer Mutter erhalten und aufbewahrt hat. Mimi schreibt: „Durch Deine Grossmutter in Armentières habe ich mit Freude von Deiner glücklichen Ankunft in Coesfeld gehört. Sie sei, schrieb sie, so betrübt darüber gewesen, Dich zu verlieren, dass sie ganz vergessen habe, Dir einen Brief für die Tanten mitzugeben. Sie bat mich, sie bei ihnen zu entschuldigen und zu erklären, dass sie im Moment dieser Trennung für immer und ewig nichts anderes denken konnte und erst wieder zur Besinnung kam, als Du abgereist warst. Nun sind sie beide sehr mitgenommen, arme Eltern, die ich so lieb habe, ach!"

„Ich kann mir aber", so Mimi weiter, „die Freude der Tanten, wenn sie Dich sehen, lebhaft vorstellen und die Zuneigung, die sie für Dich fühlen. Kann ich hoffen, dass Du sie erwidern wirst? Du bist alt genug, Dir klar zu machen, dass Dein Glück jetzt hauptsächlich von Deinem eigenen Verhalten abhängt." Mütterliche Ermahnungen folgen: „Bedenke die Opfer, die Deine Tanten für Dich bringen, ohne dazu verpflichtet zu sein ... Sei also freundlich, beherzt, gehorsam ihnen gegenüber, strenge Dich an, sie aufzuheitern. Deiner Tante Fanny, die so zart ist, sollst Du Dich vor allem nützlich machen. Etwa indem Du die Waren ordnest, sie auszeichnest, indem Du ihren Anordnungen folgst, fleissig Deine Pflichten erfüllst und unermüdlich tätig bist. Ist das geschehen, darfst Du auch an Deine Zerstreuung denken." Und dann: „Ich bin schon im voraus sicher, dass Du auch Deinen Onkel Séraphin lieben wirst. Er ist so gut. Liebe ihn aufrichtig. Er verdient es. Sei auch seiner Frau gegenüber aufmerksam und höflich und ebenso zu Deinem Vetter."

Mimi schliesst mit den sehnsuchtsvollen Zeilen: „Auf Wiedersehn, auf Wiedersehn, meine Adèle, auf Wiedersehn, meine Tochter! Ich kann das Wort Adieu nicht sagen, denn ich wage zu hoffen, dass ich Dich eines Tages wiedersehen und ans Herz drücken werde. Dieser Gedanke, meine Liebe, lindert meinen Kummer. Es geht jetzt um Dich und nicht um mein eigenes Leid. Deine Mutter, die Dich tausend- tausendmal umarmt".

So weit Mimi in ihrem letzten Brief. Adèle hat ihre Mutter nicht wiedergesehen. Mimi starb 1847 in Paris. In ihrem Nachlass, der Adèle zuging, befand sich unter anderem das kleine Porträt des Robespierre-Freundes Constant Forgeois, mit dem Vermerk: „Halt ihn in Ehren!". Monsieur Franquet erbat und erhielt von seinem Stiefsohn Emile noch Jahre nach Mimis Tod gelegentlich Geld, abgebucht unter dem Kennwort „Krankheit von Monsieur Franquet". Eine Freundin Adèles kondolierte mit den Worten: „Es ist so wohl das beste für alle

Teile." Mimi war die Sehnsucht nach Paris zum Verhängnis geworden.

Für Adèle begann das Leben erst richtig mit ihrer Ankunft in Coesfeld. Die kleine Kreisstadt hatte eine bewegte Vergangenheit hinter sich: von der Römerzeit bis 1815, zum „Wiener Kongress" – Aufstieg und Fall, Hungerjahre und Blütezeit. Anfangs Tuchmacherstadt mit regem, bis nach Bergen und Riga reichendem Handel, im 14. Jahrhundert durch Pestepidemien fast entvölkert, während des Siebenjährigen Kriegs, 1756–1763, weitgehend zerstört, mal dem Fürstbischof, mal den Rheingrafen untertan. Ein ganz neues Savoir-vivre hatten dann nach der Französischen Revolution die Emigranten aus Frankreich importiert. Unter französischer Herrschaft, 1810 bis 1815, gab man sich beinahe frankophil. Danach war Coesfeld an Preussen gefallen. Zwar taten die Bürger sich zunächst schwer, „de strammen Prüßen" zu akzeptieren, aber mit dem länger anhaltenden Frieden kam endlich auch der Handel wieder in Schwung und damit der Wohlstand.

Um 1845 präsentierte das Städtchen sich mit zahlreichen Handwerksbetrieben und kleineren Fabrikanlagen, dem wuchtigen Walkenbrückentor an der Berkel, Plätzen und Plätzchen an ihren Nebenarmen und der ehrwürdigen Lambertikirche aus dem 17. Jahrhundert im Zentrum. Laubengänge und stattliche Bürgerhäuser säumten damals den Kirchplatz. Zwei davon gehörten dem Kaufmann für feine Wäsche- und Putzwaren Séraphin Forgeois. In den Schaufenstern unter den Markisen wurden Spitzen und Pleureusen, Strümpfe, Brusttücher und Rüschenhauben offeriert. Rechts und links der schweren, aufwendig vergitterten Eingangstür standen kugelförmig gestutzte Buchsbäume, entfernt an französische Gartenkunst erinnernd.

Adèle erweist sich schnell als anstellig im Geschäft. „Oui, Monsieur" hier, „Avec plaisir, Madame" dort. Den Coesfeldern, die sich mit dem preussischen Regiment nur mühsam anfreunden können, gefällt die lebfrische Mademoiselle Adèle, die französischen Flair mitbringt und auffallend viel Geschmack in modischen Fragen. Tante Fanny wieselt ihr im Laden voraus, macht sie mit den Preisen und dem Inhalt von Dutzenden von Schubladen vertraut und unterrichtet „das Kindchen" in Deutsch. Die

Lothringer Tante Marie bemuttert es. Als Sprachlehrerin taugt sie nicht. Sie ist über ihr stadtbekanntes Kauderwelsch aus Lothringisch und Plattdeutsch nie hinausgekommen und hat damit anfangs sogar peinlich auf sich aufmerksam gemacht. „De Dütsch, de sauft!" – Die Deutschen, die saufen! –, hatte sie einer Kundin anvertraut, die das eilends weitertrug. Tante Marie wurde verdonnert, sich zu entschuldigen und machte die Runde mit dem Umkehrsatz: „De Dütsch, de sauft nicht". Das genügte. Lange nachgetragen hat man ihr den kleinen Ausrutscher nicht. Und nach ihrem Tod stand im *Coesfelder Kreisblatt* zu lesen: „Ihre schlichte, ganz warme Gemütsart, ihre wohlwollende Zuvorkommenheit haben ihre Person jedermann lieb und wert gemacht".

Ihre warme Gemütsart hat es wohl auch Adèle erleichtert, sich einzuleben. Sie ist bemüht, Mimis Ermahnungen zu folgen, unermüdlich tätig zu sein und ihre Tanten aufzuheitern. Als man die Zeit für gekommen hält, sie den alteingesessenen Familien vorzustellen, begleiten sie Onkel Séraphin und die Tanten. Alle fein herausstaffiert. Onkel Séraphin sichtlich stolz, eine so wohlgeratene „Tochter" in die Gesellschaft einzuführen.

Man fährt vor beim gestrengen Thiers von der Zinngiesserei, beim Lederfabrikanten Engelbert Vissing, bei Pfarrer Hülswitte, Apotheker Richters und Kreislandrat Mersmann. Adèle darf knicksen, Fragen artig beantworten, an einem Gläschen Süsswein nippen und von zu Hause, von Frankreich, erzählen. Das endet fast immer beim aufmüpfigen Grossvater, dem Robespierre-Freund Constant Forgeois, dessen kleines Porträt jetzt in Coesfeld, in Adèles Zimmer über ihrem Nachttisch, hängt. Was sie mag an ihm, ist der Draufgänger, den sie in ihm vermutet, während Mutter Mimi ihn einfach „nur schön" gefunden hatte, „schön zum Verlieben".

Adèle gefällt. Rundum wird sie eingeladen. Bei den Mersmanns geht sie ein und aus. Mit den Töchtern ist sie befreundet. Gemeinsam erscheinen die drei Grazien auf Bürgerfesten und Bällen. Und ab und an bittet der Herr Kreislandrat Adèle zum Eröffnungstanz. Die Polka, die gerade in Mode gekommen ist, die Polka freilich tanzt sie mit Cousin François. Anfangs hatte François die charmante Cousine nur angestarrt. Je älter er wird, desto öfter versucht er, ihr nahe zu sein. Zwar

Die 20jährige Adèle Forgeois, 1848 in Coesfeld

soll er einmal Séraphins Putzwarengeschäft übernehmen, aber heimlich verfasst er Gedichte, gibt sich am Klavier – mit viel Pedal – stundenlang eigenen Kompositionen hin und liest Heinrich Heine: „Morgens steh ich auf und frage: Kommt Feinsliebchen heut ...?"

Adèle und François fangen an, gemeinsam zu lesen. François unter dem Vorwand, Adèle könne davon für ihr Deutsch profitieren, Adèle, weil sie dem jungen Mann gern zuhört. Er trägt mit Gefühl vor. Aus Heines „Buch der Lieder", Schillers Balladen, Freiligraths revolutionären Zeitgedichten, aus Stendhals „Kartause von Parma" oder Charles Dickens' sozialkritischem „Oliver Twist". Für François ist die drei Jahre ältere Adèle seine „Diotima", zu der er aufblickt. Adèle fühlt sich nur geschmeichelt. Allmählich ändert sich das. Aus den Leseabenden werden zärtliche Abende. Und wenn man François' späteren Briefen glauben darf, sogar zärtliche Nächte. Die erste grosse Liebe: „Er hat mich geküsst! / Weiss nicht, ob ich mich freuen soll. / Mein Herz ist ganz von Tränen voll ..."

In Europa geht es indessen wieder drunter und drüber. Die Weber haben in Schlesien revoltiert. Aus Irland setzt nach einer noch nicht dagewesenen, Hunderttausende dahinraffenden Hungersnot und brutalen Enteignungsaktionen der britischen Landlords eine Massenauswanderung nach Amerika ein. Marx und Engels veröffentlichen in England als Grundlage eines wissenschaftlichen Sozialismus das „Kommunistische Manifest". In Deutschland immerhin scheint sich nach der Märzrevolution, mit der Nationalversammlung in der Frankfurter Paulskirche im Mai 1848 die Lage zu konsolidieren. Und in Paris jagt man endlich den korrupten Bürgerkönig Louis Philippe, die „Birne" im Volksmund, davon. Der aus dem englischen Exil angereiste, als „Dandy" glossierte, Louis Napoléon wird im Dezember 1848 zum Prinzregenten gewählt.

An Coesfeld gehen die politischen Umwälzungen nahezu spurlos vorüber. Das *Kreisblatt* berichtet zwar, vornehmlich aber über den Kreis. Bälle und Bürgerfeste gehen weiter. Im Dezember 1849 feiern Adèle und François ihren Geburtstag gemeinsam. François ist am 27. Dezember 18 Jahre geworden, Adèle am Silvestertag 21. Die Jahreswende vereinigt die ganze Familie Forgeois im Salon. Onkel Séraphin kann sich einer stabilen geschäftlichen Jahresbilanz erfreuen. Tante Fanny lächelt dazu bescheiden. Ihre Schwester Adelaïde wirkt, wie immer, missvergnügt. „Ich weiss wirklich nicht, was es zu lachen gibt", sagt sie bissig, während Tante Marie bemüht ist, gluckenhaft Wärme zu verbreiten. Das heimliche Liebespaar, Adèle und François, vermeidet, verräterische Blicke zu tauschen.

Man feiert nicht nur die Jahreswende, sondern auch die kurze Anwesenheit des smarten Jules. Séraphins Neffe hat seinen Militärdienst bei den Chasseurs d'Afrique quittiert und will sich nun in Amerika versuchen. Nach Goldfunden in Kalifornien sind die Vereinigten Staaten zum „Land der unbegrenzten Möglichkeiten" geworden. Wie es das Lied vom „Yankee-Doodle" verheisst: „Amerika, ein herrlich Land, / Ein Volk von lauter Brüdern; / Hat einer Kuchen in der Hand, / Er teilt ihn mit den Brüdern". Jules liebt vor allem die Freiheit, den Wein und das Risiko. Mit seiner Künstlertolle und den faszinierenden Augen muss er auch ein Frauenliebling gewesen sein. Geschaffen fürs Abenteuerleben.

Ein Coesfelder hat sein Glück schon gemacht in Hoboken bei New York: Jodocus, der Sohn des alten Engelbert Vissing. „Ein Verrückter", sagen die Leute, „ein Dickschädel, wie sein Vater", der auch schon von Coesfeld fortgegangen war, um als Geselle der Lohgerberzunft halb Europa zu durchqueren. Jodocus allerdings hatte seinen Vater noch übertroffen. Von ihm wurde in Coesfeld erzählt, er sei eines Tages von einem Gelage erst in den Morgenstunden heimgekehrt und vor der verschlossenen Haustür gestanden. Der alte Engelbert wollte ihn Mores lehren. Sein Sohn sei darüber so zornig geworden, dass er auf dem Absatz kehrtgemacht, sein Pferd wieder bestiegen und das Weite gesucht habe. Woher er das Geld nahm, um auszuwandern, blieb rätselhaft. Fest steht, er meldete sich erst aus New York mit der knappen Nachricht: „Bin glücklich angekommen. Bleibe dahier. Jodocus".

1850, im Frühling, reiste der smarte Jules aus Coesfeld ab nach Amerika, nachdem er sich noch schnell mit einer sanften, ihm ergebenen Gretchennatur, Theodora Schulte, verheiratet hatte. Jodocus kam zu Besuch aus den USA. Als Amerikaner. 1849 war ihm in New York der Bürgerbrief ausgehändigt worden. Jodocus kam, und das Städtchen stand Kopf.

Adèle, die Amerikanerin

Jodocus Vissing wird herumgereicht von Salon zu Salon. Von den Mersmanns zu den Thiers, von den Hülswittes zu den Richters. Jodocus – die Personifizierung der grossen, weiten Welt. Für Amerika steht er, das freilich kein Land „von lauter Brüdern" sei, wie er posaunt, aber doch eines der scheinbar unbegrenzten Möglichkeiten. Prahlend zieht der 26jährige von Soirée zu Soirée und brüstet sich mit dem Bürgerbrief des State of New York, der ihm lediglich auferlegt, in Zukunft auf jedes Treuegelöbnis „fremden Prinzen, Potentaten, Staaten und besonders dem König von Preussen gegenüber zu verzichten".

Adèle muss er als der Draufgänger erschienen sein, von dem sie geträumt hat. Mit ihrem verehrten Grossvater Constant Forgeois, dem Robespierre-Freund, hat er allerdings keinerlei Ähnlichkeit. Auf einer Daguerreotypie aus der Zeit wirkt er unsympathisch: ein breitschultriger Angeber mit leicht gedunsenem Gesicht, Schnauzbart und aschblondem, gescheiteltem Kurzhaar, in der herausfordernden Pose des „Hier komm ich". Über den gestreiften Beinkleidern trägt er eine, die Knöpfe fast sprengende, karierte Weste, um den Bubikragen eine karierte Schleife. Die rechte Hand umspannt mit hervortretenden Knöcheln einen Spazierstock. Der linke Arm ist in die Seite gestemmt. Die Präpotenz in Person.

Jodocus ist vier Jahre älter als Adèle, sieben Jahre älter als der Schwarmgeist François. Ein gestandener Mann, der es in der Neuen Welt zu etwas gebracht hat, wie sein Vater Engelbert Vissing längst in der alten. 1850 beschäftigt der schon mehr als 80 Arbeiter; und das Vissingsche Anwesen umfasst die Lohmühle, die Färberei, den Saffianlederbetrieb, eine Leimsiederei und die Landwirtschaft mit Äckern, Weiden und Vieh. Auf einer Geschäftskarte ist es mit fünf Fabrikationsgebäuden, drei hohen Schornsteinen, Gemüsegärten am Ufer der Berkel und der herrschaftlichen Villa neben dem Walkenbrückentor dargestellt. Alles in langen Jahren vom alten Engelbert erwirtschaftet, nachdem er als Gerbergeselle die Walz durch fünf Länder absolviert und dabei in Italien, Prag

Judocus Vissing, der Draufgänger.
1850 in Coesfeld

und Paris die Fertigung feinster Saffian- und Glanzleder erlernt hat.

In seinem Handwerkerpass mit Panoramabild der K.u.K.-Hauptstadt Prag hatten ihm schon am 27. Januar 1806 „Geschworene Ober- und Mitvorsteher sowie sammentliche Meister der bürgerlichen Lohgerberzunft" attestiert, dass er dort in Arbeit gestanden „und sich solche Zeit treu, fleissig, stille, friedsam und ehrlich, wie einem jeglichen Handwerksgesellen gebührt, verhalten und deshalben nach Handwerksgebrauch überall zu fördern" sei. Engelbert hatte diese Empfehlung weidlich genutzt.

Nachgesagt wird ihm – sogar in der Coesfelder Stadtgeschichte – allerdings auch, er sei nicht immer ganz reell zu Wohlstand gekommen. Das leerstehende Augustinerinnen-Kloster Marienbrink soll er für seine Gerberei zwar rechtmässig erworben, während der Continentalsperre aber, wie andere am Ort, mehr als einträglich vom Schmuggel mit den nahen Niederlanden gelebt haben. Dabei wurde er nie ertappt. Der Schmuggel also, der Mimi im französischen Wervicq-Sud zur Witwe, Adèle und ihre Brüder zu Waisen gemacht hatte, hatte dem alten Engelbert im deutschen Coesfeld elegant über die Notzeiten geholfen.

In seinem Haus ist Adèle nun häufiger zu Gast. Der stämmiggrosse, stets altväterlich schwarz berockte Engelbert findet in ihr, wenn er nicht gerade in der Mai'schen Wirtschaft bei ein, zwei Bier und einer Pfeife Tabak eine Partie 66 spielt, eine nie ermattende Zuhörerin für seine Schnurren von der Walz. Jene zum Beispiel, wie er am denkwürdigen 2. Dezember 1804 in Paris der glanzvollen Krönung Kaiser Napoleon I. beiwohnen durfte. Napoleons Schwager Marat, erzählte er mit immer der gleichen Empörung, habe dabei „wenig Haltung" bewahrt und sei in der ehrwürdigen Notre Dame durch respektloses Gehabe unangenehm aufgefallen. Engelbert legt Wert auf Würde.

Der forsche Jodocus, sein Sohn, beschränkt sich nicht aufs Erzählen. Er lässt die Kutsche anspannen und jagt mit Adèle an den Feldern entlang zum Wald. Alles, schreit er gegen den Wind, alles sei „drüben" viel grösser, viel weiter, viel besser. Und im Handumdrehen werde man reich. Im Herbst sitzt Jodocus, sobald Adèle im Putzwarengeschäft Feierabend hat, draussen neben ihr am Kartoffelfeuer oder im Vissinghaus am Kachelofen. Der Weltmann kann sich auch häuslich geben. Im Winter spannt er den Schlitten an, hüllt Adèle fürsorglich in Felldecken ein und rast mit ihr in Wolken aufstiebenden Schnees querfeldein. Wenn sie abends im Kreis der Forgeois von ihren Ausfahrten erzählt, wird sie abwechselnd rot und blass. François schweigt. Die Leseabende werden seltener und schliesslich ganz gestrichen. „Du Büchernarr", sagt Adèle, „was weißt denn Du von der Welt?"

Irgendwann im Frühjahr 1851 ist es dann soweit. Bei einer ihrer Landpartieen macht Jodocus der bebenden Adèle einen Heiratsantrag. Er hebt sie aus der Kutsche, fällt theatralisch vor ihr auf die Knie und bittet sie, ihm nach New York zu folgen. Adèle sagt nicht nein, und schon am nächsten Tag erscheint der junge Mann bei Onkel Séraphin am Lambertikirchplatz und bittet ganz offiziell um Adèles Hand. Séraphin ist ein distinguierter Herr, einer, dem der junge Hitzkopf Jodocus ebenso wesensfremd ist wie der alte Dickschädel Engelbert. Auch ist Amerika weit. Doch sei, sagt er im Familienrat, an den „honorigen" Vissings nichts auszusetzen, im Gegenteil, Adèle könne es wohl besser nicht treffen. Und so erklärt er sich denn mit der Heirat einverstanden.

Ganz anders reagiert in Paris Adèles Bruder Emile Forgeois, als ihm die Verlobung mitgeteilt wird. Er ist ernstlich besorgt und besteht darauf, die Schwester während ihrer Verlobungszeit bei sich aufzunehmen. In Paris werde sie sich prüfen können, ob sie wirklich im „Wilden Westen" verkümmern wolle, „weitab von jeder Kultur".

Jodocus lacht schallend über so viel Unverstand. Aber einzuwenden hat er nichts gegen Paris. Mit Adèle am Arm macht er noch einmal die Runde durch die Coesfelder Salons und stellt das „Mamsellchen" als seine Verlobte vor. Dann nimmt er Abschied, um nach Amerika zurückzusegeln. Der alte Engelbert hat ihn beauftragt, Vissing'sche Lederwaren in New York unter die Leute zu bringen.

Die Ledermustertasche, die Jodocus damals aus Coesfeld mitnahm und jahrelang bei sich trug, steht heute – durch Generationen weitervererbt – bei mir im Regal. Sie ist verschliessbar und hat 13 alphabetisch angeordnete Fächer. In einigen stecken noch Lederproben – grünes und rehbraunes, samtweiches Saffian, schwarzes Glanz-, senffarbenes Kalbsleder. Und ganz vorn ist die Geschäftskarte des „Manufacturer Coesfeld-Germany“ eingelegt mit dem Bild von den fünf Fabrikgebäuden und der Villa am Walkenbrückentor, ausgestellt auf „Sole Agent Jodocus Vissing, 23 Jacob St., New York“.

Jodocus reist ab, und Adèle bleibt zurück in einem Wirbel von Vorbereitungen für die Zeit in Paris. Tante Fanny sichtet Kisten und Kasten, um Adèle ausreichend mit Dessous zu versorgen. Tante Adelaïde schaut naserümpfend zu. Die Anproben dann fürs Reisekostüm, das Negligé, die Abendgarderobe. „Parbleu, ist das nicht zu provinziell für Paris?“ Letzte Kaffeekränzchen mit den Freundinnen. Letzte Anstandsbesuche beim alten Vissing. Keine Zeit mehr für Engelberts Krönungsschnurre, erst recht keine Zeit für François. „Mon ami, wir bleiben Freunde – toujours.“ Küsschen rechts, Küsschen links.

Im Hochsommer 1851 versammelt man sich bei den Forgeois zum Abschiedsfest. Ein in braunes Mattleder gebundenes Buch mit dem Wort „Album“ in blumenumrankten Goldbuchstaben ist bis heute erhalten. Fast alle Eintragungen stammen vom 18. 7. 1851. Tante Marie Forgeois hat sich da verewigt mit der Bitte, sich „recht oft und freundlich“ ihrer zu erinnern. Die „treue Freundin“ Emma Mersmann zitiert nornengleich zehn Strophen von Freiligrath: „O lieb so lang Du lieben kannst …“ und schreibt dazu: „Lebe wohl, zufrieden und heiter, liebe Adèle! Dieses sind die Worte, die ich Dir beim Abschied zurufe und worum ich Gott täglich bitten werde.“

Cousin François gibt Adèle am nächsten Tag noch bis Köln das Geleit. Und erst dort trägt er sich als letzter in ihr Poesiealbum ein. In gefühlvoll nach rechts geneigter Sütterlinschrift steuert er ein eigenes, langes Gedicht „An mein liebes Bäschen“ bei, das so endet: „Der Sturm erfasst die Rose, / er reisst sie zornig aus / und führt sie weithinbrausend / hinweg durch Nacht und Graus. / … Der Jüngling steht so traurig, / wo hell die Sonne scheint. / Die andern Blumen grüssen, / er aber steht und weint. / Der Sturm hat ihm genommen, / was, ach! so lieb ihm war, / und nun sucht er vergebens / es in der andern Schar“.

Als sie in Paris eintrifft, ist Adèle 22, und Bruder Emile tut alles, um ihr das Leben zu versüssen und den „verrückten Amerikaner", wie er ihn nennt, auszureden. Nach dem Tod seiner Mutter Mimi hatte er – ein hochgewachsener, schöner Mann, mit wachen Augen im auffallend schmalen, bärtigen Gesicht – die vier Jahre ältere Kaufmannstochter Sidonie Daprés geheiratet, mit Hilfe ihrer Mitgift im Quartier Montparnasse-Montrouge eine kleine, lukrative, chemische Fabrik eröffnet und auch dort, in der Rue Lalande, ein Haus bezogen.

Ein frühes Pastellporträt von Sidonie zeigt eine grazile, kindlich scheu wirkende Mademoiselle im viktorianisch hochgeschlossenen, dunkelgrauen Kleid, mit breiter, moosgrüner Taftschleife unter dem Spitzenkrägelchen. Das dunkelbraune Haar ist in der Mitte gescheitelt und in weichen Wellen nach hinten über die Ohren gekämmt. Ein Mädchen von jungfräulicher Noblesse.

Als das Bild in Auftrag gegeben wurde, war Sidonie etwa 17 und gerade Patin des Knaben Georges Bizet geworden, des später so berühmten Komponisten der Oper „Carmen". Bei Vater Bizet nahm sie Gesangunterricht. Und der soll von ihrem Mezzosopran so entzückt gewesen sein, dass er sie dazu überredete, dem grossen Halévy eine Partie aus seiner Oper „Die Jüdin" vorzusingen. Halévy, ebenso beeindruckt, habe ihr sofort ein Engagement am Theater vorgeschlagen. Dagegen hatte Sidonie sich freilich entschieden verwahrt, dem ehrenwerten Emile Forgeois, als er sich Jahre später um sie bewarb, jedoch spontan ihr Ja-Wort gegeben. In der Rue Lalande richteten sich die beiden dann ein und wurden bekannt für ihr gastfreies Haus, in dem Musiker und arme Verwandte, Poeten und Arbeiter aus der kleinen Fabrik gleichermassen willkommen waren.

Montparnasse hatte damals noch ländlichen Charme. Vor dem Bahnhof der 1846 eröffneten Eisenbahnlinie nach Sceaux – heute als Station Denfer-Rochereau der älteste Pariser Bahnhof – sass man unter schattigen Bäumen. Weite Parkanlagen dehnten sich hinter dem Schlagbaum in Richtung Arceuil. Neben einem von ihr gegründeten Spital betrieb Madame de Chateaubriand mit Nonnen in weissen Flügelhauben eine renommierte Chocolaterie, in der Damen der besten Gesellschaft sich zugunsten wohltätiger Zwecke Pralinés verkaufen und eintüten liessen.

Der Vicomte de Chateaubriand selbst, der 12 Jahre im Viertel

Montparnasse-Montrouge lebte, hat dies „Paradies“ schriftlich verherrlicht: „Ich höre die Schafe blöken, die ihre Milch für die kleinen Waisen im Findelhaus geben. Prozessionen, angeführt von jungen Schönheiten aus der Nachbarschaft, ziehen singend unter den Bäumen vorüber. Die Amseln pfeifen, die Grasmükken zwitschern, und die Nachtigallen stimmen ihre Hymnen an.“ Auf dem bereits 1824 eröffneten Friedhof Montparnasse, dem Campo santo am linken Seineufer von Paris und damals ebenfalls noch eher Park als Totenstadt, ist er denn auch begraben worden.

Im Geschäftsviertel um die Rue Lalande hatten sich in den zwei- bis dreistöckigen Häusern, mit schmalen Trottoirs davor, Künstler und Kunsthandwerker, Wachszieher, Seiler, Zaumzeugmacher und kleine Brauereien angesiedelt. Es gab ein Cabaret und viele Cafés, vor allem aber die verführerisch nahe Cité von Paris – für Adèle also reichlich Gelegenheit, sich zu zerstreuen. Offenbar zeigte sie dafür aber wenig Interesse, denn sie hat ihrer Tochter später kaum von diesem Verlobungsjahr erzählt, ausser dass sie ständig damit beschäftigt gewesen sei, ihre Aussteuer zu komplettieren, wobei Emile und vor allem Sidonie sich äusserst grosszügig gezeigt hätten. Auch Tante Fanny habe aus Coesfeld immer wieder Stapel feinster, mit Monogrammen versehener Haushaltswäsche geschickt.

Emile gelingt es nicht, Adèle von ihrem Amerikaner abzubringen. 1852, im Juni, reist Jodocus aus New York an. Im Juli treffen die Vissings aus Coesfeld ein. Die Forgeois bleiben fern. Sie sind in Trauer. Im November 1851 ist der gute Onkel Séraphin auf einer Geschäftsreise in Schöppingen am Rhein sehr plötzlich einem Herzanfall erlegen. Das Trauerjahr ist noch nicht vorüber, die Witwe Marie unfähig, die lange Reise anzutreten, und die tief betrübten Tanten wollen das Geschäft nicht verlassen. François hat die Nachfolge seines Vaters angetreten und meint, sich einen neuerlichen Schmerz um Adèle nicht zumuten zu können.

Vermutlich wurde die Hochzeit wegen des Trauerjahrs ganz bewusst bescheiden gehalten. Curé Joseph Comte traut das Paar am 28. Juli 1852 in der Kirche St. Pierre de Montrouge, an der Rue d’Amboise, heute Rue Thibaud. Danach diniert man im Hause Forgeois. Mehr ist davon nicht überliefert, so wie sich

Adèle später auch über die Jahre in Amerika seltsamerweise weitgehend ausgeschwiegen hat.

Eine Photographie der Eheleute kurz vor der Abreise nach New York zeigt Jodocus erstaunlich verändert. Nichts Kariertes mehr, nichts Gestreiftes. Die Samtweste ist uni-grau, die Hemdbrust blütenweiss. Aus dem Halstuch stechen zwei „Vatermörder". Das Gesicht mit gepflegtem Spitzbart ist schmaler geworden. Die ganze Person wirkt gesammelt und ernst. Adèle, die sich in Coesfeld noch in einer schwarzen Taftrobe mit aufregendem Décolleté und durchsichtigen Tüllärmeln hat ablichten lassen, wirkt nun am Arm ihres Mannes, im bis zu den Kniekehlen reichenden Umschlagtuch aus dunklem Samt, die Beuteltasche in der Hand, fast bieder. Nur das mit Blumen und Spitzen besetzte Schutenhütchen über den Stocklocken lässt sie sehr jung erscheinen.

Noch bevor am 2. Dezember 1852 Napoleon III. in Paris zum „Kaiser durch die Gnade Gottes und den Willen der Nation" berufen wird und damit für Frankreich eine Ära beginnt, in der Paris nach den Plänen des Präfekten Haussmann zur „Kapitale der Welt" aufsteigen soll, verlassen Adèle und Jodocus das Land. Mit dem Segelschiff. Constant Forgeois' Miniporträt segelt im Handgepäck mit. Die Aussteuer der jungen Frau ist in eine eichene, schmucklose Reisetruhe verpackt, die so schwer ist, dass man sie auch ohne Inhalt kaum anheben kann.

Diese Truhe – 140 Zentimeter breit, 60 tief, 50 hoch – dunkelbraun gebeizt, mit plumpen Eisenbeschlägen, steht heute bei mir in der Diele. Keine edle Antiquität, aber ein Möbel, ein „Ding" mit Geschichte. Schüchternen Gästen erzähle ich, was es mit ihr auf sich hat, und dann ist der Bann meist gebrochen. Als diese Truhe in New York aus dem Schiff gewuchtet wird, fühlt Adèle sich ausgelaugt. Drei bis vier Wochen Segelfahrt über den Atlantik, ohne Klimaanlage und sanitären Komfort, war Anno 1852 selbst für junge Menschen eine Strapaze. Adèle sagte später auch, sie habe sich in Amerika nie wirklich eingelebt, immer wie eine Fremde gefühlt, nie die „ungeschliffene" Sprache richtig gelernt. Sie fand es in „Yankee Doodles" Land weder schöner noch besser als daheim.

Millard Fillmore, ein „Whig", ein Gegner der Demokraten, war zu jener Zeit Präsident, und nach den Goldfunden in Kalifornien stieg der Einwandererstrom aus Europa kataraktartig

Vor ihrer Abreise aus Paris nach New York, 1852:
Jodocus und Adèle Vissing

an. Fast 47 Millionen Menschen, vornehmlich aus Irland, England, Schottland und Deutschland, sollen innerhalb von 50 Jahren in der Neuen Welt Zuflucht vor der europäischen Wirtschaftsmisere gesucht haben. Der Kampf gegen die Sklaverei hatte dramatische Ausmasse angenommen. Eben war Harriet Beecher-Stowes aufrüttelnd sozialkritisches Buch „Onkel Toms Hütte" erschienen und hatte dazu beigetragen, das Elend der Sklaven anzuprangern. Frauen und Kinder weinten über den unglücklichen „Onkel Tom".

Adèle und ihr Mann beziehen in Hoboken, einem heute längst eingemeindeten Vorort von New York, eine Wohnung, die Jodocus vorher angemietet und weitgehend eingerichtet hatte. Aus einer mir vorliegenden Rechnung des Möbelhauses J. P. Neppert, Canal Street 125–127, New York, geht hervor, dass er dort am 4. November 1853 einen weiteren grossen Einkauf getätigt hat. Für nur 50 Dollar: zwei Mahagonitische, eine Mahagonietagère, ein rosshaargepolstertes Sofa sowie eine Kommode aus dunklem Walnussholz und einen Tisch mit Marmorplatte, beides im Stil der „schwedischen Nachtigall" Jenny Lind. Viel Brauntöne also in der Wohnung und – siehe Jenny Lind – ein Hang zur romantischen Moderne.

Übrigens war da Hélène, ihrer beider Tochter, schon auf der Welt. Sie wurde am 24. Juli 1853 in Hoboken geboren – im gleichen Jahr wie Vincent van Gogh. Die Geburt soll leicht gewesen sein. In der Kirche St. Mariae in Hoboken wurde die Kleine getauft. Der charmante Jules Forgeois war Pate und überreichte den traditionellen Silberbecher mit den Initialen „H. V.". Von Mutter und Kind, den beiden Amerikanerinnen, einer eingebürgerten und einer geborenen, gibt es eine Daguerreotypie, die etwa zur Zeit des Möbelerwerbs in New York entstanden sein muss. Die junge Mutter Adèle – brave Spitzen an den Manschetten, Spitzen um den Hals – wirkt mädchenhaft zart und blickt halb stolz, halb ängstlich ins Weite. Das Baby Hélène mit kess schräg über der hohen Stirn sitzendem Mützchen und einem energischen, kleinen Mund, das Adèle auf dem Schoss hält, wirkt selbstzufrieden. Die Welt schien für die Familie im Lot.

Nach einer Weile bekam Jodocus freilich geschäftlichen Ärger. Mit Schwager Jules soll er neben der Lederwarenvertretung

Adèle Vissing, geb. Forgeois, mit ihrer Tochter Hélène,
1854 in New York

einen Weinhandel aufgezogen haben. Über Emile in Paris liessen die beiden hundert Fässer Bordeaux nach New York, ins Geschäft an der Jacob Street, liefern. Aber die Amerikaner waren schon damals eher Brandy- als Weintrinker. Der Bordeaux liess sich nicht gewinnbringend absetzen, und im Frühjahr 1858 muss Jodocus dann plötzlich der Teufel geritten haben.

Um zu Geld zu kommen, lässt er sich auf eine tollkühne Wette ein. Er werde, schwadroniert er in einem Pub, er werde Anfang April durch den Hudson schwimmen. „Das wirst Du nicht“, sagt der Wirt. „Das werd' ich doch“, schreit Jodocus. Man wettet schliesslich um eine beträchtliche Summe. Jodocus schwimmt durch den Hudson, gewinnt die Wette, aber zwei Wochen später ist er tot. Gestorben an einer Lungenentzündung. Diesen Schock hat Adèle – mit 29 auf so dramatische Weise Witwe geworden – ihr Leben lang nicht verwunden.

Zunächst löst sie mit Jules', ihres Bruders, Hilfe den Haushalt auf, lässt für sich und die kleine Hélène Karten für die Rückfahrt besorgen und segelt mit dem gleichen Schiff, mit dem sie gekommen war, nach Europa zurück. Nur, dass die grosse, eichene Reisetruhe diesmal ganz anderes enthält: Trauerkleider. Hélène, damals knapp fünf, wusste Jahre danach nur noch eins von Amerika und von dieser Reise zu berichten: Die Häuser, die sie vom Schiff aus sah, seien „himmelhoch“ gewesen, und ein riesengrosser Schwarzer habe jeden Tag an Deck mit ihr Ball gespielt. „Und wenn ich müde war“, sagte sie, „hat er sich zu mir gesetzt und lustige Lieder gesungen.“ Darum habe sie sich auch später immer gefreut, wenn sie einem Schwarzen begegnet sei.

Adèle dagegen erzählte von durchweinten Nächten in der Schiffskabine und von übelster Seekrankheit. Sie sei nach der Ankunft auf dem europäischen Kontinent auch nicht nach Paris zu Emile, sondern nach Coesfeld gefahren und dort mit Hélène sogleich in die Lambertikirche gegangen, um zu beten. Das habe seine Wirkung nicht verfehlt. Denn just als sie mit dem Kind vor dem Gekreuzigten kniete, sei der alte Engelbert in die Kirche getreten, habe sie erkannt, Mutter und Kind in die Arme geschlossen und beide zu sich nach Hause genommen. „Gott hat sie mir geschickt“, habe er gesagt.

Zugegeben, bis auf die Geschichte vom lieben schwarzen Mann klingt das nach Groschenroman und recht unwahrscheinlich. Aber genau so, beteuerte Adèle bis zu ihrem Tod, genau so habe es sich zugetragen. Ich könnte mir denken, Adèles Erinnerung hat sich etwas vernebelt, wie das zuweilen geschieht, wenn man tragische Ereignisse nicht verarbeiten kann. Sie wird wohl kaum, ohne den Tod ihres Mannes mitgeteilt und ohne ihre Rückkehr angekündigt zu haben, allein mit dem Kind nach Coesfeld gereist und dort sogleich in die Kirche geeilt sein. Fest steht nur, da Jules es später seinem Bruder Emile in Paris bestätigt hat, dass Jodocus tatsächlich um Geld gewettet hatte, bald darauf durch den Hudson geschwommen ist, danach starb und in Hoboken begraben wurde. Auch, dass Jules und seine Frau Theodora der verzweifelten Adèle geholfen haben, die Truhe zu pakken und so schnell wie möglich aus Amerika fortzukommen.

Jules hatte es danach ebenso eilig, New York zu verlassen. Und weil er und die sanfte Theodora nicht einmal mehr das Geld für die Rückreise nach Europa auftreiben konnten, bat er seinen Bruder, ihm 1000 Francs vorzustrecken, was der gutmütige Emile auch tat und seine Frau Sidonie korrekt im Ausgabenbuch vermerkte. Ein halbes Jahr nach Adèle landeten Jules und Theodora in Europa und begaben sich geradenwegs nach Paris, wo sie bei Emile an der Rue Lalande unterkamen. Dort starb Jules 1860 nach qualvollen Wochen an Leberzirrhose. Er hatte den Kummer über sein Scheitern in der Neuen Welt zu oft im Alkohol ertränkt. Die treue Theodora ging zu ihrer Familie nach Deutschland zurück. Man hat von ihr nie mehr gehört.

Adèle blieb in Coesfeld beim alten Engelbert, kränkelte lange und erholte sich nur sehr langsam. Das Bild des verehrten Grossvaters Constant Forgeois hatte sie aus Amerika zwar wieder mitgebracht, aber nie wieder aufgehängt. Von Draufgängern wollte sie nichts mehr wissen. Später gab sie das Porträt weiter an ihre Tochter Hélène, die es hoch in Ehren hielt und durch den revolutionären Ahnen ganz anders motiviert wurde.

Püppchen mit Puppe

Coesfeld hatte sich unter Wilhelm I. (1871–88) zum preussisch Spicssbürgerlichen hin verändert. Der alte Engelbert Vissing trauerte um seinen Sohn. Die Tanten

Forgeois – Fanny mit dem lieben Spitzmausgesicht und die missmutige Adelaïde –, nun beide über die 60, taten sich immer schwerer im Geschäft. François betrieb es korrekt, aber lustlos und widmete sich mehr und mehr seinen Dichtungen und Kompositionen, ermutigt durch den Berliner Musikverleger Bote & Bock, der einige von ihnen erworben und tatsächlich gedruckt hatte. Adèle gegenüber blieb François auffallend distanziert. Und ihr, der Witwe des einst so auftrumpfenden „Amerikaners", gelang es nicht, in der Gesellschaft am Ort wieder Fuss zu fassen.

Als Emile und Sidonie aus Paris anreisen, um Adèle einen Beileidsbesuch zu machen, finden sie sie so elend und die kleine Hélène so verschüchtert, auch des Deutschen kaum mächtig vor, dass sie vorschlagen, die beiden sollten zu ihnen nach Paris übersiedeln. Adèle willigt, ohne lange zu zögern, ein. Wieder wird die eichene Reisetruhe gepackt, und bereits im Winter 1859/60 ziehen Adèle und Hélène an die Rue Lalande.

Dort gibt es ein ergreifendes Wiedersehen. Unter der Eingangstür, um die beiden willkommen zu heissen, steht Grossmutter Couprand, von der Adèle sich 15 Jahre zuvor vor dem *Hôtel de Lion d'Or* in Armentières „für immer" verabschiedet hatte, um zitternd vor Aufregung in die Welt hinauszuziehen. Auch jetzt, wie damals, findet die alte Frau keine Worte. Immer wieder umarmt sie Adèle und Hélène. Immer wieder. Und weint.

Wie Adèle war Caroline Couprand nach dem Tod ihres Mannes, des Landarztes Louis Couprand, einer Einladung des besorgten Emile gefolgt, hatte das Haus in Armentières verkauft und sich nach Paris aufgemacht. Mit Sack und Pack und dem Wolfshund „Hugo", Grossvater Couprands ständigem Begleiter. Der kleinen Hélène, ihrer Urenkelin, öffnet sie jetzt das erste Tor zur Pariser Welt. Sie lehrt sie Französisch. „Bonjour Monsieur … S'il vous plaît, Madame … Je suis, tu es, il est". Jeden Tag ein paar Stunden. Hugo liegt dabei. Wenn Hélène müde ist, legt sie sich auf den Fussboden neben ihn, den Kopf auf seinem Bauch.

Tante Sidonie sieht das nicht gern. Sie findet, es sei höchste Zeit, aus Hélène ein adrettes, manierliches, kleines Mädchen zu machen. Und sie übernimmt diese Pflicht, weil Adèle noch immer kränkelt. Zunächst kleidet sie sie ein. Und eingekleidet lässt sie Hélène photographieren. Das Kind ist nicht wiederzuerkennen. „Püppchen mit Puppe" nennt Photograph Vauvray sein Bild. Hélène trägt ein schickes Hütchen und schaut aus, als sei sie sich des grossen Augenblickes sehr bewusst. Die Füsse stekken in Knopfstiefeletten. Über der Krinoline, die bis über die Waden reicht, sitzt ein paspeliertes Samtjäckchen. Die Puppe im Arm trägt ebenfalls Hut und eine noch ausuferndere Krinoline. So herausgeputzt, nimmt Tante Sidonie das Mädchen zu den Offenbachs mit. Der Komponist Jacques Offenbach wohnt in der Nachbarschaft. Mit Sidonie verbindet ihn die Leidenschaft für Musik; mit seinen Kindern freundet Hélène sich rasch an.

Was ihre Erziehung betrifft, kann sie so streng nicht gewesen sein. Nur ein kritischer Satz von Tante Sidonie ist überliefert, der offenbar Hélènes Faulheit galt, sich zu bücken: „La terre est trop bas pour vous, hein? – Die Erde ist zu tief für Sie, he?" Wenn sie etwas zu tadeln hatte, siezte sie sie. Ansonsten wusste Hélène später rückblickend nur Schwärmerisches über die Tante zu sagen. Sie habe ein „goldenes Herz" gehabt, und „grundgütig" sei sie gewesen. Nie habe sie sich fremden Sorgen verschlossen und kaum eine Bitte um Unterstützung abschlagen können.

Vornehmlich ihrer Tante zuliebe versucht Hélène, in der Schule zu reüssieren. Vom Institut der Madame Chevrier, 60 Faubourg St. Jacques, bringt sie 1861 ein „Brevet de la Croix d'Honneur" – ein Ehrenkreuz-Diplom – nach Hause. Mit einem goldenen Posaunenengel vorne drauf. Hélène hängt es in ihr Zimmer neben das Bild des Robespierre-Freundes Constant Forgeois. Ob der auch ein so guter Schüler gewesen ist?

Die kinderlose Tante Sidonie geniesst es, sich mit ihrer Nichte zu zeigen und sie in Paris, vornehmlich im Quartier Montparnasse-Montrouge, auszuführen. Ein Paar, wie aus den Geschichten der Madame de Sévigné: Sidonie, etwas fülliger geworden, eine Dame in betont schlichter, aber erlesener Toilette, das Haar nach viktorianischer Mode gescheitelt und streng an den Kopf gelegt, und neben ihr, englisch-französisch durcheinander plappernd, Hélène mit Hütchen und Stocklocken. So promenieren die beiden über die Avenue du Maine, die Rue d'Enfer (heute Denfert-Rochereau) und die Rue Cassini, am

Balzac-Haus vorbei. An besonderen Tagen auch durch den Parc du Luxembourg oder durch das Volksgetümmel in den Gärten der Tuilerien.

Paris ist im Umbruch, Kaiser Napoleon III. auf dem Höhepunkt seiner Macht. Der von ihm berufene, geniale Urbanist George-Eugène Baron Haussmann hat ausgerechnet das 14. Arrondissement Montparnasse zum privilegierten ersten Terrain seiner Stadterneuerungspläne erkoren. Nach Londoner Vorbild sind breit angelegte Boulevards und von Bäumen gesäumte Avenuen mit Plätzen und Plätzchen im Entstehen, auch Zeilen klassizistischer Prachtbauten, unterirdisch verbunden durch ein Netz von Trinkwasserleitungen und Abwasserkanälen. Paris soll heller, weiter, luftiger, sauberer werden. Vor allem aber: grün. Für den auf 16 Hektar konzipierten Parc Montsouris westlich von Montparnasse-Montrouge liegen die Pläne schon vor. Der Verkehr beginnt zu fliessen. Die örtliche Wirtschaft floriert. So auch Emiles kleine chemische Fabrik, die – in Grün gebettet – ständig erweitert wird.

Auch das Interieur im Wohnhaus an der Rue Lalande wird modernisiert. Dem bewunderten Ambiente der Prinzessin Mathilde nachempfunden, in deren Pariser Salon Flaubert, Dumas, Ingres und Delacroix ein- und ausgehen, richtet man sich lichtdurchflutet ein. Sidonie lässt vor den hohen Fenstern Samtvorhänge drapieren, in Jardinieren exotische Pflanzen grünen und bequeme Sitzmöbel im Raum verteilen. Kugellampen geben mildes, Kristallüster festliches Licht. Paravents und hohe japanische Vasen komplettieren das Bild. Man geht mit der Zeit.

Das kulturelle Leben kulminiert in Theater-, Opern- und Operettenaufführungen, Kunstausstellungen, Buchpremieren. Während ihrer drei Schuljahre bei Madame Chevrier kann Hélène daran freilich kaum partizipieren. Und 1863 muss das Kind dann sehr plötzlich von Paris Abschied nehmen. In Coesfeld ist am 11. Juli 1863, im 82. Lebensjahr, der alte Engelbert Vissing gestorben. Adèle und Hélène brechen überstürzt dorthin auf, um bei der Beerdigung anwesend zu sein. Diesmal ohne die schwere Reisetruhe, nur mit leichtem Gepäck. Doch erst Monate später wird Hélène nach Paris zurückkehren, ihre Mutter, von kurzen Besuchen in Paris abgesehen, erst nach Jahren.

„Wir erwarten Dich mit Ungeduld ...“

Ein endloser Trauerzug begleitet in Coesfeld den Ehrenbürger Engelbert Vissing zum Grab: der einzige, ihm noch verbliebene Sohn Heinrich, Töchter, Enkel und Urenkel, das Jüngste im Steckkissen. Die Arbeiter aus der Fabrik. Die Küchenmamsell. Die Stammtischbrüder aus der Mai'schen Wirtschaft. Die Forgeois und die Richters, die Thiers und die Hülswittes und sämtliche Honoratioren der Stadt.

An der Brustwassersucht, morgens um 4, sei Vissing gestorben, heisst es auf der Rückseite des Sterbebildchens mit dem flammenden Herzen Mariens. Und auch: „Jesus! Maria! Joseph! Engelbertus! Selig sind die Toten, die im Herrn sterben! (Offenb. 14,13)“. Der alte Engelbert war zeitlebens ein frommer Mann, was die Trauergesellschaft nicht hindert, nach der Beisetzung in der Mai'schen Wirtschaft ungezügelt dem Rauchfleisch, dem Korn und dem Bier zuzusprechen, weil das, ebenso wie der kirchliche Segen, ganz im Sinne des Alten gewesen wäre.

Um die Eröffnung des Testaments abzuwarten, will Adèle vorerst in Coesfeld bleiben. Auch brauchen die Tanten Hilfe. Beide gehen nun auf die 70 zu. Fannys liebes Gesicht ist noch spitzer geworden. Adelaïde kann die Zahlenkolonnen in ihren Büchern nur durch dicke Brillengläser erkennen. Ihre Hände zittern. Das Klöppeln haben beide längst aufgegeben. Auch die abendlichen Zusammenkünfte. François pflegt sich so früh wie möglich zurückzuziehen. Zum Komponieren, zum Dichten? Die Tanten wagen nicht, ihn zu fragen, weil er ihnen nur wortkarg oder gar nicht Auskunft gibt.

Für Adèle ist François fast wieder der alte Schwarmgeist. Rein äusserlich gibt er sich die Attitüde des Künstlers. Das Haar wächst ihm über den Kragen, auf dem Kopf lichtet es sich. Der hängende Schnauzbart lässt ihn depressiv, die randlose Brille gelehrt intellektuell erscheinen. Aber wenn er lacht, hat er „das gewisse Etwas“. Adèle und Hélène wirken in Coesfeld verwandelt – als hätten sie sich chamäleonhaft wieder der deutschen Umgebung angepasst. Auf einem Photo präsentieren sich Mutter und Tochter, dem Trauerjahr angemessen, in schwarz-weisser Garderobe. Von französischem Schick keine Spur. Hélènes Locken sind zu brav um den Kopf gelegten, dünnen Zöpfen geflochten. Adèle hat ein Gebetbuch vor sich und schaut betrübt, doch ihr Gesicht hat den früheren Liebreiz. Sie ist 35 – eine Witwe im besten Alter.

Im Putzwarengeschäft hat sie sich schnell eingearbeitet. Mit François nimmt sie die abendlichen Lesungen wieder auf. Von Dickens: „Zwei Städte", von Baudelaire: „Die Blumen des Bösen". An der Seite ihres Cousins sieht man sie am Ufer der Berkel spazieren. Die Leute tuscheln. François zeigt sich weniger distanziert, aber deutlich geschmerzt. Dass sie ihn damals so schnöde verlassen hat, kann er ihr nicht vergeben. Die Heirat mit dem forschen Jodocus wird er ihr nie verzeihen.

Und wie er nach ihrer Abreise gelitten hat, das kann er Adèle schwarz auf weiss beweisen. Bei „Bote & Bock, Hof-Musikhandlung I.I.M.M. des Königs und der Königin und S.K.H. des Prinzen von Preussen, Berlin – Posen" ist in der Zwischenzeit sein Klagelied erschienen. Unter dem seltsamen Titel: „Bussfahrt von Pestalozzi": „Ein bleicher Wandrer zieht durch's Land, / das Auge tränenleer. / Die Laute am zerriss'nen Band / hat keine Saiten mehr. / … Sieht eine weisse Rose er, / dann sinkt er auf die Knie. / Dem Aug' entstürzt ein Tränenmeer / und weinend, weinend küsst er sie".

Adèle ist gerührt. Ihr kann der einstige Verehrer gar nicht gefühlvoll genug sein. Hélène dagegen findet François „schmalzig" und Coesfeld „langweilig". Mit der deutschen Sprache steht sie auf Kriegsfuss. Sie sehnt sich nach Paris. Und als Tante Sidonie vorschlägt, das Kind an die Rue Lalande zurückzuholen, sind Mutter und Tochter gleichermassen zufrieden. Adèle, weil sie sich unabhängiger fühlt, Hélène, weil sie der kleinstädtischen Enge entkommen kann. Und François, sichtlich ausgelassen, bringt seine Empfindungen alsbald wieder in Versform: „Bleibt auch zu Dein Fensterlein, / ist Dein Herz mir offen. / Will ich immer fröhlich sein, / denn ich kann ja hoffen. / Hoffen, dass der Tag erscheint, / der auf ewig uns vereint". Die Noten dazu tanzen auf dem Papier. Das Original des „Ständchens" überreicht er Adèle, kaum dass ihre Tochter abgereist ist.

In Paris steht Grossmutter Couprand diesmal nicht in der

Eingangstür, um Hélène zu empfangen. Sie ist bald nach dem alten Vissing gestorben. Und „Hugo", Grossvater Couprands ständiger Begleiter, ist ihr wenige Wochen später nachgefolgt. Sehr krank sei er gewesen, sagt Tante Sidonie, habe das Futter verweigert und sich zum Sterben schliesslich in eine Ecke verkrochen. Weil Hélène darüber untröstlich scheint, besorgt die Tante ein anderes Hündchen. Einen schwarz-weissen Jagdhundmischling mit Knickohren. Hélène nennt ihn selig „Bijou". Vor ihrem Zimmer darf er auf einer Matte schlafen.

Bijou begleitet fortan Tante und Nichte auf ihren Promenaden. Überraschend schnell hat Hélène sich unter Sidonies Ägide wieder in eine kleine Pariserin zurückverwandelt. Auch das ist durch eine Photographie belegt. Hélène, nun zwölf Jahre alt, trägt wieder sorgsam gedrehte Stocklocken und eine Krinoline aus mattglänzendem, karierten Taft. Die Hände sind artig übereinander gelegt und stecken in schwarzen Zwirnshandschuhen, die die Finger freilassen, so dass man den grossen Ring am linken Mittelfinger deutlich erkennen kann.

In der gleichen Kirche St. Pierre de Montrouge, in der ihre Mutter getraut worden ist, feiert Hélène am 29. Mai 1866 die Erste Kommunion. Diesmal zelebriert Curé Pierre Carton den Gottesdienst, jener Curé, der einmal als „Helfer der Armen" von sich reden machen wird. Er schenkt ihr einen Rosenkranz aus weissen Perlen und ein reich verziertes Bildchen der heiligen Maria mit der Inschrift: „Voilá, ta mère – Siehe, Deine Mutter". Vermutlich nicht ohne Hintergedanken. Denn Adèle kann an der Feier nicht teilnehmen. Sie hat sich „wegen dringender Erbangelegenheiten" entschuldigen lassen und auf später vertröstet.

Aber auch daraus wird nichts. Schliesslich schreibt ihr Hélène verzweifelt: „Chère, petite mère – liebe, kleine Mutter! Nun hast Du schon öfter Dein Kommen angekündigt, und wir erwarten Dich mit Ungeduld, aber niemand kommt. Das macht mich traurig, denn ich vergehe vor Verlangen, Dich zu umarmen ... Ich nehme jetzt Klavierstunden bei einer sehr guten Lehrerin und hoffe, ein wohlerzogenes, junges Mädchen zu werden. Ich esse sehr viel und fühle mich wohl. Ich wachse sehr und werde dick. Adieu, liebe, kleine Mutter. Ich umarme Dich von ganzem Herzen und auch alle Verwandten, denen es hoffentlich gut geht.

Deine kleine Tochter, die Dich so lieb hat. Hélène. – p. s. Vergiss nicht meine Perücke und meine kleine, weisse Marmorkugel!“

Auch dieser Sehnsuchtsbrief hat Adèle scheinbar nicht erweichen können. Dafür verdoppelt Sidonie ihre Bemühungen um die Nichte. In eine Wolke von gut riechenden Essenzen gehüllt, sitzt sie neben ihr, wenn sie Klavier übt. Sie sorgt dafür, dass sie bei ihrer Freundin Marie Bernier ihr Französisch verfeinert und das Hündchen Bijou selbst füttert und pflegt. Sie nimmt Hélène zu Besorgungen mit und überträgt ihr gewisse Pflichten, so, dem blinden Monsieur Toussaint vorzulesen oder der greisen Thérèse ihren Café au lait zuzubereiten. Nach wie vor hat Sidonie nicht nur ein offenes Haus für Gäste, sondern auch ein weites Herz für Bedürftige aller Art.

Ist jemand krank in der Nachbarschaft, werden leicht verträgliche Mahlzeiten und Wein aus dem Hause Forgeois ans Krankenlager gebracht. Sogar Sterbelaken in Todesfällen. Manchmal geht ihrem Mann die Fürsorge zu weit, wenn nämlich Sidonie eigensinnig darauf besteht, altersschwache Arbeiter nicht zu entlassen. Einen Werkführer der Fabrik, der weder lesen noch schreiben konnte, hat sie so mehr als 30 Jahre im Betrieb gehalten, andere bis zu 25 Jahre. Und wenn Entlassungen gar nicht mehr zu umgehen sind, versucht sie, die Leute noch als Kirchendiener, Hausbesorger oder in einem Altenstift unterzubringen. Hélène bewundert ihre Tante. „Mich“, pflegte sie noch im hohen Alter zu sagen, „mich hat sie während der langen Abwesenheit meiner Mutter mit innigster Liebe umgeben. Sie stand meinem Herzen näher als sie.“

Irgendwann kommt Adèle dann doch zu Besuch, aber nur flüchtig und um in beträchtlicher Aufgeregtheit zu verkünden, François sei nahe daran, ihr einen Heiratsantrag zu machen. Den avisierten Weihnachtsbesuch 1866 sagt sie dann schon wieder ab, und Hélène schreibt ihr darauf nun wesentlich kühler: „Du hattest uns vor einem Monat oder noch länger Dein Kommen angesagt. Jeden Tag, wenn ich heimkomme, hoffe ich, dass Du bei meinem Onkel bist. Es ist das einzige Geschenk, das ich mir zu Weihnachten gewünscht hätte. Bist Du krank oder hast Du Dich anders besonnen? Ich kann nicht froh sein …“

Danach hat Hélène es wohl aufgegeben, die Mutter um ihr Kommen zu bitten. Wahrscheinlicher ist, dass die Briefe verlorengegangen sind, denn Sidonie hat das Kind sicher gedrängt, der Mutter regelmässig zu schreiben. Jedenfalls trösten andere Ereignisse Hélène zeitweilig über ihren Kummer hinweg. Man schreibt das Jahr 1867. Das Jahr der Pariser Weltausstellung, die von April bis November läuft, Majestäten, Künstler und zehn Millionen Besucher aus aller Welt in die Metropole lockt und erst recht für ein Mädchen von 14 Jahren höchst attraktiv ist. Ein nie vergessenes Erlebnis.

Auf dem Marsfeld, wo einst Robespierre im himmelblauen Rock mit einem Feldblumenstrauss in der Hand dem „Höchsten Wesen und der Unsterblichen Seele" gehuldigt hatte, erstreckt sich jetzt das Ausstellungsgelände. Nach Plänen des Architekten Le Play ragt inmitten von Parkanlagen mit den Pavillons der Nationen eine gigantische, ovale Hallengalerie aus Eisen und Glas empor, in der neben den neuesten technischen Errungenschaften der Industriestaaten auch in grossem Stil Werke zeitgenössischer Maler zur Schau gestellt werden. Kunst und Technik aufs Eleganteste miteinander vereint. Der deutsche Genremaler Ludwig Knaus, Friedrich Kaulbach und Adolph Menzel, dessen Gemälde „Friedrich und die Seinen bei Hochkirch" in der Preussischen Sektion zu sehen ist, werden mit dem Croix d'Honneur, dem Kreuz der Ehrenlegion, ausgezeichnet. Gustave Courbet, Edgar Degas und Edouard Manet stellen sich als erste französische Impressionisten in einer Schau der Moderne vor.

Die Kriegstechnik glänzt mit ihren jüngsten „Geräten". Dabei zeigt sich der deutsche Waffenschmied Krupp besonders potent. Ein Jahr nach dem Sieg der Preussen über die Österreicher bei Königgrätz hat er nun in Paris eine in Essen entwickelte, 47 Tonnen schwere Kanone auffahren lassen. Angeblich soll sie – wie die Waffen aller Waffenschmiede überall auf der Welt – einzig der „Friedensmission" dienen. Drei Jahre später schon wird sie im deutsch-französischen Krieg 1870/71 bei der Belagerung von Paris als „Dicke Bertha" für die Franzosen traurige Berühmtheit erlangen.

Noch defilieren im Juni 1867 Kaiser Napoleon III. und seine schöne Kaiserin Eugénie, Zar Alexander II., König Wilhelm I. von Preussen und der Kanzler des Norddeutschen Bundes Otto Graf von Bismarck friedlich vereint an der Dicken Bertha vorüber und heben anschliessend beim Staatsbankett im Palais der

Tuilerien das Glas auf den Frieden. Im Ausstellungskatalog wagt der Dichter Victor Hugo einen prophetischen Blick in die Zukunft: „Diese Nation wird im 20. Jahrhundert Paris zur Hauptstadt haben und keineswegs Frankreich heissen. Sie wird sich Europa nennen." Damit lag er nicht so ganz richtig. Ebenso wie Karl Marx, der gerade in England mit der Publikation seines Werkes „Das Kapital" die Hoffnung verband, die ganze Welt umzukrempeln.

Hélène berichtete später, sie habe damals die Dicke Bertha mit heimlicher Angst betrachtet, für den Maler Manet dagegen zeitlebens eine Vorliebe behalten. Fasziniert sei sie von der colosseumsartigen Glasgalerie gewesen und von den originellen Pavillons der Nationen, noch mehr entzückt von ihrem ersten Besuch im Pariser „Varieté-Theater". Tante Sidonie hatte ihr endlich erlaubt, einer Premiere von Onkel Jacques Offenbach beizuwohnen. Wenige Tage nach der Eröffnung der Weltausstellung, im April 1867, gab man mit Texten von Meilhac und Halévy die Opera buffo von Offenbach „La grande Duchesse de Gérolstein" – eine beissende Satire gegen den Militarismus. Was damit gesagt werden sollte, hatte Hélène sehr wohl schon begriffen, während Sidonie von der Sängerin schwärmte: „Hortense Schneider war eine göttliche Duchesse."

Mitten im aufregenden Pariser Sommer 1867 trifft Adèle endlich aus Coesfeld ein. Eine aufgelöste, empörte, eine ratlose Adèle. Diesmal macht sie nicht nur Besuch. Sie hat in der eichenen Truhe und dazu in zwei grossen Reisekörben ihr gesamtes Gepäck mitgebracht. Mit François ist sie heillos zerstritten.

Adèle und François

Für Hélène ist die Mutter nach der ersten zärtlichen Begrüssung auch jetzt kaum zu sprechen. Getuschel, Weinen, Geschrei hinter verschlossenen Türen. Postausträger, die Briefe bringen, Briefe mitnehmen. Ein bei den Mahlzeiten einsilbiger Onkel Emile, eine Tante Sidonie, die keine Zeit mehr hat, ihrem Klavierspiel zu lauschen. In Begleitung der freundlichen Madame Bernier geht Hélène immer häufiger mit Bijou im nahen Park Montsouris spazieren.

Adèle setzt ihren Streit mit François schriftlich fort. Sie wird seine Briefe, fast alle auf dünnem, hellblauen Papier geschrieben, zwei Jahre lang sogar sammeln – eine ganze Mappe voll. Ein Roman in Briefen. Vermutlich will sie ihrer Tochter und der Nachwelt beweisen, was das für ein Mensch war – François.

Sein erstes Schreiben ist datiert vom 15. Juli 1867 und spielt auf Adèles ersten Brief aus Paris an: „Geliebte! Soeben erhielt ich Deinen Brief, den ich schon über drei Tage mit Ungeduld erwartete, aber ich kann sagen, ich wollt' er wär' ausgeblieben; denn solch ein kühles, herzloses Machwerk hätt' ich von Dir nicht erwartet. Eis zu Feuer! ... Ach, wo ist Deine flammende Liebe geblieben? ... Bitte, wenn es Dein Schicksal ist, bleib an Deiner Vissingschen Vergangenheit kleben und bewahr dem Mann, dem das Glück beschieden war, Deine ersten Rosen zu pflücken, während ich in Schnee und Wetter in den abscheulichsten Verhältnissen kämpfte, bewahr ihm eine mehr als freundschaftliche Erinnerung ... Ich sehe doch, dass ein zweijähriges intimes Zusammenleben mit mir, Dich nicht einmal zu einer Kraftäusserung über jenes Verhältnis bestimmen konnte, ein Verhältnis, das ich, je mehr meine Liebe zu Dir wächst, um so mehr mit allen Fibern meiner Seele hasse, hasse, wie die Verdammten in der Hölle nur hassen können."

Und so geht es weiter über fünf Seiten auf blauem Papier. Eine Mischung aus Verzweiflung, Vorwürfen und Selbstmitleid. „Ich weiss", fährt François fort, „ich weiss doch, dass Du immer und ewig die schlappe, energielose, hin und herschwankende, mit allen gut Freund sein wollende, mich zum zweiten Mal opfernde Person sein wirst, die Du immer gewesen bist ... Mein Kopf brennt, meine Tränen fliessen, während ich dies schreibe ... Ach, ich fühl' immer mehr: Du bist Mutter – glückliche Mutter! Ich dagegen, ich Armer, bin ganz Wut, ganz Leidenschaft geworden. Kein Bissen will mehr hinunter, kein Schlaf mehr über meine Augen. Ich bin fertig. Dein François."

Deutliche Tränenspuren haben die Tinte auf dem Papier verwischt. Die Sütterlinschrift ist aus den Fugen geraten – mit langen Schleifen nach unten, dicken Ausrufungszeichen wie Keulen, mit energischen Unterstreichungen.

Zwei Wochen später hat François sich offensichtlich wieder gefasst und wird konkreter. In einem Brief an Adèles Bruder

Emile spricht er seinen Heiratsantrag an, knüpft die Ehe mit Adèle aber an die Bedingung, Emile müsse dann für Hélènes Unterhalt sorgen und verlangt, besiegelt durch einen Kontrakt, zahlbar im voraus, 20000 Francs. Begründung: „Angenommen, ich wär' mit Adèle verheiratet und es bräche in Frankreich eine Revolution aus ..., in der Du massakriert würdest, was sollte hier aus uns werden? Dann säss' ich da, nicht allein und frei, sondern mit Familie in der allermiserabelsten Patsche."

Adèle, schreibt er weiter, sei unter seinem Dach natürlich willkommen, aber „Fräulein Vissing nicht mit dem gleichen Vergnügen". Und wenn ihm, François, die Mittel fehlten, sie in irgendeiner Pension zu plazieren, so wäre er ja moralisch und gesetzlich verpflichtet, sie aufzunehmen und für sie zu zahlen. „Das wäre eine Situation für mich, die gar nicht schlimmer gedacht werden könnte."

Schon am 30. Juli 1867 wiederholt François in einem Brief an Adèle seine Forderungen und in einem weiteren Schreiben führt er näher aus: „Ich würde Dir gegenüber ganz anders auftreten, wenn Du Dich gegen Monsieur Vissing anders verhalten und Dir keine Mamsell von ihm hättest machen lassen ... Es ist schon sehr viel von mir, dass ich den Abscheu und den Widerwillen zu mässigen suche, den mir der Gedanke an Deine geschlechtliche Verbindung mit V., der eine Festung erstürmte, die mir gehörte, verursacht hat und noch immer verursacht."

Nicht ohne Stolz auf seine eigene Zurückhaltung erinnert François an ein Tête-à-tête mit Adèle vor ihrer Verlobung mit Jodocus: „Auf einem Spaziergang kam ich an der Stelle vorbei, wo wir im Tannenwald einst traut zusammensassen und jeder sinnliche Gedanke meiner Unschuld so fern lag, dass ich nicht einmal wagte, Dir ein Strumpfband zu lösen und einen Kuss auf Deine schimmernde Wade zu drücken." Olala. Gleich danach aber folgt in rüdem Ton die kalte Dusche: „Dein Bruder muss blechen. Ist er wirklich so vermögend, wie Du ihn geschildert hast, dann ist das für ihn eine Bagatelle."

Emile scheint François' Ansinnen nicht nachkommen zu wollen, worauf dieser sich am 5. September zu einem Wutausbruch hinreissen läßt: „Ich möcht' vor Ingrimm 'ne Porzellanvase kaputtschmeissen. Armer Franz!" (sieben Ausrufungszeichen). Zwei Wochen danach beklagt er sich über Adèles „langweilige"

Antwort: „Immer Larmes! Larmes! Larmes! Tränen, Tränen, Tränen!“ Auch die mitgeschickten Hefte des *Charivari* hätten ihn nicht besänftigen können. „Wir wissen's besser als Ihr in Paris. ‚Charivari‘ ist ein Esel gegen unseren ‚Kladderadatsch‘.“

Die kleine Hélène wird von den Querelen, die sie ahnungslos ausgelöst hat, kaum erfahren haben, obwohl sich ihr die Spannungen im Haus mitgeteilt haben dürften. Onkel Emile versucht, sie abzulenken, indem er sie mitnimmt auf seine Geschäftsrundgänge. Ihr Französisch hat sich verbessert. Niemand würde meinen, sie sei keine geborene Pariserin. Auch ihr Klavierspiel kann sich hören lassen. Und die Promenaden mit dem Hündchen Bijou und Madame Bernier lenken ab. Das Quartier Montparnasse-Montrouge ist dank Baron Haussmanns erstaunlich schnell realisierten Ideen zum Vorzeigen schön. Grüngesäumte Boulevards und Avenuen durchziehen das 14. Arrondissement. Ein modernes Spital und eine neue, grössere Kirche St. Pierre unweit der alten, die für die wachsende Einwohnerzahl zu klein geworden war, stehen kurz vor der Vollendung. Onkel Emile hat seinen Betrieb um eine bescheidene Brauerei erweitert. Und der Park Montsouris, überragt von einem eleganten, verglasten, mit Mosaiken verzierten „Wasserpavillon“, zieht längst Besucher aus anderen Stadtteilen an.

Irgendwann im Jahr 1868 scheint Adèle wieder nach Coesfeld gereist zu sein, denn nach langer Briefpause spielt François in einer Epistel an sie vom 22. November 1868 auf diesen Besuch an, der allerdings nicht die gewünschte Klarheit gebracht zu haben scheint. Er verlangt nun kategorisch: „Was unser Schicksal anbetrifft, so bestehe ich darauf, dass in höchstens acht Tagen alles entschieden wird und ich Weihnachten den Kontrakt fix und fertig im Hause habe. Geht das wieder nicht, so sehe ich, dass Deine Verwandten mich fortwährend wie einen Gänserich bei der Nase herumführen möchten.“ Der „Stein des Anstosses“, Hélène, müsse ein für allemal aus dem Weg geräumt werden. „Anders ist an eine eheliche Verbindung nimmermehr zu denken.“

Noch kurz vor dem Fest wiederholt François in einem 13 Seiten langen Brief seine Forderungen und setzt noch eins drauf: Solange es Adèle widerstrebe, öffentlich zu sagen „Es tut mir leid, dass ich meine erste Ehe eingegangen bin und ich bedauere sehr, dass überhaupt ein Kind daraus entsprungen ist“, solange sie das nicht aus voller Überzeugung sagen wolle und könne, würde nie etwas aus ihrer Zweisamkeit. Die schildert François dann freilich in blumigen Worten, bedankt sich auch für einen Hut – „schön, aber zu weit" –, den ihm Adèle aus Paris geschickt hat, und berichtet von der Eröffnung eines „Liebhabertheaters" in Coesfeld, in dem er als Kapellmeister, Komponist und Dichter wirken werde, in der Hoffnung, „dort auch mal ein Stückchen von mir aufgeführt zu sehen".

Das Putzwarengeschäft, schreibt er ausserdem, ginge „miserabel", seine Gesundheit lasse zu wünschen übrig, er habe erneut vier Pfund abgenommen und das alte Blasenleiden plage ihn wieder. Ganz zum Schluß, „ceterum censeo", noch einmal: Bis Weihnachten wünsche er eine „endgültige, definitive Erklärung" zu bekommen. „Während ich dies schreibe, nach dem Genuss einer Tasse Orangenblütentees und einer Zigarre, ist mein Gesicht wieder ganz Glut und mein Puls schlägt 85 mal in der Minute."

Die Erklärung kommt nicht. Auch kein Gruss zum Neuen Jahr 1869. Emile ist nicht bereit, das Geld zu zahlen. Auch Adèle bleibt hart. Sie denkt nicht daran, ihre Ehe mit Jodocus zu bedauern und Hélène will sie schon gar nicht verleugnen. François verlängert darauf die Frist noch einmal: „Bis Ostern habt Ihr Bedenkzeit. Ohne den besprochenen Kontrakt ist keine Ehe zwischen uns möglich."

Sidonie, immer auf Harmonie bedacht, unternimmt einen letzten Versuch, die Ehe zu retten und reist eigens allein im Sommer nach Coesfeld, um einen Vergleich anzubieten. Auch das schlägt fehl. Am 22. August 1869 schreibt François an Adèle – diesmal auf weissem Papier und schon in der Anrede sehr förmlich: „Liebe Frau Base! Wie Dir Sidonie gesagt haben wird, ist ihre Reise in Betreff unserer Angelegenheit ohne Resultat geblieben. Da ein Kontrakt wegen Deiner Tochter nicht möglich ist, so breche ich unser Verhältnis mit dem heutigen Tage ab ... Vergiss mich und sei glücklich im Anschauen Deiner immer schöner werdenden Tochter ... Dein, dauerndes Glück der Liebe vergeblich suchender Vetter Franz."

Roman-Ende. François, das muss man ihm zugestehen, kam nie darüber hinweg, dass Adèle ihn einmal kühl abgehalftert und den forschen Jodocus geheiratet hatte. Adèle wollte sich nicht so weit beugen, ihre Vergangenheit und damit auch ihre Tochter zu verraten. Das spricht für sie. Emile fand François' Forderungen auf der ganzen Linie unverschämt. Die Ehe seiner Schwester mit einem so egozentrischen Mann hätte er für ein Unglück gehalten. Keine Ehe freilich war für Adèle auch ein Unglück. Spätere Photographien zeigen sie mit verkniffenem Mund, erloschenen Augen, hängenden Schultern. Eine verbitterte Frau.

Ratten, Typhus und Granaten

Nicht Ruhe, Fidelitas vor dem Sturm. Anno 1869 im auffrisierten Paris des Baron Haussmann zu leben, ist eine Lust. Verlaine publiziert sein Buch „Galante Feste", und Feste gibt es in Palais und Bürgerhäusern im Überfluss. Auch vom Kaiser huldvoll erlaubtes Volksvergnügen auf Strassen und Plätzen. Tanz auf dem Vulkan. In diesem Jahr der Eröffnung des Suezkanals sonnt sich Napoleon III. hybrid in der Aura seiner Macht. In Paris macht die Rohrpost furore, das erste Fahrrad mit Hinterradkettenantrieb kommt auf den Markt und die Margarine wird als bekömmlicher Butterersatz entdeckt.

Seine Majestät höchstselbst regen den Bau einer Margarinefabrik an. Japanmodisches gehört, wenn man auf sich hält, in jedes bessere Haus. In der Comédie Française feiert die grosse Aktrice Sarah Bernhardt Triumphe. Auch die bildende Kunst wird umschwärmt. 5434 Gemälde werden im Pariser Kunstsalon gezeigt. Renoir stellt sein beschwingtes Bild „Im Sommer" aus. Und in der Damenmode nimmt man endgültig Abschied von der Krinoline. Mit der strengeren Modelinie beginnt rein äußerlich die Verwandlung der Frau vom prätentiösen zum eigenständigen Wesen.

Den Preussen gelten die Franzosen als frivol und Paris erscheint ihnen als Sündenbabel. Seit dem Sieg von Königgrätz trägt das Bürgertum die Nase hoch. Man zählt die Soldaten und rasselt ein bisschen mit dem Säbel. Das wiederum versetzt die Franzosen in Furcht. Ein erstarktes Preussen und Bismarcks Hegemoniebestreben wirken zunehmend bedrohlich. Manch einer möchte – zumindest beim Vin rouge – die strammen Nachbarn in die Schranken weisen.

Aber kann man sich das erlauben? Schon vor Jahresfrist hatte François seinen Cousin Emile in einem Brief beschworen: „Wenn Du etwas tun kannst, so halte die Franzosen davon ab, sich mit den Preussen eher anzulegen, als sie ebenso viele Leute und ebenso viele Gewehre ihnen entgegenstellen können. Sonst ist das arme Frankreich verloren." Der Bajonettkampf sei nichts mehr wert, die Kriegskunst eine andere geworden. Preussen könne innerhalb von drei Wochen 70000 gut bewaffnete und geübte Soldaten auf die Beine stellen. „Ich glaube, Ihr habt kaum die Hälfte parat. Napoleon hat die Armee vernachlässigt, und das lässt sich so schnell nicht nachholen."

Den Kaiser und seine Generäle zu bremsen, stand freilich nicht in Emiles Macht. Der Streit um die Spanische Erbfolge eskaliert. Im Juli 1870 kommt es nach Bismarcks „Emser Depesche", in der seine Garantiezusagen eingeschränkt sind, endgültig zum Eklat. Napoleon III. und seine Berater fühlen sich hintergangen. Am 19. Juli 1870 erklärt der gekränkte Kaiser Preussen den Krieg.

Das ist fünf Tage vor Hélènes 17. Geburtstag. Sie hängt das Bild des revolutionären Constant Forgeois wie ein Pamphlet über ihr Bett und sagt, so hat sie es ihrer Enkelin später erzählt, sie sagt flehentlich: „Hilf uns!" Emile, Sidonie, Adèle – alle sind sie gegen die Preussen. Paris fiebert. Paris wappnet sich. Frankreich scheint in Gefahr. Freiwillige melden sich in Scharen. Statt Offenbachs ausgelassener Lieder singt man auf den Strassen wieder die Marseillaise. Aus vollem Hals: „Allons enfants pour la patrie-i-e! / Le jour de gloire est arrivé ..."

Nichts von gloire. England, Italien und Österreich verhalten sich neutral. Die süddeutschen Staaten schliessen sich überraschend dem Norddeutschen Bund an. Und Cousin François behält recht mit seiner Warnung. Bei Sedan erliegen die Franzosen schon am 1. September der deutschen Übermacht. Den 130000 Soldaten der Armee Mac-Mahon stehen unter Generalfeldmarschall von Moltke 250000 Deutsche gegenüber. Die Franzosen werden umzingelt und geschlagen. 39 Generäle, 2300 Offiziere und mehr als 100000 Mann ziehen in die Gefangenschaft. Auch der Kaiser. Er, der den blutigen Niedergang seiner Armee, das Desaster seiner „Kinder", während der Schlacht mitansehen musste, lässt König Wilhelm I. von Preussen am gleichen Abend

Kurz vor dem deutsch-französischen Krieg:
Hélène Vissing, 1870, 16 Jahre alt, in Paris

noch sein Kapitulationsschreiben überbringen: „Da es mir nicht vergönnt war, inmitten meiner Truppen zu sterben, bleibt mir nichts anderes übrig, als meinen Degen in die Hände Eurer Majestät zu legen."

Napoleon III. wird am Tag darauf in der Schlossfeste Wilhelmshöhe bei Kassel festgesetzt und in Paris bereits am 4. September die 3. Republik ausgerufen, eine „Regierung der Nationalen Verteidigung" mit Adolphe Thiers als „Chef der Exekutive". In dürren Worten ist das die Schilderung einer Tragödie, einer bösen Wende in der von Victor Hugo einst gepriesenen deutsch-französischen Völkerfreundschaft.

Das *Coesfelder Kreisblatt* berichtet von der Reaktion auf deutscher Seite: „Der Jubel kannte keine Grenzen. Man lebte wie im Freudentaumel. Bald prangte die ganze Stadt im Flaggenschmuck. Jeder legte die Arbeit fort und zog, die „Wacht am Rhein“ singend, durch die Strassen ... Napoleon, der Inbegriff aller Macht, aller Grösse, allen Ruhms von uns gefangen!“ Allerdings, die Tanten jubelten nicht. Sie weinten. Und François sagte ein ums andere Mal: „Ich hab's ja gewusst.“

Der von Napoleon ins Exil getriebene Schriftsteller Hugo meldet sich schon am 5. September in Paris zurück und versucht zu vermitteln. Sein „Aufruf an die Deutschen“, der aus Freiballons über den deutschen Stellungen abgeworfen wird, beginnt mit den Worten: „Deutsche, es ist ein Freund, der zu Euch spricht ...“ und endet mit einem Appell für den Frieden. Hier hätte das Blatt sich noch einmal wenden können. Aber die Preussen sind nicht mehr aufzuhalten, und die Franzosen verweigern standhaft die Kapitulation.

Am 14. September 1870 beginnt die Belagerung von Paris. Die Metropole ist eingekreist. In einem Ballon lässt sich General Léon Gambetta aus der Stadt ausfliegen und sammelt Franctireurs – bewaffnete Zivilisten in einer Entsatzarmee. Auch sie wird geschlagen. „Dieser Krieg ist brutal, seelenlos“, schreibt die Schriftstellerin George Sand in ihrem Kriegstagebuch. „Keine Helden mehr, alles ist Kugelhagel.“ Der Maler Courbet entwirft zwei „Offene Briefe“, einen an die deutsche Armee, einen an die deutschen Künstler, die er am 29. Oktober 1870 im Lesesaal des Pariser Athénée mit Emphase verliest. Darin fordert er ein Ende der Belagerung und des mörderischen Schlachtens und ruft laut: „Lasst uns Eure Kanonen von Krupp, und wir werden sie mit den unsrigen einschmelzen!“ Auch Courbets Appell verhallt ungehört.

Dann bricht der Winter ein in Paris. Ein aussergewöhnlich harter Winter. Man hat kaum vorsorgen können. Schnell gehen die Holzvorräte zur Neige. Die Lebensmittellager leeren sich rapid. Das Brot wird streng rationiert. Vor improvisierten Suppenküchen drängen sich, mit Kannen und Näpfen in der Hand, frierende Frauen, verschreckte Kinder. Die Pariser sind am Verhungern. Pferde und Esel werden geschlachtet. Im Jardin des Plantes müssen Elefanten und Tiger dran glauben. Hunde- und Katzenfänger gehen um und verkaufen das Fleisch der Tiere zu Höchstpreisen. Auf den Speichern werden zusammen mit Stroh und Mäusedreck die letzten Körner aufgefegt und zu fast ungeniessbaren Brotbatzen verbacken. Am Ende gelten sogar Ratten als Delikatesse. Für zwei Francs pro Stück nehmen sie die Verkäufer, meist junge Burschen, auf offener Strasse aus: „Bon appetit!"

Onkel Emiles Fabrik ist lahmgelegt; seine Arbeiter hat er suspendieren müssen. An der Rue Lalande geht man abends angekleidet zu Bett und wacht nachts immer wieder mit beissendem Hunger auf. Auch Adèle und Hélène stehen Schlange vor Suppenküchen. Mehr als einmal macht Hélène dabei ihrem Hass auf die Preussen Luft: „Les Prussiens, les barbars!"

Eines Dezembertages kehrt sie schwankend, mit hohem Fieber zurück. Tante Sidonie bringt sie zu Bett. Der alte Doktor Fournier wird gerufen, erscheint mit Tasche und Hörrohr, schüttelt bedenklich den Kopf, verordnet dies, verordnet das und geht kopfschüttelnd wieder. Hélène hat Hungertyphus. Mit Mulltüchern vor dem Mund lösen sich Adèle, Emile und Sidonie an ihrem Krankenlager ab. Die gute Madame Bernier erscheint jeden Tag, um vor der Tür frische Blumen abzulegen. Bijou, das Hündchen, darf an Hélènes Fussende schlafen.

Als sie im Bett wieder aufsitzen kann, hat sie alle Haare verloren und ist bedenklich abgemagert. Mit fadenscheinigen Ausreden verweigert ihr Tante Sidonie einen Spiegel. Hélène sieht erbärmlich aus. Bald darauf hat die Tante ein Stück Fleisch auftreiben können, und zum ersten Mal wieder darf Hélène länger aufbleiben. Der runde Nussbaumtisch ist mit Damast, Kristall und Silber zur Feier ihrer Genesung festlich gedeckt. Man geniesst nach Wochen in entspannter Runde ein würziges Gulasch.

Natürlich besteht Hélène darauf, von ihrer Portion dem Hund etwas abzugeben. Sie trägt die Schüssel mit dem Fleisch durchs Haus und sucht ihn: „Viens, Bijou, viens!" Das Hündchen ist nicht zu finden. In Hélènes Zimmer nicht, weder im Keller noch auf dem Speicher, auch nicht auf der Strasse oder im Park. Als die Nacht anbricht, hat Hélène aufgegeben und zieht sich schluchzend zurück. Auch am nächsten Tag bleibt Bijou verschwunden. Und am übernächsten. Da erst wagt Sidonie einzugestehen, sie habe das Tier schlachten lassen, um Hélène am Leben zu erhalten.

Hélène ist so ausser sich, dass sie ihr Zimmer tagelang nicht verlässt und mit niemandem spricht. Dann zeichnet sie Bijou.

Eine der Federzeichnungen hat sie behalten und Jahrzehnte danach ihrer Enkelin, meiner Mutter, geschenkt. Auf eine Geschäftskarte von Onkel Emile hingestrichelt, ist da neben dem Futternapf ein schwarz-weisser, kleiner Hund zu sehen, mit Knickohren und eingezogenem Schwanz. Daneben steht: „Au revoir, mon petit Bijou!“

Im beinharten Winter, Anfang des Jahres 1871, entschliesst sich von Moltke, die Belagerung von Paris aufzuheben und befiehlt den Angriff auf die Stadt. Die erste Granate des Bombardements trifft am Donnerstag, den 5. Januar, mittags um 13.35 Uhr Onkel Emiles kleine Fabrik in der Rue Lalande. Ort und Zeit sind im Pariser „Archiv der Historischen Gesellschaft“ präzise festgehalten. Menschenopfer, heisst es da auch noch, seien an diesem Tag im Quartier Montparnasse nicht zu beklagen gewesen.

Das klingt amtlich nüchtern. Aber für Hélène war es ein schwerer Schock. Sie ist verletzt. Die Explosion hat sie hochgerissen und zu Boden geschleudert. Irgend jemand muss sie dann auf die Strasse geschleppt haben. Sie erinnert sich später nur an „Höllenlärm, würgenden Staub, Nacht vor den Augen, gellende Schreie“. Das Wohnhaus an der Rue Lalande ist unbewohnbar geworden. Von nun an zieht die Familie mit kleinem Gepäck von Notquartier zu Notquartier, mal hierhin, mal dorthin in Arcueil und Montparnasse.

2000 Granaten gehen innerhalb von zwei Tagen, am 8. und 9. Januar 1871 auf Paris nieder. Auch Krupps Dicke Bertha, die einmal dem Frieden geweiht worden war, ist längst vor Paris in Stellung gebracht. Auf dem Friedhof von Montparnasse schlagen Geschosse ein, als gerade ein Toter zu Grabe getragen wird, reissen Grabstätten auf, werfen die Leidtragenden nieder. Über der Stadt liegen Wolken aus Rauch und Staub. Paris geht in die Knie. Paris kapituliert. Der *Westfälische Hausfreund*, das Blatt des deutschen Pastors von Bodelschwingh, triumphiert: „Babel ist gefallen.“ In der geschundenen Metropole präsentiert Edouard Manet das zeitnahe Gemälde „Berstende Granate“. Frankreich trägt Trauer.

Auf Drängen Bismarcks wird Wilhelm I. schon am 18. Januar 1871 ausgerechnet im Spiegelsaal von Versailles zum deutschen Kaiser gekrönt. Eine Schmach, die manche Franzosen heute noch nicht verwinden können. Der grosse Chemiker Louis Pasteur gibt am gleichen Tag das ihm von der Universität Bonn verliehene Ehrendoktorat zurück. Zehn Tage später ist der „Vorfriede von Versailles" unterschriftsreif, nach dem Frankreich das im Krieg trostlos verwüstete Elsass-Lothringen abtreten und fünf Milliarden Francs Kriegsentschädigung an das 2. Deutsche Kaiserreich zahlen soll. Der „Friede von Frankfurt am Main" besiegelt am 10. März den Vertrag.

Weder mit dem Waffenstillstand noch mit dem „Schandfrieden" wollen die Pariser sich freilich zufrieden geben. Soldaten verbünden sich mit dem Volk. Während Thiers in Versailles weilt, werden am 18. März zwei Generäle erschossen, danach das Hôtel de Ville und die Tuilerien, wo vor drei Jahren drei Majestäten vereint auf den Frieden getrunken haben, in Brand gesteckt. Von der Cathédrale Notre Dame weht die rote Fahne. Verteilt über die Stadt errichten die „Kommunarden" 500 Barrikaden. Drei davon in Montparnasse-Montrouge. Und das Mädchen Hélène hilft mit. An der Avenue du Maine schleppt sie Steine, Zaunlatten, Ziegel, Stühle. Die Locken sind staubgrau, die Hände aufgerissen. Die Rocksäume schleifen im Dreck. Hélène ist fast 18 und von Sidonie nicht mehr aufzuhalten.

Der Aufstand der Kommune aber wird zum schrecklichen Drama. Am 21. Mai dringen durch die Porte Sainte Cloud Versailler Truppen in Paris ein. Und das Schlachten beginnt. La semaine sanglante – die blutige Woche. Innerhalb weniger Tage werden alle 500 Barrikaden gestürmt. Eine nach der anderen. Erbarmungslos. Vor jeder das gleiche verzweifelte Ringen. Vor jeder das grosse Sterben. Gewehre knattern. Steine, Flaschen, lodernde Fackeln fliegen. Mehr als 30 000 Tote sind nach dem Gemetzel zu beklagen. Die letzten Kommunarden retten sich ins Quartier Montparnasse und dort in die Katakomben. Von den grausigen Kämpfen, Mann gegen Mann, die sie sich zwischen Mauern aus Gebeinen und Totenschädeln noch im Juni mit den Truppen liefern, erfährt Hélène erst lange danach.

Adèle hatte darauf bestanden, Paris schleunigst den Rücken zu kehren. Einen Tag nach dem offiziellen Ende des Aufstands, am 29. Mai 1871, kann sie für viel Geld eine Kutsche mieten und verlässt, die amerikanischen Pässe im Gepäck, mit ihrer Tochter die Stadt.

„Meine einzig liebe, kleine Hélène ...“

Die aus der Hölle von Paris etwas derangiert entwichenen Damen dürfen dank ihrer Papiere ohne weiteres die Stadtgrenze passieren. Sie lassen erst halten, als es dämmert und der Wald von Chantilly hinter ihnen liegt. Das ist etwa 35 Kilometer nordöstlich von Paris, in Leu d'Essérent an der Oise. Ein kleiner Ort mit einer grossen Kirche aus dem 12. Jahrhundert und einem bescheidenen Gasthof. Hier hoffen sie, die Nacht zu verbringen. Aber der Gasthof ist besetzt. „Occupé“, sagt der Wirt und ringt die Hände. Die Damen lassen sich erschöpft in der Gaststube auf zwei eilends herbeigeschafften Stühlen nieder, sind erst ratlos, dann aber zunehmend verzweifelt. Adèle zieht ihr Schnupftuch und beginnt zu weinen. Hélène versucht, sie zu beruhigen.

Die rührende Szene ist von vier jungen Offizieren, die an einem Nebentisch ihre Landkarten konsultieren, offensichtlich beobachtet worden. Einer, auf jedem Arm ein weisses Pudelhündchen, tritt näher. Ein zweiter löst sich von der Gruppe, legt militärisch grüssend die Hand an die Stirn und stellt sich vor: „Gestatten, Max von Drewitz, Rittmeister, Escadronchef“. Gezwungenermaßen sei er Zeuge des Gesprächs gewesen und erlaube sich, den Damen sein Zimmer anzubieten.

Hélène lehnt entrüstet ab. Adèle scheint geneigt, das Angebot anzunehmen. Schliesslich, sagt sie, könne man ja nicht auf der Strasse schlafen. Preusse hin, Preusse her, der Monsieur Rittmeister sei galant. Warum sollte man ihn kränken? Zusammen mit dem Wirt gelingt es ihr, Hélène zu überzeugen, die den Preussen allerdings kaum eines Blickes würdigt, sich aber um so reizender den weissen Pudeln zuwendet. Beim Nachtmahl riskiert sie dann doch ab und an einen Blick zu den Offizieren hinüber und, mal das eine, mal das andere Hündchen auf dem Arm – sogar einen kleinen Flirt.

Die Damen beschliessen, sich vor der Weiterfahrt noch zwei Ruhetage zu gönnen. Und natürlich stellt der Rittmeister sein Zimmer nur zu gern länger zur Verfügung. „Ehrensache, meine Gnädigsten.“ Er kann Hélène auch erstaunlich schnell gewinnen, ihn zu seinen Pferden zu begleiten, dann in die Kirche, dann zu einer Promenade an der Oise. Später wird sie gestehen, es sei „Liebe auf den zweiten Blick" gewesen. Und Herr von Wentzel, der Besitzer der Pudelhündchen, wird einem Brief an den ‚lieben Drewitz' anvertrauen, der gemeinsame Aufenthalt in Leu d'Essérent sei ihm eine bleibende Erinnerung. Er schätze sich glücklich, „so liebenswürdige Damen wie die Vissings kennengelernt und am Glück zweier junger Menschen teilgenommen zu haben, die füreinander bestimmt scheinen".

Hoch zu Ross, in Uniform, blond, blauäugig, kerzengerade gibt Max von Drewitz am dritten Tag der Kutsche mit den beiden Pariserinnen noch ein Stück weit das Geleit. Die Damen reisen mit kurzen Zwischenaufenthalten weiter nach Bad Ems, wo Hélène ihrer angegriffenen Gesundheit wegen ein paar Wochen Kur machen soll.

Wie Drewitz es dann erreicht hat, von der Truppe Urlaub zu nehmen, ist nicht mehr auszumachen, aber irgendwann im Sommer taucht der verliebte Rittmeister bei den Gnädigsten in Bad Ems auf. Und hier müssen Hélène und Max sich noch nähergekommen und bald in den Armen gelegen sein. Schliesslich, nach einem Theaterbesuch, bittet er sie, seine Frau zu werden. Als er am nächsten Tag bei Adèle um ihre Hand anhält, versteckt sich Hélène auf der Toilette. Ihre Mutter scheint den Antrag erwartet zu haben. Sie tut nur überrascht und gibt am 30. August 1871 zur heimlichen Verlobung ihren Segen.

Onkel Emile in Paris dagegen tobt, als er davon erfährt. Seine kleine Hélène verlobt mit dem Feind! Eben noch Preussenhasserin und schon übergelaufen zu den Barbaren. Haus und Fabrik von den Deutschen in Trümmer gelegt, und die kopflose Nichte verfällt dem Sieger. „Sie muss den Verstand verloren haben." Onkel Emile, ihr Vormund, denkt nicht daran, die Liaison zu dulden. Um ihn durch ihre Gegenwart nicht unnötig zu reizen, bleiben Adèle und Hélène erst einmal in Deutschland. Von Bad Ems begeben sie sich zu den Verwandten nach Coesfeld, die sie freundlich aufnehmen, obwohl die alten Tanten nicht umhinkönnen, Partei für Emile zu ergreifen. François Forgeois zieht es vor, die Damen zu schneiden.

Als Max von Drewitz auch hier anreist, macht der Rittmeister sich allen sehr bald durch seine tadellosen Manieren genehm.

Und die Coesfelder Gesellschaft hofiert ihn. Für sie repräsentiert er „Glanz und Gloria“. Das liegt im Trend der neuen, der reichsdeutschen Zeit. Schon im Juni war Kaiser Wilhelm I. in der Reichshauptstadt Berlin eingezogen und hatte vor dem Stadtschloss neben einer pompösen, zwölf Meter hohen Germaniastatue die Parade der siegreichen Truppen abgenommen. Sein eiserner Bismarck war Reichskanzler des Deutschen Kaiserreichs unter preussischer Führung geworden und nunmehr 41 Millionen Bürgern verantwortlich. Pläne für eine Siegessäule in Berlin und das monumentale Niederwalddenkmal lagen bereit. Auch die „Kaiserglocke“ hatte man bereits in Auftrag gegeben. Sie sollte – ein „Friedensgarant“ – aus dem Metall erbeuteter französischer Kanonen gegossen werden und im Kölner Dom den ihr angemessenen Platz einnehmen.

In der kleinen Stadt Coesfeld schlägt sich der deutsch-nationale Überschwang etwas kleinkarierter nieder. In Schulen und öffentlichen Gebäuden grüssen der Kaiser, die triumphierende Germania und viel Eichenlaub von den Wänden. Bei den Kriegervereinen haben Schmuckblätter mit ähnlichen Motiven Hochkonjunktur sowie markige Sprüche, die sich als Kreuzstickerei auch in den Wohnküchen kaisertreuer Bürger wiederfinden: „Lieb Vaterland magst ruhig sein“ … „Durch Blut und Eisen“, oder feierlich fromm: „Mit Gott für Kaiser und Vaterland“. Die Sozialisten halten im gleichen Jahr mit ihrem neuen Kampflied dagegen: „Wacht auf, Verdammte dieser Erde …“ Aber das kümmert die Coesfelder Kleinstädter nicht. Sie feiern. Und sie feiern Max von Drewitz.

Der goutiert das nicht ganz so sehr, wie sie meinen. Er ist nur darauf aus, die vergötterte Hélène so schnell wie möglich heimzuführen. Am 9. November, Maxens Geburtstag, wird denn auch, bevor der Rittmeister wieder in seine Garnison nach Tangermünde in Ostpreussen zurückkehrt, im Hause Forgeois am Lambertikirchplatz die offizielle Verlobung gefeiert. Das obligate Photo zeigt eine blind verliebte Hélène mit einem Kreuzchen am schwarzen Samthalsband. Ihr Max, in straffer Offizierspose, wirkt im hochgeschlossenen Waffenrock, den langen Säbel an der Seite, die Arme verschränkt, das Kinn mit dem Bärtchen gereckt, wie einer, dem die Welt zu Füssen liegt.

Emile und Sidonie sind der Verlobungsfeier ferngeblieben.

Der Onkel will erst Erkundigungen „über diesen von Drewitz“ einziehen. Was dabei herauskommt, entspricht der Genealogie eines Bilderbuchpreussen. Dass das Geschlecht derer v. D. auf brandenburgische Raubritter zurückgeht, hätte Onkel Emile noch wohlwollend hingenommen. Später jedoch standen Maxens Vorväter nahtlos in Preussens Diensten. Der Grossvater bereits 1795 als Fähnrich im Regiment von Kuhnheim Nr. 1, der Vater Louis v. D., dekoriert unter anderem mit dem „Rothen Adlerorden“, zuletzt als Major und Kommandeur des Infanterieregiments Nr. 1 unter König Wilhelm I. von Preussen.

Vor allem Maxens Biographie liess Emile erbleichen. Schon früh war der 1839 in Braunsberg/Ostpreussen geborene Knabe in Adlig Sankau, auf dem Gut seiner Mutter, „im Geiste preussischer Zucht“ erzogen und dann dem Kadettencorps Berlin-Lichterfelde zugewiesen worden. In der Garnisonskirche wurde er konfirmiert, leistete Pagendienste in Sanssouci und am Königlichen Schloss und trat 1857, im Alter von 18 Jahren, als Portepee-Fähnrich ins „1. Leib-Husaren-Regiment“ in Danzig ein. Im Dänischen Krieg, 1864, war er bei der Erstürmung der Düppeler Schanzen dabei, im Feldzug gegen Österreich, 1866, als Premier-Lieutenant unter den Siegern von Königgrätz, belohnt mit dem „Erinnerungskreuz für Kombattanten“. Vor Paris war ihm dann 1871 sein Lieblingspferd unter dem Leib zerrissen worden. Kurz darauf, sattsam bekannt, hatte Max in Leu d’Essérent den Damen Adèle und Hélène den Hof gemacht. Die Heirat eines solchen Preussen par excellence mit der Nachfahrin des revolutionären Constant Forgeois könne, so folgerte Emile, nur eine Mesalliance erster Klasse werden und verweigerte auch weiterhin seinen Segen.

Max wartet indessen in Tangermünde auf seine Beförderung zum Rittmeister I. Klasse, mietet, um Hélène comme il faut einquartieren zu können, eine Sieben-Zimmer-Wohnung mit Stallungen, kauft Equipage und Pferde dazu und hofft auf die Eheschliessung binnen Jahresfrist. Die Wartezeit überbrückt er, wie schon zwischen der heimlichen und der offiziellen Verlobung, mit Briefen. Er ist ein fleissiger Schreiber. Täglich schreibt er. Morgens vor dem Dienst: „Ein herzliches Guten Morgen rufe ich Dir zu“. Mittags nach dem Dienst: „Meine Mittagsstunde schlägt. Gesegnete Mahlzeit, mein kleiner, süsser Engel“. Und

Max von Drewitz um 1872

abends wieder: „Soeben holen mich meine Offiziere zum Essen. Schlafe recht gut, holdes Wesen".

Die Hochzeit verzögert sich. Max schreibt emsig weiter. Zweieinhalb Jahre lang jeden Tag. Nahezu alle Briefe sind uns erhalten geblieben. Sie beginnen meist mit den gleichen Worten: „Meine einzig liebe, kleine Hélène" oder „Über Alles geliebte, theure Braut" und enden zärtlich, aber monoton: „Vergiss *nie* Deinen Dich über Alles liebenden Max, der Dich in seine Arme schliesst und millionenmal küsst."

Was er sonst zu Papier bringt, spiegelt seinen Tag im Dienst und das Leben im Wartestand wider. Vormittags in der Reitbahn, um die Pferde zu bewegen, nachmittags auf dem Exerzierplatz, sonntags bei der Parade. Immer das gleiche: eine „bescheidene Mittagsmahlzeit", ein „einfaches Butterbrot zum Nachtmahl" oder noch auf ein Glas Bier unterwegs mit Freund

Zitzewitz. Dann „ruhig zu Bett", nicht ohne für das Wohl seines „himmlischen Mäuschens" gebetet zu haben.

Nur einmal zeigt Max sich eifersüchtig. Im Februar 1872 schreibt er: „Teile mir genauestens mit, wie Du den Carneval in Coesfeld verlebt hast! Hat der Dragoner Engelbert dieses Mal wieder einen verwandtschaftlichen Kuss von Dir begehrt?" Und weiter unten: „Aber bitte, mache ruhig alle Feste und Bälle mit; ich habe mich jetzt in den Gedanken hineingefunden." Hélène scheint ihn beruhigt zu haben, denn wenige Tage darauf vermerkt Max, ihr jüngster Brief habe ihn unendlich glücklich gemacht. „Du schriebst mir: ‚Ich vergesse Dich *nie* und liebe Dich *immer*!' Ach, Du mein allgütiger Gott, erhalte mir stets die Liebe meiner so heissgeliebten Hélène! Mit Dir rufe ich aus: Welches Unglück, dass wir uns nicht sogleich heiraten können!"

Aber die Beförderung lässt auf sich warten. Max zieht allein in die grosse Wohnung. Niemand darf Hélènes künftiges Zimmer, das „kleine Heiligtum", betreten. Ausser über den Dienst und bescheidene Freizeitvergnügen gibt es auch danach wenig Aufregendes mitzuteilen: „Meiner Gesundheit geht es Gott sei Dank recht gut, ebenso der meiner lieben Pferde." Einmal ist Max untröstlich, weil sein treuer Neufundländer „Nero" einer Tollwutinfektion wegen erschossen werden muss, dann um so gerührter, als ihm ein Leutnant zum 33. Geburtstag einen anderen, einen jungen Neufundländer schenkt, der den Namen „Nero" erbt.

Häufig erscheint in den Briefen die besorgte Frage, wann Onkel Emile wohl der Heirat zustimmen werde, und regelmässig wiederkehrend: „Ich warte immer noch auf die Beförderung." Vermutlich war sein Vorgesetzter, General von Schmidt, dem jungen Mann nicht gewogen. Des öfteren schreibt Drewitz, dass er mit dem „Général terrible, der die Leute schlägt", aneinander geraten sei. Schliesslich bittet er um seine Versetzung, die am 11. Dezember 1872 bestätigt wird.

Hélènes Liebe zu Max scheint unverändert. Für ihn bringt das Jahr 1873 einschneidende Änderungen. Er muss die Wohnung in Tangermünde aufgeben und zieht im Februar mit Nero und seinen Pferden nach Berlin und von dort nach Posen um, wo er als Kommandeur der 5. Gendarmerie-Brigade eingesetzt ist. Anfangs geniesst er es, nicht mehr „auf dem Dorf im fernen Ostpreussen", sondern in einer Stadt mit 10 000 Einwohnern „selbständig und unabhängig vom Général terrible" zu sein, aber schon bald steht ihm „die ganze Gendarmerie bis zum Hals". Er gerät in finanzielle Schwierigkeiten, macht Schulden, nimmt Wechsel auf. In seinen Briefen an Hélène wird die Schrift immer krakliger. Auf einem Photo, das er ihr mitschickt, wirkt er gedunsen. Mit Schmalzlocke und aufgezwirbeltem Schnurrbart wie ein Bonvivant. Vielleicht trinkt er mehr, als ihm guttut.

Erst knapp 34 Jahre alt, reicht Max dann plötzlich um seinen Abschied ein. Und am 13. August 1873 schon wird ihm offiziell mitgeteilt: „Dem Hauptmann von Drewitz von der 5. Gendarmerie-Brigade wird der Abschied als Rittmeister mit der gesetzlichen Pension (jährlich 650 Thaler) und der Erlaubnis zum Tragen der Uniform des westfälischen Regiments Nr. 7 bewilligt." Max jubelt: „Adieu, Gendarmerie! Gott sei gepriesen, dass ich diesen Schauerposten losgeworden bin!" Er werde sich nun stracks nach Berlin begeben und dort um eine „Civilanstellung" bemüht sein. „Dass Du mit der lieben Marie Bernier nach Trouville gereist bist, um dort zu baden", trägt er noch nach, „freut mich ungemein. Amüsiere Dich nach besten Kräften, mein süsser Engel!"

Auch Max scheint sich in Berlin zu amüsieren. Seine Mutter im fernen Ostpreussen wird später behaupten, ihr Sohn sei dort in „schlechte Gesellschaft" geraten. Er hat die Pferde verkaufen und den lieben Nero weggeben müssen und bewohnt nur noch „eine Stube". Was er Hélène nämlich verschwiegen hat und drastische Einschränkungen erzwingt, ist die peinliche Tatsache, dass ihm die Wechselschulden von der Pension abgezogen werden. Mit der Zivilanstellung hapert es auch. Vergeblich bewirbt sich der Rittmeister a. D. bei der Oberfinanzdirektion, bei einer Versicherungsbehörde und in einer Zeitungsredaktion. Schliesslich kommt er in einer Bauabteilung unter. Auch das nur ein Posten von kurzer Dauer.

Im Februar 1874 muss Max untertauchen. Am 15. schreibt er in grosser Hast an Hélène: „Eine für mich im höchsten Grade unangenehme Geschichte, die ich für meine Pflicht halte, Dir mitzuteilen, ist mir passiert. Verschiedene, von mir gemachte unbedachte Bemerkungen über preussische Einrichtungen des Militärs und Aufdeckungen ähnlicher Art sind von mir unbekannten Leuten dem General Kommando denuncieret, sodass ich mich genötigt sehe, für einige Zeit Deutschland zu meiden." Schon am nächsten Tag werde er nach Hamburg abreisen, wo er vor Verfolgung sicher sei, und sich dann nach Dänemark absetzen. Dort habe er seit dem Feldzug verlässliche Freunde. Zunächst aber bitte er die „über Alles geliebte, theure Braut", ihm poste restante nach Hamburg zu schreiben.

Die Flucht nach Dänemark bleibt Max erspart, denn Onkel Emile bietet überraschend an, ihn bei sich in Paris aufzunehmen, und stellt sogar einen Posten in der in Arcueil wiedereröffneten Fabrik in Aussicht. Was die Eltern von Drewitz als „tiefste Schande" empfinden, ist für Emile Forgeois, so scheint es, Legitimation. Der preussische Offizier, der Sieger von Königgrätz und Paris war ihm suspekt, als Dissident jedoch ist er akzeptabel geworden.

Max von Drewitz gelangt heimlich über die Grenze und dann nach Paris. In der Rue Lalande kann er endlich seine Braut, wie so oft verheissen, in die Arme schliessen. Etwas anders freilich als in Tangermünde erträumt. Damit ist auch der Briefwechsel beendet. Im letzten Schreiben an Hélène hatte er bereits angekündigt: „Ich werde Dir ein fleissiger Schüler sein. Mit meinen Französisch-Kenntnissen sieht es nicht besonders aus." Onkel Emile nimmt auch daran nicht Anstoss. Er stellt Max als eine Art kaufmännischen Direktor ein und nach ein paar Monaten sogar ein wohlwollendes Zeugnis aus.

In Frankreich war inzwischen Marschall Maurice Mac-Mahon Staatspräsident der Republik geworden. Nach dem 1873 geschlossenen Drei-Kaiser-Bündnis Deutschland-Österreich-Russland fühlten die Franzosen sich jedoch nach wie vor unter Druck. Statt einer Siegessäule, wie in Berlin, wurde in Paris die „Sühnekirche" Sacré Cœur für das Quartier Montmartre in Auftrag gegeben: „Angesichts des Unglücks, das Frankreich verwüstet und des weiteren Unglücks, das Frankreich womöglich noch droht ... und um angemessen für unsere Sünden zu büssen und für unsere Fehler Verzeihung zu erlangen".

Wie die gesamte Metropole erholte sich auch das 14. Arrondissement nur langsam von den Folgen des Krieges. Spuren der Zerstörung überall. Onkel Emile hatte einen beträchtlichen Teil seines Vermögens eingebüsst. Darum war ihm durchaus daran gelegen, die Nichte nun bald zu verheiraten. Tante Sidonie, unverändert in ihrer weitherzigen Sinnesart, hatte es eilig, Max und Hélène beschützend überall dorthin zu begleiten, wo die notwendigen Papiere eingeholt werden mussten. Zur Mairie und zur neuen Kirche St. Pierre de Montrouge, denn eine katholische Trauung sollte es fraglos sein.

Die Tante und Adèle liessen „das Kind" auch bei allen Einkäufen für den künftigen Hausstand und eine adrette Garderobe nicht aus den Augen. Die Avenue du Maine und die Rue d'Enfer hinauf und hinunter, wo Sidonie und die kleine Hélène einst mit dem Hündchen Bijou promeniert waren, eilten die Damen von Geschäft zu Geschäft. Tisch- und Bettwäsche, Dessous und Nachtgewand, Kleider, Westchen, Hüte und Schuhe. Das Brautkleid wurde bei Sidonies Schneiderin, Madame Vaillant, probiert und Max, wie es sich gehört, ein Frack angemessen. Auch hier wiederum zeigte sich Onkel Emile nicht kleinlich. Er liess die Damen gewähren.

Eine Woche vor der nun endlich anberaumten Hochzeit, zu der die Eltern von Drewitz sich ebenfalls die Ehre gegeben hatten, offiziell einzuladen – „Monsieur et Madame de Drewitz ont l'honneur ..." –, stirbt plötzlich Maxens Mutter in Königsberg. „Furchtbar erschüttert" sagt der Vater sein Kommen ab und schreibt: „Geniesst Eure Hochzeitsfeier freudig-traurig. Das Auge Eurer Mutter wird segnend vom Himmel auf Euch herabschauen."

In der Tat ist es zu spät, die Feier zu verschieben. Am 28. September 1874 werden „Sieur Maximilien Frédéric de Drewitz et Hélène Caroline Vissing" in der Mairie de l'Observatoire im 14. Arrondissement standesamtlich verbunden. Bürgermeister Vaudremer selbst beglaubigt es durch seine schwungvolle Unterschrift.

In bräutlichem Lilienweiss, mit fliessendem Schleier, einen gewachsten Orangenblütenkranz im Haar, betritt Hélène am Arm Onkel Emiles am folgenden Tag die Kirche St. Pierre de Montrouge. Die Orgel dröhnt. Den langen Gang im neuromanisch-byzantinischen Gotteshaus entlang, reihen sich die Gäste in aufwendigen Garderoben. Mehr Tränen fliessen als sonst bei Hochzeiten üblich. Curé Pierre Carton, der mit Hélène schon ihre Erste Kommunion gefeiert hat, gibt dem Paar den kirchlichen Segen und schliesst am Ende „die liebe Verstorbene, die Mutter des Bräutigams, und den vom Kummer gebeugten Vater“ in sein Gebet ein. Adèle ist in Tränen aufgelöst. Emile gibt sich brautväterlich würdig, Sidonie erleichtert. Nach der Zeremonie wird im Hause Forgeois, in einem renovierten an der Rue Lalande, ein nicht enden wollendes achtgängiges Menü aufgetragen und trotz der gedämpften Stimmung ungezählte Male auf das Paar angestossen. Deutsch-französische Völkerfreundschaft ganz privat.

Das Hochzeitsphoto zeigt eine anmutige, ernste Braut von 21 Jahren, an der besonders die zierlichen Hände und der Strahlenkranz der Orangenblüten auffallen, und einen bedrückt, im ungewohnten Frack etwas steif und untersetzt wirkenden Max, den rechten Fuss im engen Lackschuh nach Militärmanier leicht auswärts gestellt – „Rührt Euch“.

Nicht mit auf dem Bild ist Marie Berniers Hochzeitsgeschenk. Ein Gebetbuch mit Goldschnitt, in hauchdünnes, geschnitztes Elfenbein gebunden. Drei gepresste Rosenblätter sind beim „Tag der Kerzen“ eingelegt – „Bedenke, oh Mensch, dass Du Staub bist und zurückkehrst zum Staub“ – und ein Widmungsbildchen mit der „Flucht nach Ägypten“.

Schon am Nachmittag brechen Max und seine Frau nach Deutschland auf. Ob die Heirat aus Hélènes Sicht noch eine wirkliche Liebesheirat war, ist ungewiss. Ihrer Enkelin Ruth, meiner Mutter, hat sie im Alter gestanden, während der langen Wartezeit seien ihr Maxens Briefe immer langweiliger erschienen und sie habe des öfteren die Verlobung lösen wollen. Aber dann sei aus dem Ganzen „doch eine nette Freundschaft“ geworden. In Frankreich beginnt, nicht lange nachdem das Paar Paris verlassen hat, eine neue Blütezeit – die „Belle Epoque“.

Mit Bettina in Paris

Für Max und Hélène beginnen die Flitterwochen. Von Paris reisen sie nach Aachen. Die junge Französin und der Deutsche. Kinder zweier verfeindeter Nationen. Beide, um nur noch einmal und kurzfristig nach Frankreich zurückzukehren.

1996 reise ich mit Bettina, der Erstgeborenen, in genau entgegengesetzter Richtung. Max und Hélène wechselten von Frankreich nach Aachen, wir von Deutschland nach Paris. Die beiden nahmen vermutlich den Zug, wir flogen. Nur zwei Strassen von der Rue Lalande entfernt, wo die Forgeois ihren Wohnsitz hatten, hatten wir vorgebucht: im *Hôtel de Granville*, an der Rue Déparcieux. Wir wollten uns im Quartier Montparnasse umsehen. 125 Jahre nach dem deutsch-französischen Krieg, der Max und Hélène letztlich zusammenführte, wollten wir wissen, was geblieben ist von ehedem.

Von der Erzfeindschaft zwischen den Nachbarn jedenfalls ist 1996 so gut wie nichts zu spüren. Max und Hélène haben das nicht mehr erlebt. Zweier welterschütternder Kriege hatte es noch bedurft, Millionen Menschen mussten sterben, bis die von Victor Hugo so oft beschworene Völkerfreundschaft realisiert und hoffentlich für immer gefestigt wurde. Nur 13 Jahre gingen nach dem Zweiten Weltkrieg ins Land – eine lächerliche Zeitspanne nach den mörderischen Dezennien der Feindschaft, bis der französische Staatspräsident Charles de Gaulle 1958 den deutschen Bundeskanzler Konrad Adenauer in sein Haus La Boiserie nach Colombey-les-Deux-Eglises einlud. Nur 18 Jahre, bis 1963 im Pariser Élysée-Palast der Deutsch-Französische Freundschaftsvertrag geschlossen wurde.

Als Bettina und ich 1996 nach Frankreich aufbrechen, hatte Mitterrands Nachfolger Jacques Chirac am 80. Jahrestag der Schlacht von Verdun vor dem „Ossuarium“ gerade ein Spalier von 3000 Jugendlichen aus Frankreich und Deutschland abgeschritten und in seiner Gedenkrede daran erinnert, wie 1916 ein junger deutscher Offizier einen französischen, den seine Leute für tot hielten, ins Lazarett geschleppt und ihm damit das Leben gerettet hatte. Schicksalhaft. Der Gerettete von Verdun war Charles de Gaulle. „Vive la France! – Vive l’Allemagne!“

Weit weniger spektakulär, aber um so herzlicher war im gleichen Sommer 1996 zum 15. Mal die alljährliche Französische Woche in unserem Nachbarort Starnberg gefeiert worden. Mit Strömen von Bordeaux und Chablis, mit Hummern, Moules à la crème, Brie, Camembert und Baguettes. Mit einer Abordnung honoriger Würdenträger der Partnerstadt Dinard, mit fidelen, sich zuprostenden Bürgerinnen und Bürgern beider Länder.

Moralisch also und kulinarisch aufgerüstet, klettern Bettina und ich in die Maschine der Air France. Als Hélène von Paris in Richtung Aachen reiste, war sie frisch verheiratet. Bettina hat gerade eine knapp dreijährige Ehe hinter sich und lebt, frisch getrennt sozusagen, wieder als Single, sofern man von zwei eigenwilligen Katzen absieht, „Samson" und „Delila", die das Singledasein zu einer Dreieinigkeit haben mutieren lassen.

Hélène hatte, wie Ende des 19. Jahrhunderts üblich, lediglich Haushalt gelernt. Bettina war längst Pressesprecherin beim grössten Städtischen Unternehmen in München geworden. Aus dem Aeroplane steigt sie in Hosen und Glencheckjackett, Pumps an den Füßen, das Haar ist kurz „à la coupe sauvage" geschnitten. Die Ohrringe mit blauen Sodalithsteinen, passend zur Augenfarbe, stammen aus Jerusalem. Bettina schätzt dezenten Schmuck und flotte Hüte – eine Vorliebe, die sie mit ihrer Ururgrossmutter Hélène teilt, die sich gern mit Ohrringen und ausgefallenen Hüten ablichten liess.

Kaum im „Granville" abgestiegen, besteht sie denn auch darauf, die Rue Lalande aufzusuchen. Zwei Strassen weiter also. Auf den ersten Blick ein etwas gewaltsames Gemisch aus alt und neu. Vollgeparkte, schmale Fahrbahn. Neben einer modernen, fünfstöckigen, nüchtern glatten Fassade, vor der sich eine magere Blutbuche ans Licht kämpft – ein Lädchen mit kornblumenblauer Holzumrahmung. Etwas grossspurig darüber: L'Académie de la clef. Drinnen in der Schlüssel-Akademie steht der rotohrige Meister allein an der Werkbank und feilt Schlüssel zurecht. Wie vor hundert Jahren.

Im noblen Haus Nr. 22 aus der Baron-Haussmann-Ära könnte Jacques Offenbach logiert haben. Wie bestellt: Klavieretüden aus einem offenen Fenster. Ecke Rue Liancourt kann man im Erdgeschoss den Köchen des Restaurants „Die kleinen Hexen – Les petites Sorcières", direkt in die kupfernen Casserolen schauen. Es riecht nach Rosmarin, Speck und Knoblauchbutter. Das Plakat auf der anderen Strassenseite passt nicht ganz ins Ambiente. Le Pen wirbt da für seinen „Front national". Jemand hat Hakenkreuze darüber gesprüht. Ein Radler spuckt aus im Vorbeifahren.

Aber dann Nr. 16. Das müsste Onkel Emiles Haus gewesen sein. Wenn es das wirklich war, ist es stark heruntergekommen.

Nur drei niedrige Stockwerke. Schmutzig-grau. Verbogene Fenstergitter. Töpfe mit Geranienstrünken, kurz vor dem Fall, auf den Fensterbrettern. Schief hängende, braune Jalousien, deren Schnüre wie Eingeweide nach draussen quellen. Und doch ist da etwas vom Genius loci. Die steinerne Türschwelle. Tief ausgetreten. Das schmale, abgenutzte Trottoir davor. Unzählige Male müssen sie hier gegangen sein – Onkel Emile, Tante Sidonie und Adèle. Hélène als Kind und zuletzt als junge Frau mit Orangenblüten im Haar. Den kleinen Laden mit der kornblumenblauen Umrandung, den hat es damals vielleicht schon gegeben und ganz gewiss auch den Himmel über der Rue Lalande, der sich kaum verändert. Mal nachtschwarz, mal grau, mal blau, mal wie an diesem Nachmittag mit weissen Wattewolken darin.

„Mami, grins' nicht jeden an", sagt Bettina, als wir weiterschlendern. Aber mir ist nach Grinsen zumute. Gerade hier und jetzt und überhaupt. Ich halte viel von dem chinesischen Spruch: „Das Lächeln, das Du aussendest, kehrt zu Dir zurück." Es steckt in jedem, das Lächeln, und manchmal kehrt es zurück.

Am nächsten Morgen das Übliche zum Petit-déjeuner: Croissants und Café au lait. Knusprige Hörnchen und reichlich Kaffee. Der Cimétière Montparnasse ist in Sichtweite. Nur hundert Meter etwa entfernt. Der Himmel trägt Regenschleier. Friedhofswetter. Was einmal parkähnlich war, ein Nachtigallenparadies zur Zeit Chateaubriands, ist heute Totenstadt hinter hohen Ziegelmauern. Kleine Häuser aus grauem Stein mit steinernen Dächern, eins neben dem anderen. Gitter vor dem Eingang. Madonnen und Kruzifixe auf den Altären. Zuweilen auch Davidsterne aus blauem und sonnengelbem Glas.

Viel Verwittertes, Verblasstes, künstliche Blumen in regenverwaschenen Farben. Sehr schnell verliert man sich hier. Wie aus einem Kornfeld taucht Bettinas Kopf nur ab und an über Sarkophagen und Granitblöcken auf. „Gut zum Verstecken im Krieg", sagt sie. Nicht nur Juden und Christen liegen hier nah beieinander, auch Gestorbene aus 150 Jahren. Berühmte Tote, an deren Gräbern schon Tante Sidonie und Hélène vorübergegangen sein müssen. Der Général de Brigade Henry Mylius zum Beispiel, dreimal verwundet, bei Jena, Gigion und Victoria, gestorben 1866. Oder Charles Baudelaire, der Verfasser der

„Blumen des Bösen“, jener Gedichte, die der junge François Forgeois seiner geliebten Adèle einst vorgetragen hat. Auch der Romancier Maupassant und der böse verleumdete Offizier Dreyfus.

Obwohl Bettina nach Stunden sagt, sie könne den ganzen Tag auf diesem Friedhof verweilen, schaffen wir es noch, das entfernte Quartier Marais bis in die Hinterhöfe hinein zu erforschen, „gefilte Fish“ und „Blini“ zu essen und danach die wieder mal eingerüstete, von Touristen belagerte Notre Dame zu umrunden, auf der während des Kommuneaufstands 1871 die rote Fahne wehte. Nur das „Restaurant Robespierre“, Nr. 400, Rue St. Honoré, in jenem Haus, in dem der „Unbestechliche“ vor seinem Tod gewohnt haben soll, blieb uns verschlossen. „Fermé“.

Von Tag zu Tag mehr erscheint mir dann unsere Pariser Visite wie ein Bilderbogen zu unserer Familiengeschichte. So der Park Montsouris – „der schönste französische Englische Garten“. Smaragdgrüne Rasenflächen. Uralte Bäume mit majestätischen Kronen. Ein von Trauerweiden gesäumter See mit Enten und Schwänen. Hunde gibt es viele, auch kleine Mädchen und junge Damen, die sie spazierenführen, aber keinen mit Knickohren, keinen Bijou.

Die Avenue du Maine und den Boulevard Montparnasse entlang, wo Tante Sidonie, Hélène und ihre Mutter Adèle zu promenieren pflegten, reiht sich heute noch Laden an Laden. Kahlköpfige Mannequinpuppen mit blödblasierten Gesichtern führen jetzt Durchsichtiges vor. Chiffonblusen in Ziegelrot und Tintenblau über nacktem Busen. Netzgestricktes zu Reiterhosen aus weissem Piqué. Die Minikleidchen, knapp über dem Po, und die luziferroten Spitzendessous hätten die Damen damals erröten lassen. Zu ihrer Zeit war Barchent gefragt. Weisse Leinen- und Baumwollhosen reichten bis übers Knie. Mehrere Unterröcke waren unerlässlich. Man musste die Braut erst auspakken. Vielleicht hatte das sogar grösseren Reiz.

Während ich auf dem Markt in der angrenzenden Rue Daguerre vor den Ständen mit Rebhühnern und Fasanen im Federkleid, Pyramiden von Krabben und papageifarbenen Crèmetörtchen hängenbleibe, ist Bettina in einem Hutladen verschwunden. Ich habe die Wahl nur noch gutzuheissen. Das Schornsteinfegermodell aus schwarzem Leder und den braunen

Stetsonhut. „Magnifique!“ Der alte Hutmacher steht daneben, Bauch heraus, weissbärtig, Zöpfchen im Nacken, Zentimetermass über dem Ringelpullover, und lobt ihr gutes Französisch. Der Kauf ist perfekt. Hélène hätte sicher länger gebraucht.

Und Tante Sidonie wäre erstarrt, wenn ihr im gepflegten Jardin du Luxembourg die schwitzenden Jogger begegnet wären, die heute dort ihre Runden keuchen, während eine Flotte knallroter Coca-Cola-Busse sie aus Lautsprecherrohren jaulend mit Schlagern beschiesst. Früher herrschte hier Stille. Damen rannten nicht, sie ergingen sich. Es gab zierliche Stühlchen und Herrschaften, die sich darauf niederliessen, um in Journalen zu blättern oder feinsinnige Bücher zu lesen. Heute liest man nicht. Man steht kopf.

Einzig die Kirche an der Rue Thibaud, St. Pierre de Montrouge, in dämmriges Licht getaucht, nur im Altarraum von flackernden Kerzen erhellt, lässt schattenhafte Bilder von damals entstehen: Hélène im Schleier, am Arm Onkel Emiles. Orangenblüten. Weihrauchduft. Irgendwo vorn in den Bänken Tante Sidonie, in einer Robe aus mattgrün changierendem Taft, wie sie auf einer handkolorierten Photographie zu sehen ist. Adèle, blass, mit den Tränen kämpfend. Max vor dem Altar, etwas steif im ungewohnten Frack. Und uns zugewandt, im festlichen Ornat, Curé Pierre Carton: „Que le Seigneur vous bénisse du haut de Sion ...“ – Ein Kind schreit plötzlich. Eine Tür fällt zu. Die Bilder entschwinden. Bettina zündet vor der kleinen Thérèse von Lisieux drei blaue Kerzen an.

„Du hast nur einen kleinen Fehler ...“

Zurück ins Jahr 1874. Zu Max und Hélène. In der Rue Lalande hatten sie sich nach der Trauung in St. Pierre de Montrouge verabschiedet. In der Stadt Karls des Grossen, in Aachen, haben sie als Paar die erste Nacht verbracht. In „Hoyer's Union's Hotel“. Das Etablissement ist ein vornehmer, langweiliger Kasten, unweit des Bahnhofs. Hélène hat die Karte des Hotels aufgehoben, von ihrer Hochzeitsnacht aber nie erzählt. Das verbot der Anstand.

Kurz darauf müssen die beiden sich in Coesfeld vorgestellt haben. Die alten Tanten – Fanny mit dem lieben Spitzmausgesicht und die missmutige Adelaïde waren inzwischen gestorben. Aber die Freunde, Mersmanns und Richters, Familie Vissing und Adèles Verehrer François Forgeois, sahen mit Ungeduld dem einst gefeierten preussischen Rittmeister entgegen, dem Hélène so lange die Treue gehalten hatte. Die nächste Station der Hochzeitsreise war dann Berlin. Dort erwartete sie ein – mir wiederum erhaltener – Brief aus Paris. Ein gemeinsamer, bald nach der Hochzeit abgesandter, von Onkel Emile, Tante Sidonie und Adèle.

„Wie Du siehst, liebe, kleine, hässliche Nichte," beginnt Onkel Emile, offenbar auf seine späte Einwilligung und Hélènes Festhalten an der Ehe mit Max anspielend, „wie Du sieht, nehme ich Dir Deine Dickköpfigkeit nicht übel ... Alles, was ich wünschte, war im übrigen Dein Glück, und ganz sicher würde ich Max verfluchen, wenn er Dich nicht glücklich machte ... Wenn er auch heftig ist, so hat er doch viel Herz und wird immer angenehm zu seiner kleinen Frau zu sein wissen. Mache ihm vor allem Deine grossen Augen, wenn er nicht machen sollte, was Du willst. Ich umarme Euch trotz allem! Euer Onkel Emile".

Tante Sidonie fährt fort auf französisch: „Ich löse Deinen Onkel ab, meine geliebte Nichte, der im Augenblick in seiner albernsten Stimmung ist." Auch sie, so Sidonie weiter, könne ihre Glückwünsche nur wiederholen. „Deine Zukunft möge so glücklich sein, wie Du es von Deiner Jugend auf gewohnt bist. Max allein ist hierüber der Herr." Eine kritische Bemerkung sei ihr, Sidonie, dennoch gestattet: „Du hast nur einen kleinen Fehler: Du willst immer recht behalten. Abgesehen von diesem kleinen Mangel, bist Du perfekt und hast das Recht, glücklich zu sein." Die Tante schliesst, ihre Nichte „in Liebe umarmend", mit den Worten: „Hoffentlich werdet Ihr meine Maxime befolgen: die Ehe ist herrlich, wenn beide den festen Willen haben, gut zueinander zu sein."

Adèle scheint unter dem Abschied der Tochter sichtlich gelitten zu haben, denn sie schreibt, Hélènes Abreise von Paris habe sie sehr traurig gemacht. „Ich wurde krank und habe mehrere Tage mein Zimmer nicht verlassen, um niemanden zu sehen und meine Tränen zu verbergen ... Ich wage nicht mehr, in Dein Zimmer zu gehen, derart überfällt mich die Traurigkeit, Dich nicht dort zu finden. Alles scheint tot zu sein im Haus ... Zum Glück habe ich volles Vertrauen in den guten Max, und ich glaube, was Du sagst, dass er charmant und aufmerksam gegen Dich ist." Besorgt zeigt sich Adèle um Hélènes Gesundheit, ermahnt sie, nicht zu lange in Berlin zu verweilen, und grüsst am Ende „als Eure Euch zärtlich liebende Mutter".

Sehr lange dürften Max und Hélène nicht in Berlin geblieben sein, sondern sich bald darauf nach Königsberg begeben haben, um dem Schwiegervater Louis von Drewitz ihre Aufwartung zu machen. Fest steht: Ende des Jahres 1874 kehrten sie über Hamburg nach Paris zurück. Max mit einem Vertrag der Hamburger Firma „A. H. Langnese, Fabrik Englischer Bisquits" in der Tasche. Und 1875 schliesslich siedelten die beiden endgültig nach Hamburg über.

„Wir lassen ihn mit Bedauern gehen", bescheinigte Onkel Emile dem scheidenden Max. Seine Tätigkeit als Direktor in der Firma E. Forgeois & Cie., Produits Chimiques et Engrais Arcueil/Seine sei in jeder Hinsicht „höchst bemerkenswert", seine Führung „vorbildlich und untadelig" gewesen. „Unsere aufrichtige Freundschaft und unsere Hochachtung begleiten ihn." Die Freundschaft scheint echt gewesen zu sein.

Diesmal reist das Paar mit grossem Gepäck. Die schwere Eichentruhe, die schon Hélènes Eltern, Adèle und Jodocus auf dem Schiff nach Amerika begleitet hatte, wurde wieder verladen. Und sorgsam verpackt, in Hélènes Handtasche, reiste auch das Miniporträt des revolutionären Ahnen Constant Forgeois an die Elbe mit. Dort wurde im Vorort Gross-Borstel, am 6. März 1876, die erste Tochter Marguerite, meine Grossmutter geboren, im gleichen Jahr wie die Dichterin Else Lasker-Schüler und die Malerin Paula Modersohn-Becker. Offenbar geriet die Kleine in nicht gerade rosige Verhältnisse hinein. Pekuniär ging es den Eltern schlecht. Im Comptoir der Firma Langnese scheint Max nicht genügt zu haben. Schon am 6. Juli – Marguerite ist auf den Tag genau vier Monate alt – kündigte der Prinzipal mit den nüchternen Worten: „Bei allem Interesse für das Geschäft, war ich durch den Mangel an kaufmännischen Fähigkeiten des Herrn von Drewitz genötigt, seinen Platz durch eine passendere Persönlichkeit zu besetzen." Peinlich.

Offen bleibt, wieso denn nun Max nicht nach Paris zu Onkel Emile, der seinen Abschied so sehr bedauert hatte, zurückgekehrt ist. Vielleicht liess sein Stolz das nicht zu. Oder Onkel Emiles Bedauern stand doch nur auf dem Papier. Nachgewiesen ist lediglich: die kleine Familie blieb in Deutschland und zog Ende des Jahres 1876 nach Berlin-Friedrichshagen. Auch dort lebte man anfangs recht dürftig. Aber für Hélène bedeutete Friedrichshagen Erwachsenwerden und Emanzipation.

Arkadien in Preussen

Warum Max und Hélène sich gerade in Friedrichshagen niederliessen, weiss ich nicht. Weder Verwandte noch Freunde lebten im Umkreis. Möglich, dass sie die kleine Gemeinde am Müggelsee auf der Hochzeitsreise zufällig entdeckt oder bei der Wohnungssuche von dort ein günstiges Angebot erhalten haben. Für eine Familie mit Kindern jedenfalls muss Friedrichshagen, östlich von Berlin, zwischen Köpenick und Erkner gelegen, damals eine ideale Adresse gewesen sein. Nicht weit von der Großstadt und doch mitten in der Natur. Ein „Arkadien in Preussen"[2], wie es später die Einheimischen nannten.

Schon Anfang des 19. Jahrhunderts war das von Friedrich dem Grossen gegründete Siedlerdorf zur beliebten Sommerfrische der Berliner avanciert und nahm nach der Anbindung an die „Niederschlesisch-Märkische Eisenbahn" ab 1849 einen unerwarteten Aufschwung. Mit Kind und Kegel strömten die Großstädter wochenends an den Müggelsee. Gaststätten taten sich auf – „Hier können Familien Kaffee kochen". Eine Brauerei liess sich nieder. Biergärten eröffneten. Und als Max und Hélène mit dem Säugling Marguerite anlangten, betrug die Einwohnerzahl bereits rund 3000 Seelen. Statt der früheren Lehmfachwerkbauten waren an der nunmehr nach dem Preussenkönig benannten Dorfstrasse und den Seitenwegen ein- und zweistöckige Häuser im strengen neoklassizistischen Stil mit Läden, Wirtschaften, Cafés, Apotheke und Handwerksbetrieben entstanden.

Der Rittmeister a. D. und die Seinen bezogen in der sogenannten Schwindelschweiz, am Mühlenweg 10, ein bescheidenes

Haus mit Blick auf „Hahn's Windmühle", den See und die immerhin 115 und 92 Meter hohen Müggelberge am anderen Ufer. Der Weg blieb noch lange ungepflastert, staubte im Sommer, verschlammte im Herbst und im Frühling, führte aber nach wenigen Minuten durch einen schattigen Ulmen-, Platanen- und Eichenwald ans Wasser. In seinen „Wanderungen durch die Mark Brandenburg" hat Theodor Fontane akkurat diesen Platz am Müggelgemünd besungen: „Es freut das Herz, so an der Müggel zu sitzen und – die leise Musik von Wald und Wasser um sich her – die Stunden zu verträumen."

Zum Träumen freilich bleibt Hélène kaum Zeit. Max, beim Preussenheer offenbar rehabilitiert, bezieht hier zwar wieder seine spärliche Rittmeisterpension, darf jedoch noch keinen Zivilberuf ergreifen und schlägt sich unter anderem mit Übersetzungen durch. Wenn die Kinder später fragten, was er da eigentlich getan habe, wurden sie von Hélène mit der stereotypen Antwort abgespeist: „Ach, er hatte Beschäftigungen." Sie selbst war überbeschäftigt in den ersten Jahren.

Sie hatte weder Dienstmädchen noch Magd, wie in ihren Kreisen üblich. Sie kocht und schneidert, bewältigt Haushalt und Kinderpflege und lernt Deutsch. Darauf legt Max übertriebenen Wert. Vor dem ersten gemeinsamen Ausgang hatte er sie angewiesen: „Mach bloss nicht den Mund auf, sonst denken alle, Du bist meine Köchin." Als meine Urgrossmutter diesen Vorfall Jahrzehnte später ihrer Enkelin, meiner Mutter, erzählte, lachte sie dabei, doch damals muss sie die hochmütige Phrase tief getroffen haben. Ein Photo aus jener Zeit zeigt eine plötzlich gereifte, junge Frau im hochgeschlossenen Kleid, mit fest um den Kopf gestecktem Haar. Betont einfach, der herausfordernden Situation angemessen.

An Mariä Himmelfahrt, am 15. August 1877, kommt am Mühlenweg 10 Hélènes zweite Tochter Marie, meine Grosstante zur Welt. Schon in der Wiege ein quirliges, energisch brüllendes, kleines Geschöpf, das genaue Gegenteil von Marguerite. Im gleichen Jahr eröffnet Dr. Max Jakoby an der Friedrichstrasse 65 (heute Bölschestrasse) seine Praxis als praktischer Arzt, dessen Hilfe Max und Hélène vom ersten Tag an in Anspruch nehmen. Im Laufe der Jahre sollte er zu einem engen Freund der Familie werden. Ein junger Mann ist Jakoby damals, mit

Brille und dunklem Backenbart, gerade 32, fünf Jahre jünger als Max von Drewitz. Tag und Nacht unterwegs. Bei Alten und Kindern sofort beliebt. Voller patenter Ideen. In seinem Landauer mit dem ihn ab und an begleitenden, lammfrommen Hund wird er bald zu einer Friedrichshagener Institution.

Max allerdings muss sich in den ersten Jahren wohl übernommen oder wegen der ihm aufgenötigten Untätigkeit unter starkem Druck gefühlt haben, denn im Mai 1878 bricht er zusammen. Hélène ist gerade zu Besorgungen unterwegs. Als sie in den Mühlenweg einbiegt, ruft ihr die Nachbarin zu: „Frau Rittmeester, ihr Mann is' dot." Das ist er nicht, aber der sogleich alarmierte Doktor Jakoby macht ein ernstes Gesicht, diagnostiziert „Herzanfall" und verordnet strengste Bettruhe. Wochenlang erscheint er täglich im Landauer am Mühlenweg, um Maxens Genesung zu überwachen.

Marguerite ist erst zwei, Marie noch nicht ein Jahr alt. Max fällt als Ernährer auf längere Zeit aus. In ihrer Verzweiflung schreibt Hélène an Tante Sidonie in Paris und bittet um Geld. Aber aus Paris kommen denkbar schlechte Nachrichten. Von den Verlusten während des Deutsch-französischen Kriegs 1870/71 hatte Onkel Emile sich nie wirklich erholen können, inzwischen auch die kleine Brauerei schliessen müssen. Seine Schwester Adèle lebt noch immer im Haus, entwickelt sich jedoch mehr und mehr zur Plage. Und Tante Sidonie, die grossherzige, ist seit Monaten schwer krank. Auf Hélènes Brief antwortet sie am 2. Juni:

„Dass Max mit 38 Jahren einen Herzanfall hatte, das ist früh ... Ich glaube, dass ihm das Biertrinken nicht gut bekommt. Ich erinnere mich, dass es Deinem Onkel gar nicht gut ging, als er Bierbrauer war ... Pflege Deinen Mann nur gut, das brauche ich Dir nicht erst ans Herz zu legen. Wenn ich bei Dir wäre, könnte ich Dir helfen, aber nicht im Augenblick. Jedesmal, wenn ich mich anstrenge, streiken meine Beine und mein Magen ... Ich zittere und bin völlig entstellt, meine Kleider passen nicht mehr. Ich wiege sicher nur noch hundert Pfund. Ich bin in dem Zustand, wie meine Tante kurz vor ihrem Tod."

Über Adèles „Kälte und Härte" berichtet Sidonie nur am Rande, aber ziemlich verbittert. Seit man kein Personal mehr habe, nur eine Frau zum Putzen und für zehn Francs im Monat einen Jungen, der einkauft, sei der Teufel los. „Wenn es darum geht zu kochen“, so Sidonie an Hélène, „ist Deine Mutter zu vornehm erzogen worden, um sich mit Töpfen abzugeben. Sie erinnert sich wirklich nicht mehr daran, dass sie während so vieler Jahre nichts getan hat ... Den Bordeaux, die Koteletts, sie bekam das alles. Von der glücklichen Zeit hat sie sehr profitiert, aber nein, keine Dankbarkeit.“

Im Hause Forgeois in Paris scheint tatsächlich kaum etwas geblieben vom einstigen Glanz. Was Adèle selbst dazu meinte, ist unbekannt. Briefe von ihr existieren nicht, oder Hélène legte keinen Wert darauf, sie zu behalten. Onkel Emile dagegen muss nach wie vor um Sidonie rührend bemüht gewesen sein, denn ihren Brief an Hélène vom 2. Juni 1878 beendet seine Frau mit den Worten: „Wenn ich nicht sterbe, will ich für mich und Deinen Onkel leben ... Er ist aufmerksam und geduldig gegen mich. Dabei bin ich manchmal sehr heftig, er sagt nichts und seufzt, und ich bin beschämt.“

Neun Wochen später, am 13. August – Sidonie hat ihr Bett nicht mehr verlassen –, schreibt sie noch einmal an die Nichte: „Jeden Tag, mein Liebes, hätte ich Dir schreiben wollen, aber ich werde immer schwächer.“ Füsse und Finger seien geschwollen, nur Kamillen- und Fliedertee erträglich. „Ich bin ganz verzweifelt. Sobald ich Suppe esse, ist das eine Riesenarbeit für meinen Magen, besonders aber Milch, und eigentlich sollte ich zwei oder drei Liter pro Tag trinken ... Der Arzt, der mich behandelt, lässt mich Kalkwasser in die Milch hineintun, aber es nützt nichts.“

Auf Adèle ist Sidonie diesmal noch schlechter zu sprechen: „Deine Mutter liebe ich nicht mehr ... Wenn ich Typhus hätte, wie Du ihn gehabt hast, würde sie mir den Tee mit einem Stock reichen, wegen des Fiebergeruchs. Du kennst sie ja ... Sie näht keinen Stich und hat es nie getan. Sie sei ja keine Kammerzofe, sagt sie. Bügeln macht ihr Migräne. Vom Waschen bekommt sie Rückenschmerzen. Nadelarbeit ist gewöhnlich, Stricken etwas für alte Frauen ... Grossmutter oder Oma genannt zu werden, macht sie rasend. Sie ist übrigens sehr grau geworden. Dein Onkel auch. Sein Bart ist ganz weiss.“

Emiles Geduld, seine Aufmerksamkeiten, seinen Fleiss, obwohl er beileibe nicht gut bei Fuss sei, weiss Sidonie auch in diesem Brief nicht genug zu rühmen: „Dein Onkel hat immer gearbeitet, um es uns gut gehen zu lassen ... Oft weine ich in der Nacht, wenn ich nicht schlafen kann. Ich möchte Deinen Onkel noch nicht verlassen ..." Sie schliesst mit den allerinnigsten Grüssen an alle. „Deine kleinen Mädchen, die so lieb sein sollen, werde ich nie kennenlernen. Aber man muss sich fügen."

Sidonie hat die kleinen Mädchen nicht mehr gesehen. Drei Tage nach ihrem letzten Brief stirbt sie. Am 16. August 1878. Emile ist ausser sich vor Verzweiflung, „in tiefster Seele traurig", wie er Hélène gesteht. „Ich kann nicht von meiner guten Sidonie sprechen", schreibt er, „noch selbst an sie denken, ohne zu weinen." Sie sei gestorben wie eine Märtyrerin.

„Drei Stunden, bevor sie uns auf immer verliess, sah sie auf die Uhr, die acht Uhr morgens anzeigte, und machte uns ein Zeichen – sprechen konnte sie nicht mehr –, dass sie noch drei Stunden zu leben habe. Um zehn Uhr ruft sie Deine Mutter, mich, das Mädchen, das sie pflegte, übergibt mir den kleinen Schlüssel für unsere Familienpapiere, Deiner Mutter ihren Schmuck, dem Mädchen einen Ring. Während drei Tagen und drei Nächten hatte sie nur Wasser zu sich genommen, um zu gurgeln. Keinen Tropfen konnte sie schlucken. Welch furchtbarer Zustand für uns alle. Um Punkt elf Uhr waren wir um ihr Bett versammelt. Ihre Augen werden starr, sie tut den letzten Atemzug ... Nun haben wir sie nicht mehr und werden keine Ähnliche finden. Sie war ein Schutzengel ... Ich kann nicht mehr schreiben, so zittere ich. Dein Onkel ist nicht mehr derselbe. Ich klammere mich an meine frühere Energie und finde nichts, was mich tröstet."

So weit Onkel Emile, gleich nach Sidonies Tod an seine Nichte Hélène, die danach tagelang kaum ansprechbar war. Allein mit seiner schwierigen Schwester Adèle, hielt Emile es dann doch nicht sehr lange aus und tröstete sich relativ rasch. Ein Jahr später heiratete er Caroline Mougin, eine Witwe, die ähnlich Schweres durchgemacht hatte wie er. Adèle zog bald darauf nach Coesfeld. Hélène konnte ihm die schnelle Heirat, sicher zu Unrecht, nicht verzeihen. Alle seine Bitten, ihn und die neue Familie zu besuchen, schlug sie in Zukunft mit unerklärlicher Härte kühl und entschieden ab. Sie betrat nie wieder französischen Boden.

Max erholte sich nur langsam, dafür ist sein Freund Jakoby um so agiler. Auf seine Anregung, nördlich der Bahn einen Kurpark für die Friedrichshagener anzulegen, pachtet die Gemeinde 1879 eine grössere Forstparzelle, unter der einzigen Auflage, den wertvollen Baumbestand nicht zu gefährden. Und bereits ein Jahr später, im Juni 1880, wird der Kurpark eröffnet. Im gleichen Jahr, in dem unter der Regentschaft Kaiser Wilhelms I. der Kölner Dom vollendet, der Anhalter Bahnhof in Berlin in Betrieb genommen und in Frankreich die „Sozialistische Partei" gegründet wird.

Friedrichshagen darf sich von nun an Luftkurort nennen. Und Max von Drewitz gehört zu den ersten, die im Park über die Kieswege schlendern. Milch gibt es dort, auch für Marguerite und Marie „frisch von der Kuh, 1 Viertelliter, nicht abgesahnt, für 10 Pfennige". In der „Trinkhalle" auch Molke und Mineralwasser. 2007 Kurgäste zählt man bereits während der ersten Saison. Neue Häuser mit Sommerwohnungen sind im Entstehen. Mit seinem nächsten Plan freilich, am Müggelsee die „Freibadekultur" zu etablieren, blitzt Dr. Jakoby dann ab. Das geht den Gemeindeoberen denn doch zu weit. Erst 1907 wird das „Freibadeverbot" aufgehoben werden. Das erste „Strandbad" eröffnet 1912 kurz vor dem Tod des reformfreudigen Doktors.

In den 80er Jahren hat es Hélène deutlich leichter. 1881, nach der Reichstagswahl, ergeht eine „Königliche Kabinettsorder", die Max endlich eine Anstellung im Zivildienst gestattet. Wenn auch nicht fürstlich, so doch auskömmlich kommt er bei der Direktion der Berliner Stadteisenbahn unter. Man kann sich eine Haushaltshilfe leisten. Ein Scherenschnitt aus dieser Zeit zeigt Hélène im Kostüm, etwas fülliger, ein mit Bändern garniertes Hütchen auf dem Kopf. Max gibt sich sportlich. Beim Photographen posiert er in weitfallender Freizeitjacke, mit Tellermütze und Wanderstock.

Das ist nicht nur Pose. Für die Töchter, die längst nicht mehr im hochrädrigen Kinderwagen durch den märkischen Sand gekarrt werden müssen, beginnt die Zeit der Landpartien, Picknicks und Bootsfahrten. Friedrichshagen – das Kinderparadies. Noch im hohen Alter werden sie davon schwärmen. Max ist bemüht, ein guter Vater zu sein und – vielleicht unter dem Einfluss des liberalen Jakoby – das Gegenteil der strengen preussischen Zucht zu praktizieren, unter der er daheim in Adlig-Sankau und danach in der Kadettenschule gelitten hat. Nur eine Regel übernimmt er vom Vater. Wenn die Töchter ihren Namen sagen, müssen sie das „von“ weglassen, darauf besteht er. So hat er es selbst gelernt, als er klein war: „Max Drewitz, nicht von Drewitz. Papachen hat's verboten.“

Marguerite und Marie rufen ihren Vater auch Papachen und folgen ihm wie zwei Hündchen. Im Winter läuft man en famille Schlittschuh auf dem zugefrorenen Müggelsee, im Sommer setzt man in grossen, flachen Personenkähnen über ans andere Ufer, ersteigt die Müggelberge oder umkreist den düsteren „Teufelssee“. Die Ausflüge enden meist in „Witwe Schultes Biergarten“, wo das Papachen für sich ein Bier, für die Damen Himbeerwasser bestellt. Und natürlich gehört das Füttern der Enten und Schwäne zum abschliessenden Ritual.

Bevor Marguerite zur Schule kommt, geht Hélène mit den Töchtern schräg über die Strasse zum Lichtbildner Dümmel, am Mühlenweg 7, und lässt sie photographieren. Der stellt die „Frolleins“ vor eine schwere, geraffte Samtportiere mit Riesenquasten und liefert das gängige Bild zweier manierlicher Kinder mit angestrengt ernsten Gesichtern. Beide tragen zu hohen Knopfstiefelchen Hängekleider mit Volants und Bubikragen aus Spitze, Samtbänder mit Kreuzchen um den Hals und sind à la Gigi frisiert: Ohren frei, Ponyfransen über der Stirn. Maries Haar ist kurzgeschnitten, Marguerites reicht bis über die Schultern. Und wenn man genau hinschaut, fällt hier, auf diesem Photo, schon die grosse Verschiedenheit der Schwestern auf. Marguerite: grossäugig und sanft; Marie: pfiffig und unangepasst.

Wo die beiden zur Schule gegangen sind, weiss ich nicht. Mädchenschulen gab es erst später in Friedrichshagen. Zeugnisse oder Diplome sind nicht erhalten, dafür mehr als ein Dutzend Geburtstags-, Weihnachts- und Neujahrsglückwünsche in gestochener Sütterlinschrift, auf kostbar goldgeprägten Schmuckblättern mit flügelschlagenden Engeln und Blumenornamenten: „Aus reiner Liebe und Verehrung gewidmet von Eurer gehorsamen Tochter Marguerite“, heisst es da. Und: „In kindlicher Liebe und Dankbarkeit dargebracht von Marie“.

Marie schreibt lieber kürzer und auf französisch, Marguerite meist zwei Gedichtstrophen mehr und auf deutsch. Das liest sich dann – heute zum Kichern – so: „Ernstlich will ich mich bestreben, / Eurer Liebe wert zu sein, / Stets Euch lieben und mein Leben / Euch nur und der Tugend weih'n". Oder: „Wieviel Freude, wieviel Liebe / Habt Ihr Eltern uns erzeigt! / Drum sind uns'res Herzens Triebe / Euch, Ihr Teuren, zugeneigt. / Möchten Eurer Lieb und Treue / Wir uns lange noch erfreu'n! / Lieber Gott, ja dies verleihe: / Lass die Eltern glücklich sein!"

Während die Kinder im kleinen Friedrichshagen heranwuchsen, ging die grosse Weltgeschichte weiter. 1881 hatten die Judenpogrome in Russland sogar Schlagzeilen in den *Friedrichshagener Nachrichten* gemacht. Bismarcks expandierende Kolonialpolitik und die Einführung der Sozialgesetze zur Krankenversicherung 1883, im gleichen Jahr, in dem in London Karl Marx stirbt, lieferten Stadtgesprächsstoff. Noch weit mehr der angebliche Selbstmord des unglücklichen Bayernkönigs Ludwig II. im Jahr 1886. Als zwei Jahre später im März der deutsche Kaiser Wilhelm I. begraben wird und nach dem tragisch frühen Krebstod Friedrichs III. nach nur 99 Tagen Regierungszeit der prunk- und machtsüchtige Wilhelm II. auf den Kaiserthron nachrückt, gibt das sogar bei den Kaisertreuen Anlass zu besorgten Prognosen. Hélène blieb vor allem das Jahr 1889 im Gedächtnis – jenes Jahr übrigens, in dem im österreichischen Braunau gänzlich unbeachtet Adolf Hitler geboren wird und Friedrich Nietzsche sein Werk „Götterdämmerung" publiziert. Hélène wäre da gern nach Paris gereist – zur Weltausstellung, um das „Weltwunder" zu sehen: den 300 Meter hohen Eiffelturm. Aber Marguerite und Marie waren damals erst 13 und 12, und wo hätte sie in Paris logieren sollen nach Tante Sidonies Tod.

Doktor Jakoby hatte seine Praxis indessen beträchtlich erweitert – vor allem um mittellose Patienten. Fuhr er in seinem Landauer durch den Ort, gab es kaum Bürger, die ihn nicht grüssten. Kinder nahm er im Wagen ein Stück mit. Marie und Marguerite durften ab und an sogar die ganze lange Friedrichstrasse hinauf bis zum Kurpark und wieder hinunter bis zum See mit ihm fahren. Von wohlhabenden Kranken liess er sich angemessen honorieren, arme Friedrichshagener behandelte er umsonst. Und wenn er nach einem Hausbesuch zu Kartoffeln und Stippe oder Hering eingeladen wurde, bestand er darauf zu bezahlen und legte beim Abschied zehn Mark auf den Tisch.

Für Hélène war Jakoby „Wissensborn". Er sei, erzählte sie später meiner Mutter, stets bemüht gewesen, sie mit Lesestoff zu versorgen: Gottfried Keller, Ibsen, Nietzsche, Gerhart Hauptmann und natürlich die Pazifistin Bertha von Suttner und ihr Buch: „Die Waffen nieder". Auch habe er sie angehalten, sich über Politik Gedanken zu machen. „Wer einen Robespierre-Freund zum Ahnen hat", fand er, „darf nicht so einfach in den Tag hinein leben". Das sei ihr im Kopf geblieben. „Sei wachsam", habe er gesagt.

Der „Dichterkreis" und ein Leichenzug

1890 – eine überraschende Wende. Sie fällt mit spektakulären Ereignissen fast zeitgleich zusammen. Nach endlosen Zwistigkeiten hatte Wilhelm II. im März den „eisernen Kanzler" in beleidigender Form zum Rücktritt gezwungen und Leo von Caprivi als Nachfolger eingesetzt. Danach triumphierten die Sozialdemokraten. Die von Bismarck 1878 durch die „Sozialistengesetze" verbotene Arbeiterpartei wird als „Sozialdemokratische Partei Deutschlands" neu gegründet. Und zum ersten Mal feiern die Friedrichshagener Sozis den 1. Mai im Müggelschlösschen.

Was Friedrichshagen dann über Berlin hinaus bekannt macht, ist die Erschliessung einer Solquelle – Dr. Jakoby avanciert zum Badearzt – und die Gründung des „Dichterkreises".[3] Die Schriftsteller Wilhelm Bölsche und Bruno Wille waren es, die den Ort – „Natureinsamkeit bei brausender Weltstadt" – für sich entdeckt hatten. Frühe „Grüne", die schon damals vor der „fortschreitenden Zivilisation" eindringlich warnten. Bald ziehen sie andere Schriftsteller und ihre Gefährtinnen nach. So die Theaterkritiker Julius und Heinrich Hart, die Schriftsteller Gustav Landauer und Wilhelm Spohr, später auch den Dramatiker August Strindberg und den Jugendstilmaler Hugo Höppener, „Fidus" mit klingendem Künstlernamen.

Neben den flanierenden, Molke schlürfenden Kurgästen beherrschen bald die bärtigen Dichter mit Knickerbockers und Baskenmütze das Strassenbild von Friedrichshagen. Hart schwärmt: „Denke ich eurer, o Tage von Friedrichshagen, da wir an den Wassern des Müggelsees sassen, so steigt es wie Weinduft um mich auf ... wo wir, ein unbeschworener Bund der Fröhlich-Freien, unter Sang und Saitenspiel, der Natur, der Kunst, der Liebe freigebig opferten."

In der allgemeinen Stimmung von politischem Aufbruch, Romantik und Lebenslust erreicht Max die Nachricht, er sei reich geworden. Im fernen Königsberg ist Onkel Otto Hart, der Bruder seiner Mutter, dahingegangen und hat ihm rund 200 000 Mark, die er zum Teil schon ein paar Jahre zuvor beim Verkauf des Gutes Adlig-Sankau erlöst hatte, als einzigem Erben hinterlassen.

Das Leben ändert sich von einem Tag auf den anderen. Schon 1891 zieht man um vom bescheidenen Häuschen am Mühlenweg ins Villenviertel, an die Cöpenickerstrasse 29 (jetzt Fürstenwalder Damm). Der See ist zwar weiter entfernt und bequem nur mit der Dampfbahn „Auguste" zu erreichen, dafür öffnet sich der Kurpark direkt vor der Haustür. Und bis zur Praxis von Doktor Jakoby, der ein Haus an der Friedrichstrasse im gleichen Jahr erwirbt, sind es auch nur ein paar Schritte. Eine superbe Lage also und die Aussicht, für lange Zeit aller Sorgen ledig zu sein.

Maxens Vater freilich, Louis von Drewitz, fühlt sich bemüssigt, die Freude zu dämpfen, und widmet seiner Schwiegertochter Hélène ein belehrendes Distichon: „Hoch halt' es immer wie bisher, / Ernst zu erfüllen Deine Pflicht. / Leit' Deine Töchter mehr und mehr / Einst hin zum heil'gen Gottes-Licht. / Nur Gott verdankt es Ihr allein, / Endlich von Sorgen frei zu sein".

Ganz andere Töne schlägt in einem eilends aus Coesfeld abgesandten Brief Onkel François Forgeois an. Er, der Adèle einst brüsk das Eheversprechen aufgekündigt hatte, weil sie sich von ihrer Tochter, „Mamsell Vissing", nicht trennen wollte und Bruder Emile sich weigerte, Hélène finanziell abzusichern, kommt ohne Umschweife schon im ersten Satz zur Sache: „Nichts für ungut, wenn ich gleich mit einer grossen Bitte an Euch herantrete ..." In den letzten Jahren, so François, habe er keine erspriesslichen Geschäfte mehr gemacht. Gefahr sei im Verzug. „Um wieder flott zu werden, brauche ich 25 000 Mark … Ich erlaube mir nun, an Euch, die Ihr jetzt Geld genug habt, die ergebene Bitte zu richten, ob Ihr mir dieselben in kurzer Zeit selbst überlassen oder als Bürgschaft verschaffen könnt. Ich würde Euch ewig dankbar dafür sein." Max lehnt das Ansinnen per Einschreiben höflich ab. Hélène findet keine Worte.

Es folgt ein beschwingtes Jahr. Frank Wedekind bringt sein Stück „Frühlings Erwachen" heraus, Emile Zola sein Werk „Das Geld". Grund, geistreich darüber zu spötteln. An ihrem 36. Geburtstag muss Hélène zwar mit einer Influenza das Bett hüten, aber wie Max seinem Vater nach Ostpreussen berichtet: „Die herrlichen Blumenspenden und ein wunderschöner Operngucker von meinem Freund Dr. Jakoby taten unserem Herzen unendlich wohl." Hélène habe, „Gott sei gelobt, auch den Rubikon der Besserung überschritten" und sei für kurze Zeit aufgestanden.

Sie erholt sich rasch und geht wieder aus. Das Ehepaar partizipiert an Soireen, Konzerten, an Veranstaltungen des Dichterkreises. Man steigt nicht mehr so oft auf die Müggelberge; die Ausflüge führen jetzt nach Berlin. Nicht nur Friedrichshagen, auch die Metropole ist längst im Aufbruch. Die Einwohnerzahl ist auf über eine Million gestiegen (in Friedrichshagen auf etwa 10 000). Berlin hat sich feingemacht. Mit Prachtbauten, luxuriösen Geschäftsstrassen, Museen, Bibliotheken, Banken, Warenhäusern, Theatern. Der Politiker Walther Rathenau kommentiert in seinen Erinnerungen: „Man war reich geworden, mächtig geworden und wollte es der Welt zeigen." Ein „überhitztes Großstadtleben" habe sich etabliert, „begierig nach Festen, Erstaunlichkeiten, Aufzügen …, für die die Berliner die Spottnamen Klamauk und Klimbim erfunden" hätten.

Den Drewitz-Töchtern kommt der Klamauk gerade recht. Sie erleben ihre ersten Opernaufführungen, besuchen Museen, bummeln Unter den Linden entlang. In Papachens Obhut, versteht sich. Im Haus an der noblen Cöpenickerstrasse geben sich der Herr Rittmeister und seine Frau Gemahlin die Ehre, zum Tee und auch mal zu einem Dinner einzuladen. Und zwischendurch lebt man im Bölscheschen Sinne auch wieder ganz und gar der Natur. Zwei Scherenschnitte aus jener Zeit, für die Max

Die Schwestern Marguerite und Marie von Drewitz nach dem Tod des Vaters, 1893, in Berlin

und Hélène gesessen haben, zeigen ihn sehr locker, mit Schnauzbart, Schlapphut und Künstlerschleife, sie mit einem gewagten, weit über die Stirn nach vorn ausladenden Hut. Fin de siècle. Glückliche Eltern. Sorgenfrei.

Aber dann, wenige Tage vor Weihnachten, erkrankt Max von Drewitz an einer Lungenentzündung und steht nicht mehr auf. Auch Doktor Jakoby gelingt es nicht, das hohe Fieber zu senken. Am Neujahrstag verliert der Kranke das Bewusstsein. Am 3. Januar 1892, in der Mittagsstunde stirbt Max. Hélène hält bis zuletzt seine Hand. Die Töchter sitzen wie erstarrt am Bettende. Lastende Stille. Dann springt Marguerite plötzlich auf und läuft weinend hinaus. „Unser Papachen ist tot."

Die *Friedrichshagener Nachrichten* bringen die Todesanzeige und am 8. Januar einen Bericht über die starr konventionelle Beisetzung: „... Kurz vor 3 Uhr wurde der schwarze Sarg, der auf's Schönste dekoriert war, und auf den der Helm, Schärpe, Epauletts und Säbel des Verstorbenen gelegt waren, von den Landwehrleuten auf den Leichenwagen getragen, dem unmittelbar der Landwehr-Verein folgte, welcher auf einem Kissen die Orden und Ehrenzeichen des Verblichenen mit sich führte. Voran schritt die Musikkapelle unter Leitung ihres Dirigenten Herrn Musikdirektor Schrapel. Auf dem Kirchhof hielt ein auswärtiger Militärgeistlicher eine zu Herzen gehende kurze Ansprache. Der Sarg wurde in die Erde gelassen, worauf der Landwehr-Verein unter dem Kommando seines Vorsitzenden, Herrn C. Schmidt, eine dreimalige Salve abfeuerte ..."

Hélène ist mit 38 Jahren Witwe. Marguerite und Marie, 15 und 14, haben den Vater verloren. Dr. Jakoby wird zu ihrem Vormund bestellt. Zwei Monate darauf stirbt in Dresden auch Maxens Vater Louis von Drewitz. Unter den Erbstücken ist eine mit eingelegten Mosaiken geschmückte Schnupftabakdose, die Max ihm geschenkt hat. Mit Gravur: „Seinem Papa zum Andenken an den Feldzug gegen Österreich im Jahre 1866". Und – etwas makaber – auch ein präparierter Huf des Pferdes, das seinem Sohn 1871 vor Paris unter dem Leib zerrissen wurde. Marie bemerkt despektierlich: „Wenn Du das nächste Mal zum Erben fährst, Muttchen, bring uns ein neues Sofa mit."

Demnach muss Hélène wohl zur Beerdigung des Schwiegervaters gefahren sein. Ansonsten verbrachte sie das Trauerjahr in absoluter Zurückgezogenheit. Keine Ausflüge mehr nach Berlin, keine Besuche beim Dichterkreis. Nur Doktor Jakoby ging an der Cöpenickerstrasse regelmässig ein und aus.

Datiert vom Januar 1893 gibt es dann wieder eine Photographie der Töchter, aufgenommen beim Hof-Photographen Fritz Leyde in Berlin, Unter den Linden. Marguerite und Marie sind nun 16 und 15, sehen aber in ihren strengen, langen, wollenen Kleidern mit Keulenärmeln und Stehkragen wesentlich älter aus. Hand in Hand sind sie abgebildet. Fast kitschig. Marguerite mit seelenvollem Blick, wie das leibhaftige „Gretchen" aus Goethes „Faust". Marie dagegen trägt noch immer die Ponyfransen und hat um die Augen und im Gesichtsschnitt starke Ähnlichkeit mit dem revolutionären Constant Forgeois.

Hélène konsultierte ihrer angegriffenen Gesundheit wegen in diesem Jahr häufiger Dr. Jakobys Praxis, und noch öfter kam er ins Haus an der Cöpenickerstrasse. Vermutlich sind die beiden sich in dieser Zeit nahe, sehr nahe gekommen. Hélène schwieg sich bis ans Lebensende darüber aus. Aber Marguerite und Marie waren sich sicher. Sie hätten einmal, behaupteten sie, beim abendlichen Nachhausekommen Hélène und den Doktor überrascht. Im Salon. Bei heruntergedrehter, schummriger Lampe. „In verfänglicher Attitüde". Mehr war nicht aus ihnen herauszubekommen. Auch nicht, was sie unter „verfänglich" verstanden.

In der Adventszeit wird Hélène wieder, wie immer, grössere Weihnachtseinkäufe getätigt haben. Die Einkaufszettel fanden sich nach Jahren in einem Ledertäschchen mit Petit-Point-Stikkerei. Der Doktor ist da mit dem grössten Posten – 98,45 Mark, unter anderem für einen Weinkühler – aufgeführt, die Töchter mit akkurat fast der gleichen Summe, jeweils rund 60 Mark. Keine sollte bevorzugt werden. Beide bekamen Schlittschuhe für je 7,50, beide Fächer, ziemlich teuer für je zehn und Hutschleier für je zwei Mark. Marguerite ein Notenpult, Marie eine Staffelei. Ein Tannenbaum kostete drei Mark, Pfefferkuchen 7,50, Äpfel 2,50 und ein „Engel für die Tafel" 30 Pfennige. Gedichte werden die Mädchen wohl nicht mehr aufgesagt und keine Schmuckblätter verschenkt haben. Aber in die Kirche gingen sie alle, und die obligaten Weihnachtslieder vor der Bescherung begleitete Marguerite am Klavier.

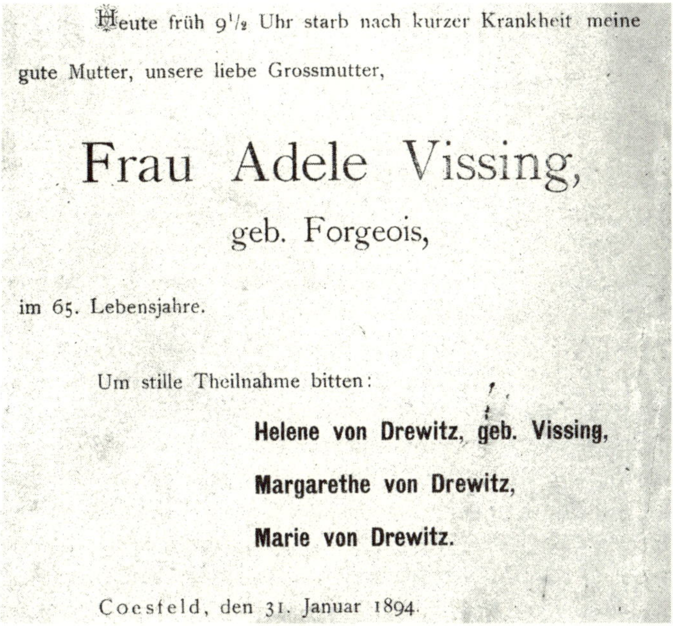
Heute früh 9½ Uhr starb nach kurzer Krankheit meine gute Mutter, unsere liebe Grossmutter,

Frau Adele Vissing,

geb. Forgeois,

im 65. Lebensjahre.

Um stille Theilnahme bitten:

Helene von Drewitz, geb. Vissing,

Margarethe von Drewitz,

Marie von Drewitz.

Coesfeld, den 31. Januar 1894.

Todesanzeige von Adèle
mit den Namen in deutscher Schreibweise

Ein Brief aus Coesfeld unterrichtet Hélène kurz darauf vom Tod ihrer Mutter Adèle am 31. Januar 1894, an dem Adèle 65 geworden wäre. Sie sei sehr plötzlich an einer Influenza gestorben. „Sanft entschlafen“, heisst es, „im Kreis von Verwandten und Freunden.“ Hélène reist nicht zum Begräbnis. Sehr eng scheint der Kontakt zu ihrer Mutter nicht mehr gewesen zu sein. Aber im Frühjahr fährt sie nach Coesfeld, um das Grab zu besuchen. Und nach dieser Reise korrespondiert sie drei Jahre lang mit Engelbert Richters, einem entfernten Cousin. Ob es sich bei diesem Engelbert, den sie in Coesfeld wiedertraf, um den „Dragoner“ handelte, auf den Max einst so eifersüchtig gewesen war, habe ich nicht herausfinden können. Fest steht, er machte ihr schon bald einen Heiratsantrag und empfahl sich als Direktor dreier chemischer Fabriken, der „Silesia AG“ und der „Marienhütten“ bei Saarau in Schlesien, Wohnsitz Breslau. Eine gute Partie. Aber Hélène schlug den

Antrag aus mit dem Hinweis, sie fühle sich noch „unserem guten Doktor verbunden".

Karpfen polnisch in Pfefferkuchensauce

Ein Eklat macht im folgenden Jahr wieder Schlagzeilen in Friedrichshagen. Und für Klatsch sorgt eine Verlobung. Unter lebhafter allgemeiner Anteilnahme wird zuerst der Schriftsteller Bruno Wille ins Ortsgefängnis spediert, weil er sich weigert, eine Geldstrafe zu bezahlen. Trotz Verbots hatte er in der Freireligiösen Gemeinde Berlin unterrichtet. Der Arrest gestaltet sich operettenhaft. Wille plaudert nicht nur launig durchs Gitterfenster mit seinen Dichterfreunden; er bekommt auch Ausgang und wandert, einen Krug Bier in der Hand, in Begleitung eines Gefängniswärters durch die Müggelwälder. Nach massiven öffentlichen Protesten, denen sich auch Dr. Jakoby anschliesst, kommt er nach 36 Tagen schon wieder frei.

Weit weniger spektakulär, für die Damen von Drewitz jedoch von nachhaltiger Bedeutung, ist das zweite Ereignis. Nach der tränenreich ausgegangenen Liebe zu einem österreichischen Leutnant verlobt sich Marguerite 1895 mit dem Königl. Militär-Intendanturrat Dr. jur. Max-Adolph Behrens. Der war 1860 in der Cöpenickerstrasse 64a, im Haus seiner Eltern zur Welt gekommen und ist Marguerite wohl auch in der Cöpenickerstrasse zum ersten Mal begegnet. Beim Schlittschuhlaufen auf dem zugefrorenen Müggelsee begann dann der Liebesfrühling: „Kein Feuer, keine Kohle tut brennen so heiss ..."

Nach Bildern aus dieser Zeit zu schliessen, ähnelt Max-Adolph dem fast gleichaltrigen Kaiser Wilhelm II., wie nicht wenige junge Männer damals. Preussischer Kurzhaarschnitt, blond, blauäugig. Strahleblick. Aufrecht in seiner Uniform. Dem Gehabe nach ein junger Held, zu dem ein Gretchen aufsehen konnte. Grete oder Margarete nennt er Marguerite denn auch. Max-Adolph hatte mit vier Jahren schon seinen Vater verloren und war bei seiner Mutter Auguste, geborene Zipterlein, aufgewachsen, die ihm unter grossen Entbehrungen erst das

Humanistische Gymnasium im „Grauen Kloster“, dann in Berlin auch das Jurastudium ermöglicht hatte.

Die Referendarzeit leistete er in Strassburg ab, dort angeblich als der „tolle Behrens“ bekannt, beschloss dann, sich in der Berliner Militärverwaltung nützlich zu machen und arbeitete auch nach seiner Beförderung zum Intendanturrat weiter in Berlin. Zur Pflicht hatte er es sich gemacht, regelmässig bei seiner Mutter einzukehren, die dann bemüht war, ihn zum Dank unmässig zu verwöhnen.

Die geborene Zipterlein – auf Photographien eine imposant üppige Erscheinung, mit breiten Händen und deutlich scharfen Zügen im Gesicht – pflegte ganz im Gegenteil zu Hélène vor Tau und Tag aufzustehen, alsbald ihren Haushalt zu besorgen, um zehn Uhr bereits zu Mittag, um drei Uhr zu Abend zu essen. Hatte ihr Sohn sich zu Besuch angesagt, so waren alle seine Lieblingsgerichte bereit, und im Lauf des Tages hatte er sich vollzustopfen mit Aal grün oder Karpfen polnisch in süss-saurer Pfefferkuchensauce, danach mit Schmorbraten, Kartoffelpuffern mit Apfelmus und „Armen Rittern“ in Pflaumenmustunke. Das klingt beklemmend. Kein Wunder, dass Hélène schaudernd die eigene cuisine française vorzog.

Überhaupt geht ihr alles zu sehr Hals über Kopf. Sie klagt: „Encore une fois un prussien.“ Schon am 24. Juni 1896 – Marguerite zählt gerade 20 Jahre – ist die standesamtliche Trauung, tags darauf in der Garnisonskirche die kirchliche. Militärpfarrer Kessler zelebriert. Zum Hochzeitsmahl hatte man in das Hotel „Vier Jahreszeiten“, an der Prinz-Albrecht-Strasse 9 geladen. Marguerite und Max bleiben in Berlin. Wo das Paar die Hochzeitsnacht verbrachte, ist nicht überliefert, aber wie sie ablief. Eine tragikomische Geschichte.

Marguerite, das Gretchen – über ihre ehelichen Pflichten offenbar ganz und gar nicht im Bilde – sitzt im Négligé zitternd auf dem Doppelbett. Max-Adolph tritt hinzu in strammer Haltung, knöpft den Uniformrock auf und leert den Hosentascheninhalt auf den Nachttisch. Darunter ein Taschenmesser. Gretchen fährt zusammen, denkt, mit dem Messer solle „es“ geschehen und verkriecht sich stumm vor Schreck. Wie es weiterging, hat sie verdrängt. Später, das wusste sie dann wieder, später sitzt sie, blutend, die halbe Nacht auf dem Nachttopf.

Max-Adolph Behrens
vor seiner Verlobung mit Marguerite von Drewitz

Warum Hélène, warum der gute Doktor sie nicht vorher aufgeklärt haben, bleibt ein Rätsel. Der Schock dieser ersten Nacht jedenfalls sass so tief, dass Marguerite sich ihr Leben lang den Freuden der Liebe, wo es ging, entzog und den Beischlaf nur Maxens wegen hin und wieder als Pflichtübung absolvierte. Aus der Sanften wurde mit den Jahren eine Leidende.

Etwas Einschneidendes muss in diesem Jahr Hélène bewogen haben, von Jakoby abzulassen. Was es war, weiss ich nicht. Nichts im gesamten Nachlass deutet darauf hin. Lediglich die Bemerkung in einem Brief vom 15. September 1896 an den noch immer eher förmlich angeredeten „lieben Engelbert", sie sei nun „frei von jener Leidenschaft". Um Abstand zu gewinnen und Marie einen langgehegten Wunsch zu erfüllen, wolle sie für ein paar Monate nach Italien reisen. Das tut sie dann auch und

Gedenkstein für Dr. Max Jakoby
im Kurpark von Berlin-Friedrichshagen

bricht letztendlich mit diesem Entschluss auch ihre Zelte in Friedrichshagen ab. Denn als Hélène im März 1897 aus Italien zurückkehrt, zieht sie zu Marguerite nach Berlin-Schöneberg.

Niemand hat erfahren, wie der gute Doktor diese Wende aufgenommen hat. Vielleicht war er so ausschliesslich mit seinem Beruf verbunden, dass daneben selbst Hélène keinen Platz fand. In Friedrichshagen muss er bis zu seinem Tod 1912 als Sanitätsrat, Schul-, Unfall- und Badearzt, als Begründer einer Sanitätskolonne der Feuerwehr und temperamentvoller Förderer der Freibadekultur, vor allem aber als Mensch, Mitglied der Jüdischen Gemeinde Cöpenick und hingebungsvoller Armenarzt hohes Ansehen erworben haben.

Als ich 1997 mit meiner Berliner Freundin Eva-Maria, der ich fast alle meine Kenntnisse über die Friedrichshagener Vorgeschichte verdanke, zu einem Rundgang durch den Ort aufbrach, führte sie mich vom S-Bahnhof gleich ein paar Schritte weiter zum immer noch existierenden Kurpark. Direkt beim Eingang steht ein mannshoher Findling mit der Inschrift „Dr. Jakoby-Weg“. Darunter: „Dr. Max Jakoby, 1845–1912. Ein Arzt des Volkes“. Die dankbaren Bürger hatten dem beliebten jüdischen Arzt zu Ehren schon ein Jahr nach seinem Tod eine, von Bildhauer Fritz Richter-Elsner geschaffene, Büste aufstellen lassen, die die Nazis 1936 zerstören liessen. Bereits 1958 setzten die Friedrichshagener dem verehrten Armenarzt das neue Denkmal.

„Mein liebster, einziger Schatz!“

Für Hélène war das Kapitel Friedrichshagen abgeschlossen, als sie 1896 mit Marie nach Italien fährt. Jetzt ist Engelbert Richters der Favorit. Etliche Briefe und buntbebilderte Postkarten an den „lieben Cousin Engelbert“, jeweils bis zum äussersten Rand beschrieben, sind erhalten. 12 Briefseiten allein aus Rom. „Immer denke ich“, schreibt Hélène, „was wäre das für mich ein Genuss, mit Dir das alles zu sehen!“ Von Rom können sich Mutter und Tochter „kaum losreissen“. Oben auf dem Vesuv kommen sie im Januar – „eine kleine Sensation“ – in ein heftiges Schneegestöber. Von Pompeji sind sie „ergriffen, schier überwältigt“. Mit der Insel Capri klappt es beim dritten Anlauf. Wegen des stürmischen Seegangs können die Damen dort erst Anfang Februar landen.

Capri ist der Höhepunkt der Reise. Überschwang. „Das hier ist der erste Ort“, begeistert sich Hélène, „wo ich gedacht habe, ja, hier möchte ich wohl bleiben, wenn nur alles, was ich liebe und was mich liebt, auch hier wäre. Marie ergeht es nicht anders.“ Das Hotel sei einzig in seiner Art. „Ein vollständiger Mangel an Komfort, aber überall an den Wänden die wunderbarsten Gemälde“. In den Gassen und Zitrusgärten tummele sich ein „lustiges Künstlervölkchen – so fidel, dass man alles um sich herum vergisst.“ Auf der ganzen Insel höre man nur deutsch. „Selbst die Kinder, die betteln, singen deutsche Studentenlieder ... Und alles ist überstrahlt vom schönsten Sonnenschein. Reichlich fühle ich mich belohnt, dass ich den Mut hatte, mit Marie hierherzukommen."

Aus der „Märchenstadt" Venedig kündigt Hélène dann Ende Februar 1897 ihre Rückkehr an, um zur Niederkunft Marguerites pünktlich in Berlin zu sein. Aber das Kind ist schneller. Schon am 2. März kommt daheim in der Behrens'schen Wohnung, an der Schöneberger Hauptstrasse 149, Hélènes erste Enkelin Edith ohne grössere Komplikationen zur Welt und die Grossmutter gerade noch rechtzeitig, um die Wochenpflege zu übernehmen.

Trotz der fidelen Tage auf Capri scheint sie sich auf der Italienreise über ihre Gefühle für Engelbert endgültig klargeworden zu sein. Im April schlägt sie vor, sich mit ihm „ganz zufällig" zu einer Kur in Bad Karlsbad zu treffen, „wo wir mehr Musse hätten ... Jetzt komme ich kaum alle Woche ein Stündchen an die Luft, weil Marguerite ihr Kindchen noch nicht besorgen kann und so leicht Ohnmachten bekommt." Am Ende des Schreibens bittet sie den Cousin, Briefe mit persönlichem Inhalt poste restante an das Postamt Berlin, Mauerstrasse zu senden, und gibt ihrer Freude Ausdruck, mit ihm „hoffentlich bald einige Wochen des ungebundenen Zusammenseins fröhlich zu geniessen".

Die Reise nach Karlsbad kommt zustande. Marguerite bleibt, weniger erfreut, in der Obhut der resoluten Schwiegermutter Zipterlein. Marie kommt bei Freunden unter. Und bereits im Juni, nach drei Wochen „ungebundenen Zusammenseins", grüssen Hélène und Engelbert aus Karlsbad als Verlobte. „Mein liebster, einziger Schatz", schreibt sie nach ihrer Rückkehr an ihn wieder aus Berlin, „ich möchte ja alle Tugenden der Welt haben, nur um Dich, mein Liebster, damit glücklich zu machen." Von Marie, von Marguerite und dem Kind ist kaum mehr die Rede in ihren Briefen, nur noch von der Zukunft an Engelberts Seite.

Die Hochzeit wird auf den 10. August in Breslau, Engelberts Adresse, festgesetzt. Hélène ist 44, er 13 Jahre älter, und er betont gern, dass er „doch eigentlich zu alt" für sie, „bald ein Rollstuhlaspirant" sei, doch sie zerstreut seine Bedenken mit dem Hinweis, schliesslich sei sie ja auch bereits Grossmama. Kurz vor der Hochzeit kommt Engelbert dann doch noch einmal auf ihre Liebe zu Jakoby zurück. „Halte mich nicht für eifersüchtig, liebes Herz", schreibt er, „aber furchtbar wäre es, wenn Du mit einer schlummernden Leidenschaft im Herzen meine Frau würdest. Noch ist es Zeit, Hélène ... Wenn Du fürchtest, dass Dein Herz nicht ganz mir gehört, sondern jenem Mann, dann sage noch in der letzten Stunde: Nein!"

Wie eine blutjunge, verliebte Braut antwortet Hélène umgehend: „Nimm die Versicherung, die ich Dir mit der Ehrlichkeit und der rückhaltlosen Offenheit, die Du von mir gewöhnt bis, geben kann, dass *Du* mein *Ein* und *Alles* bist, dass mein ganzes Denken und Sehnen *Dir* gilt, sogar so vollständig, dass ich mir manches Mal Vorwürfe mache, meine Kinder rückten zu sehr in den Hintergrund ... Meine Liebe zu Dir beseligt mein Herz, denn dass *Du, gerade Du,* den ich so unendlich hoch schätze, mich liebst, macht mich mir selbst wert. Niemals hätte ich mich Dir zugewandt, wenn mein Herz nicht ganz frei wäre. Gebe Gott, dass ich Dich nur halb so glücklich machen kann, wie Du mich." Damit hat Hélène offenbar Engelberts Zweifel endgültig ausgeräumt. Er dankt seinem „Lenchen", seinem „Kleinod", seiner „geliebten, kleinen Grossmama": „Lass Dich küssen!"

Hélènes letzte Tage in Berlin sind dem Umzug gewidmet. Wieder wird die alte, eichene Aussteuertruhe von Adèle verladen. Die Möbel, die Tischwäsche, das Geschirr, das Silber gehen ab nach Breslau. Hélène reist hinterdrein mit dem Miniporträt des Robespierre-Freundes Constant Forgeois in der Handtasche. Und am 10. August 1897 kommt sie dann zum zweiten Mal unter die Haube. Nach der standesamtlichen Trauung versammeln sich Freunde und Verwandte in Engelberts Wohnung an der Neudorfstrasse. Es muss mit vielen „Prost", Reden und Reimen ziemlich lustig zugegangen sein. Einer der Geladenen, der erst die Karriere, dann das lange Junggesellenleben des späten Bräutigams zu rühmen weiss, endet mit den Versen: „Doch, lieber Richters, denke nur, / Noch weit mehr wirst Du heute: / Wirst Vater gleich und Grosspapa, / Ist das nicht eine Freude?"

Ein Bild, während der Hochzeitsreise der verliebten Jungvermählten in der Schweiz aufgenommen, zeigt sie im Photoatelier vor einer Gebirgsattrappe. Arm in Arm. Auf einer Birkenholzbank. Schüchtern lächelnd. Er hat ein freundliches, graubärtiges

Sigmund-Freud-Gesicht. Sie sieht um mindestens zehn Jahre jünger aus als sie ist. Natürlich fehlt zum Kostüm auch ein, mit Vogelfedern garniertes Hütchen nicht. Wem das alles reichlich altmodisch gefühlig vorkommt, sollte bedenken: so waren sie nun mal, die Urgrosseltern, noch nicht so cool wie heute.

Eine echte Berlinerin

Während der Flitterwochen kamen die Hochzeiter zu dem Schluss, so „hochbetagt" wie sie seien, sollte man das Leben noch richtig geniessen. Engelbert, durch eine chemische Erfindung – die „Richters'sche Regel" – zu einigem Wohlstand gekommen, nahm 1897 mit erst 57 Jahren Abschied von der Silesia AG, verzichtete auf alle Vergünstigungen – Frühpension, Abfindung, Villa und Equipage –, die ihm die Firma angetragen hatte. Er habe sein Auskommen, sagte er, und widmete sich fortan seiner Liebhaberei, dem Studium der Botanik.

In einer Zehn-Zimmer-Wohnung in Breslau, an der Kurfürstenstrasse 29, richtete man sich behaglich grossbürgerlich ein. Mit viel Plüsch und Makartpalmen, Chaiselongues, einer im Herren-, einer im Damenzimmer und Unmengen von Büchern hinter Glas. Tochter Marie bekam ihr eigenes Zimmer zum Vorgarten hinaus, ebenso Haushälterin Anna Langheier, die schon den Junggesellen Engelbert versorgt und bekocht und damit früh ihren Ruf als „Kochkünstlerin ersten Ranges" begründet hatte. Nur ein einziges Mal war ihr ein „Mallör" passiert, von dem sie zwanghaft, jedesmal wieder rot werdend, berichtete. „Ausgerechnet, als der Herr Doktor einen hohen Herrn geladen hatte", seien ihr die Hefeklösse nicht aufgegangen und wie „kleine Gummibälle" auf den Tisch gekommen. „Das verzeih ich mir nie und nimmer."

Bei Fräulein Anna ging Marie in die Haushaltslehre, wie andere nach ihr. Hélène zog es vor, die fälligen Besorgungen zu machen, Vorträge und Konzerte zu besuchen und sich – auf die Chaiselongue hingestreckt – ausgiebig der geliebten Lektüre zu widmen. Für eine Frau um die Jahrhundertwende war, was sie las, durchaus ungewöhnlich. Kant und Nietzsche, Ibsen und Strindberg, alle Gerhart-Hauptmann-Dramen – Lesestoff, den sie später auch meiner Mutter ans Herz legte. Im Gegensatz zu ihrem Onkel François Forgeois, Mutter Adèles einstigem Verehrer, wusste sie den damals umstrittenen, sozialkritischen Dramatiker richtig einzuschätzen. Der Kuriosität halber bewahrte sie einen Brief von François bei den Werken Hauptmanns auf.

Aus Coesfeld hatte der bis an sein Lebensende vergeblich um öffentliche Anerkennung ringende Onkel schwer enttäuscht geschrieben: „In letzter Zeit habe ich Wolzogens ‚Lumpengesindel' und Hauptmanns ‚Weber' gelesen, die das Drama der Zukunft repräsentieren sollen, ein Paar schreckliche Stücke, die ich sofort in den Papierkorb schmeissen würde ... Meine Stücke wollen die Herren nicht haben, aber so 'nen ‚Fuhrmann Henschel', den nehmen sie. Es kommt mir bald vor, als sei das Publikum übersättigt, es verschmäht ein table d'hôte-Essen im *Grand-Hôtel du Louvre* und verzehrt dagegen in einer Dorfschenke ein Stück Schwarzbrot mit Speck mit grossem Appetit. Gute Verrichtung! Es ist aus. Il faut mourir". Zwei Jahre später starb Adèles unglücklicher Liebhaber François Forgeois. Ausser an der Coesfelder Laienbühne war es ihm nie gelungen, eines seiner Werke unterzubringen.

Hélène hatte schon immer, ganz im Gegensatz zu ihrem seltsamen Onkel, Gerhart Hauptmann verehrt. Je älter sie wurde, desto kritischer wurde ihr Denken. Über dem Schreibtisch hatte sie gleich nach dem Umzug von Berlin nach Breslau das Porträt des legendären Urahnen Constant Forgeois „zu ständiger Ermahnung" aufgehängt. Und der Rat des guten Doktors Jakoby – „Sei wachsam" – blieb ihr Wahlspruch.

Morgens, nach dem Frühstück, teilte sie sich mit Engelbert in die Zeitung. Das war bald nach ihrer Hochzeit zur Regel geworden. Um die Jahrhundertwende boten die Gazetten eine durchaus spannende Lektüre. Politik, Kunst und Wissenschaft als Fortsetzungsroman. Da war auf seinem Alterssitz Friedrichsruh 1898 Reichsgründer Otto von Bismarck, der in kaiserliche Ungnade gefallene „eiserne Kanzler", gestorben. In Paris hatten im gleichen Jahr Marie und Pierre Curie Radium und Polonium entdeckt. Und Emile Zola war mit seinem flammenden „J'accuse!" europaweit in die Schlagzeilen geraten. „Ich klage an", hatte er in der Zeitschrift *L'Aurore* geschrieben und vehement die

Um die Jahrhundertwende in Breslau:
Hélène mit ihrem zweiten Mann Engelbert Richters

Freilassung des auf die Teufelsinsel verbannten, unschuldig verurteilten „Landesverräters" Alfrèd Dreyfus verlangt. Eine Forderung, mit der Hélène sich sogleich identifizierte.

Die Verlobung ihrer kapriziösen Tochter Marie mit dem Breslauer Kinderarzt Dr. Hans Monski und die Geburt ihrer zweiten Enkelin Ilse, 1899 in Berlin-Schöneberg, waren dann – ein gutes Omen, fand Hélène – mit der Haager Friedenskonferenz „zur friedlichen Beilegung internationaler Konflikte" zusammengefallen. Auch mit etlichen kulturellen Ereignissen: In Berlin wurde am Deutschen Theater der grosse Schauspieler Albert Bassermann bejubelt, am Burgtheater in Wien der glutäugige Josef Kainz. Karl Kraus gab dort erstmals die kulturkritische Zeitschrift *Die Fackel* heraus, die Hélène sich zur Ansicht sogleich schicken liess. Und an den Universitäten begann das Frauenstudium sich durchzusetzen. Zwei Meldungen am Rande: das Aspirin war als Schmerz- und Fiebermittel im Kommen, und in New York, Hélènes Geburtsort, wurde das erste Autounfallopfer der Welt registriert.

In Breslau fuhr man noch mit der Pferdekutsche um diese Zeit. Und zur Jahrhundertwende stiessen Hélène und Engelbert auch nicht mit Champagner, sondern still auf dem Balkon mit dem allabendlich gewohnten Rotspon an. Beide scheuten laute Feste. Engelbert bestellte das Bürgerliche Gesetzbuch (BGB), das zum 1. Januar 1900 herausgekommen war, Hélène Sigmund Freuds „Traumdeutung“. „Aufregend“, urteilte sie, „aber etwas gewagt.“ Dass in Paris 1900 schon die erste Metro fuhr, während die U-Bahn in Berlin noch mitten im Bau steckte, veranlasste sie zu der von Engelbert belächelten, in der Familie sprichwörtlich gewordenen Bemerkung: „Bei uns Franzosen geht alles plus vite.“ Mit dem Erlernen der deutschen Sprache war sie selbst nicht so schnell. Bis ins Alter verwechselte sie Dativ und Akkusativ: „Ich setze mein runder Hut auf.“

1901, im Jahr, in dem Tschechows Stück „Drei Schwestern“ am Moskauer Künstlertheater Premiere hat, wird am 23. September als dritte Behrens-Tochter Hélènes Enkelin Ruth, meine Mutter, geboren. Auch sie im elterlichen Ehebett in Berlin-Schöneberg, an der Hauptstrasse 149. Wie die Geburt verlief, ob leicht oder schwer, weiss ich nicht. Vermutlich normal, weil das nie zur Sprache kam, wohl aber die bewegende Tatsache, dass Ruth die erste „echte Berlinerin“ in der Familie war, ihre beiden Schwestern dagegen „nur Landpomeranzen“. Als Edith und Ilse zur Welt kamen, gehörte Schöneberg noch nicht zu Berlin. 1901 war es eingemeindet. Wenn meine Mutter später auf etwas stolz war, dann darauf, eine „geborene Berlinerin“ zu sein. Überdies im gleichen Jahr und im gleichen Bezirk Schöneberg im Geburtsregister notiert wie der „Blaue Engel“ Marlene Dietrich.

An der Siegesallee im Berliner Tiergarten werden gerade 32 Marmorstandbilder brandenburgisch-preussischer Potentaten aufgestellt. Ob der Militär-Intendanturrat Behrens sie abgeschritten hat, ist nicht überliefert. Er wird noch Ende des Jahres, im November 1901 zum Oberintendanturrat befördert und von Berlin nach Stettin versetzt. Ruck, zuck ohne Widerrede. Damit endet Ruths erste Berliner Periode nach weniger als zwei Monaten.

Das „Fräulein"

Im Pommerschen Stettin tritt Ella Zauter, Schreinermeisterstochter aus Greifenberg, auf den Plan. Sie macht in der neuen Wohnung an der Kronenhofstrasse 17, mit Herrschaftsaufgang und Dienstbotenhintertreppe, ihren Antrittsbesuch und wird – von ihrer letzten Dienstherrin, der Gräfin G. mit den glänzendsten Zeugnissen ausgestattet – auf der Stelle engagiert: Ella, das Kinderfräulein, das 16 Jahre lang stets korrekt, zuverlässig und pünktlich im Leben der Behrens-Kinder und später auch bei mir eine Schlüsselrolle spielen sollte.

Eine frühe Photographie zeigt sie liebreizend zart mit hochgestecktem, lichtblondem Haar und Fischgräten-verstärktem Stehkragen über der züchtigen, weissen Batistbluse. Ihr Haar blieb bis ins hohe Alter ihr Stolz. Einmal in der Woche pflegte sie es mit Kamillentee zu waschen, mit Essigwasser zu spülen – ich habe noch heute den unangenehm säuerlichen Geruch in der Nase – und abends vor dem Zubettgehen genau hundertmal kräftig durchzubürsten. Ein Rezept für unverwüstlichen Haarwuchs, das sie bereitwillig preisgab.

Ellas Liebreiz täuschte. Sie konnte sehr streng, zuweilen sogar handgreiflich werden. Aber übelgenommen hat ihr das keiner. Es blieb ihr wohl auch nichts anderes übrig, weil sie schon bald bei den Behrens-Kindern die Mutterrolle übernahm. Kleine Missetäter zog Ella am Ohr oder kniff sie höchst schmerzhaft in die Backe. Ihr liebstes Kommando hiess: „Sputet Euch!". Dabei klatschte sie, hoch aufgerichtet, ein paar Mal hart und laut in die Hände. Ein Feldwebel in Elfengestalt.

Anders als die „Dienstmädchen", die mit dem blossen Vornamen angeredet wurden, hatte Ella Zauter das Privileg, „Fräulein" tituliert zu werden. Ella schlief in weisser Bettwäsche, die Mädchen in bäuerlicher, blau-weiss-karierter. Ella speiste mit der Herrschaft bei Tisch, das übrige Personal – zwei Zimmermädchen, Köchin und Bursche – in der Küche. Ella war in jeder Beziehung bevorzugt und war sich dessen bewusst. Sie blieb unverheiratet und legte noch im Altenheim Wert darauf, „Fräulein" genannt zu werden. Für sie ein Ehrentitel.

In Stettin beaufsichtigt das Fräulein in den ersten Jahren,

unterstützt vom Hilfspersonal, die Kleinkinder, während die Eltern Max-Adolph und Marguerite, das „Gretchen", ihren Pflichten und gesellschaftlichen Vergnügungen nachgehen. Für Marguerite erschöpfen sich diese Pflichten in der Einkaufsplanung, dem Putzstundenplan und Tätigkeiten, die sie mit „nach dem Rechten sehen" umschreibt. Gelegentlich zieht sie Handschuhe über und eilt mit dem Staubwedel durch die Räume.

Max-Adolph, befasst mit der Truppenversorgung, leistet seinen Dienst in der Intendanturbehörde ab. Daneben lebt er betont gesund. Vor dem morgendlichen Dienstantritt treibt er Gymnastik und dreht die ersten Runden auf dem Fahrrad, zuweilen bis zum Ostseehafen hinaus. Zum Mittagessen schon kehrt er aus dem Büro zurück. Mit Akten unter dem Arm. Nachmittags trifft man sich mit Freunden zum Tennis. Oder zu längeren Wanderungen. Danach arbeitet der Oberintendanturrat die Akten auf. Abends geht man gern aus. Marguerite ist eine umschwärmte Tänzerin.

Mit den Kindern zeigen die Eltern sich ab und an in der Ressource und in dem dazugehörigen Park. „Eintritt nur für Behördenmitglieder im gehobenen Dienst". Und da schiebt jedesmal Fräulein Ella den Kinderwagen. Für eine Dame von Stand wäre das ein Fauxpas. Und wenn Max-Adolph dienstlich verreist, schleppt auch nicht er, sondern der Bursche den Koffer. Einem Herrn in seiner Position ziemt es nicht, ihn auch nur anzurühren. Das kleine Gepäck, die Nachtwäsche, Zahnbürste und Bartbinde, verstaut er in seiner Helmschachtel, um nicht peinlich aufzufallen.

Drei Jahre gehen so ins Stettiner Land. Dienst nach Vorschrift, Freizeitsport, Dinners, Soireen, Kostümfeste, bei denen Marguerite, das Gretchen, einmal sogar als Teufel Furore macht. Und Fräulein Ella ist stets und allerorten verlässlich und pünktlich mit den niedlichen Kleinen zur Stelle, wenn sie ihren Knicks oder winke, winke machen sollen.

Marguerite trägt bald stolz eine Brosche mit den in Gold gefassten Milchzähnen ihrer Töchter am Kostümrevers – ein damals beliebtes Schmuckstück junger Mütter – und ist 1904 zum vierten Mal schwanger. Am Ostersonntag im Jahr darauf kommt dann an der Kronenhofstrasse Sohn Wolfgang zur Welt. Von Patenonkel Litty, Max-Adolphs Chef, mit einem gravier-

An der Ostsee:
Marguerite und Max-Adolph mit (von l.)
Ilse, Ruth und Edith Behrens

ten, silbernen Sektkelch bedacht und dem Versprechen, bis zur Konfirmation das Dutzend der Kelche voll zu machen. In jenem bedeutsamen Jahr 1905 ist das, in dem die Pazifistin Bertha von Suttner („Die Waffen nieder“) mit dem Friedensnobelpreis geehrt wird und Gerhart Hauptmann anlässlich des 100. Todestags Friedrich Schillers den „Volksschillerpreis“ erhält, in dem Einstein seine „spezielle Relativitätstheorie“ veröffentlicht und Karl Schmidt-Rottluff mit anderen avantgardistischen Malern „Die Brücke“ gründet.

Marguerite erholt sich diesmal nur langsam von der Geburt. Der „Bubi“ wächst – damals nicht unüblich – in den ersten Lebensjahren in Mädchenkleidern heran, meist den geerbten von seinen grösseren Schwestern, und schläft beim Fräulein im Zimmer, später mit Ruth zusammen. Beide Kinder jeweils im Gitterbett, während die älteren Mädchen schon Betten aus Kirschholz haben. Das Gitterbett wird dem Knaben zum Trauma werden, denn er darf erst mit neun Jahren in ein „richtiges“ Bett umziehen.

Auf einem Familiengruppenbild, beim alljährlichen Ferienaufenthalt im Ostseebad Misdroy aufgenommen, wirkt er – auf einen Spaten gestützt, die Kinderstirn gerunzelt, die Lippen energisch vorgestülpt – noch recht selbstbewusst. Die drei Schwestern posieren im Strandkorb. Alle drei in viel Rüschen und Spitze und ganz in Weiss. Edith und Ilse mit Zopf und runden Sonnenhüten, Ruth mit offenen Locken, Grimassen schneidend.

Die Erwachsenen geben sich elegant wie auf der Strandpromenade. Max-Adolph trägt auch hier, direkt am Meer, in der prallen Sonne die Weste zugeknöpft unter dem Rock, eine goldene Uhrkette über dem Bauch und auf dem Kopf eine weisse Kapitänsmütze, Marguerite zum knöchellangen Plisseekleid einen breitrandigen, mit Krimskrams überladenen Hut. Das Fräulein hält sich, die Hände gefaltet, im Hintergrund. Im Badekostüm ist weit und breit niemand zu sehen. Das Strandvergnügen beschränkt sich darauf, Federbälle zu schlagen, aus der schützenden Sandburg hinaus aufs Meer zu blicken oder durch den Sand von Strandkorb zu Strandkorb zu stapfen und mit Bekannten zu plaudern. An Misdroy bestechen der Wellenschlag und die gute Luft, ansonsten ist es nicht kurzweiliger als Stettin. Aber auch die Tage von Stettin sind gezählt.

Diesmal muss die ganze Familie nach Metz umziehen. Metz an der Mosel, eine Stadt mit Geschichte: schon von den Römern gegründet, 1871 von Frankreich an Deutschland gefallen. Im Rückblick erschien Ruth der Umzug wie das grosse Los. Für alle Behrens-Kinder waren die vier Jahre, 1908–1912, in der Lothringer Kapitale die glücklichsten ihrer Jugend. Mit einer Einschränkung. Man habe zu isoliert von den, nach der Niederlage im Deutsch-französischen Krieg nicht gerade deutschfreundlichen, Einheimischen gelebt. Wenigstens eine französische Bonne hätten die Kinder sich gewünscht statt des preussischen Fräulein Ella. Dann wäre Metz vollkommen gewesen, wobei sie sich eine Bonne natürlich weniger streng, weniger pingelig, mehr wie eine dicke, gemütliche Babuschka vorstellten.

Oberst Ruth hat das Kommando

Schon die Reise im Zug von Stettin nach Metz ist buchenswert, denn da gibt es zum ersten Mal im neuen Speisewagen Würstchen mit Kartoffelsalat, nicht mehr nur im Abteil die aufgeweichten „Hasenbrote“ von zu Hause. Und Ruth, noch nicht mal sieben, flirtet mit den Kellnern. So haben es ihre älteren Schwestern, die das wohl etwas anstössig fanden, später erzählt. Die Fahrt scheint endlos. In Metz ist es Nacht, und zum Empfang wird lediglich Milch aus einem blauen Emailletopf ausgeschenkt.

Erst am nächsten Morgen ist die „Dienstwohnung“ zu besichtigen. Ein Gründerzeit-Prachtbau mit Turm. Innen: 16 Zimmer über zwei Stockwerke verteilt, durch eine schön geschwungene Freitreppe verbunden. Zentralheizung statt der ewig qualmenden Öfen in Stettin. Gasbeleuchtung. Spülklosett. Im Speisezimmer neben der Anrichte ein schwerer, eichener Ausziehtisch, den zwei Männer nicht heben können. 24 Stühle passen drumrum. Im Herrenzimmer das Neueste – ein Telephon, das Kinder freilich nicht anrühren dürfen.

Dafür finden sie draussen einen Abenteuerspielplatz. Von den Merowinger Anlagen nur durch ein Mäuerchen getrennt: Hühner- und Pferdestall, Remise, Dunggrube und Geräteschuppen, Kutscherwohnung und Gartenlaube und neben den Blumenrabatten für jedes Kind ein eigenes Beet. Wolfgang verkündet, er werde dort nur seine Leibspeise, Kartoffeln, anpflanzen: „Bratkartoffeln, Salzkartoffeln, Kartoffelbrei".

Mit der Versetzung war Max-Adolph diesmal zum „Geheimen Kriegsrat" befördert worden und Marguerite ganz ohne ihr Zutun zur „jüngsten Geheimrätin Deutschlands". Allerdings verbat er sich das „Getue mit dem Geheimrat". Er zog es vor, weiterhin mit „Herr Doktor" angeredet zu werden. Und er blieb auch seinem Frühsport treu. Gymnastik nach dem Aufstehen, danach langer Ausritt auf seinem Lieblingspferd „Gavotte", und bevor die Kinder zum Frühstück erscheinen, ist er schon die paar Schritte hinübergeeilt zur nahegelegenen Intendanturbehörde.

Die drei Schwestern haben es auch nicht weit zur Schule, aber Morgen für Morgen spielt sich der gleiche hastige Aufbruch ab, begleitet von Ellas Händeklatschen und dem scharfen Kommando: „Sputet Euch". Edith, die Grosse, kaut ihr Butterbrötchen im Stehen und schenkt dabei den Kakao für die anderen aus. Sie verlässt grundsätzlich pünktlich das Haus. Ilse folgt ihr im kurzen Abstand. Ruth ist stets die letzte, zu spät aufgestanden, hat alles verlegt, tobt hinterdrein. Wolfgang bleibt in Ella Zauters Obhut zurück. Als er älter ist, darf er manchmal allein „einholen" gehen. Suppengrün oder Emser Pastillen.

Wenn Max-Adolph zum Mittagessen erscheint, pfeift er. Ein Motiv aus der Oper Carmen: „Auf in den Kampf ...". Das heisst so viel wie „Beeilung". Es wird erzählt, Marguerite sei dann, wenn sie sich gerade im oberen Stock aufhielt, einfach das Treppengeländer hinuntergerutscht, um schnellstens zur Stelle zu sein. Ein Gast, den ihr Mann einmal überraschend mitgebracht hatte, ein Oberregierungsrat, sei darüber leicht aus der Fassung geraten: „Aber Frau Geheimrat!"

Die Mahlzeiten sind preussisch bescheiden, ohne dass daran jemand Anstoss genommen hätte. Mittags: Restesuppe zum Entree. Einmal in der Woche Fisch in Senfsauce, nur gelegentlich Fleisch. Wenn die Waschfrau im Haus ist: Brühkartoffeln oder Dicke Bohnen. Samstags: Milchreis mit Zucker und Zimt oder Max-Adolphs Leibspeise „Arme Ritter" mit der den Kindern verhassten Pflaumenmustunke. Nachmittags wieder ein Butterbrötchen zum Malzkaffee. Abends: abgekochte Milch mit der ekligen Haut obendrauf, saure Milch – „Satte" – oder Wasser vom Brunnen, dazu Butterbrote. Die Erwachsenen essen später und bekommen Aufschnitt.

Nur der Sonntag fällt aus dem kulinarischen Rahmen. Da gibt es einen Braten, den Max-Adolph gekonnt tranchiert. Für die Kinder Saft, für die Grossen Wein und zum Nachtisch einen Flammeri in Fischform. „Was auf den Tisch kommt, wird gegessen." Das ist beim Pudding kein Problem, aber beim Fisch in Senfsauce schon eher und bei den „Armen Rittern" erst recht. Übriggebliebenes wird auf dem gleichen Teller erst zum Kaffee, dann zum Abendessen nachserviert, so lange, bis es doch aufgegessen ist.

Ein Prinzip, das nur scheinbar zum Erfolg führt. Ruth, die Kartoffeln eklig findet, steckt sie zuletzt in den Mund und behält sie so lange dort, bis sie sie ins Klo spucken kann. Ilse ist zu faul, Brotrinden zu kauen. Sie wirft sie heimlich hinter die Anrichte, wo sie beim Grossreinemachen eines Tages gefunden werden. Ein Skandal. Wolfgang denkt sich einen Trick aus: „Wenn Papa merkt, dass ich Sauerkraut nicht mag, ess ich's lieber gleich auf". Die fatale Folge: Er bekommt einen Nachschlag: „Weil's so gut schmeckt."

Geschlemmt wird nicht. Süssigkeiten sind den Festen Ostern und Weihnachten vorbehalten. Dafür haben die Eltern Zeit für die Kinder. Nach dem Essen wird sonntags der Teppich im Salon aufgerollt. Max-Adolph, talentiert am Klavier, singt und greift in die Tasten. Marguerite begleitet ihn auf der Mandoline. Die Kinder tanzen. Walzer tanzen zu können, konstatiert Max-Adolph, sei so wichtig wie das ABC. Sogar das Fräulein tanzt mit.

Danach geht man vollzählig zum Tennisplatz oder unternimmt, mit belegten Broten und lauwarmer Limonade im Korb, einen Ausflug. Der Vater nennt es „Wanderung", die Kinder „Spazierenrasen", vor allem wenn sie dabei durch die Stadt galoppieren müssen, die Esplanade entlang zu den Mosel-Terrassen oder gar zur Cathedrale Saint Etienne, die sie der grandiosen Glasfenster wegen immer wieder besichtigen sollen. Eingekehrt wird auf Wanderungen grundsätzlich nicht. Manchmal spendiert Max-Adolph am Ende Bonbons aus dem Automaten. Ein Tütchen zu zehn Pfennigen für alle vier Kinder. Wieder daheim, dürfen sie die Schuhe putzen. Weder den Mädchen noch dem Burschen hätte man das zugemutet.

Reisen führen nicht mehr an die Ostsee, sondern in die nahen Vogesen. Echter Ferienspass. Übernachten im Forsthaus, auch mal im Wald in Hängematten. Pirsch durchs Unterholz mit der Botanisiertrommel am Riemen über der Schulter. Der Vater ist so locker wie selten. Die Mutter trällert. Und jedesmal wird eine andere Burg erklommen, zum Training, zur Bildung oder, viel schöner: zum Raubritterspielen. Einmal im Jahr fahren alle zu den Grosseltern nach Breslau, und dann geht es noch lockerer zu. Die Mädchen dürfen länger aufbleiben und Grossvater Engelbert jeden Abend eine Flasche Rotwein aus dem Keller holen. Wolfgang hilft ihm, die lange Pfeife zu stopfen. „Arme Ritter" kommen nie auf den Tisch, und bei Spaziergängen im Schlenderschritt wird grundsätzlich eingekehrt. Ruth erinnerte sich später, es habe da jedesmal Sahnebaiser gegeben. Wolfgang sagte: „Nein, es gab Mohrenkopf".

In Metz waren die beiden „Kleinen", wie man sie nannte, unzertrennlich, wobei Ruth als die um fast vier Jahre ältere das Kommando übernahm. Sie dirigierte Wolfgangs Kartoffelanbau im Küchengarten, bei dem er freilich weder Kartoffelsalat noch Kartoffelbrei ernten konnte. Sie war bei den – durch die überall gegenwärtigen Militärs inspirierten – Spielen der Oberst, Wolfgang immer einen Rang unter ihr, also nur Oberstleutnant. Nachdem sie sich selbst zum Generalmajor befördert hatte, musste er in der Remise ein Dutzend Klimmzüge machen, bevor er zum Oberst aufrücken durfte.

Der „Holländer" war ihr Reitpferd, das Ruth dirigierte. Wolfgang sass hinten auf – ein „getreuer Ekkehart", der mit ihr ergeben sogar einen Abhang zur Mosel hinunterraste. Eine Mutprobe, die fast im Wasser geendet hätte. Auch die Zinnsoldaten, ausgerüstet mit kleinen Messingkanonen, aus denen man Erbsen schiessen konnte, gehorchten vornehmlich Ruths Befehl, und ihre Soldaten waren in den Schlachten, die meist in der Gartenlaube geschlagen wurden, fast immer die Sieger.

Die ungleiche Gewaltenteilung führte schon bald dazu, dass sogar der Vater in Ruth eher den Jungen sah und in Wolfgang einen Sohn, der es ihm selten recht machen konnte. Ruth kletterte auf Bäume; Wolfgang stand unten und traute sich nicht.

Ruth sprang über Bänke; Wolfgang war noch zu klein dafür. Ruth ritt auf Vaters Pferd über den Hof; Wolfgang hatte Angst vor den grossen Tieren. Ruth lernte schwimmen in der Badeanstalt an der Mosel und machte gleich Kopfsprung; Wolfgang klammerte sich an die Mutter. Als Erwachsener meinte er, ihm habe das alles nichts ausgemacht, er sei gern Ruths Oberstleutnant gewesen. Aber die Geringschätzung seines Vaters hat ihm doch lange zugesetzt und ist erst verarbeitet worden, als er viel später bei einem Psychotherapeuten eine Analyse machen konnte.

Einen Mann bewunderten, bis auf Max-Adolph, alle gleichermassen. Das war der Oberst Reiffert vom 8. Bayern-Regiment. Ein stattlicher Offizier, der Marguerite heimlich verehrte und zweimal im Monat zur Parade ausrückte. Die Zimmermädchen mussten dann auf der Lauer liegen, und wenn sie riefen: „Die Bayern kommen", stürzten Marguerite und das Fräulein, stürzten alle vier Kinder an die Fenster. Die Kapelle voran, marschierte das Regiment im Paradeschritt vorbei, der Oberst hoch zu Ross an der Spitze. Und direkt vor den Damen zog er den Degen und grüsste schneidig. Die kleinen Paraden wurden noch weit überboten durch die ganz grosse an Kaisers Geburtstag, am 27. Januar. Die war dann noch bunter, noch lauter, noch zackiger. Unvorstellbar, dass ein solches Zeremoniell heutzutage Teenies vom Stuhl reissen könnte.

Eher gefühlvoll verlief an Samstagen eine ganz andere Zeremonie: das wöchentliche Wannenbad. Genug warmes Wasser gab es nicht für alle, darum badeten je zwei Kinder hintereinander im gleichen Wasser. Erst Edith und Ilse, die sich sowieso viel erwachsener vorkamen. Dann Ruth und Wolfgang. Wenn sie schliesslich, in ihre Badetücher gewickelt, auf den Betten sassen, folgte die Moritatenstunde.

Aus dem reichen Fundus ihres Liedervorrates schöpfend, sang das Fräulein, plötzlich ganz weich, ganz hingebungsvoll die traurige Weise vom „Wilden Wassermann". Oder das Lied von den Königskindern: „... sie hatten einander so lieb". Und zuletzt kam unweigerlich das Melodram vom „Nichtsnutz" an die Reihe, der von den verbotenen Tollkirschen nascht und dafür böse bestraft wird. Leider auch seine Mutter: „... denn als dann endlich der Morgen kam, / lag tot ihr der Knabe im Arm". Da konnten sie alle so schön zusammen weinen.

Nur noch 14 Zimmer

Eine heile Familie – so die Behrens-Familie auf Lichtbildern dieser Zeit. Vier liebliche, brave Kinder. Alle in gestärkten, schneeweissen Matrosenblusen, die Mädchen mit offenem Haar. Dazu die schöne, ihnen sanft zugeneigte Mutter und der Vater im tadellos straff sitzenden Uniformrock, mit hochgezwirbeltem Kaiser-Wilhelm-Bart und „Lieb Vaterland magst ruhig sein“-Blick. Aber ganz so heil ist die Familie nicht.

Kurz bevor wieder einmal umgezogen wird, bricht Marguerite in Metz zum ersten Mal zusammen. 1912, bei einem Kaffee für den Frauenverein. Ruth, meine Mutter, erinnerte sich noch jahrzehntelang an die spitzen Schreie der auffahrenden Damen und an eine blasse, ohnmächtig im Sessel hängende Marguerite. „Wie eine verwelkte Lilie“. Ein jäher Schrecken für die Kinder war das, der sich in den folgenden Jahren freilich so oft wiederholen sollte, das er zur abstumpfenden Gewohnheit geriet. Ebenso wie der Anblick von Fräulein Ella, die mit Baldriantropfen im Glas herbeigeeilt kam: „Baldrian ist für alles gut.“

An diesem Abend denkt man sich noch nicht viel dabei. Marguerite kommt zu sich, entschuldigt sich nach allen Seiten und wankt, von Ella gestützt, hinaus und ins Bett. Eine Photographie, wenige Tage danach aufgenommen, zeigt sie ebendort im Mahagonimöbel, einen gerahmten Kreuzstichspruch über dem Kopfende: „Die Liebe zieht uns himmelwärts“. Ihr Haar ist zu zwei Zöpfen geflochten. Sie lächelt matt. Ruth sitzt neben dem Nachttisch mit Medizinsammelsurium und gibt sich vergnügt.

Vom Umzug wusste sie da noch nichts, denn den kann sie ihrem Vater lange nicht verzeihen. Diesmal nämlich wird er nicht versetzt, sondern hat selbst um die Versetzung eingegeben. Vom 16. Armeekorps in Metz zum 4. in Magdeburg. Er fürchtet, es könnte zum Krieg kommen und will nicht in die Zwangslage geraten, auf Franzosen, vielleicht gar auf Marguerites Verwandte, schiessen zu müssen.

So abwegig ist der Gedanke nicht. Nach Grossbritannien war Deutschland inzwischen zur stärksten Seemacht geworden, doch die Verhandlungen über eine gemeinsame Flottenpolitik

„Eine heile Familie“:
Edith, Ilse, Wolfgang und Ruth Behrens (von li.)
mit ihrer Mutter Marguerite

schienen gescheitert. Als Industriemacht hatte das Reich Frankreich überholt. Unter den 30 000 deutschen Millionären war Wilhelm II. der reichste, gefolgt von den Krupps, deren Rüstungsfabriken 1909 das neue 42-cm-Geschütz vorgestellt hatten. Der Kaiser liess eher Hochmut denn Besonnenheit erkennen. „Wegen mangelnder Zurückhaltung in der Aussenpolitik“ hatte ihn der Reichstag öffentlich gerügt. Erste Kritiker meldeten sich zu Wort. Karl Liebknecht wetterte gegen den deutschen Imperialismus. In Wien hatte es Massenproteste wegen der anhaltenden Teuerung gegeben. Erich Mühsam publizierte ein neues Blatt „Kain – Zeitschrift für Menschlichkeit“, Walther Rathenau sein Buch „Zur Kritik der Zeit“. Und während der erste Balkankrieg wütet, erlässt der Internationale Sozialistenkongress in Basel ein „Manifest gegen den Krieg“.

Umzug also von Metz – und diesmal unter Tränen. Von der Elbseite aus bietet die Magdeburger Altstadt mit dem alles überragenden protestantischen Dom zwar ein beeindruckendes Panorama, aber den Vergleich mit Metz hält es bei weitem nicht aus. Auch was die neue Bleibe betrifft, muss man zurückstecken.

An der Augustastrasse 13, parallel zu den Elbanlagen verlaufend, hat man sich wieder auf eine Etage und „nur" 14 Zimmer zu beschränken. Zentralheizung und Gasbeleuchtung sind erst geplant, noch nicht eingebaut. Der Koloss des Generalkommandos gegenüber und die hässlichen Mietshäuser nach der anderen Seite beleidigen das Auge. Der Pferdestall ist nicht so weiträumig, der Garten viel kleiner, und einen Oberst Reiffert gibt es auch nicht, der mit Musik am Haus vorbeiparadiert.

„Rückzug mit Tschingderassabum auf der ganzen Linie", nannte es Wolfgang später. Die Röschentapete, die er sich fürs Kinderzimmer ausgesucht hatte, bekam er nicht, weil „zu weibisch". In Metz hatte er Privatunterricht gehabt, hier muss er – mit sieben Jahren überfällig – in der „Vorbereitungsschule für Gymnasialanwärter" antreten und heult jedesmal los, wenn Lehrer Moebius einen frechen Schüler mit dem Rohrstock verhaut. Die älteren Mädchen – Edith schon 15, Ilse 13 – sind in der Pubertät und halten noch mehr Distanz zu den Kleinen. Wolfgangs Vorbild ist unverändert Ruth.

Im Gegensatz zu den Schwestern bleibt sie am Victoria-Lyzeum zurück und darf an das Private Rosenthal-Lyzeum beim Kaiser-Wilhelm-Platz überwechseln. Mit der fortschrittlich liberalen „Frau Direktor" Clara Hülsse wird sie bis zu deren Tod verbunden bleiben. Unter ihrem friedfertigen Einfluss verschwinden die Zinnsoldaten nach und nach auf den Dachboden. Ruth ist nicht mehr Oberst und Wolfgang nicht mehr ihr Untergebener. Jetzt wird sein Schaukelpferd „Sturm", eins mit echtem Fell, vor den improvisierten Wohnwagen gespannt und die beiden sind Zigeuner. Ruth sieht auch so aus. Mit einer Mähne krausen, braunen Haars und Glasperlen am Hals. Weihnachten bekommt sie ein Zigeunerkostüm mit Münzen als Knöpfen und einem knallbunten Flickenrock.

An das Weihnachtsfest 1913 erinnern sich alle noch lange, weil es im Magdeburger Dom so feierlich zuging. Neben jeder mit Tannengirlanden geschmückten Bank steht ein Soldat mit einer Kerze in der Hand, und der Chor singt: „Ich bete an die Macht der Liebe". Marguerites Lieblingschoral, bei dem sie immer ein bisschen weinen muss. Der Christbaum im Salon an der Augustastrasse reicht bis zur Decke, und die Geschenke sind auf mit Tüchern verkleideten Gartentischen aufgebaut. Der neugefüllte, alte Kaufmannsladen für Wolfgang, das Zigeunerkostüm für Ruth und für beide ein Puppentheater mit zehn märchenhaften Kulissen zum Wechseln.

Fräulein Ella bekommt den gewünschten Kostümstoff und leistet sich wieder eine spitze Bemerkung. Sie kratzt mit dem Zeigefingernagel auf dem Stoff herum und sagt: „Da haben sich gnä' Frau aber anschmieren lassen. Der Querfaden ist zu dünn." Dann gibt es Karpfen polnisch mit Pfefferkuchensauce wie bei Grossmutter Zipterlein in Friedrichshagen. Und am ersten Feiertag, nach dem Gansessen, muss jedes der Kinder vor dem Nachtisch eine kurze Tischrede halten. Ilse klopft nach einigem Zögern errötend ans Saftglas und sagt: „Ich freue mich, dass Papachen heute eine so schöne Krawatte anhat, und alle sollen hochleben!"

Die Tischreden werden künftig beibehalten und sind den Kindern jeden Sonntag ein Greuel. Als meine Mutter mir davon erzählte, sah sie das längst anders. Alle Geschwister, sagte sie, hätten dabei geübt, ihre Angst vor solchen Auftritten zu verlieren. Das rechne sie ihrem Vater nachträglich hoch an. Und noch etwas. Ein paarmal sei sie mit ihm in Magdeburg im Theater gewesen. Danach habe er gefragt: „Wie hat es Dir gefallen?" „Gut" oder „Na, ja" hätten ihm als Antwort nicht genügt. Sie habe genau begründen müssen, warum. Und wenn sie nach einer Einladung maulte, es sei so langweilig gewesen, pflegte er zu sagen: „Und was hast *Du* zur Unterhaltung beigetragen?" Auch das sei gar kein so schlechter Rat gewesen: „dass man in Gesellschaft geht, um zu unterhalten, nicht um unterhalten zu werden".

Ihrem Bruder Wolfgang hat sich aus dieser Zeit ganz anderes eingeprägt: die grosse Kuckucksuhr am Ende des 50 Meter langen Flurs in der Diele zum Beispiel, die ständig vorging. Wenn sie wieder zurückgestellt war, wurde durchs Haus gebrüllt: „Die Uhr geht richtig". Alle, auch er, der Kleinste, hätten morgens ihre Betten selbst machen und ihren Waschtisch putzen müssen. „Da gab's kein Pardon." Und leider habe er beim „Spazierenrasen" zum „Roten Horn" und die Elbe entlang den Vater bald allein begleiten müssen. Die Schwestern bekamen Kleidergeld und behaupteten, sie müssten „Schuhsohlen sparen".

Am schönsten, weil so selten, seien die Ausgänge mit Marguerite gewesen. „Zu zweit im Wilhelmsgarten". Sie, ganz in Weiss mit Sonnenschirmchen, er im weissen Matrosenanzug. Im Museum sei immer auch Ruth dabeigewesen. Wolfgang entdeckte für sich den Maler van Gogh. Ruth hatte zwei Lieblingsbilder, vor denen sie „ewig trödelte". Eines hiess: „Die Belagerung von Magdeburg" und zeigte elend in der Elbe ertrinkende Kinder und Frauen. Das andere war „Die Marter der Zehntausend", eine grausige Darstellung unschuldig Gefolterter, die in eine Grube mit spitz aufragenden Pfählen stürzen. „Ruth war fürs Dramatische."

Die Museumsbesuche bleiben Ausnahme. Marguerite kränkelt. Zuerst hatte sie schon bei den Ausflügen gepasst, dann beim Tennis. Zuletzt verweigert sie sich auf der ganzen Linie. Noch zweimal war anfangs in Magdeburg ein grosses Essen gegeben worden. Mit 24 Gedecken, Lohndienern und Tanz danach. Jetzt wird es still im Haus. Keine Dinners mehr, kein Kaffeekränzchen, kaum mehr Besucher. Immer häufiger leidet Marguerite unter plötzlichen Schwächeanfällen, und das Fräulein eilt, mit dem Löffel im Baldrianglas klappernd, über den langen Flur.

Die Kinder gewöhnen sich daran, Marguerite am Krankenbett zu besuchen. Da lehnt sie, halb sitzend, von Spitzenkissen gestützt und liest, wenn es hochkommt Geschichten vor. Ella sieht man noch nachts unter der Petroleumhängelampe im Haushaltsbuch Zahlenkolonnen addieren. Jetzt hat sie das Heft in der Hand und macht sich unbeliebt bei den Hausmädchen. Sie kann beleidigend werden: „Na sowas, Sie sind doch viel zu dumm, um da mitzureden." Oder herrschsüchtig: „Wenn ich etwas sage, dann habe ich es gesagt. Punktum." Punktum ist ihr Lieblingswort.

„Zum Siege helf!"

Im Sommer 1914 sollen die Kinder ihre Mutter zur Kur ins schlesische Obernick begleiten. Aber sie fahren allein mit dem Fräulein. Marguerite hat die Reise im letzten Augenblick wieder absagen müssen. Auch Max-Adolph bleibt in Magdeburg. Die politische Lage ist explosiv. Im österreich-ungarischen Vielvölkerstaat brodelt es. Ein allgemeines Rüstungsfieber greift um sich. Die machtpolitischen Gegensätze zwischen Deutschland und seinen Nachbarn haben sich verschärft. In Frankreich, unter dem neuen Staatspräsidenten Raymond Poincaré, redet man offen von „Revanche". Rache für das Desaster von 1870/71. Der deutsche Generalstab hat das Heer auf 780000 Mann verstärkt und drängt auf Krieg. Nur durch entschlossenes Handeln werde man Frankreich zuvorkommen und in die Knie zwingen können.

Das Attentat eines serbischen Studenten, Werkzeug der nationalistischen Geheimorganisation „Schwarze Hand", sorgt dann für den Funken, der Europa in Brand setzt: Am 28. Juni 1914 wird in Sarajewo das österreichische Thronfolgerpaar ermordet. Erzherzog Franz Ferdinand und seine morganatische Gemahlin Sophie. Vier Wochen später, am 28. Juli, erklärt Österreich-Ungarn Serbien den Krieg. Am 30. macht Russland mobil.

Die Behrens-Kinder sitzen an diesem Nachmittag mit den Grosseltern, Engelbert und Hélène, gerade in Obernick beim Kurkonzert. Melodienreigen. „Schöne blaue Donau" ... „Pariser Leben". Kurgäste flanieren. Die Kinder löffeln Sahnebaisers. Da nähert sich mit schnellem Schritt – „eine Dame rennt nicht" – das Fräulein Ella und schwenkt ein Telegramm. Max-Adolph beordert die Familie auf der Stelle zurück. Kriegsgefahr.

Hélène fällt nicht in Ohnmacht. Das ist nicht ihre Art. Sie tupft mit der Serviette über den Mund und sagt nur: „Mon Dieu." Dann rückt sie den Wagenradhut zurecht und befiehlt ungewöhnlich laut: „Allons enfants!" Ihr Französisch trägt ihr missbilligende Blicke ein. Sie bemerkt das gar nicht. Die Kinder kratzen die letzten Reste der Sahnebaisers vom Teller und folgen ihr. Sie tun sich wichtig. Jedem, der ihnen begegnet, verraten sie: „Deutschland macht mobil."

Mobil macht Österreich-Ungarn am nächsten Tag, Deutschland offiziell erst am 1. August. Zusammen mit der Kriegserklärung an Russland. Da sind die Kinder schon wieder in Magdeburg, haben ihr Gepäck auf die Zimmer geschleppt und sehen sich um. Der Hof in der Augustastrasse gleicht einem Heerlager. Schnaubende, stampfende Pferde, Proviantwagen, Soldaten – alle in unverständlich freudiger Aufgeregtheit. Ruth und

Wolfgang erklettern einen Wagen. Ruth nimmt die Zügel, und ab geht's. Gefolgt von martialischen Flüchen. Die Kinder sind nichtsahnend mit der Kriegskasse durchgebrannt. Sie kommen nicht weit. Der Zahlmeister bringt den Wagen zum Stehen und reisst sie unsanft vom Bock. Der Ausflug endet mit Stubenarrest.

Am 3. August erklärt Deutschland Frankreich den Krieg und marschiert ins neutrale Belgien ein. Belgien und England reagieren mit der Kriegserklärung an Deutschland, und schon am 4. August rückt Max-Adolph aus. Er werde erst wiederkommen, wenn der Krieg zu Ende sei, sagt er. „In ein paar Wochen. Spätestens." Für den Kriegsdienst hat man dem Kriegsrat ein Auto mit Chauffeur gestellt – Pferde und Bursche reisen hinterdrein. Max-Adolph winkt aus dem Fond des Wagens, als wenn es nur um die nächste Ecke zu einer Probefahrt ginge. Er wird erst nach neun Monaten Urlaub haben. Ende Mai 1915. Da ist der deutsche Angriff in Frankreich schon teilweise zum Halten gekommen und das Ende des Krieges in weite Ferne gerückt.

Nach dem „Schlieffenplan" sollte der Zwei-Fronten-Krieg eine schnelle Entscheidung im Westen bringen, im Osten dagegen defensiv sein. Es lief eher andersherum. Nach dem deutschen Sieg über die Russen bei Tannenberg in Ostpreussen, im August, bringen die Franzosen die Deutschen bereits Anfang September in der Marneschlacht zum Stehen. In Flandern, bei Ypern, bleibt der deutsche Angriff im November 1914 dann endgültig stecken. Aus dem Bewegungskrieg wird ein Stellungskrieg von ungeahnt schrecklichen Ausmassen.

Ruth und Wolfgang erleben den Kriegsbeginn fast vergnüglich. Im Domgymnasium, in dem Wolfgang inzwischen die Sexta besucht, ist vorübergehend eine Schleiferei untergebracht, in der Säbel und Seitengewehre geschliffen werden. Das bedeutet „Schulfrei". Wozu die Seitengewehre dienen, macht sich der Knabe Wolfgang noch nicht bewusst. Nach der Schlacht von Tannenberg und nach allen anderen Siegen gibt es „Siegfrei". Zudem sind aus dem gefährdeten Breslau die Grosseltern, Engelbert und Hélène, vorübergehend nach Magdeburg zugezogen. Das lässt die ersten Kriegsmonate wie verlängerte Ferien erscheinen. Sie wohnen an der Augustastrasse im Fremdenzimmer mit eigenem Eingang und zeigen sich, wie immer, spendabel.

Grossvater Engelbert schenkt Wolfgang einen Stieglitz und ein Vogelkundebuch, womit der Enkel freilich, wie er einmal freimütig gesteht, wenig anzufangen weiss. Das Fräulein habe das Tier am Leben erhalten. Auch mit einer Einladung in die Oper hat Engelbert wenig Glück. Man gibt den „Freischütz". Wolfgang findet die Sänger „zu dick", den Gesang „zu laut", die Kulissen „zu staubig".

Ruth hingegen wird ihren ersten Restaurantbesuch allein mit Grossmama Hélène nicht vergessen. Dabei geht es da gar nicht üppig zu. Nur Schinkenbrot gibt es und Schimmelkäse. Aber die Enkelin darf von Hélènes Rotwein probieren. Das erscheint ihr wie ein Ritterschlag. Ruth, 13jährig, fühlt sich plötzlich erwachsen. Mit Grossmama habe man über alles reden können. „Sie kannte keine Tabus." Das blieb so während ihrer langen, engen Freundschaft mit Hélène. Und Schimmelkäse zog Ruth auch weiter selbst dem feinsten Camembert vor.

Die ersten Verwundeten werden im Winter 1914/15 gebracht. Und damit bekommt der Krieg ein anderes Gesicht. Ein bleiches, schreckverzerrtes. Im Magdeburger Wilhelmsgarten wird ein Reservelazaratt eingerichtet. Bett an Bett: Männer in blutigen Verbänden. Nicht jubelnd, wie sie ausgezogen, schreiend vor Schmerz. Ruth und Wolfgang klauen daheim Zigaretten, bevor sie Besuch machen im Lazarett. Ein Amputierter salutiert jedesmal mit dem Armstumpf, wenn sie gehen. Ruth verfolgt das Bild bis in den Schlaf.

Zu Wolfgangs Geburtstag im April 1915 schickt Onkel Litty pünktlich den elften silbernen Sektkelch. Darauf ist eingraviert: „Nummer elf – zum Siege helf!" Als dann der Vater im Mai auf Urlaub kommt, versucht er, sich nicht anmerken zu lassen, dass er nicht mehr recht glaubt an den schnellen Sieg. Er zeigt Photos. Darauf sieht man auf Freitreppen immer nur Gruppen hoher Offiziere. In gebügelten Uniformen, mit Orden um den Hals, mit blankgeputzten Stiefeln. Ältere Herren, die bestimmt nicht im Dreck gelegen haben wie die Soldaten im Lazarett. Auf einem Bild ist Kronprinz Rupprecht von Bayern gerade bei der Heeresleitung der 4. Armee zu Gast. Die Herren rauchen Zigarren. Einer muss einen Witz gemacht haben. Alle lachen. Drei lachen nicht. Max-Adolph ist einer von ihnen.

Sehr langsam, sehr zögerlich beginnt man sich einzustellen

auf einen längeren Krieg. Mit dem „Siegfrei" ist es vorbei. Im Februar 1916 beginnt nach Anfangserfolgen der Deutschen bei Vaux und Douaumont die Schlacht um Verdun. Stellungskrieg auf blutgetränktem Boden. Nahkampf mit dem Seitengewehr. Totschlag mit dem blanken Spaten. Menschen verlieren den Verstand im endlos hämmernden Trommelfeuer. Nach fünf Monaten sind auf beiden Seiten 581 000 Männer gefallen, mehr als eine halbe Million. Zurück bleibt eine graue Wüste, aus der noch Jahrzehnte danach die Reste gestürmter Unterstände, zersplitterter Bäume, verrosteter Seitengewehre ragen.

Vor Verdun hat auch der junge Maler Franz Marc sein Leben gelassen. Am 4. März 1916. Seine Freundin, die grosse Dichterin Else Lasker-Schüler, schreibt im Nachruf: „Der blaue Reiter ist gefallen, ein Grossbiblischer, an dem der Duft Edens hing. Über die Landschaft warf er einen blauen Schatten. Er war der, welcher die Tiere noch reden hörte."

Kohlrübenwinter

Während in New Orleans der Jazz seine erste fröhliche Hoch-Zeit erlebt, geht das Massensterben in Europa weiter. Im Osten startet Russland eine erfolgreiche Offensive. Im Westen tobt monatelang der Kampf an der Somme. Rumänien schliesst sich den Gegnern der Deutschen an. Und auf See beginnt die für beide Seiten tragisch verlustreiche Skagerrak-Schlacht.

Im Heimatland kommt man den dringenden Appellen nach, den Soldaten Liebesgabenpakete ins Feld zu schicken. Dazu bemerkt Wolfgang in seinen Erinnerungen ziemlich ernüchternd: „Die Basis waren immer kratzige Socken, von den Frauen gestrickt, und ausser Kuchen dazu viel unnützes Zeug, das die Soldaten sicher gleich weggeschmissen haben." Das Sockenstricken ist durch ein Photo dokumentiert, auf dem die Frauen der Behrens-Familie beieinander sitzen. Alle ernst blickend, Marguerite leidend, jede mit dem Strickstrumpf in der Hand. Wolfgang im unvermeidlichen Matrosenanzug darf zuschauen.

Um die Liebesgabenpakete üppiger ausstatten zu können, hat Ruth die Idee, Geld dafür zu sammeln. Und das nicht ohne

Gegenleistung. Sie bringt eine „Kriegszeitung“ heraus. Darin schreibt sie selbst die Nachrichten und den Fortsetzungsroman – die melodramatische Geschichte eines mutigen deutschen Soldaten, der beim Versuch, einen feindlichen aus dem Kugelhagel zu retten, verwundet wird, fünf Fortsetzungen lang stirbt und erst die Augen schliesst, als er weiss, dass der „Feind“ gerettet ist. Edith, die die schönste und klarste Handschrift hat, schreibt die Texte ab. Wolfgang liefert die Rätsel und trägt die auf Matrizen vervielfältigten Blätter aus. Mit Eifer. Auch weil er – das verschweigt er selbstkritisch nicht – beim Hausarzt Dr. Baatz jedesmal Kaffee, bei anderen Kunden Plätzchen bekommt.

Durch den Verkauf der Kriegszeitung kommt so viel Geld zusammen, dass die Pakete neben den kratzigen Socken nun zusätzlich mit Zigaretten, Schokolade, Rasierseife und Hustenbonbons aufgewertet werden können. Später fliessen Ruths Liebesgabenkasse auch noch die Einnahmen dreier Theateraufführungen zu, für die wieder sie die Stücke schreibt und in denen die Geschwister unter ihrer Regie die Rollen übernehmen. Leider ist keines der Theaterstücke erhalten geblieben, auch keine Kriegszeitung.

Das Jahr 1916 wird Wolfgang und Ruth auch so in Erinnerung bleiben, weil im Sommer Fräulein Ella auf dringendes Anraten des Hausarztes die Familie verlässt. Ihre Herrschsucht, befand er, täte weder der kränkelnden Marguerite noch den Hausmädchen gut, die in der Zeit ihrer Ägide ständig gewechselt haben. Ella Zauter geht, nicht ganz zu Unrecht verschnupft, aber sie geht nicht für immer. Fürs erste übernimmt die sehr viel sanftere Edith den Haushalt, und das zur Freude der „Kleinen“, die sich plötzlich „von der Leine gelassen“ sehen und im selbstgebauten Unterstand im Garten ungestört ihre ersten Zigaretten rauchen. So etwas prägt sich ein: die erste verbotene Zigarette.

Der Winter ist dann jedem, der ihn mitgemacht hat, unauslöschlich im Gedächtnis. Der Winter 1916/17 – der „Kohlrübenwinter“. Nach einer mageren Getreide- und einer verheerenden Kartoffelernte gibt es kaum noch etwas, nicht einmal auf dem Schwarzmarkt, zu kaufen. Deutschland hungert. Was an der Augustastrasse auf den Tisch kommt, hat Wolfgang festgehalten: „Zweimal in der Woche Kohlrübeneintopf ohne was drin, das heisst ohne Fett und Fleisch. Zweimal eingesalzene, geschnitzelte grüne Bohnen, höchstens mit Bohnenkraut zur Belebung dran, zweimal Sauerkraut ohne was, sonntags die kleine Fleischration oder schwarzgekauftes Pferdefleisch oder Kürbis, in Scheiben geschnitten, in Zwiebeln erhitzt. Der Hunger treibt's rein."

In der Küche, so Wolfgang weiter, sei ein Topf mit altem, harten Brot versteckt gewesen. Daraus habe er manchmal genascht und das Brot „gelutscht". Ilse schickt aus der Haushaltsschule, die sie gerade absolviert, ein Plätzchenrezept: „1 Pfund Mehl, so man hat; 250 g Zucker – wir nehmen Süßstoff; ½ l Milch – wir nehmen Wasser; 4 Eier – wir nehmen 1; 250 g Mandeln – wir nehmen Kürbis- oder Pflaumenkerne". Ruth wirft das Rezept in die Ecke und schreit: „Das ist doch ein Witz."

Bitterkalt ist dieser Hungerwinter obendrein. Die Kohlen sind rar. Von den 14 Zimmern an der Augustastrasse werden nur zwei geheizt. Die Schulen geben wochenlang „Kältefrei", aber diesmal will bei Wolfgang darüber keine Freude aufkommen. Die Hiobsbotschaften jagen sich. Im November 1916 war schon der greise Kaiser Franz Joseph I. in Österreich gestorben, und sein Tod hatte das Land in Verwirrung und tiefe Trauer gestürzt. 1917 dankt nach der Russischen Februarrevolution Zar Nikolaus II. ab. Der „uneingeschränkte U-Boot-Krieg" beginnt, und nach der Frühlingsschlacht der Briten bei Arras ziehen sich die Deutschen langsam in Richtung der „Siegfried-Linie" zurück. Am 6. April erklärt schliesslich auch noch Amerika Deutschland den Krieg. Von da an geht es immer schneller bergab.

Wenn später allerdings vom Jahr 1917 in der Familie die Rede war, hiess es nur noch: Das sei das Jahr gewesen, in dem Ruth aus dem Haus ging. Rückblickend betrachtet, war das vielleicht schon wirklich die Wende in ihrem Leben – die Zeit, in der sie sich zum ersten Mal als Aussenseiterin fühlte in der Familie, wenn auch der eigentliche Bruch erst sechs Jahre später erfolgte. Dabei scheint die Geschichte ganz harmlos – aus heutiger Sicht einfach lächerlich.

Ruth und ihr Bruder fahren in diesem Sommer zur Erntehilfe aufs Land. In die Gegend von Halle. Wolfgang arbeitet auf einem Gut in Freienwalde, Ruth auf einem anderen Gut in Wildenau. Auf den Gütern helfen auch Fremdarbeiter bei der Ernte. In Wildenau ist es ein Pole, in den Ruth sich verliebt. Wolfgang, der freilich nicht Zeuge war, sagt später: „Sie hat sich von dem küssen lassen. Da war doch nichts dabei." Ruth wird auch nicht viel konkreter. Sie erzählt, als sie wieder in Magdeburg ist, ganz unbefangen: „Wir haben da das Heu eingefahren, und da hat mich der Stani geküsst. Und umarmt. Ja, umarmt hat er mich auch im Heu." So hat sie es auch mir, ihrer Tochter, erzählt. „Mehr war nicht".

Mehr hat offenbar allein Marguerite dahinter vermutet. Oder schon einen Kuss im Heu für unmoralisch gehalten. Von einem Polen zumal. „Ich bete an die Macht der Liebe", das war bei ihr mehr christlich-platonisch gemeint. Sie fällt diesmal nicht in Ohnmacht und verlangt auch nicht nach den Baldriantropfen, sondern bringt sehr schnell und dezidiert zum Ausdruck, dass sie Ruths „Benehmen" für „verwerflich" halte. Tatsächlich, „verwerflich", sagt sie. Und dass Ruth – „Mein Gott, das Kind ist erst sechzehn" – in diesen Zeiten vielleicht anderswo besser aufgehoben sei. Jedenfalls könne sie, Marguerite, die Verantwortung nicht länger tragen.

Natürlich halten die Geschwister zu Ruth, und Ruth geht auch nicht sofort aus dem Haus, erst ein paar Monate später, und dann nach Breslau, um dort bei den Grosseltern und Fräulein Anna Langheier ihr Haushaltsjahr zu absolvieren. Letztlich war das ein Glück für sie. Über die „Affaire mit dem Polen" wird Stillschweigen bewahrt. Schliesslich gibt es Wichtigeres.

Die Oktoberrevolution stürzt 1917 die neugegründete Sowjetrepublik ins Chaos. Zwischen März und Juli 1918 schlägt die Frühjahrsoffensive der Deutschen fehl. Und eine Woche nach dem „Tankangriff von Amiens", am 8. August, dem „schwarzen Tag des deutschen Heeres", erklärt die Oberste Heeresleitung die Fortführung des Krieges für hoffnungslos. Ein Waffenstillstand kommt dennoch erst am 3. November zustande. Am 9. gibt der Kaiser seinen Verzicht auf den Thron bekannt. Am gleichen Tag ruft der Sozialdemokrat Philipp Scheidemann die Republik aus, und am 10. November geht Wilhelm II. ins holländische Exil. So einfach ist das. An die zehn Millionen Menschen haben in vier Jahren ihr Leben lassen müssen, Hunderttausende sind zu Krüppeln geworden, ganze Landstriche verwüstet. 730 Milliarden Goldmark an direkten und 610 Milliarden an indirekten Kosten hat die Kriegsfurie verschlungen. Der Kaiser dankt ab, und das war's dann.

„Komm an mein Herz, erzähl!"

Wolfgang blieb vom Kriegsende in Magdeburg vor allem der trostlose Anblick der heimkehrenden, zu Tode erschöpften, zerlumpten Soldaten vor Augen. „Die erloschenen Gesichter, die geschundenen Menschen – das hat mich zum Pazifisten gemacht." Max-Adolph, zuletzt noch als Armeekommandant zur 8. Armee ins Baltikum abkommandiert, wird erst 1919 zurückkehren und mit 59 Jahren aufs Altenteil geschickt werden. Seine unbotmässige Tochter Ruth erlebte das Ende des Kaiserreichs bei Hélène, und da ist man vor allem erleichtert, dass das Morden ein Ende hat. Ostern 1918, gleich nach der Schulabschlussfeier am Rosenthal-Lyzeum, war sie nach Breslau abgereist und hatte sich bei den Grosseltern einquartiert. Im Breslauer Vorort Kleinburg, an der Kurfürstenstrasse.

Breslau ist nicht Ruths geliebtes Metz, aber doch seit dem Jahr 1000, als es vom Böhmenherzog Wratislaw seinen Namen erhielt – Wroclaw –, zu einer gewachsenen, ausnehmend schönen Stadt gereift. Mit Zuwanderern aus Ost und West. Multikulturell, würde man heute sagen: einst von den Mongolen bedroht, vom Preussenkönig Friedrich II. erobert, vom Napoleonischen Heer besetzt, zwei Jahrhunderte unter der Ägide der Habsburger, dann reichsdeutsch. „Breslau, Krone und Perle von Schlesien, der Städte Königin", rühmte schon Martin Opitz im 17. Jahrhundert. Im 18., nach dem Siebenjährigen Krieg, verfasste Lessing hier in einem Gartenhaus auf dem Bürgerwerder seine „Minna von Barnhelm". Und im 19. Jahrhundert schrieb der junge Edelmann Joseph von Eichendorff, damals Beamter im preussischen Staatsdienst, in einer frühen Novelle „Das Marmorbild" über die Metropole: „Der Glockenklang hatte sich von den Türmen der Stadt erhoben und ging wie ein Beten durch die klare Luft."

Kirchen gab und gibt es eine edle Vielzahl aus allen Epochen in Breslau. Aber wenn Ruth später davon berichtete, hob sie immer nur zwei hervor: die lichte Kreuzkirche im Stil der nordfranzösischen Gotik, in der der Begründer und Minnesänger Heinrich IV. begraben ist, und die Sandkirche auf der Sandinsel, wo die Augustinermönche lange Zeit nach den Regeln des Klosters Arrovaise der Diözese Arras in Nordfrankreich lebten. Arras. Familienbande. Allein die Erwähnung von Arras erinnerte Ruth jedesmal an den revolutionären Ahnherrn Constant Forgeois, obwohl der ja vermutlich nicht den Heiligen der Kirche, sondern dem „Höchsten Wesen und der Unsterblichen Seele" gehuldigt hatte.

Vom „Traumbau" des spätgotischen Rathauses mit den zweifarbig glasierten Ziegeln auf dem Dach erzählte Ruth, auch von den barocken Patrizierhäusern oder vom Treiben auf der belebten Schweidnitzer Strasse. Und mit Vorliebe zitierte sie Gustav Freytags Charakteristik der Breslauer Bürger: „Ohne gewichtigen Ernst" seien sie, „aber von einer unübertrefflichen Schwungkraft". Das galt auch Jahrzehnte nach Freytags Hinscheiden noch. Jedenfalls für die zugewanderte Grossmama Hélène, die Pariserin, deren Schwungkraft ansteckend, zuweilen entnervend sein konnte.

„Komm an mein Herz, erzähl!" sind Hélènes erste Worte bei Ruths Ankunft in Breslau. „Komm an mein Herz, erzähl", wird sie oft sagen in den nächsten Jahren und damit Ruths engste Vertraute werden. Zunächst bleibt die Enkelin nur ein knappes Jahr an der Kurfürstenstrasse, besucht wie ihre älteren Schwestern Edith und Ilse die „Pawel'sche Frauenschule", um sich die für „höhere Töchter" damals unabdingbaren Kenntnisse in Säuglingspflege, Erziehungs-, Ernährungs- und Gesundheitslehre, im wirtschaftlichen Rechnen, in der Haus- und Gartenarbeit anzueignen, was ihr am Ende mit dem Ergebnis „Führung und Fleiss: sehr gut" und nur einem einzigen Dreier in „Nadelarbeit" beurkundet wird. Bis an ihr Lebensende sollte sie sich strikt weigern, auch nur einen Knopf anzunähen.

Neben der Frauenschule, die sie mit der linken Hand absolviert, lernt sie, was sie als „das Wesentliche der Breslauer Zeit" registriert: beim dicklichen Fräulein Anna Langheier die Raffinessen einer nicht nur aus Hefeteig und Mehlschwitze bestehenden, feinen Küche und von Hélène ein ganz neues „Savoir-vivre".

Hélène pflegt spät aufzustehen, Engelbert noch später, so dass sie sich bei der Lektüre der Zeitung nicht ins Gehege kommen. Er studiert – eine Unzahl von aufgeschlagenen Lehrbüchern um sich herum – Botanik und Philosophie und raucht dazu die lange Pfeife, die in den letzten Kriegsjahren freilich nur noch mit einem beizend qualmenden Gemisch aus getrockneten Tomatenblättern gestopft wird. Hélène geht rund um die Uhr aus. Vormittags zu „Besorgungen", die jeweils bei einer Tasse Kaffee mit Sahnehäubchen, in den Hungerjahren bei einem Kräutertee enden. Nachmittags fungiert sie als Präsidentin des Damenvereins, hört im Südpark Konzerte, amüsiert sich im Whist-Club oder macht Krankenbesuche. Abends sieht man sie, nun oft in Ruths Begleitung, im Theater, bei Lesungen oder bei politischen Vorträgen. Und wenn sie eine Verabredung absolut nicht mehr unterbringen kann im Terminkalender, kratzt sie sich – eine typische Geste – mit den Fingern der rechten Hand in der Handfläche der linken und seufzt: „Tant pis. Dann eben nicht. Man muss sich auch etwas versagen können".

Sie ist, mit nunmehr 65, etwas stärker geworden – leichtes Doppelkinn, voller Busen –, bevorzugt schlichte Kostüme, Blusen mit Stehkragen, nach wie vor extravagante Hüte und schluckt jeden Morgen „Pillen für den Teint". Engelbert hält weniger streng auf sich, sofern man von der peniblen täglichen Bartpflege absieht. Frische Hemden muss man ihm aufdrängen. Am liebsten geht er gar nicht aus. Er gefällt sich in der Rolle des Privatgelehrten mit bescheidenen Ansprüchen. Nur eine Schwäche hat der Grosspapa. Er nascht gern. Wenn die Schokolade in seiner Schreibtischschublade ausgegangen ist – und das geschieht oft im Krieg, wechselt er ins Esszimmer hinüber und löffelt heimlich von der in der Anrichte deponierten Marmelade. Niemand belächelt ihn dafür. Alle lieben Engelbert, der immer mehr aussieht wie ein blauäugiger Weihnachtsmann in Zivil.

Für Ruth ist die vor allem bequem, nicht luxuriös möblierte Wohnung an der Kurfürstenstrasse mit den Bildern der französischen Ahnen an der Wand sehr bald zum eigentlichen Zuhause geworden und der „laissez-faire, laissez-aller"-Stil der Grosseltern – Engelberts Milde und Hélènes elektrisierende Schwungkraft – zum Lebenselixier. Nur höchst widerwillig geht sie 1919 für ein paar Monate zurück nach Magdeburg, um wiederum in der Nachfolge der Schwestern dem heimgekehrten Vater den Haushalt zu führen.

In Magdeburg scheint ganz im Gegensatz zu Breslau das Leben eingefroren. Hélène, während des Kriegs zur überzeugten Pazifisten mutiert, hatte das „Ende des mörderischen Schlachtens" mit grosser Erleichterung aufgenommen und die Gründung einer deutschen Republik geradezu enthusiastisch begrüsst. In Magdeburg dagegen findet Ruth eine teilnahmslose Mutter, die sich mehr und mehr in Krankheiten flüchtet und ihren Halt in der Religion sucht. Bei geistlichen Herren vor allem und in frommen Schriften des von ihr verehrten Hofpredigers Emil Frommel. Sein Bild steht lebenslang auf ihrem Schreibtisch.

Der Vater ist nach der deutschen Niederlage noch härter gegen sich selbst geworden. Eisern in der täglichen körperlichen Ertüchtigung und immer darauf bedacht, sich nicht gehen zu lassen. Kein Fluch. Kein lautes Wort. In der grössten Erregung erlaubt er sich eben noch, mit einem heftigen Ruck einen Stuhl anzuheben, um ihn dann gleich wieder betont langsam und lautlos auf den Boden zurückzusetzen.

Die frühzeitige Entlassung in den Ruhestand hatte er nicht hinnehmen wollen und beim Finanzministerium verlangt, ihm eine neue Tätigkeit zuzuweisen. Dem war man nachgekommen. Mit dem Titel „Geheimer Oberregierungsrat" sollte er in Bälde, im März 1920, als Direktor des Hauptversorgungsamtes ebenfalls nach Breslau übersiedeln. Die Wartezeit, so hatte er in der ihm eigenen überkorrekten Art beschlossen, wollte er mit Studien überbrücken. Zwei Semester Medizin, um den Anforderungen der neuen Position, in der er die Ansprüche Kriegsversehrter zu begutachten haben würde, gewachsen zu sein.

Die Mutter also meist bettlägerig, der Vater über den medizinischen Wälzern, Bruder Wolfgang noch in der Schule und Ruth als frischdiplomierte „Haushälterin" mittendrin. Das klappte nur bedingt. Einzig in Wolfgangs Erinnerungen gibt es darüber knappe Aussagen. Das späte Aufstehen, heisst es da, habe Ruth nur zu gern von der Grossmama übernommen und ihn, Wolfgang, für die Schulpause lediglich mit „Hasenbroten" vom Vorabend versorgt. Frühstücken musste er allein. „Ruth blieb in den Federn." Fürs Abwaschen und Abtrocknen habe sie ihn „mit Süssigkeiten geködert" und selbst, in ihrem Zimmer auf dem Bett ausgestreckt, gelesen. „Eine Nähnadel nahm Ruth nie in die Hand. Aber eine Schachtel mit Sicherheitsnadeln lag griffbereit. Abgerissene Knöpfe und Träger wurden mit Sicherheitsnadeln befestigt."

Einmal sei ihr die Suppe zu salzig geraten, aber da der Vater, durch seine Studien abgelenkt, sie trotzdem lobte, habe sie ihm diese, aufgewärmt, noch zweimal vorgesetzt. Ganz so ruppig wird es wohl damals nicht zugegangen sein, aber Wolfgang, stets etwas kritisch, sah es so, und damit ist von Ruths Haushaltsführung in Magdeburg überhaupt etwas überliefert. Sie selbst hat kein Wort über die Episode verloren. Für sie fing das Leben erst richtig an, als sie Anfang 1920 nach Breslau zurückkehren durfte.

Ruth bezieht wieder ihr Zimmer bei den Grosseltern an der Kurfürstenstrasse und meldet sich bei der „Sozialen Frauenschule" an. Sie will, wie man es damals nannte, Wohlfahrtspflegerin werden. Sozialarbeiterin hiess es nach dem 2. Weltkrieg, heute „gehoben" Diplom-Sozialpädagogin. Alles letztlich dasselbe. Die sozialorientierten Aufgaben sind die gleichen, nur die Worte wechseln, je nachdem woher der politische Wind weht.

Die wilde Zeit

Zum Auftakt ihrer Loslösung vom Elternhaus macht Ruth kurzen Prozess. „Der alte Zopf muss weg." Sie schneidet sich das Haar ab. Das ist gerade Mode. Sie macht die Mode mit. Und diesmal nimmt sich die Grossmutter die Enkelin zum Vorbild. Sie lässt sich auch das Haar abschneiden. Politisch hat Hélène sich schon festgelegt. Gleich nach deren Gründung ist sie im November 1918 der Deutschen Demokratischen Partei (DDP, später Staatspartei) als ordentliches Mitglied beigetreten. Einer Sammlung, die sich dem Aufbau der demokratischen Republik verschrieben hat. Da ist der Bubikopf nur noch ein folgerichtiger zweiter Schritt.

Die Enkelin schliesst sich der Jugendbewegung an, einer weltbürgerlich-pazifistisch orientierten Gruppe. Dort bleibt es nicht beim Kurzhaar. Ruth verändert sich. Auf Photographien aus der Zeit erscheint sie üppiger. Zur Haartracht à la Richard Löwenherz passt, etwas zu romantisch, der schmale Stirnreif. Das bis zu den Knöcheln locker fallende Leinenkleid mit Jugendstilbrosche am tiefen Ausschnitt ist unter der Brust gegürtet. An den Füssen: Riemensandalen. „Jesuslatschen".

Hand in Hand mit der äusserlichen Wandlung geht die Befreiung von bürgerlichen Zwängen. Von Vorurteilen. Die ältere Generation hat weitgehend versagt; jetzt ist die junge dran. Weg mit dem Korsett – in jeder Hinsicht. „Nie wieder Krieg!" Alles scheint in Frage gestellt: die Liebe, die Ehe, die Religion. Manche deutschtümeln, andere psalmodieren. Ruths Gruppe entdeckt Karl Kraus' satirisches Drama „Die letzten Tage der Menschheit".

Mit Zelt, Klampfe und „Zupfgeigenhansl", dem Liederbuch der „Wandervögel", ziehen die Naturkinder ins Weite. „Der helle Tag bricht an …". In der Abenddämmerung erklingt es bedrohlicher: „Horch, Kind, horch, wie der Sturmwind weht / und rüttelt am Erker! / Wenn der Braunschweiger draussen steht, / der rüttelt noch stärker". Man springt halbnackt übers Lagerfeuer, philosophiert bei langsam verlöschender Glut über den möglichen Sinn des Lebens und erwählt Friedrich Nietzsches „Vom Wege des Schaffenden" zum Bibelersatz: „Bist du eine neue Kraft und ein neues Recht? Eine erste Bewegung? Ein aus sich rollendes Rad? Kannst du auch Sterne zwingen, dass sie um dich sich drehen?" Und wenn Ruth dann spät nachts von den berauschenden Treffen heimkehrt und leise den Schlüssel im Schloss dreht, ist Hélène noch wach und zur Stelle und zetert nicht. Sie breitet die Arme aus und sagt: „Komm an mein Herz, erzähl!" Das ist Glück.

Und Ruth erzählt. Oft bis in den frühen Morgen. Was sie Marguerite nie erzählen würde: Von der ersten Liebe und der ersten Liebesnacht, bei der die Wachskerze umfiel und fast das Bett in Brand gesteckt hätte. Von vielen Flirts erzählt sie. Von lästigen Ameisen beim Liebesspiel im Gras und flatternden Fledermäusen unterm Mond in der Nacht. Von ausufernden Festen. Sonnenuntergängen, Sonnenaufgängen. Umarmungen. Küssen. Sie fühlt sich geliebt. Sie geniesst es. Aber festlegen will sie sich nicht: „Ich weiss nicht, zu wem ich gehöre …" In einem

Album, „Freunde meines Lebens“, erst lange nach ihrem Tod wieder aufgetaucht, hat Ruth Photographien der Menschen versammelt, die ihr damals und später nahestanden. Dazugeklebt einzelne, aus Briefen gerissene oder geschnittene Sätze, meist nur für sie verständlich. Carl Behr ist der erste in der Galerie der vielen Verehrer. Das Photo zeigt ihn in Denkerpose mit weichem Knabengesicht. Ein aufgeschlagenes Buch vor sich auf dem Tisch. „Meiner Nächte kommende Priesterin“, nennt er Ruth schwärmerisch. Mit Carl las sie Stefan George. Aus jener Zeit behielt sie den Wahlspruch: „Wer je die Flamme umschritt, bleibe der Flamme Trabant.“

Dem Dichter Friedrich Schnack, wesentlich älter als Carl, muss sie noch enger verbunden gewesen sein, obwohl von ihm nur eine Art Passbild existiert. Konventionell mit Krawatte und Stetsonhut. Wie anderen Frauen auch widmete er Ruth Gedichte. Aber er betete sie nicht an. Er forderte sie. „Wirf Plato in die Ecke“, schrieb er, „wirf Plato in die Ecke und komm!“ Ein schwermütig blickender, blonder Eberhard in Uniform ist der nächste in der Galerie. Von ihm gibt es einen vielsagenden Brief: „Violinkonzert von Bruch, Haydnsymphonie und Pastorale! Hand in Hand, oh, ich weiss es noch gut. Der 27. im Eckzimmer! Liebes Herzliebstes, ich liebe Dich mit meinem ganzen, ganzen, riesengrossen Herzen. Kleine Königin, du!“

Es folgen Paul und Rudolf, Georg und Helmut. Im Profil abgelichtet oder von vorn. Verwegen, introvertiert, strahlend. Ein athletischer Herbert ist auf Skiern zu sehen, der schöne Schauspieler Kurt Felix in der Rolle des tragischen Griechenhelden Orest, schliesslich ein lachender Gerhard Zimmer mit nacktem Oberkörper vor einem Zelt. Mit Gerhard ging Ruth auf Motorradtour, mit seinem Freund Gerd Siëw philosophierte sie. Auf dem Erinnerungsphoto ist Gerd – eine Nofretete-Büste im Hintergrund – freilich als Bonvivant festgehalten. Mit Fliege und Strohhut à la Maurice Chevalier. Daneben steht auf einem Zettel in Gerds zügiger Handschrift: „Standbilder sind lächerlich. Leben ist Bewegung.“

Ruths Leben ist in Bewegung. Sturm und Drang. Sie durchläuft dennoch bis Mai 1922 die Soziale Frauenschule, leistet drei Praktika ab, ist Arbeiterin bei „Archimedes-Stahl- und Eisenindustrie“, erprobt sich im „Berufsamt der Stadt Breslau“ und besteht am Ende das Staatsexamen zur Wohlfahrtspflegerin mit „sehr gut“, um allerdings den Beruf nicht lange auszuüben. Daran seien die Seidenstrümpfe schuld gewesen, behauptete sie später. Ich fand ihre Begründung schon als Kind so überzeugend, dass ich nie Näheres wissen wollte.

Das lief so. Ruth hatte fürs Wohlfahrtsamt Hausbesuche zu machen bei armen Leuten, bei Fürsorgeempfängern. Treppauf, treppab. Enge. Feuchte Wohnungen. Mief. Wäschedampf. Kindergeschrei. Eine junge Arbeitslose bittet sie, sich von der „Stütze“ Seidenstrümpfe kaufen zu dürfen. Ruth ist einverstanden. Als das im Amt ruchbar wird, lässt der Direktor sie kommen: „Was fällt Ihnen ein? Die Person soll nicht auf den Strich gehen; die soll froh sein, wenn sie zu essen hat.“ Ruth ist anderer Meinung. Die Strümpfe hätten der Frau für kurze Zeit ihr Selbstbewusstsein wiedergegeben, sagt sie. „Das ist mehr wert als Brot.“ Der Direktor haut mit der Faust auf den Tisch: „Unverantwortlich.“ Ruth sagt: „Ich kann das verantworten“ – und kündigt fristlos. So ihre Version des Vorfalls. Ich nehme an, sie hatte noch andere Gründe, dem verzopften Amt den Rücken zu kehren. Leider, wie gesagt, habe ich sie nie danach gefragt.

Im Juli jedenfalls quittierte sie den Dienst im Wohlfahrtsamt. Die Familie war inzwischen aus Magdeburg nachgezogen und hatte – Zufall – im gleichen Haus an der Kurfürstenstrasse 29, den Grosseltern im Parterre genau gegenüber, eine Sieben-Zimmer-Wohnung gefunden. „Hüben“, so hiess es, residierten Engelbert und Hélène, „drüben“ Max-Adolph, Marguerite und Wolfgang mit Köchin Emma und Dienstmädchen Anna, den Hartmann-Schwestern aus Oels. Ruth blieb hüben; Wolfgang feilte sich einen Schlüssel zurecht, um jederzeit von drüben nach hüben wechseln zu können. Denn drüben roch es nach Baldrian, und Marguerite schien häufig nicht ansprechbar. Hüben, bei Hélène klingelte das neue Telephon täglich ein Dutzend Mal. Besucher kamen und gingen. Da war Leben.

Auch Empörung war da, Zorn und Trauer. Enttäuschung über ein zerbrechliches Deutschland im Umbruch – eine Republik, die Hélène sich anders gewünscht hatte. Seit sie der Deutschen Demokratischen Partei beigetreten war, hatte es 376 politisch motivierte Morde in Deutschland gegeben. Arbeiteraufstände, Chaos auf den Strassen, Putschversuche, Währungsverfall und immer wieder das Aufbegehren gegen den „Schandvertrag von Versailles", gegen die horrenden Kriegsreparationen. Die Zeitungen barsten vor Schreckensnachrichten. Rosa Luxemburg und Karl Liebknecht, ermordet im Januar 1919, der Bayerische Ministerpräsident Kurt Eisner, erschossen im Februar 1919, Matthias Erzberger, Zentrumspolitiker und Unterzeichner des Waffenstillstandes von Compiègne, 1921 umgebracht. Und nun 1922, vier Wochen nach Ruths Staatsexamen, hatte Walther Rathenau sterben müssen, niedergestreckt in Berlin auf der Fahrt ins Reichsaussenministerium. Ein Politiker, dem Hélène vertraute.

Hélène, nun fast 70, denkt immer politischer. Sie hat das SPD-Blatt, den „Vorwärts", abonniert, bei dem Paul Löbe Chefredakteur war, bis er 1920 Reichspräsident wurde. Sie erscheint öfter auf politischen Versammlungen als im Theater und rafft auch mal die Röcke und steigt auf einen Stuhl, wenn es hitzig zugeht im Saal, um laut mitzudebattieren. „Das bin ich unserem Revoluzzer schuldig, dem guten Constant", sagt sie. „Jetzt ist die Politik mein Theater."

Ruth geht nach dem kurzen Gastspiel im Wohlfahrtsamt für drei Wochen mit Wolfgang auf Reisen. Zu Kleinstpreisen. Man fährt 4. Klasse, schläft in verwanzten Jugendherbergen, zuweilen auf Parkbänken oder in Scheunen auf Stroh und verpflegt sich meist kalt. Wolfgang blieb in Erinnerung, Ruth habe als eiserne Ration Puddingpulver im Rucksack mitgeführt, das sie ihn überredete, ungekocht, nur mit Wasser angerührt, hinunterzuwürgen: „Damit Du schön gross wirst." Sie selbst kippte den Brei ins Gebüsch. Sieht man von den auch sonst spartanischen Mahlzeiten ab, war die Unternehmung höchst bildend. Eine Städtetour. Würzburg, Nürnberg und Bamberg, Jena und Weimar. Weimar vor allem. Da verweilte Ruth lange in Schillers Sterbezimmer und deklamierte nachts noch im Park „Das verschleierte Bild von Saïs": „Weh dem, der zu der Wahrheit geht durch Schuld. / Sie wird ihm nimmermehr erfreulich sein."

Wieder in Breslau, beginnt sie mit einer Lehre bei der renommierten Sortimentsbuchhandlung „Trewendt & Granier" an der Albrechtstrasse gegenüber vom Schlesischen Bankverein. Damit setzt eine neue Phase ein, die sie später „die wilde Zeit" nannte. Sie bedient im Buchladen, wird als „eifrig und wissensdurstig" gelobt und liest natürlich viel. Und Hélène, die 70jährige, liest mit, was Ruth empfiehlt. Spenglers „Untergang des Abendlandes", von Ernst Toller „Der Maschinenstürmer", von Brecht „Trommeln in der Nacht". Stefan George, Wedekind, Schnitzler, Ringelnatz. Auch Gewagtes. Hanns Heinz Ewers' „Alraune" scheint Ruth aber dann doch zu gewagt für Grossmama. Ewers empfiehlt sie ihr nicht. Eines Tages überrascht sie Hélène, wie die errötend ein Buch hinter die Schlummerrolle schiebt. „Was versteckst du denn da?" fragt Ruth. Verlegen zieht Hélène das Buch hervor: „Die Alraune." Sie stottert: „Das ist nichts für Dich."

Über ihrem Bett hat Ruth jetzt eine Zeichnung des Jugendstilmalers Fidus angepinnt. Seine Version des gefallenen Engels „Luzifer" mit faszinierend beschwörenden Augen. Gefallene Engel und heilige Huren – man liebt den Kontrast. Für den gesamten Freundeskreis wird Hermann Hesses „Siddhartha" zum Anstoss für endlose nächtliche Grübeleien. Für Zukunftsvisionen bei Kerzenlicht, für Seinsphilosophien bei Weihrauchschwaden.

Ruth beschliesst, sich „auszuloten". Sie schläft wochenlang neben ihrem Bett auf dem blanken Fussboden und erprobt, erst ganz ohne Essen, dann ohne Trinken, zuletzt ohne Schlaf auszukommen. „Ohne Schlaf war am schlimmsten", hat sie mir erzählt. Am Ende ist sie so herunter durch die Askese, dass Hélène sie dazu bringen kann, zum Arzt zu gehen. Der Doktor, den ihr einer der Freunde benannt hat, ist jung und überschwenglich. „Das geht hoppla", sagt er etwas befremdlich und verschreibt Tropfen, die Ruth tatsächlich fast augenblicklich wolkiges Wohlgefühl vermitteln. Das hält an während der Kur, die er ihr verordnet hat. Morgens, mittags, abends die Tropfen, und Ruth schwebt euphorisch über den Dingen.

Irgendwann ist sie wieder mit Gerhard Zimmer auf dem Motorrad unterwegs. Abends, im Riesengebirge, in einem Gasthof bemerkt sie, dass sie die Tropfen vergessen hat. „Macht nichts", denkt sie. „In Breslau wieder". Aber in der Nacht treibt es sie um. Kalter Schweiss. Atemnot. Zittern. Dröhnen im Kopf. Ängste. Ängste bis zum Zähneklappern. In den frühen Morgenstunden bittet sie Gerhard, sie so schnell wie möglich nach Breslau zurückzubringen.

Die Tropfen waren Opiumtropfen. Der überschwengliche Arzt ist selbst drogenabhängig, wie sich herausstellt. Ruth wird im April 1923 zum Entzug nach Bunzlau in eine Nervenklinik gebracht und findet sich wieder in einem von aussen versperrten Saal mit 9 anderen Patientinnen. Gitterbetten. Gitter vor den Fenstern. Von der Familie wird die Blamage totgeschwiegen. Gerüchteweise heisst es, Ruth sei im Irrenhaus. Wenn meine Mutter später davon erzählte, fand ich die Geschichte immer sehr spannend und bewundernswert, wie sie da wieder rausgekommen ist – aus dem „Irrenhaus". Natürlich war es kein Irrenhaus, sondern wirklich eine private Nervenklinik, die freilich genötigt war, suizidgefährdete Menschen mit anderen Kranken in grossen Sälen unterzubringen. Als Ruth eingewiesen wurde, hatte sie sich schon weitgehend aus der Opiumabhängigkeit „rausgezittert", konnte beobachten und wieder klar denken.

Sie sieht: die Gitter. Sie sieht: Frauen, alte und junge in Kliniknachthemden. Apathische, weinende, verschreckte Frauen, die Bettdecke über den Kopf gezogen. Manche ans Gitterbett angebunden. Sie hört: Schnarchen, Plappern, Schluchzen, Fluchen. Eine Alte versucht vergeblich, sich die Pulsadern aufzubeissen. Eine Junge mit fettigem Haar flüstert ihr zu: „Mach' dem Arzt schöne Augen." Ruth denkt: „Hier musst du dich so normal wie möglich benehmen. Nur dann kommst du raus."

Schon nach wenigen Tagen lässt die Schwester sie nachts auf dem Flur eine Zigarette rauchen. Bald darf sie jede Nacht raus, bald auch am Tag. Dann bittet der Leiter der Klinik zum Gespräch. Dr. Clemens Neisser. Ein Mann mit einem Ponem wie Martin Buber. Sie reden lange. Über Nietzsche und den „Untergang des Abendlandes", über Rathenau und das Opium. Über Ruths dominierenden Vater und die kränkelnde Mutter. Und über Hélène.

Nach drei Wochen wird Ruth wieder entlassen. Nicht nach Breslau, nach Bad Landeck, in Neissers Ferienhaus. Er hat sie in seine Familie eingeladen. In Landeck heisst er bei allen „der alte Neisser". Er ist einer, der für Kinder stets Bonbons in der Tasche hat. Geliebt und geachtet. Ruth wird bis zu seinem Tod mit ihm in Verbindung bleiben. In ihrem Album „Freunde meines Lebens" hat er einen besonderen Platz. Durch ihn lernt sie im Frühsommer 1923 in Landeck auch Herbert Sandberg und seine impulsive, zartschöne Schwester Eva kennen. Herbert ist Musiker. Lachfältchen, lockiges Haar. Embonpoint. Ein fröhlicher Dicker. Meister in Gelegenheitsgedichten. Bei jedem Anlass fliessen ihm Verse aus der Feder. Er wird „Schnargus" genannt. Keiner weiss, warum. Bei langen Spaziergängen mit Schnargus und Eva fasst Ruth den Entschluss, sich von der Familie, vom Freundeskreis, von Breslau zu lösen und nach Berlin zu gehen.

Das führt zum endgültigen Bruch mit dem Vater. Als sie zurückkehrt an die Kurfürstenstrasse und Max-Adolph mitteilt, sie werde die Lehre bei Trewendt & Granier beenden und sich in Berlin versuchen, ist er erst sprachlos. Dann sagt er: „Ich hör' wohl nicht recht. Sag das nochmal." Sie sagt: „Ich will nach Berlin." Darauf er: „Wenn du das tust, dann ist das der schnellste Weg in die Prostitution. Dann kannst du nicht mehr zurück. Du verlässt mein Haus für immer." Ruth nickt stumm. Hélène versucht gar nicht erst, ihr Berlin auszureden. „Reisende Leute soll man nicht aufhalten", sagt sie und nimmt Ruth in die Arme.

Der Vater vermeidet jedes neuerliche Zusammentreffen mit ihr. In seinem Zorn verbietet er seiner Frau jeden weiteren Kontakt mit der Tochter. Aber diesmal begehrt Marguerite auf. Sie, die die Affäre mit dem Polen noch „verwerflich" fand, ist, ebenso wie die Geschwister, ganz auf Ruths Seite und bleibt es. Vielleicht bewunderte Marguerite ihre Tochter für das, was sie selbst nie fertiggebracht hatte: sich dem erdrückenden Einfluss Max-Adolphs zu entziehen. In seinen Erinnerungen schrieb Wolfgang über die Mutter: „Von Natur aus lebenslustig, rettete sie sich vor der allzu machtvollen Kraft ihres fast 16 Jahre älteren Mannes in Krankheiten, wozu wohl auch der Schock der Hochzeitsnacht beigetragen haben mag. Organisch war sie nie krank."

Dreimal hatte Marguerite in den Magdeburger und Breslauer Jahren versucht, sich das Leben zu nehmen. Immer so, dass sie wieder ins Leben zurückgeholt werden konnte. Wann das genau war, ist nicht überliefert. Das erste Mal hielt sie ein Spaziergänger auf einer Brücke vom Sprung ins Wasser zurück. Das zweite Mal hatte sie – auf Decken vor dem aufgedrehten Gasherd gelagert – das Küchenfenster weit offen gelassen. Das dritte Mal fand sie ihr Mann bewusstlos im Bett. Auf dem Nachttisch, neben der aufgeschlagenen Bibel, das leere Schlaftablettenröhrchen. Sie hatte zu wenige genommen.

Jedesmal schloss Max-Adolph sich danach stundenlang in sein Zimmer ein. Eine Strindberg-Ehe. Einer war des anderen Last. Für die Kinder schwer zu ertragen. Der Vater fordernd, stets überlegen und aufs Äusserste diszipliniert. Marguerite als Mutter kaum vorhanden, anfangs auf Max-Adolph fixiert, dann auf geistliche Tröstungen. Über Marguerite hat meine Mutter nichts Schriftliches hinterlassen. Ihrem Vater versuchte sie später, gerecht zu werden.

Jetzt, im August 1923, inmitten der Inflation verlässt sie endgültig Breslau. Mit der Luzifer-Zeichnung und einem Schillerporträt, einem Geschenk von Hélène im Gepäck. Und mit vagen Zukunftsaussichten. Ihre Schwester Edith, seit einem Jahr als medizinisch-technische Assistentin an den Behring-Werken in Marburg tätig, hat sie einem Freund in Berlin avisiert: Achim Friedrich vom „Index-Verlag“. „Der wird Dir gefallen.“

Die Friedrichs und eine Versöhnung

Achim gefiel ihr. Gleich beim ersten Treffen in Berlin. Sein Bruder Otto noch mehr. Den Index-Verlag hatte Ruth sich allerdings etwas anders vorgestellt. Nicht ganz so bescheiden. Zwei Zimmer sind das, Nähe Lützowplatz, im Westen. Hoch, schmal, zum Hof hinaus. Das Billigmobiliar zusammengepumpt. Drei einsame Aktenordner im leeren Regal. Bücher und Zeitschriften am Fussboden gestapelt. Auf dem Fensterbrett ungespülte Tassen. Cognacflasche. Ein Telephon.

Mit dem Hörer in der Hand winkt Achim sie näher. Otto macht einen Stuhl frei. Dann stellen beide sich vor. Brüder. Studenten ohne Geld, die mit dem Index „was Gewagtes, was Literarisches“ machen wollen. Achim, der Ältere, bringt schon das Aussehen dafür mit. Typ junger Hemingway. Gross, blondes, störrisch aufstehendes Haar, gestutzter Oberlippenbart, blaue, forschende Augen. Er gibt sich wie jemand, der alles im Griff hat. Otto wirkt weicher. Mit Schillerkragen, gewelltem, dunklen Haar, verträumtem Blick wirkt er wie ein junger Dichter. So hat

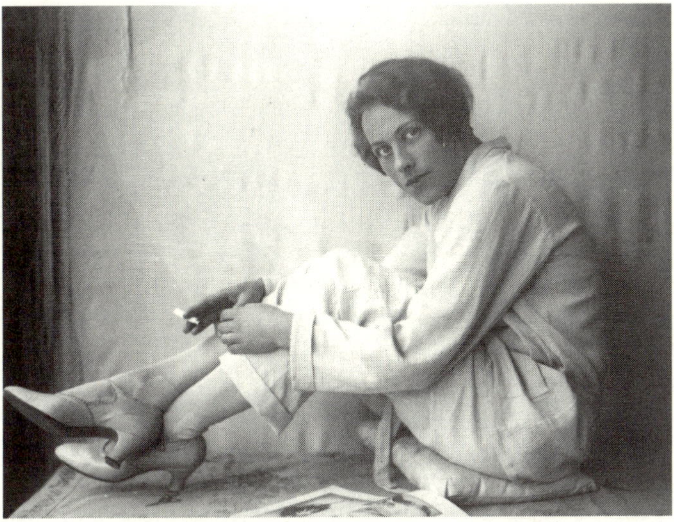

Ruth, die Berlinerin, Anfang der Zwanziger Jahre

ihn meine Mutter nicht etwa idealisiert, so ist er abgelichtet. Als älterer Mann träumte er nur noch selten, aber zwei Dramen hat er dann doch noch geschrieben, und bis zu seinem Tod löschte er nachts nie das Licht, ohne die „Losungen" der „Evangelischen Brüder-Unität" und ein paar Sätze oder Verse von Goethe gelesen zu haben.

Beide Brüder hatten nach dem bestandenen medizinischen Vorphysikum umgesattelt. Achim studiert jetzt Geschichte und Wirtschaftswissenschaft, Otto Volkswirtschaft. Nebenbei nimmt er Schauspielunterricht. Ruth als gelernte Buchhändlerin kommt ihnen gerade recht, die Index-Belegschaft zu komplettieren. Nach Vorlage ihrer Zeugnisse wird sie auf Probe angestellt. Man stösst mit Cognac aus Kaffeetassen auf hochfliegende Pläne an. Zum neuen Jahr soll unter anderem ein progressiver Kunstkalender erscheinen. Der liesse sich, meinen die Brüder, am besten verkaufen.

Mit Otto geht Ruth auf Zimmersuche und findet eins in Wilmersdorf an der Holsteinischen Strasse. Sie hängt Witwe Plaschkes Tableau mit dem röhrenden Hirsch ab von der Wand und Hélènes Schillerporträt auf, pinnt Meister Fidus' dämonischen Luzifer daneben, wirft eine mexikanische Webdecke über das Schlafsofa, stopft die Paradekissen in den Schrank und ist eingezogen. Otto rezitiert den verliebten Goethe: „Mir schlug das Herz; geschwind zu Pferde …“ Er will ihr Berlin zeigen.

Berlin, im Frühherbst 1923. Reichskanzler Gustav Stresemann versucht es gerade mit einer grossen Koalition. 114000 Deutsche sind im Laufe des Jahres als Wirtschaftsflüchtlinge vornehmlich nach den USA ausgewandert. Die Inflation überschlägt sich. Ein Dollar ist 4,2 Billionen Papiermark wert. Da geht man nicht aus ohne die amerikanische Währung in der Tasche, sonst bleibt man Zaungast. Aber irgendwie schafft es Otto, Ruth dorthin zu schleusen, wo Berlin am berlinischsten ist. Rund um den Bahnhof Friedrichstrasse. Oder die Boulevards am Kurfürstendamm und Unter den Linden per pedes hinauf und hinunter. An der „ersten Adresse“, dem Prunkhotel „Adlon“, vorbei und zum Kontrast hinein in die zweiten und dritten Hinterhöfe am Wedding, wo der „Mann mit'm Koks“ Briketts die Treppen hochschleppt, wo Drehorgeln dudeln und Kinder brüllen. Otto fragt Ruth: „Kennen Sie das Zille-Bild mit den fünf Gören wie Orgelpfeifen? – Kennen Sie nicht? Da steht drunter: ‚Vater wird sich frei'n, wenn er aus't Zuchthaus kommt, det wir schon so ville sind‘.“ Sie lacht. Kennt sie nicht.

Beim „Aschinger“ machen sie Pause – „Brötchen gratis, Löffelerbsen mit Speck 75 Pfennig“. Und dann nochmal gegenüber der Gedächtniskirche, im „Romanischen Café“. Am Marmortischchen. Bei zwei Eiern im Glas. Ruth berührt Ottos Hand. Er schaut ihr schier endlos lang in die Augen. Die Eier im Glas werden kalt. Sie sehen nur noch einander, nicht die berühmten Leute drumherum. Das kommt für Ruth erst viel später, als sie längst Stammgast ist im „Romanischen“.

Die Nacht mit Otto dauert bis zum Morgen. Bettlerkneipe. Nuttenstrich. Wurstmaxe. Lichtgefunkel. Im „Resi“ wird noch getanzt. „Ich küsse Ihre Hand, Madame, / und denk dabei, es ist Ihr Mund, Madame …“ Sie tanzen hingegeben. Am Ende landen sie in einem Schwulentreff. Eine Mutter im Herrenfrack geriert sich als Liebhaber ihrer Tochter. Transvestiten machen auf „Femme fatale“. Schräge Musik. Viel Scharlachplüsch. Lange Zigarettenspitzen. Sanftes Orangelicht. Klofrauen, die fragen: „Woll'n Se 'n Kavallier, junge Frau?“ – „Nee, danke“, sagt

Ruth. Vor ihrer Haustür trennen sie sich. Ohne Kuss. Wie dann irgendwann die erste Nacht war, wollte Ruth immer für sich behalten. „Das war zu schön zum Erzählen."

Auf Ruth wirkt Berlin wie von Aladins Wunderlampe erhellt. Berauschend, verführerisch, elektrisierend. „Das ist meine Stadt", schreibt sie an Hélène und schickt ein Photo mit. Ein Bild von einer anderen Ruth. Schon nach Bunzlau war sie nicht mehr die jugendbewegte Vollbusige gewesen, mit Jesuslatschen und Reif um die Stirn. Jetzt sieht sie aus wie eine, na ja, eben wie eine Berlinerin der Zwanziger Jahre. Schlank, gestreckt. Spitze, hochhackige Spangenschuhe, Trenchcoat, eng gegürtet. Über dem aufgeschlagenen Kragen ein schmales, intensiv angespanntes Gesicht mit leicht schrägen Backenknochen. Das Haar kurz à la Garçonne. Eine junge Frau, gerade 22, mit faszinierender Ausstrahlung.

Mitte Dezember 1923 – die Rentenmark ist eingeführt, Stresemann inzwischen Aussenminister, nachdem seine Koalition gescheitert und Zentrumspolitiker Wilhelm Marx als Kanzler nachgefolgt ist – Mitte Dezember also, drei Wochen nach dem spektakulären Hitlerputsch in München, wird Ruth beim Index-Verlag unter Vertrag genommen. Von Otto Friedrich unterzeichnet, heisst es da locker: „Wir bestätigen Ihnen den Inhalt unserer mündlichen Verabredung, der zufolge wir Sie mit Wirkung vom 15. Dezember 1923 als Volontärin in den Index-Verlag einstellen ... Die Kündigungsfrist ist beiderseits vierzehntägig. Das Gehalt hat keine festgesetzte Höhe. Besonderen Anforderungen des Verlags wird nach bester Möglichkeit genügt, auch ohne Gegenleistung." Unverbindlich ausgemacht war ein Salär zwischen einem und drei Dollar die Woche. Schon acht Tage später reist Ruth mit den Brüdern Achim und Otto nach Marburg zur Friedrich-Familie. Sie hat die Ehre, die Weihnachtstage dort verbringen zu dürfen.

Das „hat die Ehre" würde sich Mutter Friedrich verbeten haben. Jeder ist ihr von jeher willkommen, der zu ihren Kindern in irgendeiner Beziehung steht. Studenten, Freunde und Freundinnen, Verwandte aus allen Himmelsrichtungen. Das gemietete Haus, nahe der Lahn, an der Rosenstrasse, mit Blick auf das einstige Landgrafenschloss und die Kirche der wohltätigen Heiligen Elisabeth ist stets voll bis unters Dach. Immer schleppt irgendwer Matratzen die Treppen hinauf und hinunter. So auch an diesem Tag vor Weihnachten, als Ruth eintrifft. Mutter Friedrich schliesst sie gleich in die Arme, sagt „Ruth" und „Du", zieht sie in die Sofaecke, zündet sich eine Zigarette an und sagt: „Komm, lass dich mal anschaun." Ruth raucht auch und sieht Mutter Friedrich an – eine kleine, füllige Frau, Mitte 40, aschblond, mit einem guten, breiten Gesicht, grossen Ohren und auffallend kurzen, breiten Händen. Von Otto kennt Ruth ihre Geschichte, eine ganz und gar nicht gewöhnliche.

Charlotte Friedrich, geboren 1878 in Berlin als Reichsfreiin von Bülow, Tochter des Senatspräsidenten beim Berliner Reichsgericht Carl von Bülow, von seinen Kindern „Carlchen" genannt, und seiner Frau Bertha, geborene Kannengiesser, berühmte sich gern, mit den brandenburgischen Raubrittern, den tollen Quitzows, verwandt zu sein: „Das ist Quitzows wilde, verwegene Jagd ..." Von Carlchen wird erzählt, er sei kein Adelsprotz gewesen und habe seinen acht Kindern, drei Söhnen, fünf Töchtern, von klein auf den Bülowschen Wahlspruch eingeprägt: „Der ist nicht flugs ein Edelmann, / Der geboren ist aus grossem Stamm / Oder der Geld und Reichtum hat / Und tut doch keine redliche Tat. / Die Tugend und die Höflichkeit / Adeln den Menschen alle Zeit." Als seine Tochter Charlotte mit einem mässigen Zeugnis nach Hause kam und dem Lehrervermerk: „Charlotte könnte mehr leisten, wenn sie mehr Ehrgeiz hätte", sei er vor Freude aufgesprungen, habe ihr eine Mark zur Belohnung geschenkt und gesagt: „Dass du mir nur ja nie im Leben ehrgeizig wirst!"

Freilich ist auch überliefert, Carlchen sei ihren Plänen, zu studieren und einen Beruf zu ergreifen, sehr entschieden entgegengetreten. Als sie die Schule abgeschlossen hatte, sich der Frauenbewegung zuwandte und Lehrerin werden wollte, erklärte er kurz und bündig: „Wie Du meinst." Der Schande wegen werde er dann freilich seinen Dienst beim Reichsgericht quittieren müssen. Das wollte Charlotte natürlich nicht, spielte fortan die brave Haustochter mit Staubwedel und Stickrahmen und nahm sich der zehn Jahre jüngeren Zwillingsschwestern Guste und Minchen an, bis zu ihrem bassen Erstaunen der sehr viel ältere Chirurg Prof. Paul Leopold Friedrich um ihre Hand anhielt. Im Laufe der Jahre wurde daraus die grosse, die einzige Liebe ihres Lebens.

Paul Leopold, geboren 1864 in Roda/Thüringen, war in bescheideneren Verhältnissen gross geworden. Vater Huldreich Friedrich, kleiner Rechtsanwalt, konnte ihm kein Studium finanzieren. Nach kurzer, mager dotierter Dienstzeit als Militärarzt war der junge Friedrich jedoch zum Leibarzt des Königs von Sachsen avanciert, auf Empfehlung seiner Kgl. Hoheit dann zum Direktor der Chirurgischen Poliklinik in Leipzig aufgerückt und schliesslich, nun Ordinarius und Klinikchef, über die Universitätsstädte Greifswald und Marburg nach Königsberg gewechselt.

Als Lehrer von Sauerbruch, Knochen- und Lungenchirurg, Erfinder der „primären Wundausschneidung" und last not least der „nahtlosen Gummioperationshandschuhe" hatte er sich einen Namen gemacht. Darüber hinaus als Arzt, der, wie der gute Dr. Jakoby in Friedrichshagen, bedürftige Patienten umsonst behandelte und bei der Einweihung einer neuen Chirurgischen Klinik in Greifswald gesagt hatte: „Arm sein ist hart, arm und krank sein noch härter. Darum ist das schönste Haus, das wir bauen, für den armen, kranken Menschen gerade gut genug."

Zeit hatte Paul Leopold kaum je. Selbst am Heiligen Abend stürzte er erst spät aus der Klinik, fuhr mit den Seinen im Schlitten in beschleunigtem Tempo zur Kirche und drängelte, laut in den Chor der Gemeinde einstimmend, mit den verlegenen Kindern zur vorderen, für sie reservierten Reihe. Er war eng mit dem Maler Max Klinger befreundet, der eines seiner wenigen Porträts von dem schnauzbärtigen Friedrich fertigte, und gehörte zu den Stiftern der Villa Romana für studierende, junge Künstler in Florenz.

Aber nicht im geliebten Italien, in Königsberg hatte er sich für immer niederlassen wollen und 1911 im südlichen Vorort Amalienau ein Haus mit Riesengarten, Goldfischteich, Tennisplatz, Wäldchen und Erdbeerplantage erworben. Hier wuchsen ziemlich ungezwungen unter Apfel- und Pflaumenbäumen mit zwei Bernhardinerhunden, vielen Kaninchen und Hühnern seine vier Söhne und die einzige Tochter geradezu paradiesisch heran: Carl-Joachim (Jahrgang 1901), Otto Andreas (1902), Lotte (1903), Wolf (1905), Hans (1907). Ein Photo zeigt alle fünf im Schnee, mit Pudelmützen und Gamaschenhosen – wie Larssons Bildserie „Ein Haus in der Sonne" entsprungen.

Aber schon vier Jahre später, im zweiten Jahr des Ersten Weltkriegs, war der Traum ausgeträumt. Paul Leopold Friedrich kehrte als entschiedener Kriegsgegner und todkrank aus dem Felde zurück und starb am 15. Januar 1916 elend an einem Nierenleiden. Sein Sohn Wolf, damals zehn, vergass nie das „schreckliche Weinen" seiner Mutter am Totenbett und den unendlichen Zug der schwarzen Trauerkutschen, denen im Schneetreiben der Kranz des Kaisers vorangetragen wurde.

Paul Leopold hatte verfügt, nach Marburg überführt und dort beigesetzt zu werden. Das Anwesen in Königsberg-Amalienau wurde verkauft. Die Familie zog in das nur gemietete Haus an der Marburger Rosenstrasse. Vorerst gut versorgt, weil der Vater jedem der Kinder 100 000 Goldmark hinterlassen hatte. Von Schwager Erich, dem Mann ihrer Schwester Guste, schlecht beraten, war die Witwe dann auf den riskanten Vorschlag eingegangen, das gesamte Goldmarkvermögen in Kriegsanleihen anzulegen und stand nach dem Krieg plötzlich gänzlich mittellos da. Eine Frau allein, um die 40, mit fünf Kindern, ohne Beruf, ohne Geld – ein Absturz ins Bodenlose.

Die „Frau Professor" ging zum Putzen in die Marburger Behring-Werke, lernte abends Schreibmaschine und Buchführung und qualifizierte sich schliesslich fürs Büro. Nur manchmal, wenn sie sehr müde war, seufzte sie: „Das hast du nun davon, Carlchen." Sie vermietete Zimmer an Studenten und hielt die Kinder an, im Haushalt zu helfen. Achim übernahm die „Landwirtschaft", die Bienenstöcke und den Gemüseanbau im Garten. Zeitweise hielt er bis zu hundert Kaninchen. Für den Kochtopf und zum Weiterverkauf. Otto führte das Haushaltsbuch. Wolf half mit Lotte in der Küche, vornehmlich beim Abwasch. Hans wischte Dielen und Treppenhaus und machte Faxen.

Geheiratet hat Mutter Friedrich nicht wieder. Nach ihrem Mann gab es keinen anderen für sie. Mehr und mehr zog sie die beiden älteren Söhne heran als ihre Berater. Hans reagierte darauf zuweilen mit Wutausbrüchen, Lotte nachhaltig verletzt. Sie fing an, aus der Reihe zu tanzen. Das sollte noch ein bestürzendes Nachspiel haben.

Familienfeiern bei den Friedrichs blieben freilich stets ungetrübt. „Ein feste Burg'" nach innen und aussen. Wer dabei war, gehörte zur Familie. Ruth am Heiligen Abend ebenso wie der Student Fritz Hellin, „paying guest“ im Hause, der mit Otto in Wien Medizin studiert und sich auf einer Fusstour durchs Salzkammergut, auf der sie eines verlorenen Füllhalters wegen einen Berg sogar zweimal bestiegen, eng befreundet hatte.

Traditionell lief das Feiern auch an diesem 24. Dezember 1923 so ab: mittags alle um den grossen Tisch bei Milchreis mit Zucker und Zimt. Keiner kommt richtig zu Wort, weil einer den anderen überschreit. In der Dämmerung der Gang zum Friedhof. Christrosen und Lichter am Grab von Paul Leopold. Dann die Christmette. „Fröh-eliche Weihnacht überall …“ Gemeinsames Singen daheim. Bescherung unterm Lichterbaum. Umarmungen und nochmal Umarmungen. Heringssalat. Am ersten Feiertag der unerlässliche Gänsebraten mit Rotkohl und Hefeklössen, danach die luftigleichte Zitronencrème aus vielen Eiern. Und wieder zu Puste gekommen: Gesellschaftsspiele. „Glocke und Hammer“ und „Poch“, wobei die Brüder sich lautstark, aber nicht ernstlich zanken. Ruth behielt mehr als alles andere Hänschens Dackel in Erinnerung. Sie und Otto, ärgerlich weit voneinander plaziert, hatten ihn zum „Postillion d'amour“ erkoren. Küsschen auf die Hundeschnauze, ab zu Otto; Küsschen von Otto, ab zu Ruth, und so hin und her, bis das Tier es leid war.

Als die beiden am nächsten Tag Marburg verlassen, gelten sie als verlobt. In der Silvesternacht ziehen sie, jeder für sich, mit dem progressiven Kalender durch die Berliner Innenstadt, von Kneipe zu Kneipe, von Fete zu Fete. Ruth verkauft einen Kalender, Otto keinen. Die hochfliegenden Pläne für den Index-Verlag werden Anfang des Jahrs 1924 begraben. Achim sieht sich genötigt, den Verlag aufzugeben und geht bald darauf als Austauschstudent in die USA. Otto – nach einem Vorsprechen beim grossen Regisseur Karl-Heinz Martin, der ihm nahegelegt hat, „sich lieber in einem anderen Beruf zu versuchen“, endgültig vom Theater geheilt – tritt eine Stellung in einem „gummiverarbeitenden Betrieb“ an und plant, sich in Bälde selbständig zu machen. Als Erinnerung an seine Schauspielerkarriere bleibt ihm Fritz Langs „Nibelungen“-Film, in dem er, Komparse unter Komparsen, als Hunne über einen Zaun setzt. Und lange noch schwärmt er für die Diva Asta Nielsen, der er während einer Drehpause einen Kaffee holen durfte.

Etwas zögerlich machen die Verlobten sich Ende Januar 1924 auf den Weg nach Breslau, wo Otto ganz offiziell und konventionell um Ruths Hand anhalten will. Der Empfang ist unerwartet herzlich. Hélène umarmt Ruth: „Komm an mein Herz!" Der alte Engelbert lässt eine Flasche Rotwein öffnen. Marguerite ist ausnahmsweise nicht leidend, und Max-Adolph fordert Otto bereits am nächsten Morgen zu einem „Gespräch unter Männern" auf. Dabei ergehen sich die beiden im Park, und Otto besteht die Prüfung. Nur kurz kommt es zu einer kleinen Dissonanz, als er den künftigen Schwiegervater korrigiert: „Da haben Sie mich missverstanden, Herr Doktor", und dieser ihm streng erwidert: „Nein, lieber Otto, nicht ich habe Sie missverstanden, sondern Sie haben sich missverständlich ausgedrückt."

Zum festlichen Essen en famille serviert Fräulein Anna das berühmte „Potje-Vleisch" nach dem Rezept der französischen Urahne Couprand (Kaninchen, Huhn, Rind- und Schweinefleisch in Weisswein). Beim Cognac dreht sich das Gespräch dann um Politik, wobei Hélène sich als begeisterte Anhängerin des Gespanns Briand–Stresemann und einer deutsch-französischen Verständigung erweist. Danach sind nur noch Max-Adolphs „Fälle" dran. Nach seiner Pensionierung und mehreren Kollegs „zur Auffrischung der Juristerei" war er wieder als Anwalt tätig geworden, spezialisiert auf Scheidungssachen. Für das Tippen der anfallenden Schriftsätze hatte er seine Tochter Ilse gewinnen können. Da in den Zeugenaussagen zuweilen kein Blatt vor den Mund genommen wurde und recht Ordinäres zur Sprache kam, allerdings nur unter dem Vorbehalt: „Ich hoffe, du verstehst nicht, was du da schreibst." Natürlich hatte Ilse, sich das Lachen verbeissend, unschuldsvoll genickt.

Jetzt, nach Tisch, erzählt sie von einem ganz anderen Prozess, dessen Max-Adolph sich nie gerühmt hätte, auf den er aber ganz offensichtlich stolz ist. Als Pflichtverteidiger hatte er, der ehemalige Geheime Kriegsrat, einem angeblichen Landesverräter, für den die Todesstrafe beantragt war, den Freispruch erkämpft.

Sicher hat auch dieser „Fall" dazu beigetragen, dass Ruth und ihr Vater am Ende der Breslauer Tage wieder restlos ausgesöhnt sind. Beim Abschied steht die ganze Familie in der

Die Verliebten:
Ruth und Otto A. Friedrich, 1924, in Berlin

Kurfürstenstrasse am Gartenzaun. Marguerite mit Tränen in den Augen, Max-Adolph betont aufrecht, Hélène mit ihrem Spitzentaschentuch winkend, Engelbert, die lange Pfeife schwenkend. So sah ihn Ruth zum letzten Mal. Im August 1924 schlief er, im Lehnstuhl sitzend, ein Glas Rotwein neben sich, friedlich für immer ein.

„Karin trägt zwei rote Schuhe ..."

Hochzeit machen Otto und Ruth, meine Eltern, ganz unromantisch am 19. Februar 1924. Auf dem Standesamt Berlin-Wilmersdorf werden sie verbunden. Die kirchliche Trauung unterbleibt. Ruth hatte sich längst aus der Kirche abgemeldet. Auslöser soll das Gespräch mit einem Pfarrer gewesen sein. Auf ihre Frage, ob denn auch die braven Heidenkinder in den Himmel kämen, habe der gesagt: „Doch, schon, aber nicht in den gleichen Himmel natürlich wie unsre Christenkinder." Ruth fand das ungerecht und hatte darauf beschlossen, fortan zu den armen Heidenkindern zu gehören. Ob das wirklich der einzige Grund für ihren Kirchenaustritt gewesen ist, darf bezweifelt werden. Aber so hat sie es mir erzählt, und als Kind hat mich das stark beeindruckt. Später kamen wir nie darauf zurück.

Es wird also nur standesamtlich geheiratet. Danach gibt es bei Mutter Friedrichs Etepetete-Schwester Guste einen Imbiss, bei dem Ruth sich zu Gustes Missfallen auf Ottos Schoss setzt und beide gänzlich aus dem bürgerlichen Rahmen fallen, weil sie sich kurz darauf verabschieden, um – „empörend" – ins Kino zu gehen. Natürlich gehen sie nicht ins Kino, sondern miteinander ins Bett, aber das braucht niemand zu wissen.

Otto macht sich dann wirklich selbständig, eröffnet in einem einzigen Zimmer einen „Fachhandel für technischen Bedarf" und wird Geschäftsführer und Vertreter der Firma in einer Person. Treppauf, treppab mit Gummiartikeln aller Art. Gummidichtungen, Gummiwärmflaschen, Gummispritzen, Gummioperationshandschuhe. Letztere kamen bei den Kunden nicht an. Sie zögen, sagen sie, die „Original-Friedrich'schen" vor, womit jene gemeint waren, die Ottos Vater erfunden, der Sohn aber leider nicht im Angebot hat.

Über die Schwangerschaft meiner Mutter mit mir weiss ich wenig. Nur, dass sie plötzlich einen Heisshunger auf Salzgurken und eine verrückte Mischung von Süssem und Salzigem hatte. Rindsbouillon zu Sahnebaisers oder Salami mit Nussnougat. Nie ganz verziehen habe ich ihr, dass sie ausgerechnet nach Marburg reisen musste, um dort niederzukommen und mich so um die Ehre brachte, wie sie eine „geborene Berlinerin" zu sein. Aber bei Marburg blieb es, vielleicht weil in Breslau das Trauerjahr um Engelbert noch nicht vorüber war, und weil Ruth sich in Marburg sofort zu Hause gefühlt hatte. Sie zieht im Februar 1925 hochschwanger im, wie immer, proppvollen Haus an der Rosenstrasse ein, und Mutter Friedrich wandert geduldig mit ihr zur nächsten Konditorei, um ihr bei Bouillon und Baiser Gesellschaft zu leisten.

Der 18. Februar 1925, mein Geburtstag. Die Niederkunft in der „Deutschhausklinik" muss eine rechte Strapaze gewesen sein. Später hörte ich mit immer neuem Schauder, sie habe trotz der Künste des bewährten Professors mit dem furchterregenden Namen „Zangenmeister“ 13 Stunden gedauert und meine Mutter ihrer Schwiegermutter dabei „fast den Daumen durchgebissen“. Beinahe zur gleichen Zeit kommt Fritz Hellins erste Tochter Christl zur Welt. Die Studienfreunde Otto und Fritz schlagen sich auf die Schulter. Otto war aus Berlin angereist, hatte Ruth Veilchensträusschen aufs Wochenbett geworfen und dann „ohne Punkt und Komma“, so meine Mutter, „von seinen Gummigeschäften“ geredet, bis er eilends wieder abreisen musste.

Bei der Haustaufe wurde ich nach beiden Grossmüttern Charlotte und Margarete benannt, mit Rufnamen aber Karin, was mich in der Nazizeit häufig mit der lästigen Frage konfrontierte, ob damit eine Hommage für die erste Gattin des Reichsfeldmarschalls, Karin Göring, gemeint sei. Nein, war es nicht. Ganz im Gegenteil. Ich heisse „Karin“ nach einem Gedicht des später von den Nazis aus Deutschland vertriebenen Dichters Walter Mehring, der darin Andersens Märchen „Die roten Schuhe“ verdichtete. Auf rote Schuhe blieb ich zeitlebens komisch zwanghaft fixiert. Ein Dutzend habe ich mir sicher gekauft, und noch heute habe ich zwei Paar im Schrank. „Karin trägt zwei rote Schuhe, / Karin träumt von einem Kuss ...“

Sechs Wochen war ich, als Ruth wieder aus Marburg aufbrach, aber nicht geradenwegs nach Berlin, sondern mit dem Zug dritter Klasse auf dem Umweg über Weimar dorthin. In ein schwarzes Wolltuch gewickelt, trug sie mich vom Bahnhof in Weimar zum Schillerhaus und da durch alle Räume. So früh wie möglich sollte ich „etwas von seinem Geist atmen“. Das ist so, als würde man heute einen Säugling durch Elvis Presleys oder John Lennons Villa tragen. Für mich hat diese Geste noch immer etwas tief Rührendes. Ruth, 23, im zerknautschten Trenchcoat, mit dem schwarz umwickelten Säugling im Arm im Schillerhaus. Die Dielen knarzten.

In Berlin kam ich dann sehr prosaisch in einen Waschkorb. Ein Kinderbett hatte Ottos Fachhandel nicht abgeworfen. Die Muttermilch reichte ein Jahr lang, so dass Flaschen und Babynahrung eingespart wurden. Als ich so weit gediehen war, dass ich Festeres zu mir nehmen konnte, bekam ich geriebene Pferderüben. Meine Mutter erzählte mit Vorliebe, ich hätte nie einen Schnuller gesehen, sondern sei von der Mutterbrust gleich auf den Becher umgestiegen. Ich trinke noch heute am liebsten aus Bechern.

Mein Geburtsjahr 1925 war ein bedeutungsschwangeres. Aus heutiger Sicht jedenfalls. Was sich auf der politischen Bühne und in der literarischen Szene tat, sollte so oder so in meinem Leben eine Rolle spielen. Lion Feuchtwanger zum Beispiel veröffentlichte seinen später von Veit Harlan so übel propagandistisch verfilmten Roman „Jud Süss“, Kafkas „Prozess“ erschien posthum. Stalin hatte mit Trotzki ernste Differenzen. In Jerusalem wurde die Hebräische Universität eingeweiht. In Deutschland trat Hindenburg, der „Sieger von Tannenberg“, die Nachfolge des gestorbenen Friedrich Ebert als Reichspräsident an. Die neue Koalitionsregierung – vom Zentrum bis zu den Deutschnationalen – rückte nach rechts. Und Hitler, vorzeitig aus der Landsberger Festungshaft entlassen, Noch-Österreicher, brachte den 1. Band von „Mein Kampf“ heraus, gründete die NSDAP (Nationalsozialistische Deutsche Arbeiterpartei) neu und gab sein Plazet zur Bildung der „NS-Schutzstaffel“, der berüchtigten „SS“ mit dem Totenkopf an der Schirmmütze. Die braune Diktatur warf, von der Öffentlichkeit kaum beachtet, ihre Schatten voraus.

Noch wurde anderes bejubelt: der „Charleston“ als jüngster Modetanz, Charly Chaplins Film „Goldrausch“, modische Topfhüte, kurze Hängekleidchen, die verruchte Tänzerin Anita Berber und der mit dem Literaturnobelpreis geehrte, grosse Engländer George Bernard Shaw. Die Sozialdemokraten brachten ihr „Heidelberger Programm“ mit einem Plädoyer für die „Vereinigten Staaten von Europa“ heraus. Für den „Pakt von Locarno“, der ein verlässliches Sicherheitssystem in Europa garantiert, werden die Aussenminister Frankreichs und Deutschlands, Briand und Stresemann, im Jahr darauf gemeinsam den Friedensnobelpreis erhalten, was meine Urgrossmutter Hélène zu dem überschwenglichen Kommentar bewegte: „Kinderchen, ça va, jetzt kann nichts mehr schiefgehen.“ Leider lag sie da falsch, denn schon 1936 fegte Hitler die Verträge vom Tisch.

Otto, mein Vater, begann, sich 1925 neu zu orientieren. Vom krisengeschüttelten Europa weg – hin zur „schönen, neuen Welt“. Der Fachhandel für technischen Bedarf war ein Flop. Also liquidierte Otto den Ein-Mann-ein-Zimmer-Betrieb. Mit

Hilfe verehrter, älterer Freunde, Dr. Ernst und Margarete Salomon, die meinten, er müsse nun endlich eine solide, kaufmännische Lehre durchlaufen, fand er auch glücklich eine Stelle als Volontär. Monatssalär: 180 Mark. Hundert gingen für die Miete unserer Wohnung in Lichterfelde drauf. Die restlichen 80 Mark für den Lebensunterhalt der Familie stockten die Salomons durch überraschend eintreffende, üppige Fresskörbe auf. Liebesgaben ohne Absender, damit die jungen Leute sich nicht beschämt fühlten. Bei ihnen – „Vizevater" und „Vizemutter" – gingen Otto und Ruth in Berlin-Dahlem ein und aus. Ihre Tochter Eva, damals verheiratet mit Fritz Landshoff, dem späteren „Querido"-Verleger, wurde Ruths beste Freundin, über Jahrzehnte – Nazizeit, Verfolgung, Emigration – hinweg, bis Eva, an Alzheimer erkrankt, nicht mehr ansprechbar war.

Noch ehe Otto sein Volontariat antrat, reiste man nach Breslau zur Präsentation des Enkelkindes. In einer Art Steckkissen wurde ich dort dem Grossvater Behrens auf den Schoss gelegt. Ein mir erhaltenes, trostlos-trauriges Photobild. Denn damals, im Mai 1925, war Max-Adolph schon sichtbar vom Tod gezeichnet. In dem viel zu weit an ihm herabhängenden Uniformrock sitzt er angestrengt aufrecht. Tiefe Schatten im Gesicht. Nur ein Anflug von einem Lächeln.

Ein paar Wochen zuvor war er wegen ständiger, heftiger Rükkenschmerzen bei seinem Hausarzt vorstellig geworden. Die nachfolgenden Untersuchungen hatten ergeben, dass ein alter Bluterguss, vermutlich nach einem Sturz vom Pferd, zu einem bösartigen, schnell wuchernden, nicht mehr operablen Sarkom entartet war. Er hatte versucht, die Familie so lange wie möglich darüber in Unkenntnis zu lassen, bis er seinen Zustand nicht mehr verbergen konnte. Pfarrer Moering, ein mit ihm befreundeter Geistlicher, berichtete später, Max-Adolph habe ernstlich erwogen, sich zu erschiessen, „aus Rücksicht auf die Familie" jedoch davon Abstand genommen. Haltung bis zuletzt.

Ruth und Otto reisen tief erschüttert wieder zurück nach Berlin. Drei Monate später, in der Nacht vom 23. auf den 24. August, wacht meine Mutter plötzlich auf, weil sie meint, den „Familienpfiff" zu hören, das Motiv aus der Oper „Carmen", worauf alle Behrens-Kinder, auch Marguerite, gewohnt waren, spontan zu reagieren. Sie läuft zum Fenster, reisst es noch schlaftrunken auf und beugt sich hinaus, fest überzeugt, ihr Vater stehe vor der Haustür. Erst da wird ihr bewusst, dass er ja schwerkrank in Breslau liegt. Am nächsten Morgen trifft das Telegramm mit der Nachricht seines Hinscheidens ein. Max-Adolph war genau zu der Zeit gestorben, zu der Ruth seinen Pfiff vernommen hatte.

Jahre danach schrieb meine Mutter in den wenigen Erinnerungen an ihren Vater: „Mir scheint heute, er war bis zum Kriegsausbruch ein idealer Vater. Zwar autoritativ, aber liebevoll und um seine Kinder bemüht. Er ruderte mit uns, schwamm, lief Schlittschuh, radelte, ritt, spielte Tennis, rodelte, interessierte sich sehr für Philosophie, Musik und Malerei, obwohl er selbst nur kleine Männchen malen konnte, mit denen er auf Postkarten die Berggipfel schmückte …"

„Als er aus dem Krieg zurückkehrte", so Ruth weiter, „waren wir inzwischen erwachsen geworden, und es fiel ihm schwer, sich entsprechend umzustellen. Es wird behauptet, ich sei seine Lieblingstochter gewesen. Das habe ich ihm wenig gedankt. Ich war in meiner Entwicklungszeit so aufsässig, tanzte für grossbürgerliche Begriffe so unentwegt aus der Reihe, dass alle seine rührenden Bemühungen, sich auf mich einzustellen, immer wieder scheiterten. Nach meinem Rauswurf antwortete er lange auch auf meine Briefe nicht mehr, die wir jedoch nach seinem Tod sämtlich geöffnet und mit einem Seidenbändchen umschnürt in seinem Schreibtisch fanden … Ich bin noch heute zutiefst dankbar dafür, dass es eineinhalb Jahre vor seinem Tod zu einer völligen Aussöhnung zwischen uns beiden kam. Wie er es uns beigebracht hat mit dem Gesetz, nach dem keine Kraft verlorengeht, möchte ich daran glauben, dass wir alle, wenn auch in einer anderen Form, immer dagewesen sind und immer dasein werden."

„Ach, von jenen hellen Tagen …"

Otto, mein Vater, eine Generation weiter als Max-Adolph und in der Mitte der verrückten 20er Jahre Vater geworden, war nicht autoritativ. Er soll mit mir auf dem Fussboden herumgekrochen sein, Purzelbäume gemacht und

„Urahne, Grossmutter, Mutter und Kind" 1926 in Breslau, (von li.): Hélène, Karin, Ruth und Marguerite

mir frühmorgens den Haferbrei gefüttert haben, weil meine Mutter, wie Bruder Wolfgang in Magdeburg schon erfahren hatte, gern länger in den Federn blieb. Auf zwei Photographien Anfang des Jahres 1926 reite ich, genannt „Plitz" – ein ziemlich garstiges Kleinkind, kahlköpfig mit Knopfnase, im hässlich unförmigen Riffelsamtkittel – auf seinen Schultern. Er lacht.

Die kaufmännische Lehre lief gut, und Otto hatte sich endgültig entschlossen, es demnächst in Amerika zu versuchen. Jeder Pfennig wurde gespart für seine Überfahrt. Jedes Extra auf dem Speisezettel kam nach wie vor von den Vizeeltern Salomon. Da aber auch so das Geld für die Reise nie zusammengekommen wäre, nahm meine Mutter eine Arbeit als Hilfsverkäuferin in einem Schokoladengeschäft an. Wenn sie später davon erzählte, habe ich sie sehr beneidet. Mitnehmen durfte sie nichts, aber essen, soviel sie wollte. Ein Kindertraum. Bedauerlich nur, dass sie schon nach vierzehn Tagen in der Confiserie Schokolade nicht mehr riechen, geschweige denn davon naschen konnte.

Die Tochter wurde in jenen Monaten der doppelten Berufstätigkeit ihrer Eltern im Ställchen an die Balkontür gerückt und hat dagegen offenbar kaum rebelliert, zumal die alte Frau Salomon es sich nicht nehmen liess, die „arme Eingeschlossene" regelmässig zu unterhalten. Das Wort „Babysitter" gab es noch nicht.

Auch bei einem Kurzbesuch in Breslau, im Sommer 1926 wirke ich nicht zu kurz gekommen. Da hat mein Vater uns vier Weiber auf dem Balkon der Kurfürstenstrasse abgelichtet: Urahne, Grossmutter, Mutter und Kind. Marguerite, meine Grossmutter, erscheint mit Mittelscheitel und weisspaspeliertem, runden Ausschnitt immer noch wie ein liebes, wenn auch gealtertes Gretchen. Hélène trägt eine modische, kleine Pelerine und lächelt der Urenkelin zu. Meine Mutter wirkt im schottisch-karierten Hemdkleid eher erotisch als mütterlich.

Das einzige, was sie und Otto sich damals in Berlin leisteten, waren gelegentliche Lichtspielbesuche: „Metropolis" natürlich, von Ottos einstigem Regisseur beim „Nibelungen"-Film, Fritz Lang, in Szene gesetzt, oder der „Faust"-Film mit Emil Jannings und Eisensteins avantgardistisches Filmwerk „Panzerkreuzer Potemkin". Einmal stiegen sie auch zu Fuss auf den eben eröffneten Berliner Funkturm und besahen die Weltstadt von oben. Politik kümmerte sie weniger, obwohl Hélène, der man in Breslau angetragen hatte, sie trotz ihres vorgerückten Alters als Stadträtin für die Deutsche Demokratische Partei aufzustellen, dringlich anfragte, was sie denn vom „Pan-Europa-Kongress" hielten? Und von der Aufnahme Deutschlands in den Völkerbund? „Ein Fortschritt, hein?"

Otto und Ruth lebten noch vornehmlich sich selbst. In einem Gedicht von Paul Kornfeld fand meine Mutter sie annähernd ausgedrückt – ihre grosse Liebe: „Keine Stunde, die uns naht, / ist mir fremd, / denn Hand in Hand / durchschwebten wir Äonen. / Einst in andern, längst vergangenen Tagen / haben wir einmal als Kinder / voller Eintracht miteinander Ball gespielt. / Warst Du Castor? War ich Pollux? / Warst Du Teich und ich der Nebel? / Warst Du Stein und ich der Bach? / Ach, von jenen hellen Tagen / blieb ein Hauch, / ach, von jenen hellen Tagen / blieb Gesang in meiner Brust. / Keine Stunde, die uns naht, / ist mir fremd, / denn ins Unbegrenzte hin / bleiben wir Freund."

Im November 1926 ist es dann so weit. Ottos kaufmännische Lehre ist abgeschlossen. Das Geld für die Überfahrt stimmt.

Mit hundert Dollar in der Tasche schifft er sich ein nach New York. Eine Photographie, aufgenommen an Bord, zeigt ihn als durchaus nicht mehr verträumten, alerten, jungen „Koofmich", wie er sich selbst zu apostrophieren pflegt. Er trägt Krawatte; aus dem Tweedjackett schauen weisse Manschetten. Das Haar ist kurz geschnitten; die Locken sind glatt gekämmt. Heute würde man sagen: Typ „jung und dynamisch".

In New York bekommt er zunächst die – allerdings einkalkulierte – kalte Dusche, das heisst keinen attraktiven Job. Bruder Achim, der in Harvard seine ersten Vorlesungen hält, kann ihm nicht helfen. Also macht Otto, was viele tun, die in Amerika Fuss fassen wollen: Teller waschen. Ein paar magere Wochen lang, in denen die hundert Dollar draufgehen. Dann vermitteln ihn Freunde nach Akron/Ohio zur mächtigen B. F. Goodrich Rubber Company. Seiner Vorbildung gemäss als simplen Arbeiter in die Gummifabrik. Vom ersten Lohn kann er sich ein Zimmer in der South Maple Street leisten. Zum Frühstück Cornflakes mit Sirup und einen Kaffee in der Bar gegenüber.

Solange kein Geld aus Amerika zu erwarten war, lebten wir, Mutter und Kind, auf Sparflamme. Ruth löste die Lichterfelder Wohnung auf, zog zu Hélène nach Breslau, überliess mich deren liberaler Obhut und arbeitete wieder in der Buchhandlung Trewendt & Granier, bis am 10. April 1927 aus Akron/Ohio überraschend ein „Western Union Cablegram" eintrifft und hektische Betriebsamkeit auslöst. „Kabele," telegraphiert Otto, „ob mit Goodrichs Hilfe Immigration sofort erhaltbar stop wieviel Geld für Kommen mit Karin fehlt stop Gehalt erhöht stop Zärtlichstes Otto".

In wenigen Monaten hatte mein Vater die Goodrich-Koofmichs offenbar überzeugt, dass mehr in ihm steckt als ein Fliessbandarbeiter. Er war in die Etage der besseren Angestellten aufgerückt und nun entschlossen, Frau und Tochter in die USA nachzuholen. Die Immigration-Visa werden beantragt und ohne grosse Fisimatenten genehmigt. Mein Vater überweist die Reisekosten. Der Auswanderung steht nichts mehr im Wege.

Aber es kommt anders. Das Goodrich-Management disponiert um und beschliesst, den cleveren Otto so bald wie möglich als Repräsentanten der Rubber Company nach Europa zurückzuschicken. Vollbremsung. Umkehr der Lebensplanung. Während Charles Lindbergh im Mai 1927 den Atlantik als erster Mensch in Richtung Paris–New York überfliegt – freilich braucht er dazu noch 33,5 Stunden –, bleibt uns die schöne neue Welt verschlossen. Später habe ich sie mir oft angeschaut, die vom amerikanischen Vizekonsul Albert Forster zügig abgezeichneten Visa. Unser Leben wäre anders verlaufen, hätten wir damals ausreisen können.

Stattdessen kehrt meine Mutter mit mir nach Berlin zurück und mietet, in Erwartung meines Vaters und von ihm mit Dollars hinreichend ausgestattet, eine Wohnung in Charlottenburg, Mommsenstrasse 10. Das alte Haus steht noch heute. Mit Loggien, Jugendstilaufgang, geschneckelten Gittern vor den Kellerfenstern, Lindenbäumen in der Strasse und den für Berlin typischen, breiten Granitplatten auf dem Trottoir, auf denen man so gut „Hopse“ und „Himmel und Hölle“ spielen konnte.

Noch war ich für Hopse zu klein. Als Haushaltshilfe hatte sich Anna, eine der beiden Hartmann-Schwestern aus Breslau, uns angeschlossen, die ein unverfälschtes Schlesisch sprach und ihre Spaziergänge mit mir gern bis in die katholische Kirche ausdehnte, um das „Heidenkind“ vielleicht einmal dem rechten Glauben zuzuführen. Anna vom Lande, die ihre erste adelige Herrschaft noch mit Handkuss und mit den Worten „Alleruntertänigsten guten Morgen allergnädigste Frau Gräfin“ zu begrüssen hatte, fühlte sich im schillernden Großstadt-Berlin wie im Sündenbabel der Bibel. Die dämmerige Kirche mit dem lautlos flackernden Ewigen Licht war ihre Zuflucht. Und ich ging gern dorthin. Mir gefielen die prächtigen, theatralischen Aufzüge der Priester bei den Gottesdiensten, der Weihrauchduft und der unverstehbare Singsang. Schöner war das als jedes Kasperletheater.

Ruth entdeckt Lilith

Meine Mutter entdeckte sich selbst in diesem Jahr 1927, auch dass sie mit ihren Ansichten von Liebe und Treue zumindest mit Otto nicht übereinstimmte. Dabei spielte der Roman von John Erskine „Adam und Eva“ eine Schlüsselrolle. Sie hat mir das alles Jahre später erzählt, als ich selbst das

Buch lesen sollte, um sie zu verstehen. Erskine lässt darin Adam nacheinander mit zwei Frauen leben. Mit der nach Moses, Kapitel 1, Vers 27, zusammen mit Adam geschaffenen ersten Frau („... und schuf sie einen Mann und ein Weib") und der aus Adams Rippe geformten zweiten (Moses, 2, 21 und 22).

Die erste nennt Adam „Lilith". Sie ist – so Erskine – die kluge, die unabhängige, tolerante Freundin und Geliebte des Mannes. Die zweite heisst „Eva" und verkörpert das häusliche, anschmiegsame Geschöpf, das den Beschützer im Mann herausfordert. Ruth identifizierte sich mit Lilith, und das so ganz und gar, dass sie noch nach dem Zweiten Weltkrieg einer von ihr herausgegebenen Frauenzeitschrift den Namen „Lilith" geben wird.

In den „Roaring Twenties", in denen freie Liebe als schick galt, fiel Ruth-Lilith gar nicht auf. Die Chansonetten trällerten es, die Spatzen pfiffen es von den Dächern: „Warum soll denn eine Frau kein Verhältnis haben ...?" Bloss bei Ruth war das anders. Ruth hatte keine „Verhältnisse". Für sie waren Seitensprünge „schöne Arabesken", die ihrer grossen Liebe, ihrer absoluten, inneren Treue zu Otto nichts anzuhaben vermochten. Sie liess ihre Liebhaber nie im unklaren, dass sie einzig mit Otto fest verbunden sei. Ehrlichkeit, meinte sie, auch ihm schuldig zu sein. Darum beichtete sie Otto jeden Seitensprung nach Amerika. Mit allen Details.

Leider konnte mein Vater im fernen Akron/Ohio diesen Beichten meiner Mutter wenig abgewinnen. Er litt. Und auch ihrer wiederholten Aufforderung, es ihr doch gleichzutun und sich zu vergnügen, war er unfähig nachzukommen. Das Erskine-Buch las er erst gar nicht. Während in Genf die Weltwirtschaftskonferenz und in Washington die Weltfunkkonferenz tagen und in Akron Ottos eigenes europäisches Wirkungsfeld abgesteckt wird, wartet er nur darauf, der grossen Welt den Rücken zu kehren und endlich zu Ruth in die Mommsenstrasse zu kommen.

Ruth geniesst indessen Berlin. Intensiv. Nahezu rund um die Uhr. Neugierig auf alles. Kabaretts und Kaffeehäuser, Theater, Stehkneipen und Atelierfeste, Tanztees, Museen, Konzerte und Nachtbars. Nie vorher, nie nachher war die Vier-Millionen-Metropole Berlin so unbestritten Weltstadt wie in den Zwanziger

Jahren. Von magischer Anziehungskraft für Talente, von fiebriger Geschäftigkeit. Lasterhaft, kaltschnäuzig, überschäumend vor Lebensfreude. Springflutartig zeugte sie geniale Regisseure, einzigartige Mimen, bissige Kabarettisten, geistreiche Feuilletonisten, Sänger, Tänzer, Kritiker, Journalisten. 49 Theater, 75 Kleinkunstbühnen, drei Opernhäuser, drei Varietés standen auf dem Spielplan. Jeden Abend hatte man sich zu entscheiden unter Dutzenden von Events. „Hab'n Se das schon jesehn? ... Das *müss'n* Se sehn!"

Mit einer Clique von Freunden zieht Ruth von Lokal zu Lokal, von Event zu Event. Ellen und Hans Fischer führen sie aus ins politische Kabarett, in „Die Rampe", zu Rosa Valetti. Mit dem schönen Walter von Fröhlich-Feldau – bei uns hiess er nur „der Fröhlich" – erlebt sie die „Comedian Harmonists", die obszönen Auftritte der kreidegesichtigen Valeska Gert und die Schleiertänze der wilden Anita Berber, die später an Morphium und Kokain zugrunde gehen wird. Mit Fröhlich diniert sie auch exquisit in der Lutherstrasse beim „Schlichter", mit dem melancholischen Heinrich Mühsam vom Ullstein Verlag bei „Stöckler" am Kurfürstendamm.

Sie sieht Max Pallenberg als genial-komischen „Soldat Schwejk", die kindzarte, unübertroffene Elisabeth Bergner in der Rolle des mannstollen „Fräulein Julie" in Reinhardts Kammerspielen und bei Piscator am Nollendorfplatz Ernst Busch und Alexander Granach in Ernst Tollers „Hoppla, wir leben". Und sie tanzt. Sie tanzt halbe Nächte durch Slowfox und Charleston. „Ich tanz' Charleston, / du tanzt Charleston, / er tanzt Charleston, / und was tun Sie?"

Ruth raucht Zigaretten aus Elfenbeinspitzen, stöckelt im schwarzen Schalmantel mit Weissfuchskragen morgens durch den Tiergarten und sitzt nachts mit Arbeiterkumpel Erich beim „Sechstagerennen". Ein Muss für Berliner. „Hey, hey, hey! / Das ist das Sechstagerennen, / alle, die dabei sind, können / nicht ins Bett ... Sechs Tage im Kreis, / und kein einz'ger weiss, / warum". Text Carl Behr. Musik von Harry Ralton, einem von Ruths vielen Verehrern.

Fritz Landshoff begleitet sie zur Tauentzien-/Ecke Budapesterstrasse, ins „Romanische Café", wo unentdeckte Talente stundenlang bei einer einzigen Tasse Kaffee sitzen dürfen, wo der „Zeitungskellner" eine Auswahl der mehr als zwanzig Berliner Tageszeitungen serviert und liebenswerte Stammschnorrer von Tisch zu Tisch gehen: „Ham Se mal 'ne Mark? Kriejen Se morjen wieda."

Hässlich-schön und neblig verqualmt, abstossend wartesaalähnlich ist das Romanische Café, aber unerhört inspirierend für die Berliner Bohème. Hier werden Verträge geschlossen und gebrochen, Liebschaften begonnen und beendet, Stars entdeckt, Pleiten begossen, Buchpremieren gefeiert. Bei zwei Eiern im Glas, bei Würstchen in Gulaschsauce. Hoch die Tassen. Auf der Galerie spielt der Dichter Roda-Roda seine tägliche Partie Schach. Im Parterre ist ein ständiges Kommen und Gehen. Nachrichtenbörse. Chronique scandaleuse. Kichern und Jammern, Auftrumpfen, beleidigtes Schweigen. Zeitungsgeraschel.

Egon Erwin Kisch, der „rasende Reporter", schreibt seine Reportagen am wackligen Marmortischchen. Der Maler Emil Orlik porträtiert irgendwen am Nebentisch. Kellner hasten und husten. Es echot von berühmten Namen: Else Lasker-Schüler, Tucholsky, Brecht, Zuckmayer, Polgar, Alfred Döblin. Die Mosheim schaut vorbei, Klabund mit seiner Frau Carola Neher, Fritz Kortner, Paul Morgan, der Komiker, und die fidelbogenschlanke Disseuse Margo Lion. „Tout Berlin" im Romanischen und Alfred Kerr, der Kritiker der Kritiker, mitten unter ihnen mit scharfer Feder.

Ruth wechselt schnell vom „Nichtschwimmer-Bassin" zum „Bassin für Schwimmer", das heisst: von der Laufkundschaft rechts zu den Stammgästen links von der Drehtür im Romanischen. Da schaut sie nun, wie alle, täglich vorbei auf einen Kaffee. Von Fritz Landshoff ermutigt, schreibt sie auch bald die ersten Artikel und Buchbesprechungen, die sie zwar noch nicht in Berlin, aber immerhin an die *Neue Badische Landeszeitung* verscherbeln kann und an die *Königsberger Allgemeine*. Titel wie diese: „Greta Garbos Debüt vor der Kamera ... Beethoven am Kochherd ... Unsterbliche Geliebte ... Ein leeres Grab und ein Mann ohne Namen".

Gegen Ende des turbulenten Jahrs 1927 ist Otto wieder da. Dollarschwer und mit einem grossen Auto, einem „Oldsmobil". Das stellt die Lebensplanung erneut auf den Kopf. Jetzt wird nicht gestritten über Lilith und Eva, über Liebe und Treue –

meines Wissens jedenfalls nicht –, jetzt macht Ruth ihren Führerschein, und meine Eltern reisen. Otto als Goodrich-Repräsentant, Ruth als seine Begleiterin. Im Frühjahr 1928, ich bin gerade drei Jahre alt, nehmen sie mich mit nach Marburg. Von dieser Marburgreise – privat, nicht dienstlich, darum mit der Eisenbahn – stammen meine frühesten Erinnerungen. Nicht an die Rosenstrasse oder an Mutter Friedrich, die uns im überbelegten Haus wieder irgendwie unterbrachte, schon gar nicht an die Fachwerkstadt, die Lahn oder die ehrwürdige Elisabethkirche. An einen blinden Ziegenbock erinnere ich mich und an den nächtlichen Himmel.

Von Marburg zurück nach Berlin sollten wir nachts mit dem Schlafwagen fahren. Wir brachen im Dunklen in der Rosenstrasse auf. Mein Vater muss mich auf dem Arm getragen haben, denn ich sehe nah um mich herum schattenhaft andere Gesichter. Vor allem aber den Himmel über mir. Schwarz mit vielen Lichtpunkten. Meine Mutter erzählte später, ich hätte damals gesagt: „Wenn ich den Himmel seh', hab ich so ein stolziges Gefühl." Kann sein, ich habe es gesagt. Den Nachthimmel von damals jedenfalls sehe ich, als wäre es gestern gewesen. Wenn ich Probleme habe oder nur so, gehe ich noch heute ins Freie und sehe hinauf. Und jedesmal scheint mir, ich sei ein Teil des Universums. Sicher. Gut aufgehoben. Diese Marburger Nacht war eine existentielle Erfahrung für mich.

Krisenzeiten

Damit meine Eltern unbesorgt reisen konnten, wurde in Berlin zur schlesischen Anna noch Ella Zauter engagiert, das strenge „Fräulein" der Behrens-Kinder. Aber Ella war nicht mehr streng. Die Jahre hatten sie sanfter gemacht. Ich nannte sie auch nicht „Fräulein", sondern „Tà Zau". Später wird ein kleiner Cousin sie „Zauchen" rufen. Noch liebevoller.

Sehr genau allerdings nahm Ella es nach wie vor. Das In-die-Hände-Klatschen hatte sie sich auch nicht abgewöhnt. In dieser Pose ist sie auf einem Photo festgehalten. Und ihr „Spute dich ... Punktum" habe ich noch heute im Ohr. Bei ihrem wöchentlichen Ritual des Haarwaschens mit Kamillentee und Essigwasser durfte ich zusehen und abends auch bei den hundert Bürstenstrichen. Sie hatte wunderschönes Haar.

Daran erinnere ich mich noch genau, an meinen Unfall im Herbst 1928 überhaupt nicht. Damals meinte man noch, was heute längst widerlegt ist, Kinder sollten schmerzliche Erlebnisse so schnell wie möglich vergessen. Es sei besser, gar nicht mit ihnen darüber zu reden. Also kann ich nur berichten, was man mir später erzählt hat.

Es sei an einem Sonntag gewesen, am 23. September 1928, dem 27. Geburtstag meiner Mutter. Man hatte Anna erlaubt, mich nachmittags wieder in die katholische Kirche mitzunehmen. Auf dem Rückweg hätten wir bei der Bleibtreustrasse den Kurfürstendamm überqueren wollen und seien vor einem haltenden Bus auf den Damm und direkt in ein Auto gelaufen. Ich kam für vier Monate vom Hals bis zu den Zehenspitzen in Gips, durfte nach fünf Wochen aber nach Hause, in die Mommsenstrasse verlegt werden. Der einzige Eindruck, der mir vom Unfall und von der Klinik im Gedächtnis blieb, ist orangerot: der Anblick einer Schale mit einem Berg von Apfelsinen neben mir auf dem Nachttisch. Die alte Frau Salomon hatte sie mir ins Krankenhaus gebracht.

Anna behielt wochenlang einen riesigen, blaulila, nur langsam sich grüngelb färbenden Bluterguss am Rücken und war nachhaltig in ihrem Glauben erschüttert: „Das hätte er nicht zulassen dürfen, Gottvater, wo wir doch eben von der Kirche gekommen sind.“ Weder der Autofahrer noch einer der vielen Augenzeugen meldete sich auf die Anzeige in der Zeitung: „Wer hat gesehen ...?“ Und 1929 gingen meine Eltern notgedrungen wieder zusammen auf Reisen. Ta Zau bewährte sich engelhaft geduldig als meine Pflegerin, die sogar lachen konnte, wenn ich um mich schlug.

Man lacht und weint im Jahr 1929. Der erste Micky-Maus-Film kommt heraus. In der „Katakombe“ kichert man über Werner Fincks geistreiche, politische Spässe. Weit grösseres Aufsehen aber erregen die zahlreichen Bücher gegen den Krieg. Zehn Jahre nach dem sinnlosen Schlachten wird nichts mehr verherrlicht. Schriftsteller berichten ungeschminkt über die dreckige, blutige, höllische Ausgeburt Krieg. Ernst Glaeser veröffentlicht „Jahrgang 1902", Erich Maria Remarque „Im Westen nichts Neues", Ernest Hemingway „In einem anderen Land". Und Tucholsky setzt mit seinen bitterbösen, antinationalistischen Satiren „Deutschland, Deutschland über alles" noch eins drauf. Ruth liest alles, auch die sozialkritischen Publikationen: Friedrich Wolfs Drama „Cyankali" gegen den Abtreibungsparagraphen 218 oder Alfred Döblins Proletarierepos „Berlin Alexanderplatz". Die Misere ist gross. Die Zahl der Arbeitslosen übersteigt die Vier-Millionen-Grenze. In der „Dreigroschenoper" geisselt Bert Brecht das strangulierende Elend: „Bedenkt das Unrecht und die grosse Kälte / in diesem Tale, das von Jammer schallt."

Otto und Ruth sind auf Reisen und erleben noch einmal „helle Tage". Nach den Bildern aus Frankfurt, Mentone, Nizza, Paris und London zu schliessen, die sie von unterwegs schicken. Auf Dutzenden von Photos winken sie von Hotelterrassen, einmal aus einem Ruderboot, einmal aus einem Heuhaufen und immer wieder aus dem Oldsmobil. Ruth mit und ohne Topfhut, in kniekurzen Hängern und Spangenschuhen, Otto mit offenem Hemd. Braungebrannt, lachend, verliebt. Helle, aber schon überschattete Tage. Als sie im Herbst nach Berlin zurückkehren, ist die Weltwirtschaftskrise nicht mehr aufzuhalten. Am 3. Oktober stirbt Stresemann, nachdem er Anfang September in seiner letzten Rede vor dem Völkerbund noch Briands Pläne für einen politischen Zusammenschluss Europas nachdrücklich unterstützt hat. In Breslau trauert Hélène um den von ihr so verehrten Politiker. Am „schwarzen Freitag" schliesslich, am 25. Oktober 1929, reissen die Kursstürze an der New Yorker Wallstreet die halbe Welt ins Chaos. Thomas Mann erhält den Literaturnobelpreis.

Kurz zuvor noch war Mutter Friedrich von Marburg nach Berlin übersiedelt. Alle fünf Kinder sind aus dem Haus, und sie macht nun, was sie schon lange wollte: Sie verpflichtet sich bei der „Sozialen Arbeitsgemeinschaft" (SAG) des Sigmund Schulze und lebt fortan unter Arbeiterfamilien in einer Mietskaserne am Ostbahnhof. Als eine Art Hausmutter, die neben den Sprechstunden für die Frauen für 25 Kostgänger an der Fruchtstrasse kocht, vor allem aber immer öfter Strassenkinder um sich versammelt. Zur Märchenstunde.

Leider habe ich sie damals noch nicht bewusst erlebt. Aber allen, die sie näher kannten, ist Mutter Friedrich unvergesslich. Die Frau im Hinterhof mit den schmutzigen, rachitischen Zille-Kindern um sich herum, denen sie zum x-ten Mal das Märchen „Vom Fischer und siner Fru“ oder „Rapunzel“ erzählte. Die Frau, die schon früh konsequent gegen die Nazis war und unterschiedslos alle in ihre Obhut nahm – die Armen, die Arrivierten, die Aussenseiter, auch die schwarzen Schafe in der Familie –, alle, die ihre Hilfe brauchten.

Nur ihrer Tochter war sie kein Vorbild. Lotte, die einzige von den Friedrich-Kindern, die in die Fußstapfen des früh gestorbenen Vaters trat und Ärztin wurde, kam nie darüber hinweg, dass die Mutter ihr die Brüder vorgezogen hatte. Sogar ihre missglückte und nach der Geburt von zwei Söhnen bald wieder geschiedene Ehe mit einem Pfarrer lastete sie indirekt ihrer Mutter an. Sie stand schon 1929 auf der anderen Seite, bei den ihr einen zweifelhaften, ideologischen Halt bietenden Nationalsozialisten. Sie stand da ebenso konsequent wie Mutter Friedrich auf der Seite der Gegner.

An meinem Vater und damit an uns dreien ging die Wirtschaftskrise glimpflich vorüber. Die Goodrich Rubber Company zahlte weiter in Dollar. Dafür sprengte ein anderes Ereignis die Familie. Otto, von Ruth immer wieder gedrängt, wagte zum ersten Mal einen ernsthaften Seitensprung und verliebte sich. Die Geliebte hiess Aja. Ich erinnere mich dunkel an eine überschlanke, von blonden Locken und Seidenschals umwehte Frau. Mehr nicht. Um sich zu prüfen, nahm Otto 1930 Aja auf Reisen mit. Offenbar hatte ich bald darauf das Bedürfnis, ihm zu schreiben. Ein erhaltener Kinderpostbrief mit einem Mops und einem Teddy am Kopfende ist vollgemalt mit Krakeln, die Ruth für Otto schriftlich so übersetzte: „Lieber Vater! Ich habe Dich sehr lieb und denke immer an Dich. Und weil ich Dich jetzt so lange nicht gesehen habe, will ich Dir ein bisschen Eis von mir aufheben in der Speisekammer. Wenn Du kommst, will ich mit Dir Purzelbaum schiessen und Dich lieb haben und mit Dir auf dem Kopf stehen und rumkobolzen. Lieber Vater! Dein Plitzchen“.

Otto kam zurück und erklärte Ruth in der ersten Nacht, dass er sich von ihr trennen müsse. Ruth, so hat sie es mir später immer wieder erzählt, setzte sich steil auf im Bett und sagte:

„Das kann ich nicht glauben." Otto jedoch habe klargemacht, mit ihren Vorstellungen von einer „Lilith", die Seitensprünge für Arabesken halte, könne er nicht leben. Er sei monogam, und seine Eva sei Aja.

In Kitschromanen würde es jetzt heissen, für Ruth brach eine Welt zusammen. Leider trifft das beinahe zu. Zwar willigte sie, viel zu stolz, sofort ein, sich scheiden zu lassen, fühlte sich Otto aber weiter „bis dass der Tod uns scheidet" verbunden, nur eben auf eine andere Art als die übliche. Otto übrigens auch ihr auf seine Weise. Die Verbindung, die gegenseitigen Besuche rissen nie ab. Bis zu seinem Tod hat er Ruth zu jedem Hochzeitstag Blumen schicken lassen und zärtlich geschrieben. Weder von meinem Vater noch von meiner Mutter habe ich je ein böses Wort übereinander gehört. Nur später, als ich erwachsen war, die nackten Tatsachen. Sie passten nicht zusammen.

Die Scheidung ging am 23. Juni 1930 glatt über die Bühne. Jeder nahm einen Teil der Schuld auf sich. Die Wohnung an der Mommsenstrasse wurde aufgegeben und für Mutter und Kind eine kleinere in Charlottenburg gemietet. Im Haus Fritschestrasse 17, das heute nicht mehr steht. Solange Ruth nichts verdiente, sorgte mein Vater grosszügig für uns beide, dann weiter ebenso grosszügig nur für mich. Als Untermieter zog Ruths Bruder Wolfgang für zwei Jahre zu uns. Ella Zauter konnte uns nicht begleiten. Wir werden sie aber wiedertreffen.

Joseph Roth publizierte sein Buch „Hiob". Mit ihrer „feschen Lola" im Film „Der blaue Engel" gelang Marlene Dietrich der grosse Durchbruch. Bei der Filmpremiere von Remarques „Im Westen nichts Neues" dagegen gab es massive Proteste. Nazis liessen weisse Mäuse im Kinosaal laufen und provozierten einen handfesten Skandal.

Für mich wurde Wolfgang zur neuen Bezugsfigur. Immer wieder musste er mir die gleichen Märchen vorlesen – Andersens „Kleine Seejungfrau", „Rapunzel" oder die Geschichte von der traurigen Königin und ihrem Pferd „Fallada" – „Oh, du Fallada, da du hangest …". Am liebsten ging ich mit ihm ins Mausoleum, wo im bläulichen Dämmerlicht die schöne marmorne Königin Luise aufgebahrt lag. Die Besuche endeten freilich damit, dass ich unangenehm auffiel. Ich gab der Königin einen Kuss auf den Mund, was den Wächter veranlasste, einzuschreiten und uns mit einem scharfen „Berühren verboten" des Mausoleums zu verweisen. Der Onkel und ich zeigten ihm eine lange Nase.

Das Jahr beschloss ich im Krankenhaus mit einer Doppelinfektion. Masern und Scharlach. Damals waren das noch schwer ansteckende Krankheiten, die die Desinfektion der ganzen Wohnung und die Einweisung des Patienten in die geschlossene Abteilung der „Charité" verlangten. Nachdem ich mich anfangs, soweit es das Fieber zuliess, heulend mit Händen und Füssen gegen den neuerlichen Abtransport in eine Klinik gesträubt hatte, blieben mir von dem Aufenthalt dort dann doch wieder recht angenehme Reminiszenzen.

Meine Mutter, die mir nur einmal in der Woche durch eine Glasscheibe zuwinken durfte, schrieb mir jeden Tag eine Postkarte mit Zwergen drauf. Ich weiss nicht, wo sie so viele auftreiben konnte. Und am Heiligen Abend bekam ich, nachdem ein Engel auf einem rollenden Wagen einen Lichterbaum durch die Gänge geschoben hatte, einen ganzen Waschkorb voll Spielzeug. Meine Eltern fanden das weniger lustig. Sie standen, erzählten sie später, tränenden Auges draussen vor der Scheibe, unfähig, sich mir sprachlich verständlich zu machen. Sie wussten längst, dass der Lichterbaum von der Operationsschwester auf einer ausrangierten Bahre vorbeigekarrt werden musste, und dass mir bei der Entlassung das billige Spielzeug wegen der Ansteckungsgefahr wieder weggenommen würde. Meine Mutter sagte: „Du sahst aus wie Tiny Tim in Dickens ‚Christmas-Carol'. Zum Weinen."

„Mein Kampf" und Hanussen

Ostern 1931 war dann mein erster Tag in der 32. Volksschule, an den ich mich gar nicht erinnere. Auch das obligate Photo mit der Zuckerzeugtüte fehlt. Von den Volksschuljahren in Charlottenburg weiss ich nur noch, dass ich zwei Schulfreundinnen hatte: Helga Riethmüller mit imponierenden, bis zur Taille reichenden, braunen Zöpfen und Gerda Lehmann, dick, mit blondem Bubikopf. Am liebsten spielte ich mit ihnen „Hopse" und „Himmel und Hölle" auf dem Trottoir vor dem

Haus, und gemeinsam hassten wir unsere Klassenlehrerin Fräulein Lohse, eine Lange, Dünne mit Dutt und Rohrstock. Ein Bild hat sich mir unauslöschlich eingeprägt: Fräulein Lohse, die die kleine Anni zwingt, sich über die Bank zu beugen, und dann mit dem Stock draufloshaut. Mich hat sie nie angerührt.

Mit den Landshoff-Kindern, Beate und Geli, und den Fischer-Kindern, Connie und Marianne, hatte ich draussen in Eichkamp im Sandkasten gespielt, aber meine beste Freundin von Anfang an war Angelika Jossmann. Sie wohnte ganz nah von uns, gleich beim Olivaer Platz, in der Konstanzer Strasse 23. Meine Mutter war mit ihren Eltern eng befreundet. Mit Dr. Paul Jossmann, einem Psychiater, der meisterhaft Klavier spielen konnte, und Dolly, die auf mich wirkte wie eine Ballerina aus Tschaikowskys „Nussknackersuite". Zierlich klein. Wespentaille. Schwebend in ihren Bewegungen. Angelika, bilde ich mir ein, hätte immer Weiss getragen und sei viel artiger gewesen als ich. Sie liebte die gleichen Märchen, auch „Dr. Doolittle" und Fleurons Tiergeschichten. Später, als wir beide begannen, Karl May zu lesen, verwandelten wir uns. Angelika mit dem langen, dunklen Haar wurde „Winnetou", ich „Old Shatterhand". Der mit Decken verhangene Esstisch in der Konstanzer Strasse war unser Indianerzelt. Bei schönem Wetter biwakierten wir im Park. Noch heute korrespondieren wir so: „Liebster Old Shatterhand", schreibt sie an mich, ich an sie: „Mein liebster Bruder Winnetou".

Während wir Kinder sorglos biwakierten, wurden die Erwachsenen immer besorgter. Der Zentrumspolitiker Heinrich Brüning war zwar Kanzler geworden, aber mit einer bedrohlich anwachsenden Zahl von Nationalsozialisten im Nacken. Die SA lieferte sich Saal- und Strassenschlachten mit den Kommunisten. Ruth und Wolfgang fanden, es sei höchste Zeit, sich über die Nazis Aufklärung zu verschaffen und Hitlers programmatischen Wälzer „Mein Kampf" zu lesen. Das Buch im Laden zu verlangen kostete Überwindung. Wolfgang kaufte es.

Was Ruth dann liest, alarmiert sie, macht sie hellwach und bestimmt auf Jahre ihr politisches Handeln. Sie liest und sieht ihre Freunde in Gefahr. Hitlers Hauptfeind ist „der Jude". Minderwertige, Gauner, Lumpen, schreibt er, seien sie allesamt, „eine sich blutig bekämpfende Rotte von Ratten", die „ausgerottet" werden müsse. Wörtlich: „Hätte man zu Kriegsbeginn und während des Krieges einmal zwölf- oder fünfzehntausend dieser hebräischen Volksverderber so unter Giftgas gehalten, wie Hunderttausende unserer allerbesten Arbeiter aus allen Schichten und Berufen es im Felde erdulden mussten, dann wäre das Millionenopfer der Front nicht umsonst gewesen. Im Gegenteil. Zwölftausend Schurken zur rechten Zeit beseitigt, hätten vielleicht einer Million ordentlicher, für die Zukunft wertvoller Deutscher das Leben gerettet."

Da steht sie wieder, eine „Dolchstosslegende" schwarz auf weiss. Die Kampfansage. Die Vernichtungsvision. Nicht genug. Auch das Parlament wird verhöhnt in Hitlers Pamphlet: „Eine Spottgeburt aus Dreck und Feuer". Der Machtanspruch ist festgeschrieben: „Staatsgrenzen werden durch Menschen geschaffen und durch Menschen geändert ... Deutschland wird entweder Weltmacht oder überhaupt nicht sein." Ruth schreibt sich Sätze heraus aus „Mein Kampf" und nimmt sie mit ins Romanische Café. Einige lachen. Andere winken ab: „Vergiss doch den Irren" ... „Nimm's nicht so schwer" ... „Noch ist er nicht dran, der Hitler". Anders Fritz Landshoff, anders Fischers, Salomons, Jossmanns und der melancholische Mühsam. Auch sie sehen „die Schrift an der Wand", aber daraus Konsequenzen zu ziehen, so weit sind sie noch nicht.

Im Frühherbst 1931 reist Ruth wieder nach Landeck. Sie will die Sandbergs treffen. Herbert Sandberg, ihr Freund Schnargus, ist inzwischen Dirigent an der Königlichen Oper in Stockholm geworden, seine Schwester Eva, ihm nachgefolgt, arbeitet dort als Photographin. „Weit ab vom Schuss", sagt Herbert, längst entschlossen, nur noch in den Ferien nach Deutschland zurückzukehren. Beide nehmen Hitlers Tiraden bitterernst.

Aber für ein paar Wochen wird die Politik dann doch ausgeklammert. Man lebt den alten, ausgelassenen Landeck-Stil. Tennis, Picknicks, lange Nächte mit Musik aus dem Koffergrammophon. Klassik, Jazz, die neuesten Schlager. „Parlez moi d'amour / redites-moi des choses tendres ..." Ruth lernt „Ljowa" kennen. Ljowa ist Herberts Freund Leo Borchard, ein junger Dirigent, Sohn deutscher Eltern, in Moskau geboren, in Petersburg gross geworden, 1917 während der Russischen Revolution über Finnland nach Deutschland geflohen. Dem

„High-noon“-Helden Gary Cooper ähnlich. So habe ich ihn in Erinnerung. Gross, schlank, mit feingliedrigen, ausdrucksvollen Händen. Elegant, ohne „overdressed“ zu sein. Etwas unnahbar, darum noch faszinierender.

Ljowa war schon ein paarmal in Landeck gewesen, um mit Schnargus endlos über Musik zu reden und nebenbei ein paar „Sommerfliegen“ zu fangen. Nette Mädchen für nette Flirts und ein bisschen mehr. Ruth ist keine Sommerfliege. Für beide, Ljowa und sie, ist es der „coup de foudre“. Eva und Herbert werden Zeugen. Herbert mit einem weinenden und einem lachenden Auge. Er ist selbst in Ruth verliebt. Als die verzauberten Wochen zu Ende gehen, versprechen Ruth und Ljowa, sich in Berlin wiederzusehen. Das tun sie auch und treffen sich bald immer öfter.

An mir ging das alles vorüber. Ich war auch noch zu klein, um zu begreifen, was meine Mutter am Jahresende erneut alarmierte. Im Dezemberheft des von ihr abonnierten „Querschnitt“, der linksorientierten Zeitschrift der Intellektuellen, gab der berühmte Hellseher Erik Jan Hanussen eine düstere Prognose für das Jahr 1932 ab: „Die Welt wird nicht bolschewistisch, im Gegenteil, sie wird faschistisch“, schrieb er. „Über Deutschland kommt eine starke Faust, die kürzere Zeit eine ausserordentlich fühlbare Diktatur ausüben wird. Es droht die Auflösung des Parlaments. In der Arbeitslosenfrage wird der kommende Mann mit starker Hand den gordischen Knoten durchhauen.“ Niemand ahnte, wie recht Hanussen haben sollte.

„Jetzt hab' ich keine Lust mehr“

Zunächst stieg die Zahl der Arbeitslosen weiter. Von Hanussens Hellseherei bekam ich nichts mit, aber an die Bettler erinnere ich mich. Es gab viele damals. Einige sangen im Hof, andere spielten Drehorgel, und ich durfte ihnen Zehnpfennigstücke vom Küchenbalkon zuwerfen, die vorher in Zeitungspapier eingewickelt wurden. Manche Bettler gingen auch in den Mietshäusern treppauf, treppab, von Tür zu Tür. Ich fand es aufregend und beispielhaft von meiner Mutter, hin und wieder einen von ihnen zum Kaffee in die Küche zu bitten.

Da sassen wir dann um den Tisch, und der „wilde Mann“ erzählte seine traurige Geschichte. Geschichten, in denen fast immer – vielleicht nicht immer wahr, aber immer zu Tränen rührend – von hungrigen Kindern, von einer kranken Frau und von Arbeitslosigkeit die Rede war.

Einmal allerdings hat ein solcher Bettler, als meine Mutter ihn an der Tür nur mit einer Butterstulle bedachte, die Stulle beim Weggehen mit der Butterseite ans Guckloch geklebt. Das war nicht fein, aber Ruth nahm es nicht krumm. Sie hatte eine Erklärung: „Was willst du“, sagte sie, „das ist menschlich. Nimm die Menschen doch so, wie sie sind.“

Trotz Brünings Notverordnungen ist 1932 die Wirtschaftsmisere perfekt. Die Zahl der Arbeitslosen in Deutschland überspringt die Sechs-Millionen-Grenze. Brutal werden Arbeitslosen-, Krisen- und Wohlfahrtsunterstützung gekürzt. In Berlin hat der kommunistische Sänger Ernst Busch seine grosse Zeit. Die Fanfarenstimme. Hemdsärmlig tritt er auf, die Hände in den Hosentaschen, ein Arbeiter im Aufruhr, und singt das Lied von der Solidarität: „Vorwärts und nicht vergessen, worin unsere Freiheit besteht …“ Ruth sitzt mit Kumpel Erich im verqualmten Gewerkschaftssaal und klatscht mit, trampelt mit, singt mit: „Vorwärts und nicht vergessen / die Solidarität“. Und sie bringt ein Bild mit nach Hause von Käthe Kollwitz: eine Mutter, an deren Röcken die Kinder zerren: „Brot!“ Nur „Brot!“ steht darunter.

Was sich sonst noch tut im Jahr 1932, bringt auch Hélène in Breslau zur Verzweiflung. Am 3. März ist in Paris Aristide Briand gestorben, Stresemanns Mitstreiter für ein friedliches Europa. Am 30. Mai stürzt Brüning. Zwei Monate später, am 31. Juli, wird die NSDAP bei der Wahl zum 6. Reichstag mit 37,8 Prozent stärkste Partei, und ihr Anführer Adolf Hitler erhält in Braunschweig die angestrebte, deutsche Staatsbürgerschaft. Böses ahnend, emigriert der Maler George Grosz nach Amerika.

„Jetzt hab' ich keine Lust mehr“, schreibt Hélène an Ruth. Ein paar Tage danach legt sie sich hin und steht nicht mehr auf. Sie isst nicht. Sie trinkt nur noch Wasser. Sie spricht kaum. Niemand weiss, was ihr wirklich fehlt. Am 13. November stirbt Hélène. Sie ist 79 Jahre alt.

In ihren Erinnerungen schreibt meine Mutter: „Als ich aus

Berlin nach Breslau kam, war der Sarg schon geschlossen. Ich sah nur noch die Hülle, die Grossmama verbarg. Neben ihrem zweiten Mann Engelbert, vor einem Heckenrosenbusch wurde sie beigesetzt. Als wir von der Beerdigung kamen, sagte jemand, es habe geregnet. Ich weiss das nicht. Ich weiss nur: ich habe sie grenzenlos geliebt."

Hélènes Orangenblütenkranz von der Hochzeit in Paris, das in Elfenbein gebundene Gebetbuch, ihr anmutiges Jungmädchenbild und das Miniporträt des revolutionären Constant Forgeois nimmt Ruth, als sie zwei Tage danach wieder abreist, im Handgepäck mit nach Berlin. Zuhause schliesst sie sich ein. Ich habe meine Mutter nie zuvor weinen sehen, aber ich hörte sie weinen in dieser Nacht und danach immer wieder, wenn sie meinte, wir schliefen.

Die eichene Reisetruhe, die mit Hélène und ihrer Mutter Adèle schon in Amerika war, wurde uns später zugeschickt. Darin ihre kleine, schwarze Pelerine, viele Liebesbriefe und alles, was sie an Dokumenten für die Familiengeschichte zusammengetragen hatte. Ein Nachruf auf Hélène Richters, verw. von Drewitz, geb. Vissing, erschien am 26. November 1932 in der *Neuen Breslauer Zeitung*. Offenbar aufgesetzt von der Deutschen Demokratischen Partei, die sich nun Deutsche Staatspartei nannte. Darin heisst es am Ende:

„Der Nationalität nach Amerikanerin, dem Temperament nach Französin, der Neigung nach Deutsche, lebte sie seit Jahrzehnten in unserer Stadt, deren politischem Leben bis in ihr spätes Alter ihr lebhaftes Interesse und ihre temperamentvolle, aktive Anteilnahme galt … In ihr verliert die Staatspartei eine der treuesten Anhängerinnen und Vorkämpferinnen des demokratischen Gedankens."

Rundumschlag 1933

Meine Urgrossmutter Hélène hatte sich noch rechtzeitig aus dem Staube gemacht. Das „Tausendjährige Reich" ist ihr erspart geblieben. Liest man heute, wie schnell sich 1933 nach dem Triumph der Nazis die Schlinge zugezogen hat, dann fragt man sich, warum nicht viel mehr Menschen das

Land fluchtartig verliessen. Natürlich hatte das viele Gründe: Heimatliebe. Die Unmöglichkeit, sich vorzustellen, wie weit Hitler es treiben könnte. Existenzangst. So leicht wanderte es sich nicht aus. Die Mehrheit ausserdem setzte auf den „Retter aus der Not“, und unter der Minderheit war die Meinung verbreitet: „Der hat bald abgewirtschaftet ... Der macht's nicht lange.“ Was unter dem Deckmantel „für Volk und Vaterland“ an menschlichem Abschaum heraufkam, konnte die schlimmste Phantasie sich nicht ausmalen.

Für meine Mutter und Leo Borchard begann das Jahr 1933 vielversprechend. Am 3. Januar gab er sein erstes erfolgreiches Konzert mit den Berliner Philharmonikern. Beethoven, Brahms, Haydn. Ruth war dabei. Borchard am Ziel seiner Wünsche. Weitere Konzerte fest eingeplant. Kurz darauf zog er an der Fritschestrasse ein und Wolfgang aus, um das „Rehlein“ Lulu Assum zu heiraten, die, grossäugig und scheu, wirklich etwas hatte von einem Reh. Eine vergnügte Hochzeit. Heiterkeit vor dem Sturm.

Danach ist bald nichts mehr, wie es war. Schon am 22. Januar stimmt Hindenburg der Ernennung Hitlers zum Reichskanzler zu. Am 30. 1. wird die „Regierung des Nationalen Zusammenschlusses“ vereidigt und mit Hilfe des Notstandsartikels 48 die Macht der NSDAP eisern verankert. In atemberaubender Folge sind die verfassungsmässigen Grundrechte abgeschafft, die Parlamente entmachtet, die Länder „gleichgeschaltet“. Nach dem Reichstagsbrand folgt am 23. März das berüchtigte „Ermächtigungsgesetz“, dem nur die SPD nicht zustimmt. Die KPD ist schon ausgeschaltet. Zwei Tage zuvor war Hitler noch brav-bürgerlich, wie ein Konfirmand im schwarzen Anzug, an der Seite des greisen Reichspräsidenten zum Staatsakt in der Potsdamer Garnisonskirche erschienen. Während man sich dort weihevoll gab, hatte die Jagd auf Sozialdemokraten und Kommunisten schon begonnen. Der Sänger Ernst Busch konnte, von Freunden gedeckt, gerade noch nach Holland entkommen. Ruths Arbeiterfreund Erich ging in den Untergrund.

Am 1. April, einem Samstag, einem Schabbat, sind die Juden dran. „Boykott-Tag“. Braune Rotten in den Strassen. Vor jüdischen Geschäften, vor Arzt- und Anwaltspraxen ziehen SA-Männer auf. Stiefelknallend. Sturmriemen umgeschnallt. Auf

Transparenten: „Die Juden sind unser Unglück". Auf offener Strasse werden Menschen zusammengeschlagen. Heinrich Mühsam schleppt sich abends bei uns die Treppen hinauf und berichtet atemlos vom Treiben im Ullstein-Haus, einem Eklat von vielen in diesen Tagen. An die hundert Angestellte – „Nicht zu fassen – unsere eigenen Leute!" – seien durch die Gänge gezogen und hätten gebrüllt „Juden raus!". Kurz darauf fordern die gleichen Radikalinskis auf einer eigens einberufenen Versammlung, alle jüdischen Redakteure zu entlassen.

Feuer frei für die Denunzianten. Jetzt trifft es auch Leo Borchard. In einer Demokratie wäre der „Vorfall" eine Lappalie gewesen. Nun nicht mehr. Mitglieder des Berliner Funkorchesters, mit denen er am 20. April hätte konzertieren sollen, weigern sich, unter ihm zu spielen und geben wörtlich zu wissen: „Auf Grund des nachfolgenden Protokolls, konnten es die Mitglieder des Berliner Funkorchester nicht mit ihrem nationalsozialistischen Empfinden und Denken vereinbaren, an dem Geburtstag unseres Führers, dem Volkskanzler Adolf Hitler, einen Kapellmeister im Berliner Rundfunk dirigieren zu lassen, der bei den Unterzeichneten des Protokolls als Ausländer gilt, und dessen Handlungsweise in Königsberg Pr., wie aus dem Protokoll ersichtlich, zu schweren Ärgernissen Veranlassung gab.

Protokoll

Zu dem Vorfall mit dem Kapellmeister Leo Borchard am 19. 4. 33 geben unterzeichnete Mitglieder des Berliner Funkorchesters, ehem. Mitglieder des Königsberger Funkorchesters, in Gegenwart des Vorstandes des Berliner Funkorchester folgendes zu Protokoll und sind bereit, diese Angaben gegebenenfalls eidesstattlich zu versichern.
Herr Kapellmeister Leo Borchard hat in Königsberg beim Abspielen des Deutschlandliedes deutlich erkennbar in unwilliger Weise den Taktstock niedergelegt. Diese Gesinnung wurde am 19. 4. 33 von Herrn Borchard selbst prägnant beleuchtet, indem er das nationale Parteiabzeichen in hämischer Weise glossierte. Sowohl die freundschaftlichen Beziehungen zu den Ostjuden des Königsberger Orchesters als auch die üblen Denunziationen von Orchestermitgliedern bei der Königsberger Direktion haben schon des öfteren bei seinem Erscheinen in der Funkstunde

G.m.b.H. hässliche Erinnerungen bei den ehemaligen Mitgliedern des Königsberger Orchesters erweckt.
Bestätigt am 21. April 1933

gez.: Ernst Haertl, Hans Hansen, Boettcher, Willy Wendt, V. Skalak, Robert Schlorff, H. Hedenus, Bruno Brandes, H. Mentl, K. Huegelschaefer, Singer, Geissler ..."[4]

Einige der Unterzeichner hatten Borchard offenbar schon in Königsberg für untragbar gehalten; nun sahen sie die Zeit gekommen, ihn endgültig loszuwerden. Es gelingt ihm zwar fürs erste, einen Kompromiss auszuhandeln, aber das Brandmal bleibt: „Politisch unzuverlässig".

Noch viel brutaler wird anderen mitgespielt. Im Wonnemonat Mai lodern Scheiterhaufen. Unter Gejohle werden öffentlich Bücher verbrannt. Heinrich Mann, Remarque, Feuchtwanger, Renn, Kästner, Tucholsky und unzählige andere. Auf dem Opernplatz, der Universität gegenüber, geht am 10. Mai die freie Meinung in Flammen auf. Alles, was nicht in die völkisch-arische Zwangsjacke passt. Im Mai kommt auch das Aus für Gewerkschaften und Parteien. SPD und KPD werden verboten, die Gewerkschaften liquidiert; ihr Vermögen wird eingezogen. Die NSDAP, nun totalitäre Staatspartei, erlässt am 14. Juli das „Gesetz zur Verhütung erbkranken Nachwuchses". Im gleichen Monat arrangiert man sich durch das Reichskonkordat mit dem Vatikan, und im Oktober schliesslich wird der Austritt aus dem Völkerbund besiegelt. „Heil Hitler".

Eine Fluchtwelle setzt ein. Nach Amsterdam, London, Paris, Prag und Wien. Max Reinhardt, 27 Jahre lang ingeniöser Direktor des Deutschen Theaters, verlässt das Land. Die Schauspielerin Elisabeth Bergner emigriert nach London. In Konzentrationslagern – voran Dachau bei München und Oranienburg bei Berlin – werden „Politische" mundtot gemacht. Sozialdemokraten und Kommunisten, die einen wirksamen Widerstand noch hätten organisieren können, sind mit Hilfe beschlagnahmter Mitgliederlisten im Rundumschlag ausgeschaltet. Als sie, sofern mit dem Leben davongekommen, nach zwei, drei Jahren entlassen werden, sind sie gebrochen und nur wenige fähig, aus dem Untergrund heraus zu operieren. Erich, Ruths Arbeiterfreund, ist von Anbeginn im Widerstand.

Am Ende des Unglücksjahrs 1933 stand für uns noch ein Umzug an. Der Abschied von Charlottenburg. Otto, mein Vater, hatte befunden, dass „das Kind nicht Augen- und Ohrenzeuge einer wilden Ehe“ werden dürfe und auf einer Trennung der Haushalte Friedrich/Borchard bestanden. Also war nolens volens meine Mutter auf die Suche gegangen und in Steglitz fündig geworden. In der ersten vollelektrifizierten Berliner Siedlung der Gehag, einen Steinwurf weit vom massigen Wasserturm entfernt, hatte sie zwei kleine Balkonwohnungen übereinander im zweiten und dritten Stock gefunden. Die sandfarbengetünchten Blöcke mit Flachdach hatten viel Grün drumherum und eingefasste Rasenrabatten vor der Tür. Gegenüber breitete sich parkartig der Bergfriedhof aus. Dieser „gute Ort“, wie ihn die Juden nennen, sollte meinen lebenslangen Hang zu Friedhöfen begründen.

Von der „wilden Ehe“ hatte ich, dank der strengen Diskretion meiner Mutter, schon an der Fritschestrasse nichts mitbekommen. Und so blieb es am Hünensteig, bis ich mich selbst zum ersten Mal verliebte. Borchard hiess für mich „Onkel Lo“, für meine Mutter „Ljowa“. Bis zum Ende blieben sie, alt-französisch, beim „Sie“. Dass sie Freunde waren, schien mir ganz selbstverständlich, auch wenn ich zuweilen fand, meine Mutter hätte ihm nicht so oft so lange „Gute Nacht“ sagen müssen. Morgens freilich fand ich sie stets unten in ihrem Bett.

„Judas streck' dich!“

Was wir damals nicht wussten: in Steglitz waren wir mitten hinein in eine Hochburg der Nazis geraten. Schon 1932 hatten 44,3 Prozent der Steglitzer die Nationalsozialisten gewählt (Berliner Durchschnitt: 28,6). In der Doelle-, heute Sembritzkistrasse trafen sich bereits vor der „Machtergreifung“ fanatische Anhänger der SA, in der Ringstrasse die SS, und entlang der Albrechtstrasse wehten die ersten Hakenkreuzfahnen. Hier waren die Braunen konzentriert. Unweit der kleinen Synagoge an der Düppelstrasse hatten sie ihre SA-Zentrale im „Albrechtshof“. Und in der „braunen Eisdiele“, Albrecht-/Ecke Heesestrasse, gleich bei meinem späteren Gymnasium, lieferten sie sich die wütendsten Schlägereien mit politischen Gegnern.

Ein SS-Gefängnis war am Hindenburgdamm etabliert worden, und in der ehemaligen Kadettenanstalt des Preussischen Offizierskorps in Lichterfelde hatte sich die „Leibstandarte Adolf Hitler" eingenistet. Bald nach unserem Einzug am Hünensteig wurde das Steglitzer Wahrzeichen, der massige Wasserturm am Bergfriedhof, zu einem „Ehrenmal" für „alte Kämpfer" hochstilisiert, vor dem in schöner Regelmässigkeit SA, SS und heilschreiende Bürger aufmarschierten. Und genau um die Ecke von unserem Haus residierte in der Worpswederstrasse der „Blockwart" Huhn, einer der strammsten im Umkreis. Nur bei uns, am Hünensteig Nr. 6, gab es keine Parteigenossen. Man liess sich in Ruhe. Das seltsame Paar Friedrich-Borchard schien den Anstand nicht zu verletzen, und selbst das häufige Kommen und Gehen von Kollegen und Freunden wurde geduldet.

Heinrich Mühsam bekam zum 1. April 1934 seine Kündigung von Ullstein. Als Schriftleiter „nicht mehr tragbar". Er nahm es – äusserlich zumindest – gelassen, nannte sich fortan „Privatier", schrieb meiner Mutter geistreiche, schwer zu entschlüsselnde Briefe und kam oft zu Besuch. Ich liebte Mühsam. Dabei war er ganz im Gegenteil zu Borchard alles andere als schön. Dick. Halbglatze. Fleischige Nase. Irgendwie pausbäckig. Und beim Gehen zog er ein Bein nach. Ich sehe ihn noch, sich schwerfällig am Geländer entlang die Treppe hinaufziehen. Mühsam hatte ein Holzbein. Als Kind war er unter eine Trambahn geraten. Man hatte das Bein bis übers Knie amputieren müssen. Seitdem war er schwerbehindert. Das hatte ihn nicht wehleidig, es hatte ihn duldsam gemacht. Er konnte meinem Geplapper endlos zuhören und, wenn ich mich vergaloppierte, unnachahmlich sanft sagen: „Karinchen, überleg' doch mal …"

Mit dem Wechsel von der 32. Charlottenburger an die 7. Steglitzer Volksschule hatte ich das hagere Fräulein Lohse mit dem gefürchteten Rohrstock gegen eine pralle Frau Tornette eingetauscht, die sich eines nicht minder gefürchteten Lineals bediente. Wer nicht parierte, bekam ein paar Schläge auf die Hand: „Vortreten, jetzt setzt's was." Als es bei mir das erste Mal was gesetzt hatte, erschien tags darauf meine Mutter in der Schule und verbat sich das. Mit Erfolg. Ich fand sie sehr mutig.

Heinrich Mühsam und Karin

Bald nach Ostern 1934 passierte, was mein weiteres Leben entscheidend beeinflussen sollte, auch wenn mir das damals nicht bewusst war. Aus einem mir nicht mehr erinnerlichen Anlass hatten wir Kinder – ich war gerade neun Jahre alt – auf dem Schulhof zu einer Feier anzutreten. Dabei wurde die Hakenkreuzfahne gehisst. Wir sollten „Heil Hitler" rufen. Und: „Judas streck' dich!" Ja, „Judas streck' dich", so hatte ich es verstanden und meiner Mutter mittags erzählt.

Zuerst war sie ratlos. „Judas streck dich? Was soll das denn heissen?" Dann wusste sie es. „Juda verrecke", hatte man auf dem Schulhof gebrüllt. Offenbar hatte ich mir darunter nichts vorstellen können. Aber den Judas aus der Bibel, den kannte ich, und Grimms Märchen kannte ich auch. „Tischlein deck' dich, / Esel streck' dich, / Knüppel aus dem Sack". Und so hatte ich mir wohl das „Judas streck' dich“ zusammengereimt. Wie sie mir viel später erzählt hat, habe sie damals nur ein paar Schrecksekunden gebraucht und sich dann spontan entschlossen, mich „einzuweihen“. Sie zog mich zu sich heran und sagte: „Ich muss dir jetzt etwas verraten. Darüber darfst du mit niemandem reden. Das ist unser Geheimnis. Wir können den Hitler nicht leiden. Er ist gemein zu unseren Freunden. Aber behalt das für dich.“

Ich war sehr stolz darauf, mit meiner Mutter ein Geheimnis zu haben. Freunden erklärte sie später, sie habe gar nicht anders handeln können. Ständig eine Rolle vor mir zu spielen, hätten weder sie noch Ljowa fertig gebracht. Und in einer so kleinen Wohnung, in der Antinazis ein- und ausgingen, hätte man auf die Dauer vor mir sowieso nichts verbergen können. Mit den Jahren wurde ich dann mehr und mehr ins Vertrauen gezogen. Und dass wir uns um die Freunde zu kümmern hatten, zu denen Hitler so gemein war, war für mich als Kind „klar wie Klossbrühe“.

Eine junge Frau mit Vorahnungen, die der zunehmende Antisemitismus und die entsetzt erlebte, exemplarische Verfolgung des Herausgebers der kritischen „Weltbühne“, Carl von Ossietzky, schon früh aus Deutschland vertrieb, war Margot Jacob, die Schwester unseres Zahnarztes Dr. Hugo Jacob. Gegen den Willen ihres blonden, treudeutschen Bruders ging sie in ein Ausbildungslager und schiffte sich bald darauf nach Palästina ein. Das Leben, das sie im Kibbuz erwartete, war knochenhart, aber ihre Briefe wurden immer dringlicher: „Kommt auch! Hier seid ihr sicher.“ Hugo schüttelte den Kopf und blieb. Ihm, meinte er, dem Mitglied des seriösen „Centralvereins deutscher Bürger jüdischen Glaubens“, könne man doch nichts anhaben.

Andere Freunde meiner Mutter waren, wie Margot, nach den, im September 1935, balkendick in allen Zeitungen publizierten „Nürnberger (Rassenschande-) Gesetzen“ aufs höchste alarmiert und emigrierten: die alten Salomons in die USA. Eva Landshoff, Ruths engste Freundin, von Fritz Landshoff inzwischen geschieden, ging über Florenz und Nizza mit ihren beiden Kindern nach Hollywood, wo sie sich ihr Geld als Masseuse verdiente. Bei so prominenten Klienten wie Greta Garbo und Hedy Lamar. Auch Jenö und Franziska Weiss wanderten aus.

Vertraute meiner Mutter aus den zwanziger Jahren. Er: Textilfabrikant, sie: eine geborene Hummel, ehemals Schauspielerin bei Max Reinhardt. Mit drei Kindern wechselten sie über die Tschechoslowakei schliesslich nach Schweden. Ihr Sohn Peter Weiss war damals 18, ein junger Maler. Sehr häufig bei uns. Gross, schlaksig, betont unbürgerlich, ein Bohemien. Er schwärmte für meine liberale Mutter. Für mich hatte er ein kleines Indianerdorf gebaut mit bunt bemalten Zelten aus Leinwand und bizarren Totempfählen aus Holz. Manchmal sassen wir alle drei auf dem Boden – meine Mutter, er und ich – und spielten Indianer. Bei ihr wollte er vor der Emigration alle seine Bilder vernichten. Sie konnte ihn davon abbringen und rettete sie über die Nazizeit.

Wäre Hitler nicht am Ruder gewesen, die Jahre 1935/1936 wären für uns ohne grosse Sensationen verlaufen. Mein Vater heiratete die Baltin Elisabeth von Siewers, die wir alle mochten und sofort akzeptierten. Ich war oft bei ihnen eingeladen. Meine Mutter hatte unter dem Schriftstellernamen Ruth Andreas-Friedrich wieder zu schreiben angefangen. Der erste Artikel, den sie abgeheftet hat, datiert aus dem Jahr 1935: „Viele Wege führen in die Unsterblichkeit" – eine unkonventionelle Würdigung so unterschiedlicher „Heldinnen" wie Messalina, Xanthippe, Rembrandts Frau Saskia oder der „Inconnue de la Seine", einer jungen Selbstmörderin, deren Totenmaske mit dem seltsam schönen Lächeln bei ihr im Arbeitszimmer hing. Das hatte sie sich im 3. Stock, in Ljowas Wohnung, genau über meinem Kinderzimmer eingerichtet. Sie schrieb damals vor allem Serien unter dem Motto „Schicksale und Geschichte", die unter anderem in der Zeitschrift *Koralle* abgesetzt wurden: „Heldinnen ohne Lorbeer" hiess eine Serie, eine andere: „Ihr letzter Gang" – acht Folgen von der Hinrichtung der Maria Stuart bis zur „Kaisertragödie von Mexico".

Das späte Aufstehen hatte sie, wie schon zu ihres Bruders Zeiten in Magdeburg, beibehalten. Meine Frühstücksbrote fand ich im Kühlschrank, für den langsam auftauende Eisbarren angeliefert wurden. Mittags assen wir pünktlich im zweiten Stock zu dritt. Ljowa, meine Mutter und ich. Traditionell gab es drei Gänge, auch weiter den ganzen Krieg hindurch. Suppe, Hauptgang, Nachtisch. Ruth hatte ein phänomenales Geschick, in dieser Zeit, in der es noch keine Bibliotheken von Kochbüchern und keine Vier-Sterne-Köche gab, phantasievoll zu kochen. „Ist nicht von mir, ist von Fräulein Anna", pflegte sie zu sagen. Anna Langheier, bei der sie gelernt hatte, „die beste Köchin der Welt". Tischreden, wie sie selbst sie als Kind hatte halten müssen, hat sie mir nie abverlangt. Dafür durfte ich mitreden bei Tisch. Mitreden, nicht dazwischenreden. Ich sollte lernen, meine Meinung zu sagen. Immer öfter auch über Politik.

Ljowa, meinen „Onkel Lo", erlebte ich beherrscht und Respekt gebietend. Undenkbar, dass er unten bei uns im Schlafrock oder in einer Strickjacke erschienen wäre. Er trug zum Jackett stets ein tadellos gebügeltes Hemd, Krawatte und Weste, daran an goldener Kette festgemacht eine auffallend flache, goldene Taschenuhr und diverse Talismane, von denen mich besonders drei silberne Äffchen („Böses nicht sehen, nicht hören, nicht sagen") faszinierten, in deren Inneren drei winzige Würfel versteckt waren.

Politisch unzuverlässig

Über Musik redete Ljowa nie bei Tisch. Dafür häufiger von seiner Jugendzeit in Moskau und Petersburg vor der Russischen Revolution, als er noch Lew Ljewitsch Borchard hiess und im Sommer mit den begüterten Eltern auf die finnische Datscha in Terijoki reiste, ganz nah beim Anwesen des mit ihnen befreundeten, russischen Malers Ilja Repin, bei dem Maxim Gorki, der Sänger Schaljapin und die Achmatowa verkehrten. Mich für Musik zu begeistern hatte er wohl aufgegeben, nachdem ich es vorgezogen hatte, mit meinem Vater im Tiergarten zu reiten, statt bei ihm Klavier spielen zu lernen. Später habe ich das sehr bereut.

Die Mitte der dreissiger Jahre – das war Leo Borchards grosse Zeit. Mit den Berliner Philharmonikern dirigierte er an die drei Dutzend Konzerte und zahlreiche Aufnahmen für Telefunken. Wie ihm Kritiker bescheinigten, galt er als „begnadeter Tschaikowsky-Interpret" und als „eine der stärksten Persönlichkeiten unter den jungen Dirigenten". Bei Leo Blech und Hermann Scherchen hatte er gelernt, bei Otto Klemperer war er an der

Kroll-Oper, bei Bruno Walter, dem er sich als Mensch und als Künstler wesensnah fühlte, Korrepetitor an der Berliner Städtischen Oper gewesen. „Auf einer Höhe gestalterischer Kraft wie selten zuvor" sah ihn ein Kritiker 1936. „Vollendete Differenzierung", hiess es, „und Überlegenheit des Technischen neben äusserster Konzentration des Geistigen zeichnen seine Konzerte aus ... Feinheit und gestochene Präzision sind ebenso überzeugend wie die klangliche Ausgewogenheit, der musikalische Duft und die Geschlossenheit des Aufbaus ... Beifall über Beifall."

Ich habe ihn nur wenige Abende in der Philharmonie erlebt und war dabei reichlich abgelenkt, weil ich für den Geiger Siegfried Borries schwärmte. Von den Konzerten im Gedächtnis blieben mir Borchards unglaublich ausdrucksvolle Hände und sein entrücktes Gesicht. Natürlich auch – unübersehbar in der ersten Seitenloge – Borchards Schwester und seine gebrechliche Mutter, zwei unnahbare Damen in Perlen und Pelz, sowie die seltenen Augenblicke, in denen ich dem Maestro im Künstlerzimmer einen Kuss geben durfte. Er sah immer bleich und erregt aus und hatte ein weisses Frottiertuch um den Hals.

Meine Mutter besuchte jedes Konzert und ging auch sonst oft aus, während mehr oder weniger nette Tanten mich bewachten. Zur Gewohnheit wurde, dass Ruth mich nachts weckte. Das belegen viele von ihr gehütete Zettelchen: „Liebe Mutti, wecke mich bitte, bitte, bitte, bitte, ich hab Dir viel zu erzählen!" ... „Komme bitte gleich zu mir rein. Ich hatte im Diktat 3 Fehler. Viele Küsse und Liebe! Deine Karin". Und so weiter dutzendfach.

Ich liebte es, von meiner Mutter geweckt zu werden und schlief danach sofort wieder ein. Meistens brachte sie etwas mit. Einen Luftballon, Pralinés, Törtchen, aus dem „Kakadu" einmal einen bunten Pappkakadu, zuweilen auch ein Hühnerbein, das sie beim Essen im Restaurant heimlich in ihrer Serviette hatte verschwinden lassen.

Sie war nicht immer um mich herum, aber immer ganz da, wenn ich sie brauchte. Und am schönsten fand ich die Abende, wenn sie mir beim Baden Gesellschaft leistete. Während ich im warmen Wasser lag, erzählte sie mir, neben der Wanne sitzend, von unserem Ahnherrn Constant Forgeois und der Französi-

Im finnischen Terijoki:
Ruth und Leo Borchard Mitte der 30er Jahre

schen Revolution, von Adèle in Amerika, vom guten Dr. Jakoby – „Sei wachsam!" – und von ihrer geliebten Grossmutter Hélène. Oder sie rezitierte auswendig Schillerballaden, die von edlen Jünglingen handelten, von Liebe bis zum Tod und von treuer Freundschaft. „Der Taucher ... Der Handschuh ... Die Bürgschaft ... Der Ring des Polykrates ... Das verschleierte Bild zu Sais". Immer wieder auch „Das Lied von der Glocke" oder das Lied „An die Freude". Die 9. Beethovens spielten wir jedes Jahr vor Mitternacht an Silvester, wenn Ljowa, wie am Heiligen Abend, bei seiner Familie weilte. Eine Strophe aus dem Lied sollte ich mir besonders merken. Sie hat mich durch mein ganzes Leben begleitet: „Festen Mut in schweren Leiden, / Hilfe, wo die Unschuld weint, / Ewigkeit geschworenen Eiden, / Wahrheit gegen Freund und Feind, / Männerstolz vor Königsthronen – / Brüder, gält es Gut und Blut: / Dem Verdienste seine Kronen, / Untergang der Lügenbrut!“

Damit und mit dem Kantschen Imperativ – für mich auf die einfache Formel gebracht: „Was du nicht willst, das man dir tu, / das füg' auch keinem andern zu“ – wollte sie mir etwas Unzerstörbares vermitteln. An Schiller und Kant sollte ich mich orientieren können in dieser immer unmenschlicher werdenden Zeit. „Der gestirnte Himmel über uns und das moralische Gesetz in uns“ als Richtschnur. Heute mag das pathetisch klingen. Damals und für mich passte es.

Ganz und gar nicht passte mir, dass Ljowa und meine Mutter ohne mich jeden Sommer bis zum Kriegsausbruch acht Wochen nach Stockholm zu Schnargus und anschliessend ins finnische Terijoki fuhren, wo nicht weit von der heruntergekommenen Borchardschen Datscha noch ein uralter Onkel Wanja sie willkommen hiess. Ta Zau, das „Fräulein“, zog währenddessen an den Hünensteig, und Heinrich Mühsam spielte den Sonntagsonkel. In einem acht-Seiten-Schreibmaschinenbrief nach Finnland hat er meiner Mutter darüber unter anderem Rechenschaft abgelegt.

„Nun war ich also wirklich“ schrieb er, „mit Fräulein Karin – nein: nicht im Zirkus, denn die Elefanten standen inzwischen weder von hinten noch von vorn, weder mit Rüssel noch mit Schwanz mehr auf dem Fehrbelliner Platz, sondern hatten es für an der Zeit gehalten, sich nach der Frankfurter Allee zu begeben, ... wobei es zweifelhaft bleiben mag, ob sie die Untergrundbahn gewählt haben mit Umsteigen am Alexanderplatz per Rolltreppe oder ob sie, Dickhäuter, die sie sind, die Stadtbahn bevorzugten.“

„Ich traf Frl. Karin“, so Mühsam weiter, „Punkt 3 Uhr an der Haltestelle der Linie 44. Ihre Enttäuschung anlässlich der Elefanten, welche so platterdings aus heiterem Himmel die Bude dichtgemacht haben, bzw. mit letzterer auf dem breiten Rücken abgebraust waren, schien geringer als die meine und liess sich durch einen ergiebigen Konditoreibesuch (gemischtes Eis: Vanille und Erdbeer nebst 1 Stck. Kuchen – Finden Sie viel für zwei Stunden?? Ich nicht!) in der Schloss-Strasse hart im Schatten der Kaisereiche (sie steuerte den Löwenanteil des Geplauders bei) und anschliessendem ‚Kleinen Rebell‘ (Shirley Temple) leicht übertäuben. Sie sass – zum dritten Mal!! – ganz gefesselt, mit verschränkten Händen. Mir hatte es besonders der gütigbärtige Präsident (Lincoln) angetan … Übrigens ist der „Kaiser von Kalifornien“ jugendfrei!! – Und vielleicht klappt es nochmal mit den Elefanten. Allerdings ist die nächste Woche belegt – Bei Frl. Karin natürlich.“

So war er – Mühsam –, und so liebte ich ihn. Ironisch, komisch, keine Respektsperson, ein Freund. Im Zirkus waren wir nicht mehr, aber ein paar Mal im Zoo. Mühsam am Stock. Schwer hinkend. Am liebsten schauten wir im dampfenden Dschungeldunst des Aquariums von der Brücke über dem künstlichen Teich den Krokodilen zu, wobei ich mir mit Gruseln jedesmal vorstellte, wie das wäre, wenn man ihnen zwischen die Zähne geriete.

Mit meinem Vater durfte ich in diesem Jahr 1936 zum ersten Mal verreisen. Auf die Insel Sylt, ins damals kaum bekannte Dörfchen Kampen. Eine ganz andere Art von Verwöhnung. Lange Ausritte am Strand entlang. „Heidesandplätzchen“ beim Glas Milch vor der Reetdach-Fischerkate, in der wir das geschnörkelte Schlafzimmer der Witwe-Wirtin gemietet hatten. Und jeden Abend Vorlesen. „David Copperfield“ von Dickens, ergreifend, und Storms „Schimmelreiter“. („Mein Kind! O Elke, o getreue Elke! schrie Hauke in den Sturm hinaus …“) Aber das Aufregendste war unser Kinobesuch. Nicht jugendfrei! „Scarlet Pimpernell“ – eine Liebesgeschichte aus der Französischen Revolution. Die Leute hinter uns schimpften, dass „ein so kleines Kind …“ aber mein Vater sagte seelenruhig: „Gute Filme können auch kleine Kinder sehen.“ Und ich fühlte mich gleichzeitig sehr beschützt und sehr erwachsen.

An die „grösste Olympiade aller Zeiten“ im gleichen Jahr 1936 kann ich mich gar nicht erinnern. Anderes war für uns vordergründig geworden. Mit dem Putsch General Francos gegen die rechtmässige, republikanische Regierung war der spanische Bürgerkrieg entfesselt. Auftakt zum Sturz in den faschistischen Abgrund. Auch Leo Borchard gerät wieder unter Beschuss. Plötzlich ist er bei den Philharmonikern „persona ingrata“. Eine neuerliche Denunziation macht die Runde: Bei einem Gastspiel in Vichy habe er seine Verbundenheit mit dem „Juden Bruno Walter“ öffentlich bekräftigt.

Das ist das Ende für ihn. Das heisst: Auftrittsverbot. Nur noch im Ausland darf er gelegentlich ans Pult. Als Aushängeschild einer liberalen Kulturpolitik der Nationalsozialisten. Wenigstens kann er weiterhin Auslandsreisen nutzen, um Kontakte mit Gesinnungsfreunden zu halten und neue anzuknüpfen. Vor allem aber, um für politisch Verfolgte und jüdische Freunde heimlich Geld, Schmuck und Garderobe ausser Landes zu schaffen. Ljowa und Ruth reisen gemeinsam oder getrennt. Meine Mutter mit Pelzen behangen, Perlen um den Hals, Diamanten am Finger, Dollarnoten in der Zahnpastatube, Goldmünzen im Mantelsaum. Sie wird das bis zum Kriegsausbruch fortsetzen. Anfangs für Freunde, dann für Freunde und Bekannte der Freunde. Nur einmal gibt es dabei einen kleinen Zwischenfall. Ein ungeduldiger, ihr nur flüchtig vorgestellter Herr Blum schreibt aus Paris auf offener Postkarte: „Wo bleibt der Schmuck? Ich mache Sie haftbar." Das hätte Ärger geben können. Die Postzensur hatte, gottlob, geschlafen.

Vornehmlich nutzt Ljowa die erzwungene Freizeit, um Nina Berberowas Tschaikowsky-Biographie, die „Geschichte eines einsamen Menschen", zu übersetzen. Meine Mutter tippt ab und hilft ihm dabei. Das Buch wird 1938 bei Kiepenheuer erscheinen. Mit seinem Multitalent für fremde Sprachen hört er auch schon lange ausländische Nachrichten, wo er sie nur auffangen kann. Oben im 3. Stock am Hünensteig. Mit einer Dekke über dem Kopf, fast hineinkriechend ins Radio. Englische Nachrichten, russische, französische, italienische. Was er hört, wird häufig beim Mittagessen besprochen: Im „Reich" hat man der in Opposition zu den „Deutschen Christen" agierenden „Bekennenden Kirche" ihren Mitbegründer und Protagonisten Martin Niemöller genommen und ihn ins Konzentrationslager verschleppt. In München macht man mit der Ausstellung „Entartete Kunst" den grössten Malern der Moderne den Garaus. Beckmann, Feininger, Kokoschka und viele andere sehen sich an den Pranger gestellt, um ihre Werke gebracht und verlassen fluchtartig das Land. Beherrschend in allen Nachrichten: der Spanienkrieg.

Hitler und Mussolini – die „Achse Berlin–Rom" – haben Francos Generalsjunta als Regierung anerkannt. In höchster Bedrängnis flehen die Republikaner um Hilfe. Am 27. April 1937 bombt die deutsche „Legion Condor“ die alte Stadt Guernica ins Nichts. In rauchenden Trümmern sterben Frauen, Kinder, Unschuldige. Weltweit halten sich die Regierungen vornehm zurück, aber Freiwillige – an die 50 000 aus mehr als 50 Nationen – haben den Hilfeschrei gehört und reihen sich nach und nach ein in die „Internationalen Brigaden“.

Und da ist auch er wieder in Spanien – Ernst Busch. Der Sänger. Die Fanfarenstimme. Von Hausdächern singt er, in Unterkünften, in Lazaretten, im „Freiheitssender“. Später werden seine Lieder, auf Schallplatten gepresst und heimlich gespielt, noch jahrelang anderen Mut machen. Jetzt treiben sie in Spanien die Freiwilligen auf die Barrikaden: „Die Heimat ist weit, / doch wir sind bereit. / Wir leben und siegen für dich – / Freiheit.“

Als nach den endlosen Kämpfen um Madrid und der verzweifelten Schlacht am Ebro der letzte Brigadier, der jüdische Freiwillige Chaskel Honigstein, am 4. Oktober 1938, zehn Tage nach der Demobilisierung der Internationalen Brigaden, fällt und Spanien damit auf Jahrzehnte faschistisch wird, hat Hitler dem Deutschen Reich schon das jubelnde Österreich einverleibt und auf der „Konferenz von München“, am 29. September seine „letzte Forderung“, die Abtretung der Sudetendeutschen Gebiete durchgesetzt. Die Juden sind schimpflich erfasst. In ihren Papieren und Ausweisen müssen sie seit August 1938 die zusätzlichen Vornamen Sara und Israel führen. Der Privatier Mühsam heisst jetzt Heinrich Israel Mühsam. Aber er schämt sich nicht.

Die Brandmarkung mit den biblischen Namen war nicht die einzige Unrechtsverordnung gegen jüdische Bürger. Für Vermögen über 5000 Reichsmark bestand jetzt Meldepflicht. Jüdische Ärzte hatten die Approbation, jüdische Juristen die Zulassung verloren. 17 000 in Deutschland lebende polnische Juden waren „ohne viel Federlesens“, das heisst ohne Erbarmen, zum Teil von ihren Frauen und Kindern getrennt, nach Polen abgeschoben worden. Und alle verbliebenen Juden haben ab Oktober 1938 ihre Pässe abzugeben. Auf Anregung der Schweiz werden neue „verbesserte“ ausgestellt. Mit einem eingestempelten grossen „J“ auf der ersten Seite.

Paul Jossmann, der Vater meiner liebsten Freundin Winnetou, konnte noch kurz zuvor, ohne das „J“ im Pass nach Amerika entweichen. In Boston hofft er, als Arzt Fuss zu fassen und die

Familie schnellstens nachholen zu können. Für ihn, der unter Karl Bonhoeffer, dem Vater des 1945 hingerichteten Dietrich Bonhoeffer, an der Berliner Charité als renommierter Psychiater und Neurologe gearbeitet hat, bedeutet das: Anfangen bei Null. In den USA kommen deutsche Ärzte ohne erneute Examina nicht an. Gegen das, was ihn hier erwartet hätte, werden diese Prüfungen freilich nur eine geistige Kraftprobe sein, nicht ein Kampf auf Leben und Tod.

Das Pogrom

Am 7. November 1938 erschiesst Herschel Grynspan, 17 Jahre alt, den deutschen Gesandtschaftsrat Ernst vom Rath. Er erschiesst ihn aus Rache für die Zwangsdeportation seiner polnischen Familie. In Deutschland geht ein Gebrüll durch die Presse: „Weltjuda reisst die Maske vom Gesicht!" Zwei Tage danach entlädt sich die „Volkswut". So behaupten die Nazis. Tatsächlich war das Pogrom in der Nacht vom 9. auf den 10. November, wie viel später bekannt wird, geplant. „Es werden in kürzester Frist", liess Gestapochef Müller bereits am Morgen des 9. November alle Gestapoleitstellen wissen, „in ganz Deutschland Aktionen gegen Juden, insbesondere gegen deren Synagogen, stattfinden. Sie sind nicht zu stören ... Es ist vorzubereiten die Festnahme von etwa 20000 bis 30000 Juden im Reiche. Es sind auszuwählen vor allem vermögende Juden."

Schon nachts lässt Goebbels in München die Hunde los. Im Alten Rathaus gibt der Reichspropagandaminister das Zeichen zum Einsatz. „Ein Volk steht auf, ein Sturm bricht los" – der Sturm der SA und ihrer Helfershelfer. Das staatlich organisierte Verbrechen nimmt seinen Lauf. Von Greta Kuckhoff, der Frau des später ermordeten Adam Kuckhoff, ist überliefert, was sie bei uns in Steglitz sah:

„Beim Einbiegen in die Schloßstrasse bot sich uns ein fürchterlicher Anblick. Vor dem Konfektionshaus an der Ecke hatte sich eine johlende Menge vor dem Schaufenster zusammengerottet. Hinter den zerschlagenen grossen Scheiben standen mit dreckigen Stiefeln Jugendliche und rafften an sich, was sie nur packen konnten ... Der Eigentümer stand in der Tür, die Tränen liefen ihm durch die Bartstoppeln, in der Hand hielt er einen über und über bespieenen Frack, den er mit seinem Ärmel zu reinigen versuchte ... Ich ging die Schlossstrasse hinauf bis zum Steglitzer Rathaus. Überall das gleiche Bild: Zerstörungslust, höhnisch, boshaft ... Was man nicht brauchte, wurde zertreten. So trampelte man seine eigene Kultur zu Matsch, brannte einen Haufen Bücher an, pisste hinein, als wollte man den Brand wieder löschen, und nur hier und da stand eine alte Frau, ein junges Mädchen, blass, geängstigt und wandte sich ab."

Ich bin in dieser Nacht und am nächsten Tag nicht auf der Strasse gewesen. Jedenfalls kann ich mich daran nicht erinnern. Ein schwarzer Fleck ist da in meinem Gedächtnis. Ich sehe nur noch das rote, verweinte Gesicht von Liesel Hirschfeld, Onkel Wolfgangs Schwägerin, vor mir, die wie ein Käfigtier in unserem Wohnzimmer auf- und ablief. Ihren Mann Kurt hatte man abgeholt, die Treppe hinuntergeschleift, auf einen Lastwagen gestossen. Etliche Männer sehe ich auch noch, die die Nacht bei uns verbrachten. Schlaflos. In Sessel gekauert. An der Wand hockend, Decken um die Schultern. Alle rauchten. In der Küche wurde immer neu Kaffee gebrüht. Das Telephon klingelte wie verrückt.

Nicht alle Freunde konnten rechtzeitig untertauchen. Auch Peterchen Tarnowsky, Ruths Jugendfreund, wird verschleppt. Und Curt Sperling, der Onkel meiner Freundin Winnetou. Als seine Frau Ulla den SA-Männern nicht öffnete, waren sie mit Gewalt durchs Fenster gebrochen, hatten den Kronleuchter von der Decke gerissen, krachend Geschirr und Gläser aus dem Buffet gefegt und mit einer Axt die Bilder an den Wänden zerhackt. Eins bis zur Unkenntlichkeit. Ein Gemälde der Kirche St. Peter in Rom. Dann trieben sie Curt mit Fusstritten aus dem Haus.

Mein liebster Bruder Winnetou – Angelika Jossmann – bekommt schulfrei nach dem Pogrom. Die Lehrerin nimmt sie – behutsam immerhin – morgens beiseite und sagt: „Nimm deine Sachen. Du kannst nach Hause gehen. Ich darf dich hier nicht mehr unterrichten." Die Aussperrung jüdischer Studenten von den Universitäten, jüdischer Kinder aus den Schulen ist nur eine der Zwangsmassnahmen, die kataraktartig auf den 9. November folgen. Für die Zerstörungswut der SA, für die den Juden zugefügten Schäden müssen die Juden selbst bezahlen: eine Milliarde

Reichsmark. Ihre Versicherungsansprüche werden „zugunsten des Reichs“ beschlagnahmt, ihre Betriebe nach und nach „zwangsarisiert“.

Vom kulturellen, vom öffentlichen Leben überhaupt sind sie von nun an ausgeschlossen. Ihre Führerscheine werden eingezogen, bald darauf auch Radios und Telephone. Sie dürfen die öffentlichen Verkehrsmittel nicht mehr benutzen, weder Theater noch Konzerte oder Kinos besuchen und müssen sich von ihren Haustieren trennen. Parkbänke sind „für Juden verboten“, und draussen vor der Stadt, vor Bäumen, die nichts dafür können, stehen plötzlich Schilder: „Juden sind in unseren deutschen Wäldern nicht erwünscht“.

Die neuen Verordnungen werden in allen Tageszeitungen publiziert, meist schon auf der ersten Seite. Protest regt sich auch jetzt nicht. Dafür werden die Untertanen mit Extras belohnt: Ein Billigradio kommt auf den Markt, der „Volksempfänger“, der die Totalbeschallung mit Reden des Führers und seiner Vasallen sicherstellt. Mit dem „Ehrenkreuz der deutschen Mutter“ werden in Zukunft Frauen mit mehr als drei Kindern dekoriert. Das goldene gibt es für mehr als sieben Kinder. Und in vielen Filmtheatern läuft der Olympiadefilm von Leni Riefenstahl. Ein von Fanfaren begleitetes Sportlerepos, das weihevoll auch die NS-Bonzen in Szene setzt.

Über hundert Juden sind nach dem 9. November in Lagern zu Tode gekommen. Peterchen Tarnowsky und die anderen werden im Dezember nach Hause entlassen. Curt Sperling aus dem KZ Buchenwald. Traumatisiert. Kahlgeschoren wie ein Zuchthäusler. Kurt Hirschfeld kommt aus Sachsenhausen zurück. Mit Erfrierungen an Ohren, Händen und Füssen. Nicht wiederzuerkennen. Wachsgelb im Gesicht. Sie können gar nicht schnell genug wegkommen aus Deutschland. Und es gelingt ihnen auch. Sperlings schaffen es nach den USA, Hirschfelds nach London. Auch Peterchen Tarnowsky schickt seine Söhne nach England. Ihm selbst, dem mit Orden dekorierten Weltkriegsveteranen, werde man nichts anhaben können, meint er immer noch. Meine Mutter hilft wieder Tag und Nacht, Umzugskisten zu packen. Die Hast ist so gross, dass kaum Zeit bleibt für Tränen.

Sie beschwört Heinrich Mühsam, endlich auch auszuwandern. Er verlässt nur noch selten das Haus. Er schreibt ihr:

„Unglücklich sein in Kanada? Entwurzelt in den Vereinigten Staaten? Verzweifelt auf den Philippinen? Es gibt einen Grad des Hierhergehörens, der jeden Fluchtgedanken ausschliesst". Mühsam bleibt und schreibt weiter Briefe.

„Wir packen ein und zieh'n in den Krieg ..."

Gesinnungsfreunde treffen sich zum ersten Mal in diesem Winter am Hünensteig, um ganz gezielt Hilfen für Verfolgte zu beraten. Leo Borchard ist dabei, dann Dr. Hans Peters, ein Freund aus der Breslauer Zeit meiner Mutter, und Günther Brandt, beide Juristen, die Redakteurin Susanne Simonis und Erich, Ruths Arbeiterfreund. Erich erscheint immer mit Schiebermütze und offenem Hemd. Er trägt nie Krawatte und nie einen Mantel, nur die enge Windjacke. Diesmal bringt er ein KPD-Flugblatt mit.

„Die Kommunistische Partei", heisst es darin, „wendet sich an alle Kommunisten, Sozialisten, Demokraten, Katholiken und Protestanten, an alle anständigen und ehrbewussten Deutschen mit dem Appell: Helft unseren gequälten jüdischen Mitbürgern mit allen Mitteln! Isoliert mit einem Wall der eisigen Verachtung das Pogromistengesindel von unserem Volke! Klärt die Rückständigen und Irregeführten, besonders die Jugendlichen über den wahren Sinn der Judenhetze auf!" Das Flugblatt wird vervielfältigt und verteilt, aber die „Irregeleiteten" reagieren nicht.

Ich habe von diesem ersten Treffen, wie von einigen anderen mehr oder weniger politischen, damals vor allem die Begleitmusik mitbekommen. Ich lag schon im Bett. Wegen der Schule. Als ich kleiner war, hatte mir meine Mutter Lieder aus dem „Zupfgeigenhansl" vorgesungen. Jetzt konnte ich nach dem Gesang, der gedämpft zu mir herüberdrang, auf die Gäste schliessen. War ein Verehrer meiner Mutter zu Besuch, wechselten sich Lucienne Boyer und Marlene Dietrich ab: „Parlez moi d'amour" oder „Nimm dich in acht vor blonden Frau'n, / sie haben so etwas Gewisses ...". War das Treffen mehr politischer Art, kam Ernst Busch dran mit seinen Songs. Ich kann sie fast alle noch auswendig, meine Schlaflieder. Bei jenem ersten Treffen 1938 wurde immer wieder das „Murmellied" aufgelegt. Text: Max Ophüls, Musik: Harry Ralton: „... Und so kann's eines Tages noch passieren, / da wird man uns wieder mal kommandieren. / Zu irgendeinem schönen Zweck / Roll'n wir wieder mittenrein in den Dreck. / Und sie schreien Hurra, versprechen Sieg. / Wir packen ein und zieh'n in den Krieg ... / Man wirft uns gegen die Wand / Und uns're Köpfe roll'n in den Sand, / das ist nur ein Spiel, ist nur ein Kinderspiel, / das kostet nicht viel – / nur die Toten in jedem Land".

Soweit war es noch nicht, aber kurz davor. Hitler stellt im März 1939 seine „allerletzte Forderung". Diesmal an Polen: einen Korridor nach Ostpreussen zu öffnen und Danzig dem Reich anzugliedern. Das wird abgelehnt. England und Frankreich geben eine Beistandserklärung für Polen ab. Ruhe vor dem Orkan.

Noch darf Borchard im April in Stockholm die 3. Symphonie von Roussel und Ravels „Spanische Rhapsodie" dirigieren. In seiner weiterhin reichlich bemessenen Freizeit arbeitet er Tag für Tag an Partituren und übersetzt nun auch Tschechow-Novellen. Meine Mutter schrieb nach wie vor für Zeitschriften. Für die *Koralle*, für *Mode und Heim* und die *Köllnische Illustrierte*. Einmal in der Woche hatte sie Redaktionstag. Dann brachte sie abends aufgeschnittene Salami und eine dicke Scheibe Nougat mit. Am runden Tisch setzten wir uns im Wohnzimmer einander gegenüber und lasen – damals verschlang ich einen Band Dickens nach dem anderen –, und dabei assen wir abwechselnd eine Scheibe Salami, einen Löffel Nougat, eine Scheibe Salami ... immer dem Salzigen das Süsse, dem Süssen das Salzige hinterher. Ein Relikt vielleicht aus Ruths Schwangerschaft, wo sie so gierig auf Sahnebaisers mit Fleischbouillon war.

Das Zimmer daneben, in dem sie schlief, hatte etwas seltsam Makabres, mit dem Tode Vertrautes. Im Regal lag ein bräunlich polierter Totenschädel, Geschenk eines Totengräbers aus Bunzlau. Über der Couch hing das Bild „Der Gehängte" von Peter Weiss und daneben sein „Totentanz", in den er sich selbst und seine tödlich verunglückte, kleine Schwester Margit eingereiht hat. In der Ecke, am Fenster über dem grossen Schreibtisch: die Fidus-Zeichnung „Luzifer" mit den weit aufgerissenen, faszinierenden Augen, dann das Jugendporträt von Hélène aus Paris und das kleine Bild unseres Ahnen Constant Forgeois. Der und die Französische Revolution spielten in jener Zeit eine grosse Rolle in unseren Gesprächen. Ich las zum ersten Mal die „Deklaration der Menschenrechte“, und zum ersten Mal kam bei meiner Mutter der Gedanke auf, man sollte in Frankreich nach den verschollenen Verwandten suchen.

Sehr genau mit der Treue, so scheint mir, nahmen es Ruth und Ljowa damals beide nicht, obwohl sie ihre Seitensprünge äusserst diskret handhabten und im Lilithschen Sinne als „schöne Arabesken“ einstuften. Im Gegensatz zu Otto war Ljowa nicht monogam und wusste mit der ihm konzedierten Freiheit einiges anzufangen. Ruth ging auch gerne aus. Damals unter anderem mit dem sehr viel jüngeren Sohn ihrer geschiedenen Freundin Edith Oppenheimer, geborene Holtz, die sich davon versprach, die Ältere könnte den unschuldigen Hans in die Liebe einführen. Ruth war spontan dazu bereit und lud ihn ein. Hans lehnte schüchtern ab: „Zahnweh“. Aber er führte sie aus. Er hat mir das erst in den 90er Jahren erzählt. Damals sei er sehr stolz gewesen, dieser erfahrenen Frau etwas bieten zu können, was sie nicht kannte. Das „Alte Ballhaus“ an der Gipsstrasse zum Beispiel mit einer Manege, in der Nutten und biedere Hausfrauen auf dicken Pferden im Kreise ritten, oder die „Mexico-Bar“ am Alexanderplatz. An Ruths Tisch hätten immer gleich mehrere Männer Platz genommen. Taxifahrer, Arbeiter, Bürohengste, Schaukelburschen. Mit allen sei sie sofort im Gespräch gewesen. „Ruth“, so Hans, „war neugierig, sehr attraktiv, an allem interessiert, von grosser erotischer Ausstrahlung. Ich weiss nicht, was sie sich von mir versprochen hat, aber sie mochte mich.“ Mir, ihrer Tochter, hat Hans später sein Lieblingsbuch „Pu der Bär“ nahegebracht und Nachhilfe in Latein gegeben, das Ljowa weniger gut beherrschte.

Am 30. Juni 1939 – Borchard war von einem Konzert in Paris gerade mit offenbar schlechten Nachrichten zurückgekommen – beantragte meine Mutter für uns beide beim Amerikanischen Generalkonsulat, Bellevuestrasse 8, die Einwanderung in die Vereinigten Staaten. Das Schriftstück, „sorgfältig aufzubewahren“, mit der Nummer 74747 – 8 auf der Warteliste ist erhalten. Da mit einem Bescheid erst in ein paar Monaten zu rechnen war, fuhren Ljowa und Ruth wieder zusammen nach Stockholm und Terijoki, wo ihnen diesmal Eva Sandberg lieblich wie eine exotische Blume mit einem Baby auf dem Arm entgegentrat. Sie hatte inzwischen den chinesischen Dichter Emi Siao geheiratet und plante, in die Sowjetunion auszuwandern.

Ich wurde im Sommer 1939 zum zweiten Mal von meinem Vater zu einer Reise eingeladen. Diesmal auf eine Ostseeinsel. Nach Usedom. Ins Seebad Zinnowitz. Und nicht allein. Elisabeth, seine zweite Frau hatte 1937 eine Tochter Charlotte und 1938 einen Sohn Paul Joachim geboren. Ich genoss es, plötzlich ganz nah kleine Geschwister zu haben, obwohl sie mich ärgerlich früh aus dem Schlaf brüllten.

Bisher war ich in den Ferien immer auf Verwandtenbesuch gewesen. Am liebsten bei Ruths lebensfröhlicher Schwester Ilse und ihrem Mann Fritz Boehm in Laucherthal/Hohenzollern, die mit mir durch ein Fernrohr in die Sterne guckten und in Burgruinen Räuber und Prinzessin spielten. Am häufigsten war ich in Breslau bei der sanften Tante Edith, bei Grossmutter Marguerite oder ihrer Schwester Marie, alias Tante Mieze. Die Grossmutter schien gar nicht mehr kränklich. Bei ihr gab es Kaba, den „Plantagentrank", und von meinem Bett aus konnte ich den Kuckuck aus der alten Magdeburger Kuckucksuhr hüpfen sehen. Tante Mieze lud mich in ihren Wintergarten ein, wo sie mir Petit fours servierte oder französische Pastetchen und dabei auf Hitler schimpfte.

Das Idyll mit den kleinen Geschwistern auf der Insel Usedom währte nicht lang. Mein Vater, ob der immer bedrohlicher klingenden Nachrichten aus dem Radio von Tag zu Tag nervöser, liess kurzentschlossen Elisabeth und die Kinder allein weiter Ferien machen und reiste Anfang August mit mir zurück nach Berlin. Er bewohnte damals in Wannsee ein Holzhaus, genannt die „Hundehütte". In dieser für meine Begriffe recht komfortablen Bleibe gab es auch einen Kamin. Und in diesem Kamin – das war der Grund für die überstürzte Abreise gewesen – verbrannte er noch am Ankunftsabend seine sämtlichen Tagebücher und diverse andere Papiere. Ich durfte bei dem Brandopfer Zeuge sein. Vermutlich fürchtete er, das Zeug könnte in falsche Hände geraten.

Der deutsch-sowjetische Nichtangriffspakt kommt dann am 23. August für uns alle überraschend. „Gerade zur rechten Zeit", heisst es später offiziell, denn schon am 1. September 1939 wird uns „der Krieg aufgezwungen". So interpretiert es der Führer und Oberste Feldherr Adolf Hitler: „Seit 5 Uhr 45 wird jetzt zurückgeschossen." Tatsächlich marschieren die Deutschen am ersten Tag des „blauen Mond September" (Brecht) auf breiter Front in Polen ein. Ein infamer Überfall. Zwei Tage später erklären Frankreich und England Deutschland den Krieg. Das kleine Polen ist nicht mehr zu retten, innerhalb von 18 Tagen wird es „niedergezwungen". „Blitzkrieg" nennt man das. Mir ist vom Kriegsausbruchstag nur Banales haftengeblieben. Ich werde zum Hamstern ausgeschickt und erwische gerade noch ein paar Gläser Vierfruchtmarmelade und einige Tafeln Schokolade, die so lange als eiserne Ration im Vorrat blieben, bis die Maden sie fast ganz aufgefressen hatten.

Mit der Besatzung kommt der eiserne deutsche Besen über das arme Polen. Jetzt wird Ordnung gemacht im „Polackenland". Dörfer werden abgefackelt, Menschen wie Vieh zusammengetrieben. Das „Volk ohne Raum" breitet sich aus. Die Volksdeutschen werden „rückgesiedelt". Im Reich gibt man fürsorglich Lebensmittelkarten aus, und die Hausgemeinschaften haben zur Luftschutzübung anzutreten. Mit Sandeimer und „Feuerpatsche". Die Feuerpatsche ist ein Besenstil mit einem Putzlumpen unten dran. Eine Wunderwaffe.

Kurz nach Georg Elsers missglücktem Attentat im Münchner Bürgerbräukeller trifft im November 1939 nach langer Überseereise aus New York ein Brief von Paul Jossmann ein. „Mein ganz-ganz liebes Ruthchen", so Paul, „was du schreibst, hat mich in einen Zustand freudigster Begeisterung versetzt. Dass die Luft da drüben auch für dich nicht mehr atembar wird! Affidavit (Einwanderungsbürgschaft) könnte ich schliesslich auch besorgen." Offenbar hatte meine Mutter ihn von unseren Auswanderungsplänen unterrichtet. Paul schreibt weiter: „Inzwischen habe ich meinen Universitätskontrakt erhalten, und mein Gehalt ist bewilligt worden. Man kann davon existieren, und ich werde so schnell wie irgend möglich die Unterlagen für die Visa von Dolly und Angelika senden". Das tut er dann auch, und sie treffen im Januar ein. Mitte Februar 1940 verlässt mein liebster Bruder Winnetou Berlin. Davor spielte sich noch eine eher komische Szene ab.

Jossmanns hatten die Genehmigung, mit ihrem Hausrat auszureisen. Vom Radiergummi bis zum Büstenhalter freilich waren alle Teile listenmässig zu erfassen. Auch sämtliche Bücher, rund 4000 an der Zahl, mit Titel, Autor und Verlag. Verbotene durften nicht ausgeführt werden. Dass sie doch aufs Schiff kamen, ist letztlich einem jungen Gestapomann zu danken, der als Aufpasser an die Konstanzerstrasse entsandt worden war. Im Salon hatte er Jossmanns Bechstein-Flügel entdeckt und höflich angefragt, ob es erlaubt sei, darauf zu spielen. Dolly, das Ballerinchen, sagte liebenswürdig: „Aber natürlich." Von da an griff der Musikfreund tagtäglich in die Tasten und begleitet von Chopin und Beethovensonaten mischten Dolly und Angelika die verbotenen unter die Kinderbücher. Als die Möbelpacker schliesslich die als „Jugendliteratur" deklarierten, versiegelten Kisten stemmten, sagte einer seufzend: „Die Kleene liest aber viel."

Zuletzt hockte Winnetou mal bei uns, mal ich bei ihr in der grossen, leeren Wohnung, und wir schwuren uns beim Grossen Manitou ewige Freundschaft. Dolly schrieb meiner Mutter am 13. Februar 1940, in ihrer letzten Berliner Nacht, noch einen Abschiedsbrief: „Heute schreibe ich spät in der Nacht in einem völlig ausgeräumten Zimmer, das mehr als deprimierend auf mich wirkt. Seit dem Abschied von Dir ist mir so elend ... Du, mein Liebes, hast mir die letzten Monate erhellt und stehst meinem Herzen sehr nahe und daran kann keine äussere Distanz etwas ändern. Komm bald nach! Du weißt, dass meine Arme offen sind, Dich liebevoll zu empfangen. Lebe wohl, geliebte Ruth!"

Wir kamen nicht nach. Meine Mutter liess uns von der Warteliste streichen und verzichtete auf ein Affidavit zugunsten anderer, die es lebensnotwendig brauchten. Ein nicht leicht nachzuvollziehender, altruistischer Schritt. Wir sind in der Falle.

„Die junge Dame" und „Friedrich Schiller"

Fanfarenstösse aus dem Volksempfänger. Pathetisch Intoniertes aus den Préludes von Franz Liszt. 1940 – das Jahr der Siege. Die „Sondermeldungen" jagen sich. In der

Kinowochenschau marschieren lachende, kernige, blitzsauber uniformierte deutsche Soldaten. Sie überrennen Dänemark und Norwegen. König Haakon flieht nach London. Die Niederlande, Belgien und Luxemburg kapitulieren. Dann kommt der Orkan über Frankreich. Paris wird am 14. Juni kampflos besetzt. Am 22. unterschreibt Hitler in Compiègne, im historischen Salonwagen von 1918, den Waffenstillstand. Auch das ist wochenschaugerecht festgehalten. Die Hand zum Hitlergruss erhoben, verlässt er die geschichtsträchtige Stätte. Das Schicksal der „grande nation" ist besiegelt, aufgeteilt in ein besetztes und ein (noch) nicht besetztes Frankreich. Eine Flüchtlingsflut wälzt sich in Richtung der Pyrenäen. Im Juli wird Pétain „Chef des Staates". 1,9 Millionen Franzosen ziehen in die Gefangenschaft. Auch sie werden den siegestrunkenen deutschen Volksgenossen im Bilde vorgeführt. Abgerissene, dreckige, erschöpfte Männer, bevorzugt wulstlippige „Neger", vor deren Zugriff die deutsche Frau angeblich bewahrt blieb.

Zu keiner Zeit im Krieg waren wir so hoffnungslos deprimiert wie in diesem Jahr. Ein Ende Hitlers nicht abzusehen. Die Mehrheit der Deutschen im Siegestaumel. Viele unserer Freunde vom normalen Leben abgeschnitten, in Erwartung noch schlimmerer Repressalien. Dr. Hans Peters, vom ersten Tag an unser zuverlässigster Informant, berichtete von „unmenschlich grausamen Vorkommnissen" im okkupierten Polen. Massenerschiessungen, Massengräbern. Erich, der Arbeiter, wusste von Kommunisten, die in den Lagern keines natürlichen Todes gestorben seien. „Totgeprügelt hat man sie".

Mutter Friedrich zog 1940 aus dem Berliner Osten zu ihrem Sohn Wolf, der damals einer ländlichen Pfarrei in Pasewalk vorstand und sie mit den Worten empfing: „Du siehst, der liebe Gott will Dich bei mir haben." In Berlin war ihr der Boden zu heiss geworden. SAG-Gründer Sigmund Schulze hatte sich längst in die Schweiz abgesetzt. Die Soziale Arbeitsgemeinschaft war verboten worden. Zuletzt hatte man mit einem einbeinigen Alten und einigen mutigen Frauen wenigstens die Kinder- und Familienfürsorge noch heimlich aufrechterhalten. Als die Gestapo dann doch darauf kam und erschien, um dem Treiben ein Ende zu machen und das Mobiliar abzuholen, waren den Männern nur ein paar Kleinkinder entgegengelaufen, die jammerten, sie wollten ihr Schaukelpferd behalten. Das Schaukelpferd wurde trotzdem aufgeladen. „Is' beschlagnahmt", rüpelten die Uniformierten.

Lotte, Mutter Friedrichs aufsässige Tochter, inzwischen in den Stab der Reichsfrauenführerin Scholtz-Klinck aufgenommen, hätte sich vielleicht für die Kinder verwenden können, aber zu ihr und ihren in eine „Napola"-Schule eingerückten Söhnen war jede Verbindung abgerissen. Ebenso, wenn auch aus ganz anderen Gründen, der Kontakt zu Mutter Friedrichs ältestem Sohn. Carl-Joachim lehrte jetzt als Professor der Harvard Universität „political science", schrieb Bücher gegen die Nazis und konnte nur ab und an über die Schweiz knappe Lebenszeichen senden. In der Schweiz hatte er auch meinen Vater, seinen Lieblingsbruder, ein paarmal getroffen, nachdem dieser 1939 in den Vorstand der Phoenix-Gummiwerke AG/Hamburg-Harburg berufen worden war.

Wie konnte sich eine Journalistin damals dem Diktat des Reichspropagandaministers entziehen? Wer ihr geholfen hat, über welche Beziehungen auch immer, weiss ich nicht. Aber letztendlich schaffte es Ruth, bei der Frauenzeitschrift *Die junge Dame* im Verlag John Jahr als feste Mitarbeiterin unterzukommen. Zuständig für Kosmetik, Gesundheit, Diätrezepte und Beratung in Lebenskrisen. Als „Frau Ilse" gab sie auch „Tips" für Paare: „Es kann nett sein im Bett." Sie konnte so „einigermassen anständig", wie sie selbst es nannte, über die Runden kommen, journalistisch im Training bleiben und genug Geld verdienen, damit es auch noch für Ljowa reichte, der 1940 nur drei Konzerte im Ausland dirigierte. Eins in Livorno, eins in Stockholm und eins im Teatro La Fenice in Venedig, wo er auf ausdrücklichen Wunsch seines langjährigen Freundes, des Komponisten Boris Blacher, dessen „Konzertante Musik für Orchester" zur Aufführung brachte. Mir brachte er nie vorher gesehene, elegante Handschuhe von dort mit. Die obere Hälfte gestrickt, die untere aus weichem Kalbsleder. Viel zu schön zum Tragen.

Ich freute mich ganz kindlich darüber. Aber eigentlich war ich damals erhaben über alles Irdisch-Profane. Ich hatte den Film „Friedrich Schiller" gesehen. Nicht nur einmal. Sechsmal! Noch heute ist mir unbegreiflich, dass ein so flammender Protest gegen Diktatur und Unmenschlichkeit die Zensur passieren

Mutter Friedrich
in den Dreissiger Jahren in Berlin

und 1940 in Filmtheatern laufen konnte. Dem Regisseur Herbert Maisch war der Streich gelungen.

Heinrich George, wahrlich kein Antinazi, spielte den despotischen Herzog Carl Eugen von Württemberg, Horst Caspar, den der grosse Regisseur Jürgen Fehling in einer späten Würdigung den „edelsten Schauspieler Deutschlands“ nannte, den jungen Schiller. Die Szene aus den „Räubern“, in der Pastor Moser dem Wüterich Franz ins Gewissen redet, war für uns eine Anspielung auf Hitler:

„Sehet, Moor“, ruft der Pastor, „Ihr habt das Leben von Tausenden an der Spitze Eures Fingers, und von diesen Tausenden habt Ihr neunhundertneunundneunzig elend gemacht. Euch fehlt zu einem Nero nur das Römische Reich und Peru zu einem Pizarro. Nun glaubt Ihr wohl, Gott werde es zugeben, dass ein einziger Mensch in seiner Welt wie ein Wüterich hause und das Oberste zu unterst kehre? ... Oh, glaubt das nicht. Er wird jede Minute, die Ihr ihnen getötet, jede Freude, die Ihr ihnen vergiftet, jede Vollkommenheit, die Ihr ihnen versperrt habt, von Euch fordern dereinst.“

Eine Art Tagebuch, das mir Mutter Friedrich geschenkt hatte, um besondere Zitate einzutragen, habe ich damals seitenweis mit Pastor Mosers Sätzen und vielen anderen von Schiller gefüllt. Meine Schrift änderte sich, kam nicht mehr klein in Sütterlin daher, sondern plötzlich gross, energisch mit lateinischen Buchstaben. Ich las Schiller. Nicht nur seine Gedichte und Dramen, später auch die philosophischen Schriften, nähte mir eine Bluse mit Schillerkragen und trug eine Schillermünze um den Hals. Ich hatte mein Vorbild gefunden. Und meine Mutter, die den Dichter von jeher verehrt hatte, unterstützte das lebhaft.

Heute, wo das „understatement“ überwiegt und Pathos verpönt ist, scheint Schiller „out“. Damals konnte er einem jungen, nicht im christlichen Glauben verwurzelten Mädchen durchaus Mut machen und Motivation geben. Der glückliche Zufall wollte es, dass unsere Deutschlehrerin, die Studienrätin Annemarie Raack, diese Begeisterung kräftig förderte. Auch sie war, wie ich bei Pausengesprächen auf dem Schulhof herausgespürt hatte, keine Hitleranhängerin. 1941 zeigte sie sich denn sofort sehr aufgeschlossen, als wir Schülerinnen der 6a sie baten, die „Maria Stuart“ von Schiller aufführen zu dürfen. Sie übernahm die Regie, und das Stück, nur von Mädchen gespielt, ging am 13. Juni 1941 in der Aula des Heese-Gymnasiums über die Bühne. Neun Tage vor Hitlers Befehl zum Überfall auf die Sowjetunion.

Meine ungestüme, rotmähnige Freundin Irmchen Braune war der „Mortimer", eine andere, unsere Mathematikbeste Hannelore Hilscher, der „Baron von Burley", die auch sonst ein bisschen hochfahrende Ilse Rohde die „Königin Elisabeth" und ich „Maria Stuart". Wir spielten ohne Kulissen, in zum Teil aus alten Gardinen geschneiderten Kostümen. In *Der Westen – Berliner Tageszeitung* stand danach zu lesen: „Die Mitwirkenden – selbst in den kleinsten Rollen – waren von der Tragik des Stükkes durchdrungen ... Das aus dem Deutschunterricht herausgewachsene Stück wurde mit geradezu verblüffender Sicherheit und Begeisterung gespielt, so dass der Abend für alle Teilnehmer zu einem wahren Erlebnis wurde".

Für mich war noch etwas anderes zum Erlebnis geworden: die enge Zusammenarbeit mit meiner Mutter, die neben den gemeinsamen Aktivitäten in unserer Gruppe über Jahre anhielt. Sie, die selbst in einer ihrer ersten historischen Serien über die unglückliche Maria Stuart geschrieben hatte, war meine „Souffleuse" geworden. In ihrem Zimmer mit dem „Totentanz" von Peter Weiss, mit Luzifer und Constant Forgeois an der Wand, mit dem Totenschädel im Regal, auf engstem Raum zwischen Couch und Schreibtisch hatten wir – sicher sehr komisch für Aussenstehende – Marias grosse Szene mit Königin Elisabeth und ihren Abschied vor der Hinrichtung geprobt: „Lebt wohl, und wenn Ihr könnt, so lebt beglückt ..."

An die Maria Stuart schlossen schon bald die Proben zu Schillers „Jungfrau von Orleans" an, die wir ein Jahr später zum Gedenken an seinen Todestag, am 9. Mai, wieder als Schülerinnenaufführung herausbringen wollten. Merkwürdig abgehoben waren wir bei den Proben, meine Mutter und ich. Zwischen schmetternden Sondermeldungen aus dem Radio, den ersten schweren Luftangriffen und herzzerreissenden ganz realen Abschieden – hin und wieder in Schillers Welt.

Die Deutschen räumten indessen im Osten auf. Nachdem Hitler am 22. Juni 1941 ohne Kriegserklärung den Überfall auf die Sowjetunion ausgelöst hatte – etwas spät im Jahr, was sich rächen sollte –, bellen aus den Volksempfängern wieder die

Kriegsberichterstatter, und in den Wochenschauen jagen sich die Bilder der bösen Triumphe. Deutsche Soldaten rücken vor. Diesmal in den öden Weiten Russlands, im Kampf mit dem Schlamm, aber auch da noch mit einem Lied auf den Lippen, siegreich in den Kesselschlachten von Minsk, Witebsk und Uman, bei Kiew, im Donezbecken und auf der Krim. Marschrichtung Moskau.

Gefangene werden zu Tausenden zusammengetrieben. Nun in der Wochenschau nicht mehr „Neger" im Vordergrund, wie beim Frankreichfeldzug, sondern plattnasige „Untermenschen", schlitzäugige Mongolen und „Flintenweiber". Als Mörderfratzen müssen die sowjetischen Kommissare herhalten, die nach Hitlers „Kommissarerlass" vom 6. Mai 1941 ohne Verfahren zu liquidieren sind. Die Kriegspropagandawalze wäre kaum auszuhalten gewesen, wenn uns Ljowa nicht mit den ausländischen Nachrichten ab und an ein Gegengift geliefert hätte: Stalins Aufruf zum „Grossen vaterländischen Krieg", dann den Abschluss eines britisch-sowjetischen Bündnisses und die Zusicherung der Vereinigten Staaten, Waffen an Russland zu liefern.

Etwas romantisch, wenn auch entfernt an die Französische Revolution erinnernd, wirkte die „Atlantic-Charta", mit der Roosevelt und Churchill sich zum „Selbstbestimmungsrecht aller Völker" und zu den vier Grundfreiheiten bekannten: „Freiheit der Meinung, der Rede, der Religion, Freiheit von Not und Furcht". Das klang schön, rettete aber keinem Verfolgten das Leben. Zuverlässig hatten wir über Hans Peters gehört, in den deutschen Gefangenenlagern verhungerten die Sowjetsoldaten, und im Warschauer Ghetto habe man Zehntausende von Juden zusammengepfercht. In Russland wüteten „Einsatzgruppen" hinter der Front. Und bei Kiew, in Babi Jar, sei es zu einem Judenmassaker unvorstellbaren Ausmasses gekommen.

„Ich weine und weine ..."

Fast zeitgleich mit dem Schillerfilm war schon 1940 der Film „Jud Süss" herausgekommen. In der Schule hatte man uns genötigt, ihn anzusehen. Ohne Zweifel war er das übelste, von Veit Harlan gekonnt in Szene gesetzte Machwerk, das die Nazizeit hervorgebracht hat. Werner Krauss spielt darin in verschiedenen Masken gleich fünf „Kaftanjuden", einen schleimiger und abgefeimter als den anderen. Deutschlands Blauäuglein Christina Söderbaum hat dem raffgierigen Süss ihre Unschuld zu opfern und geht daraufhin ins Wasser, was ihr bei den Berlinern den schnoddrigen Beinamen „Reichswasserleiche" eintrug.

Der Film zielte aufs Gemüt und bereitete den Boden für die nächsten Massnahmen gegen die Juden. Nun werden sie endgültig und öffentlich gebrandmarkt. Ab 15. September 1941 müssen alle, mit Ausnahme der Kinder unter sechs Jahren, den gelben, auf der Herzseite befestigten Davidstern tragen. Mit dem Wort „Jude" im Zentrum. Mein liebster Bruder Winnetou hat das nicht erleben müssen. Es gab Menschen damals, die den Frevel verurteilten und ein mitfühlendes Gesicht versuchten, wenn sie einem Juden mit Stern begegneten. Die Mehrzahl jedoch schaute starr geradeaus. Protest war jetzt im Krieg schon gar nicht zu erwarten. Und der Papst, obwohl sehr genau unterrichtet, schwieg weiter.

Auch zu den Deportationen schweigt Pius XII., die Ende 1941, während die Deutschen vor Moskau und Leningrad zum Stehen kommen, wie ein „Vergeltungsschlag" dafür einsetzen. Als wenn man die Juden nun nicht schnell genug unter die Erde bekommen könnte. Manche versuchen unterzutauchen. Andere riskieren, den Stern abzunehmen, wenn sie weit genug weg sind von ihrem Zuhause. Privatier Mühsam, der inzwischen seine Wohnung räumen musste und zu seiner Mutter Paula „umgezogen worden" ist, verlässt sein Zimmer nur noch, um Briefe an Ruth zum Kasten zu tragen. Meist macht er sich selbst Mut in den Briefen. „Heimat ist dort," schreibt er einmal, „wo an der Mauer geschrieben steht, Paule is' doof!', wo man Murmeln gespielt hat und Räuber und Gendarm. Alle Hitler der Erde können einem das nicht nehmen."

Am 7. Dezember 1941 zerstören die Japaner den US-Flottenstützpunkt Pearl Harbor; am 8. erklären die USA den Japanern den Krieg, am 11. 12. folgen Deutschland und Italien mit der Kriegserklärung an die Vereinigten Staaten. In diesen Tagen, in denen jeder am Radio hängt und wir zum ersten Mal Hoffnung schöpfen, das Blatt könnte sich wenden, in diesen Tagen verschwindet Margot Rosenthal. Zu einer Verabredung mit meiner Mutter ist sie nicht erschienen. Ljowa macht sich auf den Weg. Er klopft und klingelt vergeblich bei ihr. Schliesslich versucht er es bei der Portiersfrau. „Die vom ersten Stock? Die Jüdin meinen Se?" sagt die ungerührt. „Die haben se abjeholt. Schon vorjestern. So um die sechste Stunde."

Margot war eine ältere Freundin meiner Mutter. Die erste Nachricht von ihr trifft drei Wochen später, am 24. Dezember 1941 bei uns ein. Aus dem Judensammellager in Grüssau fleht sie: „Schickt uns zu essen. Wir verhungern ... Vergesst uns nicht. Ich weine den ganzen Tag." Wir machen Päckchen, und sie kommen an. Margot schreibt zurück, und ihre Briefe erreichen uns. Verzweiflungsbriefe. Meine Mutter hat sie Ende der 60er Jahre der Gedenkstätte Yad Vashem in Jerusalem überlassen. Jetzt fordern sie uns heraus, das Sammeln von Esswaren und Marken systematisch zu organisieren. Als den Juden dann die Lebensmittelkarten im Sommer 1942 drastisch zusammengekürzt werden, steht unser illegales „Bezugssystem".

Ich fand Schulfreundinnen, denen ich etwas vorschwatzte von „Ausgebombten", die Zusatzernährung bräuchten. Zuverlässige „Lieferanten" waren von nun an die beiden Reimanns von der Konditorei am Kurfürstendamm, der Konditormeister Walter und seine Frau Charlotte, dann der Feueranzünderfabrikant Walter Zeunert, Vater meiner Schulfreundin Inge Zeunert, ein überzeugter Antinazi, mit dem man offen reden konnte. Am besten bei einem von ihm selbst gebrannten scharfen Korn. Auch mein Vater lieferte. Damals reiste er als Sachverständiger der „Reichsstelle Kautschuk" viel herum. Wie weit meine Mutter ihn einweihte in unsere Aktivitäten, weiss ich nicht. Sie vertraute ihm, und er hat dieses Vertrauen nicht enttäuscht.

Mit Lebensmitteln allein war es nicht getan. Da jüdische Ärzte nicht mehr praktizieren und auch keine Rezepte ausschreiben durften, waren Mediziner gefragt. Drei sind mir in Erinnerung, die sowieso bei uns ein- und ausgingen: Dr. Fritz von Bergmann, seine Frau, die Ärztin Christel von Bergmann, und ihr gemeinsamer Freund Dr. Walter Seitz, der sich bei der kriegswichtigen Firma Schering „unabkömmlich" gemacht hatte. Später stiessen noch Dr. Josef Schunk und Dr. Wolfang Kühn dazu. Sie übernahmen auch Krankenbesuche bei Untergetauchten.

Bergmann war ein asketischer Typ, rein äusserlich dem grossen Schauspieler Henry Fonda ähnlich. Seitz stammte aus Bayern, was ihn in Berlin fast zum Exoten machte. Etwas naturburschenhaft gab er sich auch, war dabei aber hoch gebildet und verheiratet mit einer, wie es damals im Nazijargon hiess, „halbjüdischen" Frau aus der Familie des Wissenschaftsverlegers Springer. Bei der Vermittlung von Quartieren für Getauchte halfen uns unter anderen der Komponist Gottfried von Einem, enger Freund des Komponisten Boris Blacher, und Dr. jur. Günther Brandt, der, schmal und mit Brille, aussah wie der Prototyp eines Intellektuellen und selbst Verfolgte aufnahm.

Aus diesen Freunden und einigen Einzelkämpfern wie Erich, dessen Nachname nie fiel, bestand damals der Kern unserer Gruppe. Wir sagten nicht „Widerstandsgruppe", auch nicht „Gruppe Onkel Emil". Den Namen bekam sie erst nach dem Krieg. Meine Mutter sprach nur von unserer „Clique" oder, angelehnt an die zwanziger Jahre, scherzhaft von unserem „Ringverein". Man darf sich die Treffen der Freunde nicht so vorstellen, als hätten da immer Verschwörer beisammen gesessen. Es gab auch Gespräche über Gott und die Welt, Bücher, Filme. Einmal hatte Borchard im Ausland Orson Welles' „Citizen Kane" gesehen und erzählte davon, einmal von Chaplins Hitler-Groteske „Der grosse Diktator".

Es wurde sogar manchmal getanzt. Meine Mutter konnte Krakowiak tanzen. Und Tango natürlich. Sie liebte das Leben und die Liebe. Sie gefiel den Männern. Aber nicht wie Frauen Männern üblicherweise gefallen. Sie hatte etwas Kühnes, Mitreissendes. Auch in ihrem Gesicht. Etwas unglaublich Interessiertes, wenn sie zuhörte, vorgebeugt, die Ellbogen auf den Tisch gestützt, die Zigarette in der Hand. Ich hätte viel lieber wie sie ausgesehen. Dunkel, mit ausgeprägten Backenknochen. Nicht blond und blauäugig, wie das in der Nazizeit leider gut ankam und mir bei meinem „krankheitsbedingt" kurzen Gastspiel beim BDM („Bund Deutscher Mädel") auch noch die peinliche Frage eintrug, ob ich nicht Fahnenträgerin werden wolle. Ich sagte: „Nein."

Ruth nahm jeden, jede und alles sehr ernst und zögerte nicht, ihre Meinung zu sagen. Aber möglichst ohne den anderen zu verletzen. Sie war fast süchtig nach Harmonie. Sie wurde nie wirklich laut. Ich habe sie nicht ein einziges Mal mit Ljowa streiten gehört. Höchstens sagte sie in unnachahmlichem Tonfall, halb amüsiert, halb ärgerlich: „Aber Ljowachen!"

Meine Freundinnen bewunderten sie auch. Wenn ich jedoch mit Irmchen Braune, Inge Zeunert und Hannelore Hilscher zusammenkam, sprachen wir kaum über Politik. Da verulkten wir die Lehrer und verfassten respektlose Gedichte auf sie in der Klassenzeitung. Zuweilen allerdings kam Irmchen allein zu uns, und dann konnte es schon mal sein, dass wir nur so, weil er doch „so ein toller Schauspieler ist", eine frühe Platte von Heinrich George für sie auflegten. Aus der Zeit als er sich noch zu den Kommunisten zählte. Heinrich George in der Rolle des Emile Zola. Hinreissend in seiner Verteidigungsrede für den unschuldig verurteilten Hauptmann Dreyfus. Ich habe das noch im Ohr: „Clemenceau! Überlassen Sie mir für morgen Ihren Leitartikel in der ‚Aurore'! Jetzt – klage – ich – an!"

Kurz vor der „Jungfrau von Orleans"-Premiere trifft am 30. April 1942 der letzte Brief von Margot Rosenthal ein. Der „Reichstag" hatte gerade Hitlers Aufhebung der Rechtsordnung gebilligt. Die Deutschen traten in Russland zur Sommeroffensive an. Die „Entwarnungsfrisur" – das Haar hochgekämmt – war in Mode gekommen. Im Kino liess Marika Rökk die Beine wirbeln, und die Volksgenossen schwadronierten vom „Endsieg".

Margots Brief verfolgte uns tagelang, weil er uns unsere Ohnmacht bewies. Sie sei, schrieb sie von irgendwo unterwegs, aus Grüssau abtransportiert worden. „Wohin? – Der Weggang innerhalb von achtundvierzig Stunden war herzzerreissend", schreibt sie. „Vierhundertfünfzig Menschen. Rucksack, Rolle mit Schlafdecke und so viel Gepäck, wie man tragen kann. Ich kann nichts tragen und werde eben alles am Wege liegen lassen. Das ist der Abschied vom Leben. Ich weine und weine. Lebt wohl für immer und denkt an mich!" – Es war der Abschied für immer. Margot Rosenthals letzte Reise ging ins Vernichtungslager. Nach Auschwitz.

Damals wussten wir und unsere Informanten noch nicht, dass die „Endlösung der Judenfrage" seit der „Wannsee-Konferenz" am 20. Januar 1942 längst beschlossen war. Und wie diese Endlösung aussehen würde, entzog sich jedem normalmenschlichen Vorstellungsvermögen.

Verschwörung des Schweigens

Meine Mutter arbeitete in jener Zeit zusammen mit Dr. John Rittmeister an einer Serie zum Thema „Lebenskrisen“ für die *Junge Dame*, einer Folge von beratenden Artikeln, in die Erkenntnisse des geächteten Sigmund Freud einflossen, was der Zensur mangels Durchblicks entging. Dem Dr. Rittmeister bin ich nur einmal beim „Hallo“ unter der Tür begegnet. Er war Leiter des Psychotherapeutischen Instituts in Berlin und gehörte zum Widerstandskreis um Harro Schulze-Boysen, später von der Gestapo „Rote Kapelle“ genannt. Davon wussten aber nur Ruth, Ljowa und Seitz. Die Zahl der Mitwisser wurde immer so klein wie möglich gehalten.

Ich ging damals, weiterhin Schiller treu, in Antiquariaten auf die Suche nach Schiller-Erstausgaben. Die waren, weil die meisten Leute ihr Geld lieber in Kaffee, Tee und Zigaretten anlegten, lächerlich billig zu haben. Statt des üblichen Notgepäcks für den Ernstfall – Besteck, Handtücher und Wäsche zum Wechseln – packte ich die „Räuber“, die „Jungfrau von Orleans“, den „Dreissigjährigen Krieg“ und Schillers Gesammelte Werke in den Luftschutzkoffer und schleppte ihn fluchend bei jedem Alarm in den Keller. Ljowa fand das gar nicht lustig, das Fluchen. Und meine Mutter sagte immer: „Versündige Dich nicht!“

Als ich Heinrich Mühsam Anfang Juni 1942 besuchte, sagte er: „Karinchen, ich hab’ da was für Dich“, hinkte zum Bücherregal und zog einen „Dom Carlos“ heraus. Eine alte Ausgabe, verlegt im Jahr 1787 bei Göschen in Leipzig. Er schenkte mir auch einen Roman von Flaubert: „Madame Bovary“. Flaubert war sein Lieblingsautor. „Träume und Melancholie“, sagte er. Leider habe ich ihn nicht gebeten, mir etwas in die Bücher hineinzuschreiben. Ich ahnte nicht, das dies unsere letzte Begegnung war. Aber ich sehe ihn noch immer vor mir in seinem vollgestopften, düsteren, kleinen Zimmer – den gar nicht mehr dicken Mann mit der Glatze und dem bemühten, traurigen Lächeln, wie er sagt: „Karinchen, ich hab’ da was für dich.“

Ein paar Tage später bittet er meine Mutter, ihm zu helfen, die von der Gestapo eingegangene „Vermögenserklärung“ auszufüllen. Seitenlange Fragebögen. „Wohnungsinventar und Kleidungsstücke (Anzahl und Wertangaben)" steht obenan. Darunter ist der Besitz penibel aufzuführen. Vom Besenschrank und Bettvorleger bis zur Schreibgarnitur, zu Gläsern und Töpfen. Auch „Vorräte, eingeweckt" und „Vorräte, weitere" fallen darunter. Mit Wertangabe!

Meine Mutter hilft, aber viel ist da nicht zu helfen. Ausser Bett, Matratze, Plumeau, Schreibtisch und Stuhl und 1500 Büchern in sechs Regalen besitzt der Privatier Mühsam nicht mehr viel. Wertangaben zu machen, so schreibt er dazu, sehe er sich ausserstande. Am Ende erklärt er, wie vorgeschrieben: „Ich bin mir bewusst, dass falsche oder unvollständige Angaben geahndet werden", und besiegelt das am 17. Juni 1942 mit seiner Unterschrift: „Dr. Heinrich Israel Mühsam – Jüd. Kennkarte Berlin A 500 776".

Der Besitz des einstigen Ullstein-Redakteurs wird – auch das geht zu den Akten der Geheimen Staatspolizei Berlin – „in Verbindung mit dem Erlass des Führers und Reichskanzlers über die Verwertung des eingezogenen Vermögens von Reichsfeinden vom 29. Mai 1941, RGBl. I S. 303, zugunsten des Deutschen Reiches eingezogen". So simpel geht das. Und so „korrekt".

Der „Reichsfeind" und seine Mutter Paula Sara Mühsam, geborene Guttentag, werden in den frühen Morgenstunden des 1. Juli ins Ungewisse geschickt. Vielleicht hat Heinrich Mühsam weiter Briefe an meine Mutter geschrieben, an seine Freundin Ruth, „Leidenschaft aus Eis und Glut", wie er sie einmal nannte. Angekommen ist kein Brief mehr bei ihr.

Erst lange nach dem Krieg erfuhren wir: Mühsam und seine Mutter sind mit dem „Alterstransport I/13" am 30. Juli 1942 in Theresienstadt angelangt. Die alte Frau Paula sei dort am 10. Mai 1943 „verstorben". Heinrich wurde am 19. Oktober 1944 nach Auschwitz deportiert. 44 Jahre alt war er da – der Mann mit dem Holzbein. Der Mann, der geschrieben hat: „Es gibt einen Grad des Hierhergehörens, der jeden Fluchtgedanken ausschliesst".

Mit meinen Freundinnen konnte ich über Mühsam nicht sprechen. Aber ich fing an, mir Gedanken zu machen über den Tod. Ganz allgemein. In einem Schulaufsatz und in Gedichten.

Ich versuchte, den Tod zu verklären. „Werden, Vergehen, Auferstehen". Vielleicht war das Selbstschutz. Aber ich bin noch heute sicher, dass es weitergeht nach dem Sterben, wenn auch nicht im Sinn einer christlichen Himmelfahrt.

Meine Mutter hoffte für mich auf eine andere Art von „Heilung" nach Heinrich Mühsams Deportation. Eine, die ihr immer geholfen hatte – die Liebe. Ich konnte ihr da nicht folgen. Jungens waren mir damals egal. Seit das Bismarck-Oberlyzeum, 1938 in Sachsenwald-Oberschule umbenannt, ausgebombt war, waren wir Schülerinnen Gäste im Heese-Gymnasium, einer Knabenschule, nicht weit vom S-Bahnhof Steglitz und der „braunen Eisdiele" entfernt. Die Jungens hatten vormittags, die Mädchen nachmittags Unterricht oder umgekehrt. Oft begegneten wir uns. Ein netter Rothaariger, Egil Pastor, wäre gern mal mit mir Eis essen gegangen, aber jedesmal wenn er zu Hause anrief, sagte ich zur Verwunderung meiner Mutter: „Was will der denn schon wieder?" Er tat ihr leid. Ich war noch nicht so weit, männliche Wesen interessant zu finden. Ganz im Gegensatz zu meiner Mutter in ihren Mädchenjahren hatte ich alle Freiheiten. Ich stand nicht wie sie unter moralischem Druck. Was verboten ist, reizt die Neugier eher.

In der Schule allerdings war ich geneigt, aus der Reihe zu tanzen. In meinen Zeugnissen ist ein paarmal vermerkt: „Betragen nicht einwandfrei". Unsere Klasse galt als die beste, aber auch als die aufsässigste der Schule. Einmal hatten wir sie in diesem Jahr 1942 vor einer Klassenarbeit geschlossen verlassen, weil wir uns ungerecht behandelt fühlten. Das hatte jeder Schülerin einen Tadel im Zeugnis eingetragen. Wir waren stolz darauf. Die Lehrer meinten freilich, wir seien wohl durch „zu viel Schiller" aus der Fasson geraten.

Noch im Herbst 1942 kommt meine Mutter mit einem Widerstandskreis in Kontakt, den die Gestapo später den „Kreisauer Kreis" nennen wird. Bei Hans Peters erlebt sie am 11. Oktober Helmuth von Moltke. Er sagt kaum etwas an diesem Abend, sitzt und beobachtet nur still die Anwesenden, die sich ziemlich schnell und leidenschaftlich darauf einigen, dass einzig der verlorene Krieg den Nazis ein Ende bereiten könne. „Unser bester Kopf", nennt Peters den Grafen. So hat es meine Mutter in ihrem Tagebuch festgehalten: „Unser bester

Kopf. Man wird noch von ihm hören. Grosse Gruppen stehen hinter ihm."

Das ist auch der einzige Lichtblick gegen Ende dieses verzweiflungsvollen Jahres. Peterchen Tarnowsky, wird uns zugetragen, ist abgeholt worden. Die „Gruppe Baum", vornehmlich jüdische Untergrundkämpfer, und die „Rote Kapelle" sind aufgeflogen. Ihre Anhänger werden vor Gericht gestellt. Unter Ausschluss der Öffentlichkeit. Ungezählte, „weit über Hundert", hören wir diesmal von Erich, wurden gefoltert, verhört, zum Tode verurteilt. Erich weiss zuverlässig, auch Dr. Rittmeister, der Freudianer, sei unter den Verhafteten gewesen. Diesmal kommt unsere Gruppe sehr leise zusammen. Keine Platten werden aufgelegt. Kein Ernst Busch. Kein Emile Zola. Erich stützt den Kopf in die Hände und sagt: „Ich weiss nicht, wie 's weitergehn soll."

Immer mehr Verfolgte tauchen unter. Jetzt auch Freunde und Bekannte unserer emigrierten Freunde. Sie schlafen mal hier, mal dort, als Verwandtenbesuch getarnt. Bei Günther Brandt sind eine jüdische Studentin und ein älteres jüdisches Ehepaar untergebracht. Es wird schwieriger, die notwendigen Lebensmittel aufzutreiben. Ich werde zum Stammgast in der Konditorei Reimann. Nach einem Bohnenkaffee gehe ich jedesmal mit einem Päckchen Kleider- und Lebensmittelkarten davon und mit mindestens einer grossen Tüte fettfreien Kriegsgebäcks. Nicht weit davon, in der Bregenzer Strasse 9, beim Olivaer Platz, habe ich Lateinnachhilfe bei Hans Oppenheimer, bei dem jungen Mann mit Brille, der meine Mutter ein paarmal in die Mexico-Bar eingeladen hatte. Ein Intellektueller mit erotischer Ausstrahlung. Zur Belohnung nach der Stunde lesen wir „Pu der Bär" oder etwas von Anatole France. Eine bemerkenswerte Mischung.

Während wir noch um Mühsam trauerten, hatte es in Paris eine Grossrazzia, eine Jagd auf Juden, gegeben. Unserem Freund Günther Brandt war gemeldet worden, sie würden alle „nach Osten" verschleppt. In Lagern ausgehungert oder gleich „erledigt". Erschlagen, erschossen. Ihre Gräber müssten sie vorher selber ausheben. Und noch eine andere unbegreifbar schreckliche Meldung erreichte uns. Um das Morden zu beschleunigen, würden Juden jetzt systematisch mit Gas vergiftet. „Vergast".

Wenigstens der *Aufbau*/New York, die Zeitung der deutschsprechenden Emigranten hatte am 3. Juli 1942 endlich über die Massaker berichtet. Gross aufgemacht auf der ersten Seite. Über eine Million Juden seien „in den von der Achse beherrschten Ländern schon zu Tode gebracht" worden, hiess es da. Roosevelt habe eine „Resolution" angekündigt, Churchill im Radio versichert, dass „der jüdischen Leiden nicht vergessen werden wird". Und der britische Oberrabbiner hatte die Welt um Hilfe angefleht. Wir hofften auf ein internationales Echo. Flüchtlingshilfen. Einwanderungserleichterungen. Diplomatische Missionen. Auf Bombardements der Eisenbahnlinien in die Lager. Nichts geschah. Gar nichts.

Borchard, der in diesem Jahr 1942 fünfmal in Athen, einmal in Rom, Mailand und Budapest dirigierte, traf sich mit Vertrauensleuten und berichtete, was vorging. Von den „Kreisauern" wussten wir, dass Moltke und Adam von Trott zu Solz es auf höherer Ebene längst versuchten. Auch das half nichts. Noch heute ist mir diese Verschwörung des Schweigens unbegreiflich, das Stillhalten, die Lethargie. Erst nach 1945 haben wir, die wir im Krieg vornehmlich auf die ausländischen Sender angewiesen waren, genauer erfahren, welches verheerende Ausmass die Deportationen schon 1942 angenommen hatten. Schon damals waren 310 000 Juden ins Warschauer Ghetto „umgesiedelt" worden, das tschechische Dorf Lidice nach dem Attentat auf den verhassten stellvertretenden SS-Reichsprotektor Reinhard Heydrich mit allen Bewohnern ausgelöscht, im Ghetto von Lodz, in Pinsk, in den Baltischen Staaten, in Charkow Hunderttausende jüdischer Kinder, Frauen, Männer ermordet.

Im Reich hat indessen das Wort „planmässig" Hochkonjunktur. Als die 6. Armee im November 1942 in Stalingrad von den Russen eingekesselt wird, verläuft das nach Plan. „Der Führer wird schon wissen, was er tut." Von einem „Hinterhalt" weiss das Gerücht, vom „Entsatz, der im Anmarsch" sei. Wir wissen es besser aus den ausländischen Sendern. Und wir hoffen, das Ende ist nicht mehr weit. Es ist noch sehr weit.

Kurz vor Weihnachten stehen am Hünensteig fünf Menschen vor unserer Tür. Unser Zahnarzt Hugo Jacob und seine Familie. Der grosse Blonde, der so gern deutsche Klassiker zitiert, seine gazellenzarte Frau Edith, ihre kleine Tochter Evelyne, fünf Jahre alt, und die Schwiegereltern Bernstein, hoch in den Jahren. Einmal hat die Gestapo schon nach Hugo gefragt. Jetzt trauen sie sich nicht mehr zurück in die Wohnung. Als die fünf gleich darauf auf der Couch unter dem „Totentanz“ sitzen, mit einer Tasse Tee und den fettfreien Plätzchen vor sich, geben sie ihren Entschluss bekannt: „Wir bleiben zusammen.“ Meine Mutter sagt erschrocken: „Jesses, fünf Menschen! Die sind kaum unterzubringen.“ Sie beschwört sie, sich wenigstens vorübergehend zu trennen. Die fünf, aneinandergeklammert, beharren darauf: „Wir bleiben zusammen.“

Ein paar Nächte schlafen sie bei uns. Dann bei Günther Brandt und bei den Bergmanns in Wannsee. Reimanns besorgen ein Quartier für drei Wochen. Aber schon im Februar 1943 wird Hugo Jacob in einer Apotheke kontrolliert und verhaftet. Kurz darauf, als sie sich Wäsche holen wollen in ihrer Wohnung, werden die vier anderen festgenommen. Eine Nachbarin hatte sie beobachtet und sofort denunziert. Zwei Stunden soll die Gestapo die Wohnung belagert haben. Darin verbarrikadiert die Bernsteins, das Kind und Edith Jacob. Schliesslich gab die Tür nach.

Der alten Frau Bernstein konnte meine Mutter noch Äpfel ins Jüdische Krankenhaus bringen. Auch Eveline fand sie dort. Frau Bernstein hörte nicht auf zu weinen. Eveline hatte Scharlach angeblich. Fiebrigrot im Gesichtchen, wie ein zerzauster, kleiner Vogel sass sie im Bett und brachte kein Wort heraus. Meine Mutter streichelte sie. Sie sagte, sie werde wiederkommen. Sie werde nach Evelines „Mami“ suchen. Die Kleine nickte nicht mal. Zwei Tage später war das Bett leer. Auch Frau Bernstein verschwunden. Wohin? – Achselzucken. Alle fünf kehrten nicht zurück. Alle fünf wurden ermordet.

Ein Flugblatt und glühender Phosphor

„Der Tod ist gross, / wir sind die Seinen …“

Sätze von Rilke habe ich im Januar 1943 in Mutter Friedrichs Zitatenbuch geschrieben. Der Tod war überall. Hinter dem Stacheldraht in den Konzentrationslagern. In den Viehwaggons der

Judentransporte. In den Kellern der Gestapo, den Feuerstürmen der Bombennächte, in der Eiswüste von Stalingrad. 230 000 Deutsche waren dort in wenigen Wochen verblutet, erfroren, erstarrt im Schnee, geopfert für die Verteidigung einer längst zur Ruine geschossenen Stadt. Mehr als eine Million Russen waren gefallen für die Befreiung Stalingrads.

Im Sportpalast hatte der Reichspropagandaminister am 18. Februar 1943 aus dem grossen Sterben auch noch Kapital geschlagen. Bei einer nur für Geladene befohlenen „Kundgebung des fanatischen Willens". Gut organisiert. „Wollt Ihr den totalen Krieg?" hatte Goebbels gebrüllt, und die Getreuen – der Schauspieler Heinrich George in der ersten Reihe, jeder durfte es in der Wochenschau nacherleben – waren aufgesprungen und hatten geschrien: „Ja!" – Das Sterben geht weiter.

Mitte März mache ich Abitur. Es war das letzte, das im Krieg zugelassen wurde. Weil das Heese-Gymnasium eine Bombe abbekommen hat, fällt das Schriftliche aus. Ich bin nur mündlich dran. Über Schillers philosophische Schriften. Ich habe ein Gedicht zu analysieren: „Das Ideal und das Leben". Am 23. März bringt uns, wie eine Antwort darauf, Hans Peters aus München ein Flugblatt mit. Wir lesen, von Satz zu Satz atemloser:

„Kommilitoninnen! Kommilitonen! Erschüttert steht unser Volk vor dem Untergang der Männer von Stalingrad ... Führer, wir danken Dir! ... Der Tag der Abrechnung ist gekommen ... Der deutsche Name bleibt für immer geschändet, wenn nicht die deutsche Jugend endlich aufsteht, rächt und sühnt zugleich, ihre Peiniger zerschmettert und ein neues, geistiges Europa aufrichtet ... Studentinnen! Studenten! ... Beresina und Stalingrad flammen im Osten auf. Die Toten von Stalingrad beschwören uns ... Unser Volk steht im Aufbruch gegen die Verknechtung Europas durch den Nationalsozialismus, im neuen gläubigen Durchbruch von Freiheit und Ehre!"

Studenten aus München sollen das Flugblatt verfasst haben, eine Gruppe, die sich „Weisse Rose" nennt. Aber es gibt sie nicht mehr, die Weisse Rose. Peters weiss es. Die Geschwister Hans und Sophie Scholl und der Student Christoph Probst wurden schon im Februar im Schnellverfahren von Freisler abgeurteilt und noch am gleichen Tag enthauptet. – Ich stehe am Fenster, als Peters schweigt, daran erinnere ich mich. Ich stehe am Fenster, starre auf die verrostete Teppichklopfstange im Hof, auf das wintergraue Gras. Grau, grau, graue Verzweiflung.

Wir haben dann, meine Mutter und ich, an den folgenden Tagen das Flugblatt abgetippt, verteilt oder per Post verschickt. 250mal. Über die „Kreisauer" wurde es in Schweden und England abgesetzt. Eins ging an Egil Pastor, den Rothaarigen vom Heese-Gymnasium, der gerade eingezogen worden war, in ein Luftwaffenausbildungslager.

An der Ostfront lief weiter alles nach Plan. Die Front wurde „planmässig begradigt – planmässig zurückgenommen". Hinter sich liessen die deutschen Eroberer befehlsgemäss „verbrannte Erde". Hunderte in Schutt und Asche gelegte Dörfer. Nur im Warschauer Ghetto, hörten wir, kam der Tag der Abrechnung, den die Studenten der Weissen Rose so flammend gefordert hatten. Die gequälten Juden wagten den Aufstand. Vier Wochen sollen sie durchgehalten haben. Dann hatte die SS das Ghetto sturmreif geschossen und den Aufstand brutal erstickt.

Aus dem Ghettoalltag existiert, von einem deutschen Soldaten aufgenommen, ein Bild, das für mich mehr als tausend andere das Elend wie in einem Brennglas zusammenfasst. Zwei Kinder. Ein vielleicht vierjähriges Mädchen mit Lätzchen und an den dünnen Beinchen herunterrutschenden Strümpfen. Es sitzt gegen eine Ziegelmauer gelehnt. Daneben ein etwas älterer Junge. Feingemacht mit einem weissen Kragen. Sie betteln. An dem Knaben fallen die erschreckend spitzen Knie auf, an der Kleinen die von Hungerödemen aufgequollenen Bäckchen. Beide schauen uns an. Ohne Vorwurf. Ohne Angst, nur abgrundtief traurig.

Erich kennt jetzt eine simple Methode, wie man es anstellen kann, Eisenbahnwaggons lahmzulegen. Ganz einfach mit etwas Sand. Statt Öl gibt man Sand in die Achsbuchsen. Der Sand reibt dann da, wo sonst das Öl schmiert. Nach etwa hundert Kilometern fangen die Achslager zu brennen an. Der Zug muss halten, die Waggons müssen ausrangiert, die Fracht muss umgeladen werden. „Das klappt", sagt Erich. „Alles stimmt, was dem Wahnsinn ein Ende macht."

Im Sommer fahren Ljowa, meine Mutter und ich zum ersten Mal zusammen ins Ausland. Nach Frankreich. Ins Elsass. Ruths Bruder Wolfgang hatte uns den Ort empfohlen und politisch zuverlässige Leute, die Brunners in Thannenkirch bei Ribeauvillé. Wir wussten, mit wem man hinter verschlossener Tür offen reden konnte und vor wem man sich hüten musste. Ich schlief im Gasthof Brunner mit meiner Mutter in einem Bett, das sie immer erst gegen Morgen aufsuchte. Wir halfen bei der Kirschernte. Danach gab es ein „Eau de vie" und mittags immer eine „bonne soupe" mit einem grossen Stück Butter drin. Bei Madame Mistler im Ort Aprikosentorte und beim Metzger in Ribeauvillé eine Wurstplatte. Von Thannenkirch nach Ribeauvillé lief man etwa eine Stunde durch den Wald, Ljowa nannte ihn den „Rolandwald". Mir ist er als der schönste Wald schlechthin erschienen. Blätterdicht, zwielichtgrün, samtiges Moos und Himbeeren in Fülle. Himbeeren zum Sattessen. Thannenkirch war ein Friedensparadies.

Berlin dann wieder der krasse Gegensatz. Kriegsschauplatz. Für den Arbeitsdienst war ich wegen eines von vielen Mittelohrentzündungen offenen Trommelfells „untauglich" befunden worden, aber nicht für den Kriegsdienst. Bei „Rheinmetall & Borsig" in Marienfelde hatte ich um sechs Uhr morgens als Technische Rechnerin anzutreten. Um vier kroch ich aus dem Bett, lief zum Bus, von der letzten Haltestelle noch querfeldein zum Werk und leistete meinen Dienst ab. Dabei sagte ich mir im Kopf, das Rollenbuch unter der Rechenmaschine versteckt, heimlich die Texte der Luise aus „Kabale und Liebe" auf oder die „Heilige Johanna" von Shaw. Ich wollte Schauspielerin werden. Nach einem missglückten Besuch an der Schule von Lyda Salmonova, die Ljowa nach ersten Proben meiner Darstellungskunst für ungeeignet hielt, hatte er mich für Privatstunden zu Walter Franck vermittelt, einst bei Jessner gross und als Partner von Elisabeth Bergner. Heimlich also lernte ich Rollen bei Borsig, empfand mich – vermutlich zu Unrecht – von Feinden umgeben und verinnerlichte den Spottvers: „Wer noch nicht bei Siemens war, / bei Rheinmetall und Borsig, / der kennt des Lebens Kummer nicht, / der hat ihn erst noch vor sich."

Das ging so bis zum 23. August 1943. Danach hatte ich etwas am Herzen und war bald auch nicht mehr für Borsig tauglich. Bisher waren wir bei Luftangriffen meist nur durchgepustet worden. Fensterscheiben zu Bruch, Risse in der Wand. Nichts Ernstes. Am 23. ging wie fast jede Nacht die Sirene. Wir rumpeln hoch. Ich schleife fluchend wie immer den Bücherkoffer die Treppe hinunter. Meine Mutter sagt wie immer: „Versündige Dich nicht“ und hüstelt. Im Keller fange ich an, heisshungrig von den Keksen zu essen. Von unserer Notration. Das ärgert Ruth. Nicht, weil die Kekse gegessen werden, sondern wegen des nervtötenden Knusperns.

Jeder lauscht. Kommen sie zu uns? Kommen sie nicht? Wo werfen sie diesmal die Bomben ab? Ich lausche nicht. Ich knuspere. Plötzlich fliege ich gegen die Wand. Wir sind dran. Das Inferno bricht los. Gellende Schreie. Beissender Qualm. Es prasselt und birst und kracht, als stürzten Geröllhalden nieder. Vor den Kellerfenstern regnet es gelbglühenden Phosphor. Staub würgt. Das Notlicht verlischt. Im Dunklen krieche ich auf allen vieren durch den Gang. Wo ist Ruth? Wo ist Ljowa? Ich halte die Schillermünze am Hals umklammert und keuche oder bete oder schreie: „Schiller hilf!“

Unser Haus steht noch, als die Entwarnung kommt. Wir stolpern nach oben, waten durch Schutt. Der Luftdruck einer Bombe hat die Zwischenwände zerbröselt. Wie Theaterkulissen stehen nur die metallenen Türrahmen im Raum. Gardinen wehen im Wind. Mit scharfem Knall fällt der „Totentanz“ von der Wand. Bettfedern wirbeln. „Frau Holle“, denke ich. Irgendwann finde ich mich im Keller wieder. Auf einer Liege. Mit einem Stück Zucker im Mund. „Rauchvergiftung“, sagt jemand.

Als ich wieder hochkomme, ist immer noch Nacht. Es wird nicht Tag an diesem Morgen. Hinter einem Schleier aus Rauch und Staub steht die Sonne fahlgelb über dem Friedhof. Menschen taumeln vorüber. Ein alter Mann im gestreiften Schlafanzug, irre lallend. Eine Frau hält ein Kopfkissen wie ein Baby an sich gepresst. Aus einem Fenster werfen Männer angekohlte Matratzen. Blockwart Huhn in dreckiger Uniform schreit mit sich überschlagender Stimme: „Ordnung halten, verdammt!“ Ordnung hält keiner mehr. Aber mitten aus dem Chaos taucht plötzlich ein Mann auf. Und kommt näher. Ein Mann im gebügelten Anzug. Mit weissem Hemd. Mit Krawatte. Der Mann ist mein Vater. Damals, als wir dachten, ganz Berlin liege in Trümmern, ist er mir wie vom Himmel gefallen erschienen. Damals hat sich in mir das Gefühl gefestigt: wenn ich ihn brauche, ist er da.

Der Angriff vom 23. August 1943 hatte allein den südlichen Vororten Berlins gegolten. Von ganzen Strassenzügen standen nur noch Gerippe. Die Wüste schien endlos. Bombentrichter. Zersplitterte Bäume. Brennende Häuser wie Fackeln im Feuersturm. Und überall weinende, schreiende, verstörte Menschen. Otto brachte uns drei – Ljowa, meine Mutter und mich – in seine Wohnung. Da war kein Rauch mehr plötzlich, kein Krieg. Keine Frau Holle. Fenster gab es noch, in denen Scheiben blitzten. Und es gab Milch. Magermilch. Aber sie schmeckte wie Nektar. Wie man sich vorstellte an diesem Tag, dass Nektar schmeckt. Nach dieser Bombennacht hatte ich für mich selbst nie wieder Angst im Krieg. Warum, weiss ich nicht. Ich habe auch nie wieder die Schillermünze umklammert und keine Kekse geknabbert. Bei den nächsten Angriffen sass ich in unserem Keller unter der Notleuchte im Gang und las. Ljowa hatte mir Dostojewskijs „Dämonen" empfohlen. Ich las auch Margaret Mitchells „Vom Winde verweht". Nur das Fluchen habe ich nicht lassen können, sobald ich den Bücherkoffer schleppte.

Meine Mutter hatte Angst, aber sie zeigte sie nicht. Sie hatte Angst vor den Bomben und Angst vor der Gestapo. Sie und Ljowa waren sich der Gefahren der illegalen Arbeit bewusst. Ich sah keine Gefahr. Wie junge Soldaten, die meinen, sie kämen überall durch. Irgendwann las ich dann einmal Sätze von Stefan Zweig: „Mut ist Überwindung von Furcht, nicht Freisein von Furcht". Meine Mutter und Ljowa waren mutig. Ich war ein „Hans guck in die Luft".

Auf Leben und Tod

Um die Zeit, als Konrad zu uns kam, schien das Blatt sich tatsächlich zu wenden. Die Russen rückten vor. Die Briten waren in Sizilien gelandet. Die „Heeresgruppe Afrika" hatte kapituliert, und Mussolini war verhaftet. Konrad Bauer kam, von Gottfried von Einem empfohlen, um bei Leo Borchard Unterricht zu nehmen im Dirigieren. Ich erinnere mich nicht mehr, wann ich es erfuhr, aber Konrad hiess nicht Bauer mit Nachnamen; er hiess Latte, war aus Breslau kommend mit seinen jüdischen Eltern, Manfred und Margarete, in

Berlin untergetaucht. Und was ihm zustiess, sollte uns im Winter 1943/44 aufrühren und mit neuen Freunden zusammenführen.

Konrad kam Anfang September 1943 zu uns. Ein junger Musiker. Sehr höflich. Sehr scheu. Mit verwirrend schönen, umschatteten, blauen Augen. Niemand hätte ihm zugetraut, dass er schon ein halbes Jahr im Untergrund lebte und es trotzdem riskiert hatte, sich ganz legal als Organist zu bewerben. Ein lebensgefährliches Vabanquespiel. Vom Organisten der Kaiser-Wilhelm-Gedächtniskirche war er weitervermittelt worden und begleitete, Harmonium und Orgel spielend, Gottesdienste, Trauerfeiern, Andachten und an der Dahlemer St. Annenkirche auch die stark frequentierten Fürbittgottesdienste für Martin Niemöller, ihren Pfarrer im KZ, und für andere Verfolgte. An der Nürnberger Strasse, in der Pension Wolf, war er gegen Aufpreis ohne ausreichende Papiere untergekommen.

Konrad arbeitete mit Borchard. Später einmal schrieb er: „Die Methode seines Unterrichts war einzigartig … Aber darüber hinaus: Er teilte seine Lebensmittelmarken mit mir, er verschaffte mir Gelegenheiten zum Übernachten … und er war es, der mich immer wieder beschwor durchzuhalten." Konrad ass mit uns. Er sass mit meiner Mutter stundenlang im Gespräch. Konrad wurde unser Freund. Anfang Oktober brachte er uns zu Harald Poelchau, dem Gefängnispfarrer von Tegel und Plötzensee. Auftakt zu intensiver Zusammenarbeit. Poelchau – auch zum Kreisauer Kreis gehörend – schickte uns Menschen, die ein Versteck brauchten. Wir besorgten ihm Marken und Lebensmittel. Ich wurde Gepäckträgerin. Warme Decken, Henkelmänner mit Essen, Pakete für Inhaftierte. Jetzt war mir das „Gretchen-Ponem" – blond und blauäugig – endlich zu etwas nutze. Wenn ich Koffer oder auch falsche Papiere von X nach Y trug, vermutete niemand Böses.

Poelchau war der ungewöhnlichste Mensch, den ich in der Nazizeit kennenlernte. Ein Mann, der half, Juden und politisch Verfolgte am Leben zu erhalten. Einer, der unter grösster eigener Gefahr Kontakte zwischen Verurteilten und ihren Angehörigen aufrechterhielt, der Menschen, die kurz vor der Hinrichtung standen, Zuversicht auf eine höhere Gerechtigkeit gab. Einer, der ausstrahlte, was ihn selbst durchhalten liess: den Glauben an das Gute im Menschen.

Am Hünensteig, 1944, in Berlin-Steglitz:
Ruth und Karin Friedrich

Ein paar Tage nach dem Besuch bei Poelchau erscheint Konrad nicht mehr zum Unterricht. Auch bei Poelchau meldet er sich nicht. Auf Umwegen erst erfahren wir mit Entsetzen: Seine Eltern sind gefasst. Ihn, Konrad, hat man ins Gefängnis an der Grossen Hamburger Strasse verschleppt. Einer Wehrmachtsstreife soll er sich verdächtig gemacht haben. In seinem Zimmer in der Pension hatte man dann einen abgestellten Koffer des gesuchten Deserteurs Wolfgang Harich entdeckt. Konrads Eltern wird mitgeteilt, ihr Sohn sei zum Tode verurteilt. Während er noch in Haft ist, werden sie mit dem „44. Osttransport" am 14. Oktober auf die letzte Reise geschickt. Nach Auschwitz. Konrad hat sie nicht wiedergesehen.

Fünf Wochen später ist er frei. Meine Mutter sagt, blass vor Erregung, nur: „Jesses, Konrad!", als er wie ein Auferstandener bei uns vor der Tür steht. Die Geschichte, die er erzählt, klingt unglaublich. Konrad Latte ist ausgebrochen aus dem Gefängnis. Aus dem mit Stacheldraht umzäunten, nachts grell angestrahlten, ehemaligen Jüdischen Altersheim. Der Ausbruch war gründlich vorbereitet. Konrad hatte sich mit dem ebendort an der Grossen Hamburger Strasse inhaftierten jüdischen Buchdruckermeister Ludwig Lichtwitz zusammengetan. Und als es am späten Nachmittag des 23. November – es ist bereits dunkel – Voralarm gibt, drehen sie die Hauptsicherung heraus, öffnen mit einem im Finsteren entwendeten Schlüssel den Hintereingang und flüchten über den alten Jüdischen Friedhof. Moses Mendelssohn, der dort begraben liegt, muss ihnen beigestanden haben.

Konrad versteckt sich in der ersten Nacht bei der Choreographin Tatjana Gsovsky, die er durch Gottfried von Einem kennt, und nimmt wieder Kontakt zu Poelchau auf. Lichtwitz taucht ebenfalls unter, kann sehr bald nachts heimlich in einer Buchdruckerei arbeiten und liefert nicht nur Konrad falsche Papiere, sondern versorgt auch uns bis zum Kriegsende mit Ausweisen.

Am Heiligen Abend 1943 sind meine Mutter und ich wieder einmal in Steglitz im Gottesdienst. Dunkel ist es in der Kirche und kalt. Die Menschen bewegen sich wie Schemen zwischen den Bänken. Am schmucklosen Tannenbaum brennt eine einzige Kerze. Und dem Pfarrer schaut die mausgraue Strickjacke aus dem Talar hervor. Aber beim letzten Lied, „Oh, du fröhliche, oh, du selige ...“ zieht der Organist wie immer sämtliche Register, und wir haben allen Grund, lauthals mitzusingen. Konrad ist frei.

Sein Vabanquespiel auf Leben und Tod ist noch nicht zu Ende. Er nimmt weiter Unterricht bei Leo Borchard. Gottfried von Einem erlügt ihm einen Ausweis der Reichsmusikkammer und bringt ihn als Statist bei der Staatsoper unter. Der mit Poelchau befreundete Pächter der Gefängniskantine, Willi Kranz, findet eine Kellerschlafstelle für ihn. Später kann Konrad in einer Bank als Nachtwächter arbeiten und dort schlafen. Das geht so recht und schlecht, bis ihm eines Tages in der U-Bahn ein ehemaliger Bewacher begegnet. Der hält zwar dicht, aber Konrad ist verunsichert. Auf eine Anzeige hin bewirbt er sich im Mai 1944 als Kapellmeister für eine Wehrmachtstournee und bekommt die Stelle beim Hessischen Volkstheater.

Wahrhaftig geht er – ein Jude mit gefälschten Papieren, von Erich Kästner mit Geld und weissen Hemden, von Schauspieler Hans Söhnker mit einem dunklen Anzug ausgerüstet – mit dem Ensemble auf Reisen. Just in den Tagen, als Anfang Juni die alliierten Truppen die Invasion begonnen und sich in der Normandie unter horrenden Verlusten an Land gekämpft haben. Nach der Schliessung aller „Kulturbetriebe“ im August 1944 wird ihn seine Kollegin, die Sopranistin Ellen Brockmann, über die letzten Kriegsmonate retten und ihn, während er dort den Kirchenchor leitet, bei sich in Bad Homburg aufnehmen.

Das ist in dürren Worten Konrads Geschichte. Eine Geschichte des dramatischen Auf und Nieder. Ich habe sie erzählt, weil sie exemplarisch zeigt, wieviel persönlicher Mut dazu gehörte, wieviel Standhaftigkeit, zuweilen auch Glück, während der Hitlerzeit in der Illegalität auszuhalten. Es gelang nur sehr wenigen. Als Konrad sich nach dem Krieg beim Arbeitsamt in Hamm meldete, wurde ihm eine Stelle im Bergbau angeboten. Auf seinen Einwand, das sei doch vielleicht nicht das Richtige, bekam er die rüde Antwort: „Freuen Sie sich doch, dass Sie wieder in die deutsche Volksgemeinschaft aufgenommen worden sind!" Konrad wurde nicht Bergarbeiter. Er blieb Musiker. Heute ist die „Volksgemeinschaft" stolz auf ihn. In den 60er Jahren hat er das Berliner Barockorchester gegründet, dessen renommierter Leiter er mehr als drei Jahrzehnte lang blieb.

„Bleib übrig"

Das Vorrücken der Alliierten liess uns hoffen, der Krieg könne irgendwann doch noch zu Ende gehen. Aber das Leben wurde von Tag zu Tag härter. Immer wieder kam es zu schweren Rückschlägen. Walter Seitz war eingezogen worden. Zum ärztlichen Dienst in einem schlesischen Ausweichhospital. Ein Arzt fiel ausgerechnet aus in der Gruppe, als bei Günther Brandt das jüdische Fräulein Jordan an Scharlach erkrankte. Scharlach war noch immer eine schwere Infektion, die medizinische Betreuung erforderte, mindestens sechs Wochen Isolation, Medikamente und die Desinfektion der ganzen Wohnung. Wir mussten einen Arzt schicken und, was schier unmöglich schien, einen politisch zuverlässigen Kammerjäger. Erich fand einen in seinem kommunistischen Freundeskreis. Bis das Fräulein Jordan genesen war, lebten wir in Furcht, Günther Brandt und die anderen bei ihm lebenden Schützlinge könnten sich angesteckt haben.

Wir hatten das eben hinter uns, da rief Hans Peters an und teilte verschlüsselt mit, Helmuth von Moltke sei verhaftet. Peters, inzwischen Major beim Luftwaffenführungsstab und nach etlichen Treffen mit Leuten vom Kreisauer Kreis eng mit diesen verbunden, konnte sich nicht irren. Ich erinnere mich, dass wir wie betäubt, ratlos, verzagt oben bei Ljowa sassen und rätselten, was passiert sein könnte. „Unser bester Kopf", hatte Peters ihn, Moltke, genannt. „Grosse Gruppen stehen hinter ihm." Seine Verhaftung konnte sie alle gefährden.

Dann trat ein, was uns ganz und gar aus der Fassung brachte: das missglückte Attentat auf Hitler. In der „Wolfsschanze", am 20. Juli. Dass „etwas im Gange" war, hatte Ljowa von Adam von Trott, meine Mutter bereits von Peters erfahren, doch hatten wir mit einem Attentat nicht wirklich gerechnet. Moltke war immer gegen Gewalt gewesen. Hitler müsse „sich selbst zugrunde richten", meinte er.

Niemand, der sie miterlebt und auf einen Umsturz gehofft hat, wird diese Tage vergessen. Erst die endlos sich dehnenden Stunden: Hitler ist tot ... Hitler ist nicht tot ... Und dann endgültig: Hitler hat überlebt. Meine Mutter weint nicht. Sie tobt nicht. Sie schreit nicht. Sie sitzt starr neben dem Radio. Mit hängenden Armen. Irgendwann sagt sie: „Wenigstens Moltke, dem können sie nichts tun. Den hatten sie vorher schon." Unsere Informanten schweigen. Hans Peters ist „auf Dienstreise". Nur aus dem verfluchten Radio schreit es: „Eine ganz kleine Clique ehrgeiziger und gewissenloser und zugleich verbrecherischer, dummer Offiziere hat ein Komplott geschmiedet." Die „kleine Clique" wird liquidiert. Die Verhaftungswelle rollt. Hunderte werden festgenommen, verhört und gefoltert. Adam von Trott ist nicht zu erreichen. Ljowa geht auf sein Zimmer, schliesst die Tür hinter sich und läuft auf und ab. Ruhelos.

Ende Juli schreibt Peters endlich: „Nachdem ich etliche Tage an starker Hals- und Mageninfektion gelitten habe, befinde ich mich jetzt auf dem Wege der Besserung". Das soll heissen: er war in äusserster Lebensgefahr, aber er ist davongekommen. Der Legationsrat im Auswärtigen Amt, Adam von Trott zu Solz, wird verhaftet, am 15. August von Freisler zum Tode verurteilt und am 26. August 1944 hingerichtet. Schon wenige Tage danach erscheint in der liberalen schwedischen Zeitung *Dagens Nyheter* eine Würdigung Adam von Trotts, seiner Ziele und der seiner Widerstandsgruppe, einer „bedeutenden Kraft". Der Autor heisst Willy Brandt.

Ich war damals nicht mehr bei Rheinmetall & Borsig. Nach der Rauchvergiftung im vergangenen Jahr war ich „dienstuntauglich" geschrieben worden. Bei Walter Franck studierte ich jetzt das „Fräulein Julie" von Strindberg und Wedekinds „Lulu". Er war Hitlergegner. Nach der Stunde zog ich, jedesmal mit verbotener Lektüre reichlich versorgt, von dannen. Mit Theaterstücken von Georg Kaiser, Ferdinand Bruckner, Else Lasker-Schüler. Meine Mutter gab mir zu lesen, was sie indessen geschrieben hatte: Ratschläge zu Liebes- und Altersproblemen und die Antworten auf Leserbriefe, die sie nach wie vor als „Frau Ilse" für die inzwischen zeitgemäss stramm in *Kamerad Frau* umbenannte *Junge Dame* zu schreiben hatte.

Zwischendurch kochte sie. Es gab immer noch täglich drei, wenn auch magere, Gänge. Das meinte sie, sich selbst und Grossmutter Hélène schuldig zu sein. Je karger die Zutaten, desto erfinderischer Ruth. Ljowa, der Herr, war in der Küche Zuarbeiter, schälte Kartoffeln, raspelte Mohrrüben, schuppte Heringe. Ansonsten zog er sich meist zur Arbeit nach oben zurück. Er gab Blachers Frau, der Pianistin Gerty Herzog, Unterricht und schrieb am Libretto für eine Oper nach Dostojewskijs „Grossinquisitor", die Boris Blacher in Arbeit hatte.

Im Tageslauf passten wir uns dem verdrehten Rhythmus der Luftangriffe an. Wer müde war, legte sich hin und schlief eine Runde. Einer lag immer irgendwo. Aber dazwischen rotierten wir. Die Untergetauchten zu versorgen wurde zur Überlebensfrage. Nach den Angriffen blieb oft das Telephon weg. Die Strassenbahnen waren lahmgelegt. Busse fuhren kaum. Meist kam man nur noch zu Fuss oder mit dem Fahrrad durch. Seltsam. Denke ich an die Zeit zurück, erscheint sie mir trotzdem als eine, in der wir todmüde hellwach gelebt haben. Nie vorher und nie nachher war ich meiner Mutter so nah. Wir lebten von Alarm zu Alarm. Je mehr Trümmer, je näher das Kriegsende. „Bleib übrig", sagten wir, wenn wir uns trennten.

Und dann taucht plötzlich Walter Seitz wieder auf. Anders allerdings als erwartet. Nicht als Urlauber, sondern als Illegaler. Man hatte ihn nötigen wollen, kranke Zwangsarbeiter gesundzuschreiben. Er hatte sich nicht nötigen lassen, vielmehr einem nach dem anderen den Krankenstand attestiert. Schliesslich war man dahintergekommen. Doch kurz vor seiner Verhaftung hatte er sich absetzen und nach Berlin durchschlagen können.

Als er zum ersten Mal wieder in unserem Kreis erscheint, ist er kaum wiederzuerkennen. Schnurrbart. Das Haar rotblond gefärbt. Sein umgefälschter holländischer Pass weist ihn als „Binnenschiffer“ aus. Damit bekommt er die „Reisekarte“, die ihm erlaubt, mal hier, mal dort „an Land zu gehen“ und Lebensmittelkarten anzufordern. Sein Freund Fritz von Bergmann hat ihm eine vorläufige Untermietbleibe in der „Höhle des Löwen“ besorgt. In der Wohnung der Witwe eines SS-Obersturmbannführers in Schöneberg, an der Kufsteiner Strasse. Da hängt überm Schreibtisch ein Hitlerbild mit persönlicher Widmung. Und wenn Walter nachts in den Keller kommt, springen die Hausbewohner auf, reissen den Arm hoch und grüssen den „Freund des Obersturmbannführers“ mit „Heil Hitler“.

Walter lässt uns ohne Umschweife wissen, er werde in der Gruppe weiterarbeiten. Das macht ihn für mich endgültig zum „Helden“. Auch auf meine Mutter muss er starken Eindruck gemacht haben. Sie ist viel mit ihm unterwegs. Und Ljowa trifft jetzt häufiger mit einer jungen Frau zusammen, die wir „Damchen“ nennen. Sie ist das Gegenteil von Ruth. Eine Eva, keine Lilith. Schick, auch noch im vierten Kriegsjahr. Immer fröhlich, anschmiegsam. Dazu, wie meine Mutter, an Musik interessiert und mit einem weiten, zum Teil auch jüdischen Freundeskreis gesegnet. Eine schöne Arabeske? Da Ljowa sie schon länger kennt, vielleicht mehr. Ich war damals zu sehr beschäftigt, um mir darüber Gedanken zu machen.

Männer zwischen 16 und 60 werden als „letztes Aufgebot“ nun zum „Volkssturm“ eingezogen. Mit der „Panzerfaust“ sollen sie die anrückenden feindlichen Panzer „knacken“. Verheizt werden sollen sie, hiesse das besser. Atteste müssen beschafft werden für Volkssturmverweigerer. Untauglichkeitsbescheinigungen. Das passende Papier für die Falschdrucke. Buchdrucker Lichtwitz arbeitet jede Nacht illegal in einer Druckerei, und am Tag sind seine Druckkünste auszutragen. Mein Freund Hans Oppenheimer hat die Einberufung erhalten. Als „Halbjude“ zur Organisation Todt. Ein Himmelfahrtskommando. Seine Schwester Lore muss in Spandau bei BMW Steine klopfen. Nach dem

Abschied von Hans stehe ich noch lange vor dem Haus, Bregenzer Strasse 9, und starre hinauf zu den erleuchteten Fenstern. Ziemlich trostlos.

Mit anderen versucht meine Mutter indessen, alle Beziehungen auszuschöpfen, um Helmuth von Moltke freizubekommen. Am 19. Dezember ist Freya von Moltke bei uns. Ruth hat das Treffen im Tagebuch[5] festgehalten: „Wir begrüssen uns, als kennten wir uns seit Jahren ... Wir reden nicht von unserer Angst und nicht von unserer Sorge. Wir sprechen darüber, was ... getan werden muss. In den ersten Januartagen soll Verhandlung sein. Wenn man bis dahin nicht Freisler erreicht hat ...“

Zwei Neue waren kurz vor diesem Treffen zu unserer Gruppe gestossen. Der junge Schriftsteller Fred Denger, der wegen eines nach einem Unfall lädierten Beins bisher nicht eingezogen worden war und Arbeit in einer Schöneberger Buchhandlung gefunden hatte. Und Kurt Eckmann. Vorarbeiter. Ein wortkarger Mann mit kantig verschlossenem Gesicht. Als überzeugten und mehrfach verhafteten SPD-Genossen hatte man ihn für „wehrunwürdig“ befunden und im Range eines Meisters bei BMW zum Flugzeugbau abkommandiert. Dort war er auf dem Hof Lore Oppenheimer begegnet, die im Freien bei beissender Kälte mit anderen Frauen Steine abklopfen sollte. Eckmann hatte spontan mit festen Schuhen, warmen Mützen und Brennholz für ein offenes Feuer, damit die Frauen sich wärmen konnten, geholfen. Das hätte schon genügt, ihn uns sympathisch zu machen. Darüber hinaus aber war Kurt, wie Erich, Einzelkämpfer. Was er tat, um auf seine Weise das Sterben an der Front abzukürzen, darüber hielt er den Mund. Wir wussten nur, er hatte schon Tausende von Litern Benzin in Gullys abfliessen lassen. Und Erichs Trick, Waggons lahmzulegen, kannte er auch.

Bei Lore Oppenheimer trafen wir am Tag vor Weihnachten alle zusammen. Fred kam mit einem Band Bert Brecht unter dem Arm und sang irgendwann schmetternd die „Seeräuberballade“: „Oh, Himmel, strahlender Azur! / Enormer Wind, die Segel bläh' ...“ Besser konnte er sich bei mir nicht einführen. Ein bisschen sah er auch aus wie ein Seeräuber. Ein blonder allerdings. Das war sein einziger Fehler. Zu Fuss liefen wir nachts Arm in Arm vom Olivaer Platz in Wilmersdorf nach

Steglitz. Bei 20 Grad unter Null. Danach lag ich eine Ewigkeit im heissen Badewasser, um wieder warm zu werden. Dann weckte ich meine Mutter und sagte: „Du, ich hab' mich verliebt, sowas hat die Welt noch nicht geseh'n". Meine Mutter lächelte, setzte sich auf und sagte: „Na, dann erzähl' mal".

Am nächsten Nachmittag erschien Fred bei uns mit einer Flasche Wein und einer Rolle mit zwölf Gedichten. Die hatte er noch nachts für mich geschrieben. Wir kletterten in der Dämmerung über den Friedhofszaun. Fred schlug der Flasche an einem mächtigen Findlingsgrabstein – er steht heute noch – den Hals ab. Wir fegten den Schnee beiseite, nahmen Platz auf einer Bank aus Stein, und er las mir seine Gedichte vor. Überschrieben: „Wort für Wort gehört Karin". Der Schnee rieselte, ein paarmal verlöschte die Kerze, und geküsst haben wir uns sehr schüchtern. Das ging nicht so schnell damals. Ausserdem war ich nicht aufgeklärt. Meine Mutter hatte mich nur einmal, wie sie meinte, hinreichend belehrt, als sie ein Huhn ausnahm. Vielleicht habe ich auch zu wenig nachgefragt. Das wird es sein. Nach dem Krieg hat sie das erste Aufklärungsbuch in Deutschland herausgebracht: „Woher kommen die kleinen Kinder?" Aber da war ich dann schon im Bilde.

Ruth und ich fuhren am Heiligen Abend 1944 noch nach Dahlem, zum Gottesdienst in die St. Annenkirche. Man wusste, dort waren politisch Gleichgesinnte. In diesem Jahr, nach dem so verzweiflungsvoll ausgegangenen Attentat vom 20. Juli, standen die Andächtigen dicht gedrängt in den Gängen, an den Wänden entlang und bis zum Ausgang. Ich weiss nicht mehr, was gepredigt und was gesungen wurde. Aber ich weiss, dass wir für alle, um die wir in Angst waren, gebetet haben.

Zum Tode verurteilt

Die letzten vier Monate bis zum Kriegsende laufen in meiner Erinnerung wie ein Film mit erhöhter Geschwindigkeit ab. Die Bilder, die Szenen überlagern sich. Anfang Januar 1945 ist wieder Freya von Moltke bei uns. Am 10. soll Moltkes Verhandlung sein vor dem Volksgerichtshof. Vor Freisler. Alle Versuche, das abzuwenden, sind fehlgeschlagen.

Auch Hans Peters hat über seine Beziehungen nichts ausrichten können. Jetzt hat er „Dienstreisesperre". Mit Freya reden wir in dieser Nacht vom Leben und Sterben und von dem Danach. Freya sagt: „Man muss den Funken tragen über die Zeit". Und nach einer Pause: „Wenn man den Funken trägt, bekommt alles seinen Sinn, das Leben und das Sterben."

Am Verhandlungstag gehen wir beide, meine Mutter und ich, frühmorgens im Dunklen zur Steglitzer Rosenkranzkirche. Wenn Menschen nicht helfen können, helfen vielleicht Gedanken, Gebete. Wir sind keine gläubigen Christen, doch die Angeklagten sind es. Wir hören die Frühmesse, ohne sie zu verstehen, aber wir glauben an den „guten Geist überm Sternenzelt dort oben". Drei alte Frauen knien vorn in den Bänken. Im Schein der wenigen Kerzen schimmern golden die byzantinischen Wandmosaiken. Und davor leuchtet, ein Punkt in der Finsternis, das Ewige Licht. „Man muss den Funken tragen über die Zeit . . .".

Moltke wird am 11. Januar zum Tode verurteilt. Ein Adjutant Himmlers, zu dem meine Mutter über ihren Verleger noch im letzten Augenblick Fäden knüpfen konnte, soll sich den Fuss an einem Heizofen verbrannt haben und konnte dem Reichsführer SS das Gnadengesuch nicht mehr rechtzeitig überreichen. Am 23. Januar wird Helmuth von Moltke in Plötzensee ermordet. Am gleichen Tag, an dem am Schlesischen Bahnhof in Berlin erfrorene Flüchtlingskinder aus einem offenen Güterwagen geborgen werden. Am gleichen Tag, an dem in Jerusalem die vertriebene jüdische Dichterin Else Lasker-Schüler zu Grabe getragen wird.

Im Osten hat indessen eine neue sowjetische Grossoffensive eingesetzt. Oberschlesien ist erobert, Ostpreussen abgeschnitten. Das Konzentrationslager Auschwitz wird befreit. Erst nach und nach, als „Nacht und Nebel" sich heben, und dann immer unvorstellbarer wird das Ausmass des Mordens aufgedeckt. Das System der Vernichtung hinter Wachtürmen und Stacheldraht. Auschwitz wird zum Synonym werden für Unmenschlichkeit. Verantwortet von Deutschen.

Die „Vergeltung" hat schon begonnen. In der Nacht zum 14. Februar 1945 wird sie mit dem Bombardement Dresdens einen schrecklichen Höhepunkt erreichen. Hitler wollte Englands Städte „ausradieren". Jetzt vergeht in Deutschland kein Tag mehr, keine Nacht ohne Angriff. Auch in Berlin. Tags hoch oben am Himmel die silbrig glänzenden, dumpf grollenden Bombengeschwader der Amerikaner, nachts die Briten mit ihren „Christbäumen", die feuerwerkähnlich die nächsten Ziele beleuchten. Ein herrliches, Tod gebärendes Schauspiel. Vom Heulen der Sirenen begleitet: Voralarm, Vollalarm – runter in den Keller. Vorentwarnung, Entwarnung – wieder hinauf. Man gewöhnt sich. Wir sind längst perfekt darin, die Nähe der Einschläge abzuschätzen. Einmal bleibt im Nachbarhaus ein Zeitzünder im 2. Stock stecken. In der Badewanne. Ein anderes Mal werfen wir eine Brandbombe mit der Kehrichtschaufel zum Fenster hinaus, die sich in Ruths Bett verirrt hat. Das geht automatisch.

Automatisch greifen wir nach jedem Angriff zuerst zum Hörer. Telephon stumm? Telephon intakt? Ljowa oder Ruth oder ich, einer von uns ruft rund: „Wie war's? ... Wie geht's? ... Bleibt übrig!" Staubgrau ist die Wohnung nach jedem Bombardement. Staubgrau sind wir selbst. Es knirscht unter den Füssen. Putz hat sich vom Plafond gelöst, Mörtel aus den noch gebliebenen Wänden. Automatisch nimmt einer den Besen. Automatisch hämmern die anderen die Pappen wieder vor die Fenster. Wir reagieren wie aufgezogen. Zwischendurch gibt es Wasser für die staubtrockene Kehle. Fliesst keins aus der Leitung, dann mit der Suppenkelle aus dem Reserveeimer.

Was wir retten wollen im Notfall, ist schon lange im Keller. Ruths Tagebücher, im Salzsack versteckt. Der „Totentanz" und der „Gehenkte" – die Ölbilder von Peter Weiss, der „Luzifer", die Ahnenbilder und Ljowas Ikonen, in Tischdecken eingeschlagen, in einer Kiste. Das Miniporträt von Constant Forgeois hat meine Mutter im Luftschutzgepäck. Nur das Schillerbild, das ihr Hélène geschenkt hat, ist „zum Schutz" oben geblieben. Auch die eichene Reisetruhe, die zu schwer ist, um sie hinunterzuwuchten. Auf ihr sitzen wir, wenn wir „Brotzeit" machen.

Eigentlich machen wir in den letzten Kriegsmonaten meistens Brotzeit. Klitschiges Brot mit irgendwas drauf. Wie auf der Stange sitzen wir auf der Truhe, mit der einst Hélène von Amerika nach Frankreich gesegelt ist, und stopfen Essbares in uns hinein. Schwarzen Tee gibt es immer. Notfalls vom Spirituskocher. Ein dünnes Gebräu aus nach dem ersten Aufguss getrockneten und dann von Ljowa durch die Teemühle gemahlenen Blättern. Immerhin: echten Tee. Dafür hat Ruth eisern vorgesorgt. Ebenso dafür, dass „gute Seife" nie ausgeht. Und bis zuletzt hat sie einen Rest ihres Lieblingsparfüms von Guerlain gespart: „Mitsouko". „Man darf doch nicht ganz verkommen", sagt Ruth.

Die Schraube dreht sich weiter. An Dörfer und Städte rechts der Oder ist der „Auflockerungsbefehl" ergangen. Sie sind zu räumen, heisst das schlicht. Das gilt auch für unsere Familie, die Familie meiner Mutter in Breslau. Die kapriziöse Marie Monski, Hélènes jüngere Tochter, meine Grosstante, mit der ich als Kind bei Petit fours über Hitler schimpfte, hat sich geweigert, Breslau zu verlassen, weil sie beim Grab ihres Mannes bleiben will. Panik kennt sie nicht. Gegen Hitler war sie sowieso, und mit den Russen, meint sie, käme sie schon zurecht.

Ihre Schwester Marguerite, das zartbesaitete „Gretchen", meine Grossmutter, ist schwerkrank, unter Zurücklassung aller Habe – auch der Klöppelspitzen der Forgeois-Tanten und der geliebten Magdeburger Kuckucksuhr –, in einen Lazarettzug verladen und in Würzburg vor dem Spital wieder ausgeladen worden, nachdem ihr eine Ordensschwester im Zug noch schnell den Saphirring vom Finger gezogen hat, „weil Sie ja doch bald sterben". Sie starb wirklich sehr bald in Würzburg. In den Armen ihrer Tochter Ilse, die auf der Fahrt dorthin dreimal aus dem Zug springen und in Bunker flüchten musste vor immer neuen Bombardements. Marguerite wurde Ende Februar 1945 auch in Würzburg bestattet. Seit einem letzten Angriff auf den Friedhof gibt es ihr Grab nicht mehr. Arme Marguerite.

Ihre älteste Tochter Edith rettete sich von Breslau nach Berlin. Im grossen Heer der Ostflüchtlinge kam sie nach tagelanger Fahrt in überfüllten, eiskalten Waggons erschöpft, ausgehungert und recht verzagt bei uns an. Bergmanns hatten ihr in Wannsee ein Quartier angeboten. Ihrem kleinen Sohn schien die Evakuierung nichts auszumachen. Er warf den Kinderrucksack ab und sagte sichtlich stolz: „Jetzt sind wir Flüchtlinge."

Mit meinem Vater traf meine Mutter in diesen Tagen in einem Hotel zusammen, um wieder einmal Lebensmittelmarken zu übernehmen. Otto, jetzt Kommissarischer Leiter der Reichsstelle Kautschuk, zog etwas hastig an seiner Zigarre und berichtete ihr vertraulich von einer Aktion für Dr. Gleissner, den er längere Zeit in seiner Berliner Wohnung versteckt habe, als der wegen seiner Beziehungen zu den Attentätern vom 20. Juli auch für sich selbst fürchten musste. Ziemlich übergangslos gestand er Ruth dann bei der zweiten Zigarre und nach der dritten Tasse Tee, er sei 1943 der NSDAP beigetreten. Meine Mutter, die ihn immer „auf unserer Seite" vermutet hatte, sagte erschrocken: „Das kann doch nicht wahr sein, Ottelchen." Ottelchen reagierte ungehalten. Jetzt, wo „das Reich vom Untergang bedroht" sei, sagte er, komme es einzig darauf an, „Deutschland die Treue zu halten". Ruth verabschiedete sich kühler als sonst. Als sie mir von Ottos Bekenntnis erzählte, hatte sie jedoch schon eine fast rührende Deutung bereit: „Typisch dein Vater. Er hält zu den Schwachen. Nibelungentreue nenne ich das."

Ein begnadeter Fälscher

Dann trifft es Ljowa. Ein Bote bringt die Einberufung zum Volkssturm: „In einer Stunde abmarschbereit". Ljowa taucht augenblicklich ab, von Walter mit Attesten versehen, bis Lichtwitz die passenden Papiere liefern kann. Das „Damchen" ist seit einiger Zeit schwanger, ohne den Namen des Vaters des Kindes preiszugeben, und sitzt bei uns. Zuspruchbedürftig. In dieses Durcheinander fällt der nächste Bombenangriff. Diesmal soll es Schöneberg schwer getroffen haben. Bei meinem telephonischen Rundruf kann ich Fred nicht erreichen. Die Leitung zur Buchhandlung ist unterbrochen.

Ich renne los. Zu Fuss. Ich renne im Laufschritt. Wieder Häusergerippe. Brennende Fassaden. Ich klettere über Trümmer. Immer mehr in Angst. Sanitäter schleppen Leichen. Tote wie Gliederpuppen mit weit aufgerissenen Mündern. Krankenwagen jaulen. Fetzen brennender Gardinen wirbeln durch die Luft. Neben einem Krater graben Hausbewohner fieberhaft mit blossen Händen. Schwefelrauch. Menschen laufen mir entgegen. Kalkgrau, mit Tüchern vor dem Mund. Einer schreit: „Hau'n Se ab!" Dann sehe ich die Buchhandlung. Sie steht. Dann sehe ich Fred. Er lebt. Und ich falle ihm in die Arme.

Irgendwo im Hinterzimmer findet sich eine Flasche Wein. Fred hat fast immer eine im Vorrat. Wir hocken auf dem Boden und reden wie im Fieber. Und im Chaos umgestürzter Regale, verstreuter Bücher, beim Feuerschein von draussen durch die zersplitterten Fenster lieben wir uns zum ersten Mal. Danach kniet Fred am Boden, walzt mit der leeren Weinflasche Kaffeebohnen zu grobkörnigem Pulver und giesst Kaffee für uns auf. Einen Band Morgenstern schenkt er mir auch: „Alle Galgenlieder". In der gleichen Nacht, hören wir Tage später, hat eine Bombe den Blutrichter Roland Freisler erschlagen. Ein gnädiger Tod für einen Gnadenlosen. Seine Witwe wird noch Jahrzehnte nach dem Krieg mit einer „Opferrente" entschädigt werden.

Die Westfront bricht Anfang März zusammen. Die Sowjets sind bei Kolberg durchgekommen und nähern sich der Danziger Bucht, die Schlacht um Berlin im Visier. An einem dieser verheissungsvollen Vorfrühlingstage liegt morgens für meine Mutter ein Zettel von Ljowa auf dem Tisch: „Ich heirate heute das Damchen." Kurz und bündig. Ich erinnere mich, dass wir alle aus allen Wolken fielen. Was dem hinter den Kulissen vorausgegangen war, weiss ich bis heute nicht. Tatsache ist: Ljowa war unter Hinterlassung der frohen Botschaft abgefahren, um zu heiraten.

Meine Mutter nahm die Nachricht wortlos zur Kenntnis. Sie ging mit Walter auf den Friedhof und kam erst beim Dunkelwerden wieder nach Hause. Sie wollte nicht angesprochen werden. Viel später gab sie zu, „zum zweiten Mal gescheitert" zu sein in ihrem Bestreben, „Lilith" zu werden, die Vertraute, die Freundin des Mannes – ihm bis ans Lebensende so eng verbunden, dass „schöne Arabesken" für beide bedeutungslos wären. Sie gab ihr Scheitern zu, aber die Hoffnung, eine so ungewöhnliche Beziehung zu leben, hatte sie nicht aufgegeben.

Ljowa kam zurück. Nunmehr verheiratet. Das Damchen zog aufs Land, um dort ihr Kind zur Welt zu bringen. Und das Leben ging fast so weiter wie bisher. Keiner von der Gruppe schnitt das Thema offen an. Nach aussen hin jedenfalls wurde Harmonie demonstriert. Jetzt, wo ich dies niederschreibe, will mir diese erzwungene Haltung unbegreiflich erscheinen. Harmonie, als ob für Ruth nicht gerade die Erde gebebt hätte. Dafür bebte es dann um uns herum um so heftiger. Die Bombenangriffe nehmen zu. Hitler, durch nichts zu bremsen, erlässt am 19. März an die sich absetzenden Truppen den „Nero-Befehl“: Zerstörung aller zurückgelassener Industrie- und Versorgungsanlagen, aller Verkehrs- und Nachrichtenverbindungen. Nach mir die Sintflut. Das Volk ist Geisel.

Bald darauf schickt uns Pfarrer Poelchau zwei Neue. Ralph und Rita Neumann. Geschwister. Blutjung. Sie sehen aus wie viele aus dem grossen Flüchtlingsheer. Hohlwangig, abgerissen, das Haar verfilzt. Aber sie kommen aus dem Jüdischen Abhollager. Sie haben es geschafft, sich aus dem 2. Stock abzuseilen. Sie brauchen einen Arzt, der ihre geschundenen Handflächen behandelt. Sie müssen so schnell wie möglich verschwinden. Rita hat über Poelchau schon Papiere bekommen. Ralph braucht noch welche. Diesmal tun Walter und Fred sich zusammen. Walter besorgt dort, wo er schon seinen eigenen aufgetrieben hat, einen holländischen Pass. Auf den Namen: Wilhelmus Jansen. Fred wechselt das Passbild aus und „richtet das Ding her“. Fehlen die Lebensmittelkarten. Einzelabschnitte werden nicht mehr angenommen. Wir haben keine Karten im Vorrat. Es sind auch keine in Aussicht. Walter sagt: „Da bleibt nur der Einbruch.“ Das ist kein Witz. Wir anderen raten ab: „Du bist verrückt. Du stehst auf der Fahndungsliste.“ Walter wischt alle Argumente vom Tisch. Und Fred gibt ihm recht. Die beiden verabreden sich.

Sie wagen nachts tatsächlich den Einbruch in die Kartenstelle 9. Leider ist das ein Schlag ins Wasser. Was sie mitbringen im Rucksack, sind Stapel sogenannter Fliegerabreisebescheinigungen für „Ausgebombte“. Walter wirft sie auf den Tisch und sagt: „Tut mir leid. Was besseres gab's da nicht.“ Was folgt, ist nach langer Beratung wieder Gruppenarbeit. Ruth kundschaftet die Adressen von Berliner Wohnungsruinen aus. Walter schaut sich in Potsdam nach intakten Häusern um. Fred fälscht: die Fliegerabreisebescheinigungen, die polizeilichen Ab- und Anmeldeformulare. Er erweist sich als begnadeter Fälscher. Insgesamt bringt er es auf mehr als ein Dutzend „Ausgebombte“. Am liebsten unterschreibt er mit „Amtsleiter Stobbe“. Und den unerlässlichen Stempel mit dem Berliner Bären schneidet er – nach einigen vergeblichen Versuchen mit harten Eiern – aus einer

Kartoffel. Heute flögen die plumpen Fälschungen sofort auf. Damals, im letzten Kriegsmonat, war das Chaos so gross, dass nicht so leicht jemand auf den Gedanken kam, die Angaben unter die Lupe zu nehmen.

Für den ersten Gang nach Potsdam, zum Polizeirevier, wo wir die fingierten Personen anmelden wollen, werde ich bestimmt. Das Gretchen-Ponem. Blond und blauäugig – diesmal passt es. Etwas beklommen bin ich dann aber doch, als ich vor dem Revier stehe. Haare geschüttelt, Luft geholt, hinein mit „Heil Hitler". Gewinnendes Lächeln. Treuherziger Blick. Der Beamte stempelt, ohne genau hinzusehen. „Heil Hitler!" Ich bin wieder draussen. Ein halbes Dutzend „Fliegergeschädigte" sind polizeilich in Potsdam angemeldet.

Jetzt fehlt noch die Kartenstelle. Wenn der Beamte genauer hinschaut, könnte er doch noch misstrauisch werden. Offenbar schaut er nicht hin. Ich erreiche über die Strasse die Kartenstelle, stelle mich ans Ende der Warteschlange und nehme bei der mürrischen Schalterbeamtin sechs Kartensätze in Empfang. „Ab mit Miezen", wie wir zu sagen pflegen. Ralph und Rita haben erstmal ausgesorgt. Die Tour wird wiederholt. Dass wir mit dieser Aktion allesamt zu Kriminellen geworden sind, kommt uns nicht in den Sinn.

Die nächste Aktion steht schon an. Nur noch „kriegswichtige" Berufstätige mit dem roten Ausweis, Verkehrsstufe I, dürfen ab Anfang April U- und S-Bahn fahren. Das würde uns lahmlegen. Ludwig Lichtwitz will drucken. 100 Ausweise. Diesmal werden die Aufgaben anders verteilt. Kurt Eckmann fährt nach Friedrichshagen, wo Buchsbaumholz zu haben sein soll, das Lichtwitz für die Buchstaben „S" und „U" unbedingt braucht. Erich besorgt aus seinem Arbeiterkreis einen zuverlässigen Schnitzer. Die Originalvorlage tausche ich gegen Milchmarken ein, und Walter schafft die Pappe im passenden Rotton heran. Das alles unterbrochen von vielen Alarmen. Aber Lichtwitz druckt schliesslich, und die Ausweise werden verteilt.

Ein paar Tage schlafen Ralph und Rita bei uns auf dem Fussboden, bis sie wieder ein Dauerquartier haben. Walter und sein inzwischen ebenfalls desertierter, schweigsamer Freund Dr. Josef Schunk folgen als Dauergäste. Fred ist längst am Hünensteig zugezogen.

Zum Treffen mit Alex Vogel und Wolfgang Schmidt gehen dann Ljowa, Ruth und Walter aber allein. Die alte Regel: so wenig Mitwisser wie möglich. Vogel und Schmidt gehören zu den kommunistischen „Widerstandsgruppen Ernst" und wollen nach Wiener Vorbild mit einer „NEIN"-Aktion ein Zeichen setzen. Das NEIN zur Verteidigung der Reichshauptstadt. Ein Aufstand gegen Hitlers letztes Gefecht, für das er sogar noch die Hitlerjungen mobilisiert hat.

Die NEIN-Aktion war bis ins Detail vorgeplant. In mehreren Stadtvierteln, nach Planquadraten aufgeteilt, sollte in der ersten Nacht möglichst weit sichtbar das NEIN an Litfasssäulen, Wände und Schaufenster gemalt werden. In der zweiten Nacht würden die Flugblätter folgen, die das NEIN näher erklärten. Unserer Gruppe waren Friedenau, Steglitz und Schöneberg zugeteilt. Farben und Pinsel hatten Erich und seine Kumpel beschafft. Ljowa, Ruth und Walter kehrten zurück und informierten uns.

Von der NEIN-Aktion ist später viel hergemacht worden. Ich fand sie nie spektakulär. Berlin war längst von den Russen umzingelt. Aber es sah nicht danach aus, als ob Hitler von seinen Exitus-Plänen ablassen würde. Und den Volksgenossen hatte Goebbels über den Rundfunk bereits kräftig eingeheizt: „Der harte Geist der Front beherrscht Berlin. Es geht darum, die Wende dieses Krieges ertrotzen zu helfen. Jetzt kämpft Berlin ..." Noch immer ging das Gerücht um von der erlösenden „Wunderwaffe". Zudem war die Angst vor den plündernden, vergewaltigenden Russen so gestiegen, dass schon allein darum an eine schnelle Kapitulation nicht zu denken schien.

Die Nacht vom 18. auf den 19. April war für die Malaktion vorgesehen. Es regnet nicht. Noch kein Alarm. Wir gehen los. Ruth zusammen mit Walter, Ljowa allein, der desertierte Josef Schunk in Stabsarztuniform auch allein, Fred und ich. Aber wir beide trennen uns bald. In der Manteltasche habe ich, wie alle anderen, einen Ausweis: „PG Karin Friedrich ist im Auftrag der Partei für eine Propagandaaktion unterwegs. Sie ist durchzulassen." Gestempelt mit einem über jeden Verdacht erhabenen Stempel, den Ruth nach einem Angriff aus einer Arztpraxis entwendet hat. „Nationalsozialistische Deutsche Arbeiterpartei", steht drauf. Und unter dem Reichsadler mit dem Hakenkreuz in den Krallen: „Die Leitung der Auslandsorganisation". Der

Stempel hatte uns schon des öfteren – das Wort „Auslandsorganisation" jeweils elegant verwischt – gute Dienste geleistet. Jetzt weist er uns als Naziaktivisten aus. Meine letzten NEIN male ich, als die ersten Frühaufsteher im Morgengrauen zur Arbeit gehen, in der Steglitzer Schlossstrasse auf die hohen Türen des Titaniapalasts.

Freude stellt sich ein, als wir am Vormittag dann unsere Strecken abradeln und die vielen NEIN uns entgegenstrahlten. Die von Kurt Eckmann und Erich in Schöneberg, vor allem die NEIN am Kurfürstendamm, wo Alex Vogel, Wolfgang Harich, Victor de Kowa und Boris von Borresholm gearbeitet haben. Leider ist auch Goebbels nicht untätig gewesen. Er hatte die Order erteilt, überall dort, wo noch Platz sei, das Wort „Kapitulieren?" über das NEIN zu pinseln. So ist mancherorts aus dem NEIN zum Kampf um Berlin eine Durchhalteparole geworden: „Kapitulieren? NEIN!" Peinlich.

Die nächste Nacht ist dann wesentlich ungemütlicher. Die Nacht der Flugblätter. „Berliner! Soldaten, Männer und Frauen!", heisst es darauf unmissverständlich. „Durch versteckten und offenen Widerstand haben die Wiener Arbeiter und Soldaten ein Blutbad in ihrer Stadt verhütet. Soll Berlin das Schicksal von Aachen, Köln und Königsberg erleiden? NEIN! ... Organisiert den bewaffneten Widerstand!" Auf den Strassen patrouillierten diesmal zusätzliche Streifen. Manche auf Motorrädern mit schwenkbaren Scheinwerfern. Tausend Flugblätter sollen wir unterbringen. Etliche werden nur hastig ausgestreut. Aber alle „Aktivisten" kommen auch in dieser Nacht unbehelligt zurück. Ruth und Walter allerdings wären fast einer Streife ins Netz gegangen. Sie haben sie ablenken können. Sie haben ein Liebespaar gespielt.

Die Befreiung

Nach der Aktion ziehen Fred und ich endgültig in den Keller. Mit Bücherkoffer, Grammophon, Schallplatten. Für die Untergetauchten ist aus Kisten, Sesseln, Teppichen und Matratzen längst ein Versteck gebaut, als Warnruf bei „Gefahr im Verzug" der Ruf „Onkel Emil" ausgemacht. Zum ersten Mal fliesst den ganzen Tag über kein Tropfen Wasser aus der Leitung. Also brechen wir auf, der Seeräuber und ich, zur nächsten öffentlichen Pumpe. Stein-/Ecke Bismarckstrasse. Wir legen einen frischen Wasservorrat an und Laken bereit, die wir raushängen wollen, wenn die Russen kommen. „Oh, Himmel, strahlender Azur …“.

Goebbels, heisst es, soll im offenen Wagen durch Steglitz gefahren sein und Bonbons an die Kinder verteilt haben. Durchhaltebonbons zu Durchhalteparolen. Für Erwachsene gibt es Kaffeebohnen. Sonderzuteilung. Ruth und ich kaufen die restlichen Marken ab. Ranzige Butter, „Nährmittel“ und Brot. Kurz vor dem Steglitzer Rathaus kommen wir abrupt zum Stehen. Erstarrt vor blankem Entsetzen. Da hängt ein Soldat. Hoch über uns aufgeknüpft an einer Laterne. Ein Soldat, fahlblau im Gesicht, die Hände auf dem Rücken zusammengeschnürt. Vor der Brust ein Schild: „Ich war zu feige, Frauen und Kinder zu verteidigen, darum hänge ich hier“. Auf dem Absatz machen wir kehrt. Rennen im Laufschritt zurück. Die Männer müssen ins Versteck.

Die letzten Tage sind wie eine schwere Geburt. Das Warten. Das Fiebern. Die näherrückende Front. Tiefflieger. Immer lauter: Geschützdonner von allen Seiten. Der Strom ist weg. Das Radio setzt aus. Nur der Fernsprecher funktioniert noch. Von einem Stadtteil zum anderen kann man telephonieren: „Seid ihr noch da? … Schon erobert? … Wir auch noch nicht … Bleibt übrig!“ Ljowa und Walter haben einen Plan aufgestellt. Zwei Stunden hat jeder von uns künftig Wache im Treppenhaus. Im zweiten Stock am Fenster, das zum Friedhof hinausgeht und zur Bismarckstrasse. Wir bekommen für den Wachdienst sogar überraschend Verstärkung. Unsere Nachbarin, Frau Held, von der im Hause lange Zeit das Getuschel ging, sie beherberge einen Liebhaber, stellt uns den Mann vor: „Bernhard Pampuch, Sozialist“. Sie hat die üble Nachrede auf sich genommen, um einen politisch Verfolgten zu retten. Tür an Tür mit uns. Wir wussten nichts davon und sie wusste nichts von unseren Aktionen. Nur vor dem Blockwart nahmen wir uns alle in acht. Der hagere Pampuch gehört nun zu uns und hält abwechselnd mit uns Wache im Treppenhaus.

In den südlichen Vororten haben die Kämpfe sich festgefahren. Es geht hin und her. Tagelang. „Jetzt kommen die Russen! … Nein! Onkel Emil! … Da ist wieder SS!" Leuchtmunition bei Nacht. Maschinengewehrsalven. Kalaschnikows. Und immer wieder, ohrenzerreissend, das berstende, tobende Heulen und Krachen der „Stalinorgeln". Einmal wirft mich im Treppenhaus eine Explosion gegen die Wand. Drüben, auf dem Friedhof, wirbelt es Grabsteine durch die Luft. Menschen kreischen. Soldaten fliehen. Panik im Gesicht. Vor unserm Haus zerreisst es einen Hund.

Im Keller hocken die Hausbewohner, an die schützende Brandmauer gedrückt. Horchen nach draussen. Eine Frau presst ihren Rosenkranz an die Brust. Wie in Trance murmelt eine Alte: „Vater unser, der Du bist im Himmel …" Wer nicht Wache hat von uns, sitzt hinter Kisten, Kasten und Teppichen im Kellerversteck. Aufgedreht zuversichtlich.

Gegen Mittag am 27. April bin ich wieder dran, am Fenster im zweiten Stock. Es ist ungewohnt still. Am Eingang zum Friedhof liegt ein Toter, das Gesicht zum Himmel gekehrt. Die Strassen sind leergefegt. Nichts bewegt sich. Beissender Brandgeruch liegt in der Luft. Dann höre ich plötzlich ein scheppderndes Rasseln. Und dann sehe ich ihn – den ersten russischen Panzer. Graugrün. Mit drohend erhobenem schweren Geschütz. Zwischen den rauchenden Ruinen der Moltkestrasse bewegt er sich – eine Riesenechse – quer über die Bismarckstrasse genau auf uns zu. Das Rasseln wird lauter. Das Geschütz bedrohlicher. Ein paar Sekunden lang bringe ich keinen Ton heraus. Dann schreie ich: „Sie sind da!" Ich reisse das Fenster auf, klemme das weisse Laken ein und laufe hinunter. „Sie sind da!"

Eine Weile dauert es noch, bis die Kellertür aufgestossen wird. Ein Bärtiger steht da, ein Offizier im Ledermantel, die Maschinenpistole im Anschlag. Ljowa und Ruth gehen auf ihn zu. „Drusja – Freunde", sagen sie. „Wir haben auf Euch gewartet." Ljowa redet auf Russisch beschwörend auf den Mann ein. Wir verstehen nicht, was er sagt, aber die Kalaschnikow senkt sich langsam. Der Mann lacht. Ljowa hat ihn überzeugt. So schnell. Andere Soldaten drängen nach. Einer küsst das Kreuz, das eine Frau am Hals trägt. Ein anderer bietet Wodka aus der Feldflasche an. Noch dürfen wir den Keller nicht verlassen. Aber gegen Abend haben wir ein Feldlager rund ums Haus.

Feuerchen. Panjewagen. Schnaubende, struppige, kleine Pferde. Und die Soldaten, in klobigen Stiefeln, den Gürtel eng um die dreckigen, olivgrünen Feldblusen gezurrt, schleppen einen Kessel mit Polenta die Kellertreppe hinunter. Wir löffeln gemeinsam. Bei Petroleumlampen und Kerzenlicht.

„Drusja!" – Das war der 27. April. Das war die Befreiung. So einfach. – Glaubten wir. Ganz soweit war es noch nicht. In der Nacht geht es wieder los. In der Nacht peitschen Schüsse durch den Hof. Das müssen „Werwölfe" sein. Hitlers allerletzte Reserve. Sie schiessen von den Dächern. Die Stimmung schlägt augenblicklich um. Mit scharfem Knall wird die Kellertür zugeschlagen. Ein „Flammenwerfer" setzt das Nachbarhaus vom Keller bis zum Dach in Brand. Pferde gehen wiehernd durch. Walter verteilt Pistolen. Mir drückt er einen Revolver in die Hand. Stundenlang lauern wir hinter den Fenstern im Parterre. Jeder bereit, jederzeit auf die Wahnsinnigen abzudrücken. Draussen ist wieder Krieg.

Am Morgen wird Ljowa abgeführt. Meine Mutter läuft mit. Im Feuerschein sehe ich sie beide gehen. Seinen schmalen, hohen Rücken im hellen, zerknautschten Kamelhaarmantel, ihre kleine Gestalt, die versucht, Schritt zu halten mit ihm. Rechts ein russischer Soldat mit Maschinenpistole, links einer mit Kalaschnikow. Man wird sie erschiessen. Wir alle stehen da und sehen ihnen nach, bis sie im Friedhof verschwinden. Dann lehnen wir an der Hauswand und starren und lauschen. Wann kommt die Salve?

Es kommt keine Salve. Aber sie kommen. Nach einer guten Stunde etwa kommen sie zurück. Ljowa lachend, gestikulierend, russisch parlierend. Meine Mutter mit ihm Hand in Hand. Daneben ein Soldat mit einem Tablett. Darauf sind Wodka und Brot, Wurst, Tee, Zucker und Speck. Und bald sitzen wir alle auf dem zertrampelten Rasen vor dem Haus um Ruth und Ljowa herum, und sie erzählen: Wie sie selbst geglaubt hätten, nun sei ihr Ende gekommen. Wie man sie über den Friedhof in den Wasserturm getrieben habe, und sie da plötzlich drei russischen Offizieren gegenübergestanden seien. Eine Stunde lang habe man Ljowa verhört und ihn am Ende gefragt, ob er den russischen Sender höre. „Ja", hat er gesagt. „Dann kennst Du auch unsere Nationalhymne?" – „Ich kenne sie." – „Dann sing' sie uns vor!" Und Ljowa sang. Die neue Hymne, die erst seit kurzem gespielte. Das war der Durchbruch.

Es gibt dann unten im Keller noch eine grosse Verbrüderung. Mit Wodka und Wurst. „Towarisch" hin, „Towarisch" her. Aber danach müssen wir doch aus dem Haus hinaus, weil die Werwölfe keine Ruhe geben. Nur Handgepäck ist erlaubt. Wir laufen quer über den Friedhof zur Bergstrasse und zu einem Wohnblock, den man uns angewiesen hat. Meine Mutter mit ihrer Schreibmaschine und dem Notgepäck, ich mit dem Bücherkoffer. Unterwegs werden wir – „Uhri – Uhri?" – unsere Armbanduhren an die Befreier los. Und dort haben wir dann nichts zu beissen. Wir müssen uns wohl oder übel selbst bedienen. Ich sehe mich noch aus einem fremden Küchenschrank Reste von Haferflocken und Griess in eine aus Zeitungspapier gedrehte Tüte kehren. Eine Strasse weiter schleppen Walter und Fred aus einem Kellerladen Pfundpakete mit gepressten, getrockneten Zwiebeln und Schachteln mit Brausepulver heraus. „Trophäieren" nennt man das jetzt, nicht stehlen. Und am Ende des zweiten Tages fangen wir sogar einen Ochsen ein.

Mitten auf der Strasse, Ruinen rechts und links, läuft uns wahrhaftig ein verirrter, weisser Ochse entgegen. Unsere russischen Bewacher geben ihm den Gnadentod. Unsere Ärzte, Seitz und Schunk, zerlegen ihn. Bis zu den Ellenbogen in Blut. Beim Schlachtfest später sind wir ekelhaft heiter. Die frische Leber, in Rizinusöl gebraten, liegt uns wie ein scharfkantiger Stein im Magen. Es gibt wieder viel Wodka. Und Ruth zieht sich angewidert zurück. Ljowa hält länger aus, um die benebelten Towarischs bei Laune zu halten.

Als ich meine Mutter etwa eine Stunde später suche, sehe ich einen Russen aus ihrem Zimmer kommen. Mich durchfährt ein eisiger Schrecken. Dann sehe ich sie – wie tot. Mit einem Laken über dem Kopf liegt sie reglos auf der Matratze. Und antwortet nicht. Ich wage nicht, sie aufzudecken. Hole Ljowa und Walter. Die schliessen die Tür hinter sich und kehren lange nicht zurück. Dann kommen sie endlich, setzen sich und sagen nur, Ruth sei wohl der Ochse nicht ganz bekommen. „Es geht ihr schon besser."

Auch meine Mutter schiebt alles auf den Ochsen am nächsten Morgen. Und auf das Schlachtfest. „Ich hatte Weltschmerz."

Den Russen will sie kaum bemerkt haben. „Den hab' ich weggeschubst." Dabei bleibt sie. Ich bin den Verdacht nie losgeworden, dass er sie überwältigt hat. Aber das zuzugeben, hätte ihr Stolz nicht erlaubt. Eine Lilith wird nicht vergewaltigt.

Wir durften dann wieder zurückkehren in unser Haus. Das Ochsenfleisch kam mit. Eingesalzen in einem Bottich. „Kampf dem Verderb." Wir zogen es in einem Leiterwagen über den Friedhof. Es war ein heisser Tag. Ein schrecklich schöner Maientag. Frei wuchernde Narzissen, Vergissmeinnicht, junges Grün. Dazwischen hingestreckt, aufgedunsene, tote Soldaten. Russische und deutsche. Mit glasig starrenden Augen. Über allem klebrig süsslicher Verwesungsgeruch. Wie nach wildem Honig.

Die Wohnungen fanden wir fast unversehrt. Das Schillerporträt hing an seinem Platz. Sogar der Ballon mit dem schwarzgebrannten Schnaps im Keller hatte nichts abbekommen. Nur die Platte, auf der Ernst Busch das pazifistische „Murmellied" singt, war als einzige am Boden zertreten. Meine Mutter hatte den ganzen Tag über kaum gesprochen. Wenn ich mich recht entsinne, haben wir dann abends ein paar Gläser zu viel aus dem Ballon getrunken. Kartoffelschnaps zur Feier unserer Heimkehr an den Hünensteig. Ins Kellergästebuch haben sich unter dem 1. Mai sogar zwei Russen eingetragen: „Hier befanden sich zwei Gardesoldaten-Chauffeure, Skibin Nikolai und Lagoda Michail. Sie sprachen in Liebe mit dem Hausherrn und der Hausfrau und wünschten einander das Beste."

Am Tag darauf, am 2. Mai, kapituliert Berlin. Der Rausch ist ausgeschlafen und Ruth wieder die alte. Ein russischer Offizier will vor Freude darüber, dass endlich die Waffen ruhen, eine Kiste Konserven spendieren, wenn er dafür mich als Morgengabe bekäme. Er verhandelt mit Ljowa. Aber der sagt ein paarmal ernst und bestimmt: „Njet. Maja dotschka" – meine Tochter. Der Mann reagiert betroffen. An Ljowas Tochter würde er sich nie vergreifen. Ljowa wird es in den nächsten Tagen auf etwa ein Dutzend Töchter bringen und sie so davor bewahren, dass ihnen Gewalt angetan wird.

Von den Russen hören wir an diesem denkwürdigen Tag, Goebbels, seine Frau und die Kinder seien tot und der „grösste Feldherr aller Zeiten" habe zusammen mit Eva Braun Selbstmord begangen. Das lässt uns merkwürdig kalt. Lange Zeit später erfuhr ich, Mutter Friedrichs abtrünnige Tochter Lotte, die Assistentin der Reichsfrauenschaftsführerin Scholz-Klinck, sei ihrem „Führer“, als sie von seinem Ableben sichere Kenntnis hatte, gefolgt. Auf ihre Weise getreu bis in den Tod. Sie habe Gift genommen. Ihr jüngerer Sohn war in Polen gefallen. Der Ältere, Jochen, – das erfuhr ich erst Jahre später – verteidigte mit der SS-Leibstandarte bis zuletzt die Reichskanzlei. Zur gleichen Zeit vermutlich, als wir im Keller auf die Werwölfe lauerten.

Generaloberst Jodl unterzeichnet am 7. Mai in Eisenhowers Hauptquartier in Reims die bedingungslose Kapitulation der deutschen Wehrmacht. Am 8. Mai unterschreiben Generalfeldmarschall Keitel und Generaloberst Stumpff bei Marschall Schukow in Berlin-Karlshorst. Das ist der offizielle Tag der Befreiung von einem Gewaltregime, das weltweit 55 Millionen Tote auf dem Gewissen hat, über 20 Millionen allein in der Sowjetunion. Der Krieg ist endgültig vorbei. Die Russen schiessen so ausgelassen und ausdauernd in die Luft, dass man denken könnte, er hätte wieder begonnen. Aber nun ist er wirklich aus. Am 9. Mai 1945 um 0.01 Uhr beginnt eine neue Zeit.

Die Gruppe löst sich auf

Die neue Zeit beginnt für viele, für sehr viele mit Schrecken. Die Waffen ruhen, aber es wird weiter erobert. Nun mit blanker Männergewalt: „Frau, komm!“ Immer nachts gehen die Eroberer auf Jagd. In Kellern und Speichern. Zerren Frauen heraus, junge und alte. „Frau komm!“ Vergewaltigen. Immer wieder. Die kämpfenden Soldaten hatten nur siegen und sich mit den Besiegten erleichtert verbrüdern wollen, die nachfolgenden wollen sich rächen. Für „verbrannte Erde“, für gemeuchelte Frauen und Kinder, für verzweifelte Jahre im Dreck. Leid gegen Leid.

Seine „Töchter“ kann Ljowa beschützen. Weiter reicht sein Arm nicht. Von den Mädchen einer Schulklasse in Steglitz, hören wir, hätten 13 sich umgebracht. „Ehre verloren, alles verloren“. Was für ein abstruser Ehrbegriff. Gewalt entehrt den Gewalttäter, nicht das Opfer. Ein bekannter Schauspieler soll sich erschossen haben, als seine Frau ihm gestand, sie sei vergewaltigt worden. Bei meiner Schulfreundin Hannelore standen die brunftigen Männer Schlange. Von der Syphilis, mit der sie sie angesteckt haben, hat sie sich nie wieder erholt. Dass sie gegen die Nazis war, konnte sie nicht artikulieren. Man hätte ihr sowieso nicht geglaubt. Das sagten jetzt alle.

Wenigen Frauen gelang es, durch forsches Auftreten von sich abzulenken. Wer sich wehrte, wer schrie, wer Angst zeigte, reizte die Eroberer erst recht. Meine Freundin Inge Zeunert aus Zehlendorf, deren Vater, der Feueranzünderfabrikant, uns immer so zuverlässig Lebensmittel für Untergetauchte geliefert hatte, war ein „Russentyp". Nach mehreren Vergewaltigungen rettete sie sich in eine feste Bindung mit einem sowjetischen Offizier. Der liess dann keinen anderen mehr an sie heran.

Was aus Irmchen Braune, dem ungestümen, rotmähnigen „Mortimer" unserer „Maria-Stuart"-Aufführung, geworden war, blieb lange im dunkeln. Irgend jemand wollte beobachtet haben, Irmchen sei abgeholt worden aus der Dienststelle, bei der sie zum Kriegsdienst verpflichtet war. Das stellte sich später als richtig heraus. Die Russen hatten sie mit anderen ganz und gar Unschuldigen in ein Lager im Ural, tausend Kilometer von Moskau entfernt, verschleppt. Erst in den 50er Jahren kehrte sie zurück. In Filzstiefeln und mit ihrem kostbarsten Besitz – einer Blechschüssel, aus der sie gegessen und in der sie sich gewaschen hatte. Irmchen war nicht mehr die Ungestüme, aber auch nicht gebrochen. Sie sagte, und das war durchaus ungewöhnlich: „Keine verlorenen Jahre. Die haben mich erst zum Menschen gemacht."

Die Exzesse der Sowjets endeten, zumindest im Nachkriegs-Berlin, fast so plötzlich, wie sie begonnen hatten. Striktes Verbot „von oben". Stalin soll es selbst angeordnet haben. Das Leben begann sich zu normalisieren. Das heisst, es ging nur noch darum, irgendwie über die Runden zu kommen. Wasser, Strom und Gas gab es nicht mehr. Also baute Fred in der Küche am Hünensteig einen Herd aus Ziegelsteinen mit einem aus den Trümmern geborgenen Rohr zum Fenster hinaus. Drumherum sassen wir abends, wenn die Sperrzeit begonnen hatte, und liessen uns räuchern.

Abwechselnd schleppten wir Wasser von der öffentlichen Pumpe, klauten noch grüne Tomaten, sammelten Brennesseln für „Spinat" und ernährten uns hauptsächlich von dem eingesalzenen, langsam stinkenden Fleisch des geschlachteten, weissen Ochsen. Meine Mutter fand, es habe „direkt Pariser Hautgout". Mir ist es, in gehamstertem Rizinusöl gebraten, als das Widerlichste in Erinnerung, das ich je ass.

Ein Segen für die Trümmerstadt Berlin war in jenen ersten Wochen nach Kriegsende ihr erster sowjetischer Kommandant, der Generaloberst Bersarin, zu dessen Ehren später ein Platz Bersarinplatz benannt wurde, der sogar heute, lange nach der „Wende" von 1990 und der darauf folgenden Umbenennungsepidemie, noch immer so heissen darf. Bersarin schien sich einen Kernsatz von Brecht zu eigen gemacht zu haben: „Die ersten Massnahmen des Siegers sind Brotversorgung, Wasserinstallation und Öffnung der Theater." Am 15. Mai wird die Verdunklung aufgehoben. Am 17. Mai werden die ersten Lebensmittelkarten ausgegeben. Für Berufslose, Hausfrauen und ehemalige Parteimitglieder allerdings nur die „Hungerkarte": täglich 300 Gramm Brot, sieben Gramm Fett und 20 Gramm Fleisch. Für Arbeiter, Wissenschaftler, Ärzte und „Kunstschaffende" die Karte I: 600 Gramm Brot, 30 Gramm Fett und 100 Gramm Fleisch täglich.

Schon am 18. Mai gibt es wieder Licht in etlichen Stadtteilen, Anfang Juni fast überall. Und noch bevor im Juli die Amerikaner anrücken, werden auch Wasserleitungen und Kanalisation weitgehend funktionieren. Als Bersarins klügster Schachzug freilich erweist sich sein Bemühen, kulturelle Veranstaltungen jeglicher Provenienz zu fördern. Kleinkunstbühnen, Kammerorchester, Kabaretts, Kellertheaterchen eröffnen bald in allen Stadtvierteln, und nicht nur, weil den „Kunstschaffenden" die beste Lebensmittelkarte winkt.

Noch streikt das Telephon. Als letzte gemeinsame Aktion unserer Gruppe unternehmen wir auf mühsam zusammengeklauten und zusammengebauten Rädern, ausgestattet mit vielfach gestempelten Passierscheinen in russischer Sprache, eine Rundfahrt zu Freunden und Untergetauchten. Eine Fahrt von unendlicher Trostlosigkeit durch Berlin oder das, was davon und von seinen Bewohnern geblieben ist. Eine gespenstische Kulisse abgenagter Ruinen. Schornsteinwälder. Häuserskelette. Grünlich phosphoreszierende Kraterseen. Graue Menschenschatten wie Asseln auf grauem Schutt. Heimkehrer mit Hungergesichtern. Kolonnen ehemaliger PGs, die in serviler Hast Strassen freischippen. Bettelnde, weinende Frauen. Flüchtlingskinder mit blutig gelaufenen, nackten Füssen. Unbegreiflich, dass man in dieser Wüstenei überhaupt noch Menschen aus Kellern kriechen sieht. Aber am Ende des Tages, als wir wieder um den qualmenden Ziegelherd sitzen, wissen wir: Alle Freunde haben überlebt. „Oh, Himmel, strahlender Azur!" Fred zieht das Koffergrammophon auf, und diesmal erhebt niemand Einspruch.

Von da an trennen sich unsere Wege. Meine Mutter wird später sagen, und sie wird das als grossen Verlust empfinden, an diesem Abend habe unsere Gruppe begonnen, sich aufzulösen. Was sie über die Jahre zusammengehalten hat, war der Protest gegen die Nazis gewesen und die Entschlossenheit, möglichst viele Verfolgte ins Nachkriegsdeutschland hinüberzuretten. In ein „ganz anderes Deutschland", das nichts mehr gemein hätte mit Hitlers Gewaltregime. In ein freies, mit der Welt kommunizierendes Land. In eins, in dem, so Brecht, „der Mensch dem Menschen ein Helfer ist".

Aber nun denkt fast jeder nur daran, wo er für sich selbst ansetzen könnte. Im eigenen Beruf oder beim Wiederaufbau. Josef Schunk findet Arbeit als Oberarzt im Augusta-Viktoria-Krankenhaus in Schöneberg. Fritz von Bergmann wird Bürgermeister in einem kleinen Ort bei Frankfurt/Oder. Kurt Eckmann hilft in Wilmersdorf beim Aufbau der ersten Polizeiinspektion und Erich im Wedding bei der Arbeitsbeschaffung. Druckermeister Lichtwitz druckt weiter, nun ganz legal. Poelchau bleibt Gefängnispfarrer. Der Deserteur Wolfgang Harich, der seinen Koffer bei Konrad Latte in der Pension Wolf untergestellt hatte, wird persönlicher Referent des Präsidenten Paul Wegener in der neugegründeten „Kammer der Kunstschaffenden" und später ein gefürchteter Theaterkritiker. Die beiden Organisatoren der NEIN-Aktion orientieren sich im Ostteil von Berlin. Wolfgang Schmidt wird später nach Australien auswandern. Und die Geschwister Ralph und Rita Neumann werden nach Südamerika emigrieren.

In seinen alten Beruf kehrt Hans Peters zurück. Als Honorarprofessor hält er an der Technischen Hochschule und an der

11. Juni 1945:
Nach der Exhumierung der 13 von den Nazis Ermordeten auf dem Hof der Markusschule in Berlin-Steglitz.
Sitzend, 1. von re.: Dr. Walter Seitz, Amtsarzt;
2. von li.: Hilde Benjamin

Humboldt-Universität Vorlesungen über „Öffentliches und Verwaltungsrecht“. Walter Seitz nimmt die Berufung zum Amtsarzt in Steglitz an. Eine seiner ersten Amtshandlungen ist eine grässliche. Mit der „roten Hilde“, der späteren DDR-Justizministerin Hilde Benjamin, hat er bei sengender Sonne im Hof der Markusschule, an der Karl-Stieler-Strasse, der Exhumierung der Leichen von 13 Zivilisten und Zwangsarbeitern beizuwohnen, die dort in den letzten Kriegstagen noch von den Nazis ermordet wurden. Es gibt ein Photo davon: Walter im grauen Anzug, Hilde Benjamin mit schnurgerade gezogenem Mittelscheitel und ein russischer Militärarzt im weissen Kittel neben der aufgeworfenen Grube. Um sie herum deutsche Polizisten mit über die Augenbrauen gezogenen Tschakos. Alle sichtlich fassungslos.

Günther Brandt setzt gleich nach dem Krieg die Hilfe für jüdische Flüchtlinge fort und versucht, ihnen die ersten Schritte in die Legalität zu erleichtern. Das ist für alle Untergetauchten mehr als schmerzhaft. Immer wieder Auge in Auge mit Menschen, die beteuern, sie hätten „von nichts gewusst“, und Antisemiten seien sie auch nie gewesen. Ruth registriert es mit zunehmender Wut. Sie hat beschlossen, an den Schreibtisch zurückzukehren und ihre Tagebücher aus der Nazizeit für eine Veröffentlichung einzurichten.

Tagebuch hatte sie immer schon geschrieben. Seit dem 9. November 1938 noch detaillierter. Wenn sie nicht daran schrieb, hatte sie das gerade aktuelle Buch im Geheimfach eines mittelalterlichen Schränkchens aus Hélènes Nachlass versteckt. Die vollgeschriebenen Bücher kamen in einen Salzsack im Keller. Aus dem Salzsack waren sie nun befreit. Bestens konserviert. Ruth fängt an, sie zu kürzen. Intimes wollte sie streichen.

Fred und ich haben anderes vor. Er will ein Kabarett eröffnen, „verbrannte Dichtung“ wiederbeleben. An der Steglitzer Ahornstrasse hatten wir ein ehemaliges Volkssturmlokal entdeckt und im Rathaus auch die Erlaubnis bekommen, es herzurichten. Das heisst erstmal Dreckarbeit, Ausmisten, Nägel, Bretter und Lampen auftreiben, bevor die Dichter zu Wort kommen können.

„Ein ausserordentlicher Glücksfall“

Ljowa übertrifft uns alle. Ohne gross darüber zu reden, hat er in der Kommandantur die Genehmigung eingeholt, die Berliner Philharmoniker für ein erstes Konzert zu sammeln. Die Philharmonie ist schon seit Januar 1944 zerstört; man wird im erhaltenen Steglitzer Titania-Kinopalast konzertieren. Jeden Morgen fährt Ljowa auf dem Fahrrad los – kerzengerade wie ein Reiter der Hohen Schule auf dem quietschenden Sattel. Stets im Anzug, in Hemd und Krawatte und mit polierten Schuhen. Abends kehrt er, immer noch in untadeliger Haltung, aber staubgrau, zurück. Und er vollbringt das Wunder. Schon 18 Tage nach Kriegsende, am 26. Mai 1945 dirigiert er nach neun Jahren Berufsverbot im Titania-Palast wieder die Philharmoniker.

Wir sind mit den Rädern gekommen. Die meisten Menschen zu Fuss, so viele, dass sie nicht alle Platz finden im grossen Kinosaal. Das ist nicht mehr der edle Rahmen der logengesäumten Philharmonie, nicht mehr das gepflegte Publikum in Perlen und Pelzen, aber sicher das glücklichste, das es in der Geschichte der Philharmoniker gegeben hat.

Ein lange Verbotener dirigiert lange Verbotenes: die Ouvertüre zum „Sommernachtstraum“ von Felix Mendelssohn-Bartholdy und Tschaikowskys 4. Symphonie. Ein Befreiter dirigiert Mozarts Klavierkonzert A-dur, und für kurze Zeit fühlen alle sich befreit, die da so ganz unkonventionell auf durchgesessenen Kinositzen im Titania-Palast versammelt sind, um wieder Musik zu hören. Boris Blacher würdigt später „Borchards phänomenale Dirigiertechnik ... seine Bewegungen, die an Eleganz einem Nikisch gleichkamen ... und die unerhört dämonische Intensität seiner Interpretation“.

Eine derbere Auferstehung feiern Brecht, Walter Mehring, Erich Kästner und Ringelnatz eine Woche danach an der Ahornstrasse. Von Petroleumfunzeln und Karbidlampen nur schwach beleuchtet, steht Fred, der Seeräuber, im ehemaligen Volkssturmlokal auf der Bretterbühne, ein rotes Tuch um den Kopf geknotet, und singt das „Seeräuberlied“. Die „Satirische Groschenbühne Kuttel Daddeldu“ ist eröffnet. Das Koffergrammophon hat ausgedient.

Es scheint, als hätte das Kriegsende plötzlich lange verschüttete, schöpferische Kräfte freigesetzt. Man singt, rezitiert und musiziert in Kellern und Ruinen. Nur der, der den Kulturboom ausgelöst hat, kann sich nicht lange daran erfreuen. Generaloberst Bersarin verunglückt am 16. Juni tödlich mit seinem Motorrad. Die nach ihm kommen, haben weder sein weites Herz noch sein untrügliches Gespür für das, was nottut. Aber Bersarins Initiative wirkt lange nach.

Ljowa wird in den Vorstand der „Kammer der Kunstschaffenden“ gewählt und dirigiert ein Konzert nach dem anderen. Bis zur Erschöpfung. Dvořák, Schumann und Debussy, Smetana, Beethoven, Glasunow und immer wieder Tschaikowsky. Im Juni kommt auf dem Land das „Damchen“ nieder. Zur Vaterschaft hat Ljowa sich inzwischen bekannt. Und er schafft es, mit sowjetischer Sondergenehmigung Berlin zu verlassen, aufs Land zu fahren und seinen Sohn in den Arm zu nehmen. Das Kind wird auf die Namen Leo Wladimir Borchard getauft. Meiner Mutter schlägt Ljowa nach seiner Rückkehr vor, sobald die politische

Lage sich beruhigt habe, mit ihm, seiner Mutter Eugenie, seiner Schwester Margerita, dem Damchen und Leo Wladimir in ein gemeinsames Haus zu ziehen. Daraus sollte nichts werden.

Für mich kam diese ungewöhnliche Wohngemeinschaft sowieso nicht in Frage. Ich war inzwischen mit Fred zusammengezogen. In eine leerstehende Wohnung am Hünensteig. Das „Kuttel Daddeldu" lief ohne mich. Walter Franck, mein Schauspiellehrer, hatte mir eine Empfehlung an Karl Heinz Martin gegeben, der das stehengebliebene Hebbeltheater an der Stresemannstrasse so bald wie möglich mit der „Dreigroschenoper" eröffnen wollte. Jener Karl Heinz Martin war das, bei dem sich mein Vater vor mehr als 20 Jahren vergeblich vorgestellt hatte. Ich hatte mehr Glück. Ich sprach die „Rosalinde" vor aus Shakespeares „Wie es Euch gefällt" und bekam meine erste Rolle. Zu meiner Mutter sagte ich, was sie „sehr komisch" fand: „Ganz mein Fach, ich spiel' 'ne Hure." Von der ersten Probe an war ich dem Theater verfallen. Nicht so sehr, weil ich endlich auf den Brettern stand, die manchen „die Welt bedeuten", sondern weil in Berlin am Theater endlich die Literatur der freien Welt wieder zugelassen war.

Morgens radelte ich täglich die etwa zwölf Kilometer von Steglitz zum Theater. Ich sass in jeder Probe. Nachmittags radelte ich wieder zurück. Karl Heinz Martins Proben waren Ereignis. Er war ein zarter, eher kleiner Herr mit dünnem, glatt nach hinten gekämmtem, grauen Haar. Meist trug er helle Anzüge, die aussahen, als seien sie aus den zwanziger Jahren übriggeblieben. Während der Arbeit stand er am liebsten irgendwo am Bühnenrand angelehnt, sprach stets leise, schrie nie. Ein unendlich behutsamer Regisseur, der da Brecht wieder zum Leben erweckte.

Unsere letzten Proben fielen zusammen mit Ereignissen von grosser politischer Tragweite. Am 6. August zerstörte die erste Atombombe Hiroshima, am 9. die zweite die Stadt Nagasaki, ohne dass uns damals das apokalyptische Ausmass von Zerstörung und Verstrahlung richtig bewusst geworden wäre. Über Deutschland befanden indessen Stalin, Churchill und – in der Nachfolge des im April gestorbenen Roosevelt – Präsident Truman. Kurz nachdem sie sich im „Potsdamer Abkommen" über eine allgemeine „Entnazifizierung", Reparationen und Demontagen, die Aufteilung Deutschlands in vier Besatzungszonen und

Plakat zum ersten Nachkriegskonzert der Berliner Philharmoniker

Berlins in vier Sektoren einig geworden waren, hat am 15. August die „Dreigroschenoper" Premiere. Im Zuschauerraum sitzen die „Vier Mächte".

„Wach auf, du verrotteter Christ! / Mach dich an dein sündiges Leben! …", singt dröhnend Bettlerboss Peachum. Kein Vergleich mit der Uraufführung in den „Roaring Twenties", aber eine Aufführung, die das Publikum mindestens ebenso bewegt, dank Brechts ungebrochener Aktualität. Beim Schlusschoral ist auch die „Hure Pen" dabei: „Verfolgt das Unrecht nicht zu sehr, in Bälde / erfriert es schon von selbst, denn es ist kalt. / Bedenkt das Dunkel und die grosse Kälte / in diesem Tale, das von Jammer schallt." Es ist nicht kalt, ganz im Gegenteil, ein heisser Augusttag. Aber viele weinen unten im Parkett.

Ljowa kann nicht dabeisein im Hebbeltheater. Er dirigiert am gleichen Tag die 2. von Brahms bei einem Konzert der „Berliner Abendmusik" an der Argentinischen Allee. Es ist sein 20. mit den Philharmonikern seit dem 26. Mai. Er hat Ruhr. Er hält sich kaum auf den Beinen. Eine Photographie von damals zeigt ihn elend abgemagert. Der zu grosse Hemdkragen wirft Falten. Der dunkle Anzug wirkt viel zu weit. Nur noch zweimal wird Ljowa dirigieren. Beide Male das gleiche Programm: „Don Juan" von

Richard Strauss, die 1. von Beethoven und die 5. Symphonie von Tschaikowsky, die ihm die liebste ist.

Am 23. August begegne ich ihm abends noch kurz am Hünensteig auf der Treppe. Ich komme aus dem Theater. Er ist mit meiner Mutter bei dem englischen Oberst Thomas Creighton eingeladen. In einer Villa im Grunewald. Er ist in Eile. „Wie war's heute?“, fragt er und gibt mir einen flüchtigen Kuss. „Gutes Publikum“, sage ich. „Ade, Kleine“, sagt er. Dann laufen die beiden schon hinunter zum Wagen, der sie zu Creighton bringen soll.

Spät nachts hämmert es plötzlich an unsere Tür. Meine Mutter steht da. Sehr blass. Sehr anders. Sie sagt tonlos: „Ljowa ist tot. Steht auf!“ Wir stehen auf. Wir gehen, Fred und ich, zu ihr in die Wohnung. Sie lehnt am Fenster. Mit dem Rücken zu uns. Sie weint nicht. Sie raucht. Sie sagt lange nichts. Dann erzählt sie, Zigarette an Zigarette anzündend. Immer wieder stockend. Sie hätten sich verspätet bei Creighton, erzählt sie. Bis mitten in die Sperrzeit hinein. Creighton habe sie nach Hause gefahren.

„Ljowa sass vorn neben ihm … Ich hinter Ljowa. Neben mir Jan Eland, der Holländer. Wir haben geredet. Ljowa über Musik. Ich bücke mich, um meinen Lippenstift aufzuheben. Ljowa sagt grade: ‚Das nächste Mal werde ich Ihnen Bach vorspielen‘ … Dann war da ein Geräusch. Ein Prasseln wie Kieselsteine auf Blech. Und ein peitschender Knall. Ich fuhr hoch und flog gegen die Lehne. Das Auto stand plötzlich. Es stand.“

Sie macht eine lange Pause. „Ljowa sass vornübergebeugt“, sagt sie dann leise. „Er rührte sich nicht … Ich hab' nicht gewagt, ihn anzufassen. Ich bin aus dem Auto gesprungen und habe die vordere Tür aufgerissen … Da war Blut überall … überall … Creighton hat wohl gewusst, dass Ljowa tot ist. Er hat mir den Arm um die Schulter gelegt und ist mit mir auf- und abgegangen … Ich versteh' das nicht“, sagt sie. Sie setzt sich und stützt den Kopf in die Hände. „Ich versteh' das nicht … Ich versteh' das nicht. Es hätte doch mich treffen müssen … Wenn ich mich nicht gebückt hätte, wäre Ljowa am Leben.“

Näheres erfahren wir am nächsten Tag. Bei der Bahnunterführung am Kaiserplatz hatten GIs an der Sektorengrenze Wache gehalten. Wegen einer Schiesserei in der Nacht davor sollten sie auf jeden Wagen, der nicht anhielte, schiessen. Creighton hielt nicht an, weil der Wagen besetzt war. Er wusste nichts von dem Schiessbefehl und fuhr weiter. Er fuhr weiter, und die GIs haben geschossen …

Der Oberst lässt Ljowa in einem englischen Militärhospital aufbahren. Ruth darf ihn dort besuchen. Man hat seinen Kopf verbunden und in die Hände Rosen gelegt. Zu seinen Füssen steht ein weissgedeckter Tisch. Darauf liegt aufgeschlagen eine Partitur des Dritten Brandenburgischen Konzerts und sein Taktstock.

Es dauert Tage, bis ein Sarg besorgt ist. Särge gibt es nicht in Berlin. Die Toten werden begraben in dem, was man hat. Laken, Tischtüchern, Pferdedecken. Über die Amerikaner kommt schliesslich ein Sarg. Und am 29. August wird Ljowa auf unserem Bergfriedhof beigesetzt. Menschen, unübersehbar. Blumen. Sonne. Der Pfarrer spricht den aaronitischen Segen: „Der Herr lasse leuchten sein Angesicht über Dir und sei Dir gnädig …“ Durch einen Nebel hindurch sehe ich nur Ljowas Mutter. Wie sie gebrechlich, klein und zusammengesunken sehr lange vor der offenen Grube steht und hinunterstarrt, bis jemand sie sanft beim Arm nimmt und fortführt.

Nachts klettere ich über den Friedhofszaun und setze mich neben das Grab. „Man kann ihn doch nicht alleinlassen,“ denke ich. Ich weiss nicht mehr, wie lange ich dort gesessen habe. Ich weiss eigentlich gar nichts mehr aus diesen Tagen. Die Philharmoniker gaben noch ein Gedenkkonzert für Ljowa im „Theater des Westens“. Daran erinnere ich mich. Und an Tränen … Tränen. Man spielte die 5. Tschaikowsky, die ihm die liebste war.

Ljowas Freund Boris Blacher schrieb: „Nicht nur Berlin verliert mit Leo Borchard die führende Persönlichkeit im Musikleben und die berechtigte Hoffnung, dass die Philharmonischen Konzerte in sensationelle Höhe steigen würden, nein, die gesamte Musikwelt ist um eine Dirigentenpersönlichkeit ärmer geworden, wie sie eine ganz seltene Ausnahme ist.“ Ein paar Tage nach Ljowas Tod dirigierte schon ein anderer Dirigent das Orchester: Sergiu Celibidache. Nach ihm: Maestro Karajan. Vierzig Jahre später wird ein alter Philharmoniker kühl konstatieren: „Letztlich ist Borchards Tod, so makaber das klingen mag, für das Orchester ein ausserordentlicher Glücksfall gewesen.“[6]

„Wir heissen Euch hoffen!“

Ruth arbeitet nach Ljowas Tod wie versunken an ihren Tagebüchern. Über Militärpost war aus Amerika eine erste Nachricht von Vizemutter Salomon eingetroffen. Alle Freunde, schrieb sie, warteten dringend auf ein Lebenszeichen von uns. Ruth schloss ihr Buch ab, nannte es „Nein“ und gab es einem amerikanischen Presseoffizier für ihre Freundin Eva Landshoff nach Hollywood mit. Dazu erste Briefe an die Freunde. Die Post ist nie angekommen. Erst die zweite Sendung sollte Eva erreichen.

Wir waren fast wieder unter uns am Hünensteig. Walter hatte eine Berufung von Prof. Brugsch als Oberarzt der Ersten Medizinischen Klinik an der Berliner Charité angenommen, und Fred schrieb, nachdem man die Räume des „Kuttel Daddeldu“ beschlagnahmt hatte, an einem Theaterstück. Zeitnah: „Wir heissen Euch hoffen – Ein Schauspiel um die heutige Jugend“. Noch spät nachts sass er im Bett, Kissen im Rücken, Wodka neben sich, die Schreibmaschine auf dem Schoss und tippte.

Für mich war das Hebbeltheater zum täglichen Drehpunkt geworden. Spielplan und Publikum waren jetzt international. Als der aus dem Zuchthaus Brandenburg befreite Ernst Busch in Robert Ardreys „Leuchtfeuer“ zum ersten Mal wieder auftrat, empfingen ihn Engländer, Russen, Amerikaner, Franzosen und Deutsche unterschiedslos mit fast andächtiger Stille und bedachten ihn am Schluss mit nicht enden wollendem Applaus. Der Barrikaden-Sänger der Spanienlieder hatte überlebt.

Nachdem sie ihr Manuskript auf den Weg gebracht hatte, wurde Ruth wieder politisch aktiv und war, wie Walter Seitz, im Oktober 1945 der neugegründeten SPD beigetreten. Man müsse endlich zu etwas „Ja“ sagen können, meinte sie und berief sich auf Grossmutter Hélène, die ihr das politische Engagement in der „Deutschen Demokratischen Partei“ vorgelebt hatte. Im November trugen ihr die Amerikaner an, zusammen mit Helmut Kindler und Heinz Ullstein als Lizenzträgerin der ersten Nachkriegs-Frauenzeitschrift *sie* zu zeichnen (Lizenz-Nr. B 206). Sie nahm an. Nach einigem Zögern. Sie hätte sich gern mit Ljowa beraten. In der Silvesternacht stiegen wir wieder mal über den Friedhofszaun, gingen durch den Schnee zu seinem Grab, und während wir Lichter anzündeten, sagte sie: „Was würde er meinen? – Herausgeberin? Ist das wirklich das Richtige für mich?“ Ruth hatte sich bisher immer als „freie Mitarbeiterin“ verstanden – ein Status, der ihrem Wunsch nach Unabhängigkeit entsprach und ihr erlaubt hatte, in der Nazizeit nur bei Frauenzeitschriften ihrer Wahl zu arbeiten, bei denen sie sich politisch nicht exponieren musste. Sie würde, stellte sich im Laufe der Zeit heraus, auch bei *sie* freie Mitarbeiterin bleiben und sich nur sporadisch bei Ullstein und Kindler zeigen. Das war zu wenig.

Zunächst aber galt es, den ersten Nachkriegswinter zu überdauern. Die anfängliche Euphorie der wenigen, die die Kapitulation als Befreiung begrüsst hatten, begann zu schwinden. Unter den Besatzern kam es zu ersten Spannungen. Der Rat der Antinazis war, im Westen zumindest, nicht sonderlich gefragt. Erbarmungslos ging man mit den Überlebenden aus den Konzentrationslagern um. Als „DPs“ (Displaced Persons) wurden die meisten wieder in umzäunte Barackenlager verbracht. Zuweilen zusammen mit ehemaligen KZ-Bewachern. Für die war es nicht schwer, im Flüchtlingschaos unterzutauchen. Schon damals fanden sich genügend „Hilfsbereite“, die Täter auch ausser Landes zu schaffen. In welchem Umfang das über die sogenannte Rattenlinie mit aktiver, sogar finanzieller Hilfe des Vatikans geschah, sollten wir erst viel später erfahren.

Die Aufmerksamkeit der Medien und damit der Weltöffentlichkeit war auf die „Kriegsverbrecherprozesse“ gerichtet, die im Herbst 1945 in Nürnberg begonnen hatten. Da blieb wenig Zeit, sich um die Opfer der Nazis zu kümmern. In Städten und Ortschaften hatten zudem die „Spruchkammern“ mit den „Entnazifizierungsverfahren“ begonnen, die Lügner und Leugner produzierten. Fast jeder war „eigentlich immer dagegen“ gewesen oder „aus Not gezwungen“ worden mitzumachen. Selbst unser hundertprozentiger Blockwart Huhn genierte sich nicht, uns um ein Entlastungszeugnis zu bitten.

Über dem täglichen Existenzkampf ging die Solidarität immer mehr verloren. Selbst das Elend der heimkehrenden Soldaten wurde kaum wahrgenommen. Wolfgang Borchert hat es später in seinem Theaterstück „Draussen vor der Tür“ drastisch realistisch dargestellt. In der Person des hinkenden „Beckmann" mit der Gasmaskenbrille, dem alle Türen verschlossen bleiben. Mit ihm konnten sich viele Heimkehrer identifizieren.

Ausgestossen fühlten sich auch die deutschen Flüchtlinge aus dem Osten, die in langen Elendszügen in die alte Metropole strömten. „Was wollen denn die hier?" hiess es. „Uns noch das Letzte wegfressen?" Die meisten wurden nach Berlin erst gar nicht hereingelassen, sondern schon vorher in den Westen umgeleitet. So auch Marie Monski, meine Grosstante Mieze, die unbedingt in Breslau beim Grab ihres Mannes hatte bleiben wollen und nun bei Ruths Bruder Wolfgang und seiner Frau Lulu in Stuttgart landete.

Während der Eroberung von Breslau war ihre Wohnung mit dem Wintergarten und den vielen Nippes in Flammen aufgegangen. Einzig mit dem, was sie auf dem Leib trug und ihrem Pelzmantel über dem Arm, war sie nach einem langen Abschied von den Gräbern auf dem Friedhof losgelaufen. Richtung Berlin. Erst ganz zuletzt hatte sie in einem Zug nach Stuttgart Platz gefunden. Als „Trophäe" brachte sie ein dickes französisches Kochbuch und vier silberne Grätenschälchen mit, die sie irgendwo unterwegs in den Trümmern gefunden hatte. Zu Lulu sagte sie: „Jetzt brauche ich nur noch ein Bad, ein Kleid und ein Paar Handschuhe, dann können wir ausgehen, liebes Kind." Das war Tante Mieze. Eine würdige Tochter ihrer lebenstüchtigen Mutter Hélène. Ihr machte auch der beissend kalte erste Nachkriegswinter nichts aus. „De rien", sagte sie, „immer noch besser als Sibirien."

Kälte, Hunger und Wohnungsnot trafen fast alle Deutschen gleich hart. Allein in Berlin waren mehr als 600 000 Wohnungen total zerstört. In ganz Deutschland weit über zwei Millionen. Strom gab es auch bei uns am Hünensteig nur stundenweise. Den Stromzähler mit einem Magneten zu manipulieren galt als Kavaliersdelikt. Im Kabarett sang Hubert von Meyerinck, und alle lachten: „Kennen Sie den ‚Kleinen Justav'? / Wenn ja, dann sagen Sie's der Kripo nicht! / Rückwärts und ohne Fehler / dreht sich der Zähler / und Sie ham Licht."

Die Zentralheizung fiel ganz aus. Wir kochten weiter auf dem qualmenden Ziegelherd in der Küche, und im Wohnzimmer hatten wir ein auf dem Schwarzmarkt sündteuer erworbenes

Walter Franck als „Professor Mamlock"
und Karin Friedrich als seine Tochter Ruth in Friedrich Wolfs Drama
„Professor Mamlock", Januar 1946 am Berliner Hebbel-Theater

Öfchen installiert, aber selten genug Trümmerholz und Briketts, um einzuheizen. Man ging dick vermummt und mit Handschuhen zu Bett. Der Ballon mit dem Schwarzgebrannten im Keller war längst leer. Bevorzugte, die sich, wie meine Mutter, einer Einladung bei amerikanischen Presseoffizieren erfreuen durften, leerten dort heimlich die Aschenbecher und drehten zu Hause aus dem Kippentabak neue Zigaretten. Auch sie.

Im Theater war es so kalt – zwei Grad unter Null –, dass der Baum, auf dem ich in Shakespeares „Macbeth" als dritte Hexe zu hocken hatte, mit einer Eisschicht bedeckt auf die Bühne geschoben wurde. Den Schauspielern standen Atemwolken vor dem Mund. Und im Parkett sassen die Menschen mit Pudelmützen auf dem Kopf, in Pferdedecken gewickelt, die Schuhe mit Zeitungspapier ausgestopft. Aber trotz Hunger und Kälte – sie kamen in Scharen. Nicht nur, um die Klassiker zu sehen, auch zu den Zeitstücken: Friedrich Wolfs Judentragödie „Professor Mamlock" oder „Die Illegalen", ein Drama über den Widerstand gegen die Nazis von Günther Weisenborn, der als Mitglied der „Roten Kapelle“ selbst erst bei Kriegsende aus der Haft befreit worden war. Ich spielte bei den „Illegalen“ eine Oppositionelle, das Mädchen „Spatz“, eine meiner liebsten Rollen, die eigentlich gar keine Rolle war, sondern ein Stück Leben. Im Deutschen Theater schliesslich wurde Fred Dengers nachts im Bett getipptes „Wir heissen Euch hoffen“ uraufgeführt. Fritz Erpenbeck schrieb danach in der *Täglichen Rundschau*: „Abrechnung mit der Vergangenheit, Bewusstwerden der gegenwärtigen Verpflichtung, das versucht Dengers Stück zu geben. Von dem ‚abgebrühten‘ Premierenpublikum wurden Autor, Regisseur Gustav von Wangenheim und die Darsteller wieder und wieder, zuletzt in Sprechchören, an die Rampe gerufen“.

1946 ging es langsam aufwärts. Auf vielen Gebieten. Der RIAS-Funk nahm seinen Betrieb auf. Die ersten CARE-Pakete trafen ein aus den USA. In Italien wurde der Vespa-Motorroller kreiert und in Deutschland schon der erste alt-neue Volkswagen produziert. Am auffallendsten war die Belebung auf dem Büchermarkt. Brecht-konform: „Das lebt mit einem Buch und nichts im Magen, / in einer Hütte, daran Ratten nagen …“ Neuerscheinungen auf Billigpapier in Fülle. Theodor Plivier kam mit „Stalingrad“ heraus, Eugen Kogon mit seiner Systemanalyse „Der SS-Staat“, Zuckmayer publizierte sein Zeitstück „Des Teufels General“ und in Frankreich St. Exupéry seine bald weltweit berühmte, zauberhaft weise Geschichte „Der kleine Prinz“.

Ein buntes Spektrum neuer Tageszeitungen hing an den Kiosken aus. Ruth schrieb für mehrere und jetzt zu aktuellen Themen: Nazizeit, Judenverfolgung, Widerstand. In der *sie* wurden Kapitel aus ihren Tagebüchern unter dem Titel „Nein!“ vorabgedruckt. Daneben hatte sie sich selbst schon wieder in die Opposition begeben. Diesmal gegen die geplante Verschmelzung von SPD und KPD zur Einheitspartei SED, die Otto Grotewohl lautstark gefordert hatte. Wir wollten keinen Einheitsbrei mit Stalin im Hintergrund. Wir klebten zusammen mit Walter wieder Plakate. Diesmal legal. „Nie wieder Diktatur! Noch ist es Zeit, Demokraten!“ Bei der „Urabstimmung“ am 31. März 1946, die allerdings im sowjetisch besetzten Sektor nicht erlaubt worden war, erklärten sich 82,2 Prozent gegen den

Zusammenschluss der beiden Arbeiterparteien. Eine erste, wenn auch nur auf die westlichen Sektoren beschränkte, demokratische Erfahrung. Man hatte wieder wählen können.

„Lilith" und „Der Schattenmann"

Fred, der Seeräuber, hatte sich rausgehalten bei der Urabstimmungsaktion. Wir hatten uns getrennt. Er war ein bisschen zu oft fremdgegangen. Zuletzt mit einer Pfarrerstochter. Zu ihr ging er nicht, wie bei mir, mit Bert Brecht, sondern mit der Bibel unter dem Arm. Einen Tag vor seiner Hochzeit rannte er mir noch auf dem Steglitzer S-Bahnhof hinterher und rief: „Heirate mich, dann heirate ich nicht!" Ich schüttelte den Kopf, während die S-Bahn-Türen sich schlossen. Und das war gut so. Viele Jahre später erschien eine Sonderseite über ihn in *BILD*: „Der Mann, der zwölfmal verheiratet war" mit den Photos aller seiner Ehefrauen. Zwischen den Ehen hatte er weiter geschrieben. Tilla Durieux brillierte später in seinem Ein-Personen-Stück „Langusten". Seine Neufassung der Bibel im Jugendjargon „Der grosse Boss" sollte ein absoluter Renner werden.

Schon im Herbst 1946 – die Urteile im „Kriegsverbrecherprozess" waren gerade gesprochen: zwölfmal Hinrichtung durch den Strang, dreimal lebenslänglich –, beschloss Ruth, als Herausgeberin von *sie* zurückzutreten. Was sie und was Kindler sich unter einer Frauenzeitschrift vorstellten, lief diametral auseinander. Auch war sie in der Redaktion zu wenig präsent gewesen, um Einfluss zu nehmen. Sie ging und wandte sich wieder der Politik zu.

Ruth verfasst und verbreitet einen Aufruf, der helfen soll, einen „Bund aktiver Kämpfer gegen den Faschismus" zu gründen. Ein letzter Versuch, die Einheit unserer Gruppe aus der Nazizeit wiederzubeleben. „Wir sind dem Nazismus nicht nur zum Opfer gefallen", heisst es darin, „sondern wir haben ihm auch in kleinen und grösseren Gruppen Widerstand geleistet ... Gelingt es uns, über die Parteien hinweg uns in einem grösseren Bunde zusammenzuschliessen, so werden auch die Besatzungsmächte sich gern darauf stützen und durch wechselseitige Verständigung den Interessen unseres Landes grösseres Verständnis entgegenbringen.“ Die Reaktion ist gleich Null. Und den Besatzungsmächten ist gar nicht daran gelegen, sich auf Menschen zu stützen, die offensichtlich schon einmal gegen die Obrigkeit aufzubegehren versuchten.

Ruth braucht ein paar Wochen, bis sie wieder aktiv wird. Diesmal in einer ganz anderen Richtung. Sie beantragt eine neue Lizenz für eine eigene Frauenzeitschrift. Die amerikanische Militärregierung stimmt überraschend schnell zu. Unter der Lizenznummer B 235 wird das Blatt im November 1946 mit dem Titel *Lilith* verbucht. Was Ruth mit diesem Namen bezweckt, würde man heute als feministisch einstufen. Programmatisch kommt sie auf jene Lilith zurück, mit der sie sich schon in den zwanziger Jahren nach der Lektüre von Erskines Buch „Adam und Eva“ identifiziert hat. Jetzt pocht sie darauf.

Anfangs ist in fast jeder der 14tägig erscheinenden *Lilith*-Nummern auf Seite 3 über dem Impressum zu lesen: „Lilith, die Frauenillustrierte, führt ihren Namen auf die erste Frau Adams zurück, die – wie Adam aus Erde geschaffen – dem Mann gleichberechtigt von Gott beigegeben wurde. Einträchtig und ebenbürtig lebten Lilith und Adam im Paradiese, bis Adam verlangte, sie solle ihm gehorchen, und Lilith es vorzog, aus dem Paradiese zu gehen, um weiterhin frei zu bleiben. Adam, des Alleinseins müde, liess sich von Gott aus einer Rippe Eva schaffen, die ihm als ein Teil seiner selbst zu Diensten war. – Lilith, die Ebenbürtige, ist unser Vorbild und unser Programm. Mit ihr wollen wir uns selbständig denkend und urteilend, frei und unabhängig, neben dem Manne behaupten.“

Ein solches Programm, noch dazu wiederholt, ist für die Zeit ungewöhnlich. Eher selbstverständlich, dass Ruth bald in ihrem eigenen Blatt das Thema Widerstand erneut aufgreift mit einer ausführlichen Dokumentation über die Gruppe „Weisse Rose“, die Geschwister Scholl und die „Rote Kapelle“. In einem eigenen Bericht dazu arbeitet sie den Unterschied der deutschen zu den Widerstandsgruppen anderer Länder heraus, die gegen den Feind von aussen, nicht gegen die eigene totalitäre Regierung antreten mussten. Sie bedauert, wie schon in ihrem Aufruf, dass es „trotz aller Versuche auch nach Kriegsende nicht zu einem Zusammenschluss der aktiven Gegner des Naziregimes gekommen“ sei.

Durch Reportagen und Kommentare wird in der *Lilith* auch versucht, möglichst locker, nicht oberlehrerhaft zu demokratischem Denken zu erziehen. Typisch dafür ist das „Lilith-Parlament", in dem unterschiedliche Leserinnenmeinungen zu Worte kommen. Zu Themen wie „Nie wieder Krieg! Krieg dem Kriege!". Mit ihrer eigenen Serie „Benimm Dich, Geliebte!" plädiert Ruth zudem für mehr Freiheit und Phantasie im Bett. Und sie übernimmt wieder die Problemleserbriefe, diesmal unter der Rubrik „Fragen Sie Lilith – Lilith antwortet". Aber selbst jetzt, als alleinige Herausgeberin, sitzt sie nicht täglich in der Redaktion, sondern bleibt freie Mitarbeiterin, die einmal, höchstens zweimal in der Redaktion am Dahlemer Bachstelzenweg erscheint und am liebsten weiter zu Hause am Schreibtisch arbeitet. Eine Redaktionsassistentin von damals, Irene Gillert, erinnert sich noch heute: „Sie war immer in Eile, kam immer angehetzt, aber wenn sie mal sass, war sie ganz da. Und wenn jemand Rat brauchte, nahm sie sich überhaupt grundsätzlich Zeit." – Ganz wie Hélène: „Komm an mein Herz, erzähl!"

Der eigentliche Blattmacher ist der nach englischer Gefangenschaft an der Wilton-Park-Uni geschulte Werner Eggert, ein Linker mit Illustriertenerfahrung, eher Kumpel als Chef. Ruth kannte ihn schon vor dem Krieg aus ihrer Zeit bei John Jahrs *Die junge Dame*. Er macht ihr bald klar, dass es ohne Konzessionen nicht geht, wenn man ein Blatt auch verkaufen wolle. Also wird die Erziehung zur Demokratie mit Kosmetik-, Diät- und Modethemen entsprechend aufbereitet. Das hätte gutgehen können, wenn die Berlin-Blockade nicht dazwischengekommen wäre.

Zunächst wurstelt man in der „Reichstrümmerstadt", wie die Berliner sie nennen, weiter. Der zweite Nachkriegswinter ist noch kälter, noch härter, noch brutaler. Auf dem Schwarzmarkt klettern die Preise. Ein Ei: zwölf Reichsmark, ein Stück Margarine: 100,–, ein Kilo Bohnenkaffee: 1100,–, 20 amerikanische Zigaretten: 200,–, eine Schachtel Streichhölzer: fünf Reichsmark. Am Hünensteig sind die Wände mit Rauhreif überzogen, auch das Miniporträt unseres Ahnen Constant Forgeois und das Schillerbild von Hélène. Immer wieder sinkt das Quecksilber unter 20 Grad minus. Bis zu zehn Stunden Stromsperre am Tag. Geschäfte dürfen nur bei Tageslicht öffnen. Die Benutzung von Staubsaugern ist bei Strafe verboten. Der Tauschhandel blüht:

ein Abendkleid gegen ein paar Briketts, eine Kristallkaraffe gegen ein Bündel Holz. Die Alleebäume, die noch standen, müssen dran glauben. Der Tiergarten wird ausgeholzt. Entkräftete Menschen erfrieren in ihren Betten.

Aber die Theater florieren nach wie vor. An der – oh, Wunder! – geheizten „Volksbühne" in der Kastanienallee inszeniert Friedrich Franz Treuberg „Cyankali", Friedrich Wolfs Drama gegen den Abtreibungsparagraphen 218. Ich spiele die Arbeiterin „Hete", die notgedrungen abtreibt. Auf Abtreibung steht damals noch Zuchthaus. Die Aufführung ist ein Aufschrei gegen das harte Gesetz. Es gibt 44 Vorhänge bei der Premiere. Schon als Thornton Wilders „Wir sind noch einmal davongekommen" am Hebbeltheater herausgekommen war – für mich das ergreifendste Stück der Nachkriegszeit, in dem Herr und Frau „Antrobus" (Mensch), ihre Kinder und die ewige Antrobus-Freundin „Lilith" alle Menschheitskatastrophen, Eiszeit, Sintflut und Krieg überstehen –, hatten die Zuschauer die Schauspieler so lange begeistert herausgeklatscht, bis schliesslich der eiserne Vorhang herunterging.

Irgendwann im Frühsommer 1947 kommt dann Fritz Hellin, der Freund meines Vaters aus der Studentenzeit, der bei Mutter Friedrich in Marburg seine Bude hatte, zum ersten Mal wieder nach Deutschland und nach Berlin. Wie der liebe, dicke Bilderbuchonkel kommt er aus Amerika. Auf Schritt und Tritt duftende Seifen, Hersheys Schokoladenlinsen und kleine Büchsen mit Nescafé verteilend. Einmal zieht er für einen alten Mann sogar seine Schuhe aus und fährt auf Socken zurück ins Hotel „Vier Jahreszeiten".

Hellin will alte Freunde besuchen: Mutter Friedrich, die 1943 zu ihrer verwitweten Schwester Guste nach Gauting bei München gezogen ist, und Otto, der jetzt wieder in der Direktion der Phoenix Gummiwerke in Hamburg-Harburg arbeitet. Für Ruth hat Hellin Post aus Amerika mitgebracht. Von Fischers und Vizemutter Salomon, von Paul und Dolly Jossmann, von meinem liebsten Bruder Winnetou, der in Boston studiert, vor allem aber von Eva Landshoff. Die zweite Sendung des „Nein"-Buchs hatte Eva endlich erreicht. Sie habe es, schrieb sie, an Carl Zuckmayer weitergegeben und dieser es mit einer „glänzenden Beurteilung" weiter an den Verlag Henry Holt. Zuckmayers Übersetzer Barrows Mussey sei schon dabei, es ins Eng-

Erstausgabe der Tagebücher 1938–1945, Anfang 1947 bei Henry Holt/New York, die im gleichen Jahr bei Suhrkamp/Berlin unter dem Titel „Der Schattenmann" erschienen

lische zu übertragen. In Kürze werde „Nein" als erstes deutsches Buch über den Widerstand in Nazideutschland in New York erscheinen. Allerdings nicht mit Ruths Wunschtitel, sondern unter einem anderen: „Berlin Underground".

Das Buch „Berlin Underground" erscheint tatsächlich Anfang 1947 in New York. Bevor Ruth es zu Gesicht bekommt, vergeht freilich noch einige Zeit. Das erste Belegexemplar für die Autorin war von der Post zurückgewiesen worden mit dem Vermerk: „Drucksachen dürfen an Deutsche nicht verschickt werden". Im gleichen Jahr 1947 kommen die Tagebücher auch im Suhrkamp Verlag, Berlin, heraus. Im Gegensatz zu dem aufwendig gebundenen Band in Amerika als schmutziggelbe, typische Nachkriegsausgabe auf rauhem Papier und wieder mit einem anderen Titel: „Der Schattenmann". Heute, wo es mehrfach neu aufgelegt, unter der gleichen Überschrift immer noch zu haben ist, ein für die jüngere Generation gänzlich unverständlicher Titel, den Peter Suhrkamp damals so zeitgemäss fand. Er sollte auf den im Krieg häufig plakatierten Mann im Schatten, den Spion, anspielen. Mit der Warnung: „Pst! Feind hört mit!"

Von den vielen Kritiken, die nach diesen beiden ersten und allen nachfolgenden Ausgaben erschienen sind, hat Ruth die von einem Dr. Paul Schwarz am 5. 10. 1947 in der *New Yorker Staatszeitung* veröffentlichte am meisten bewegt. „Die deutsche Untergrundbewegung", schrieb er, „deren Bestehen von so vielen mit einem bemerkenswerten Energieaufwand abgestritten worden ist, ... hat nicht nur existiert, sondern auch einen Umfang besessen, von dem man in der Zeit der Nachrichtensperre ... keine positive Kenntnis haben konnte ... Man liest das Buch nur mit grösster Erregung. Aber es ist ein Muss-Buch für jeden, der wissen will, was in Nazideutschland vorgegangen ist. ‚Underground' ist heute keine Frage mehr." Ruth verstand das als eine Verneigung vor Helmuth von Moltke vom „Kreisauer Kreis", vor John Rittmeister von der „Roten Kapelle", vor der „Weissen Rose" und ihren hingerichteten Freunden – vor allen, die im Widerstand ihr Leben gelassen hatten und in Deutschland hinter vorgehaltener Hand schon wieder als „Vaterlandsverräter" geschmäht wurden.

Die Besprechung in der *New Yorker Staatszeitung* war für sie auch Lichtblick in einer Zeit grosser Depression. Am 1. September hatte Walter Berlin verlassen, um einer Berufung zum Direktor an die Münchner Universitätspoliklinik zu folgen. In ihrem Tagebuch hatte sie das tieftraurig kommentiert: „Wir waren ein Team. In diesem Augenblick – ich spüre es – erlischt die Widerstandsgruppe ‚Onkel Emil', versinkt endgültig und unwiederbringlich das Wunder jener Gemeinschaft im Schatten der Vergangenheit."

Wieder in der Falle

Bis zu Ruths eigenem Abschied von Berlin dauerte es nur noch ein gutes Jahr. Ein Jahr, in dem es auf und noch mehr bergab ging mit der Stadt. Und auch mit dem Theater. Im Januar 1948 starb Karl Heinz Martin. Sein potentieller Nachfolger Jürgen Fehling, der eben erst mit einer grandiosen Inszenierung der „Fliegen" von Jean Paul Sartre Theatergeschichte geschrieben hatte, wurde – manisch-depressiv – plötzlich in eine Heilanstalt eingeliefert. Der aus der Emigration zurückgekehrte Ludwig Berger inszenierte mit Käte Dorsch zwar noch John van Drutens „So war Mama", wo ich – von der ersten bis zur letzten Minute auf der Bühne – meine grösste Rolle, Mamas Tochter „Katrin", zu spielen hatte, aber für die ihm angetragene Intendanz stand auch er nicht zur Verfügung. Das Hebbeltheater war verwaist, und als schliesslich der wenig inspirierte kaufmännische Direktor Oscar Ingenohl von den Amerikanern mit Martins Nachfolge betraut wurde, zerfiel auch das Ensemble.

Die Zeit der Pionierjahre war vorbei. Mein Interesse am Theater liess nach. Als Werner Eggert mich ermutigte, politische Kommentare für *Lilith* zu schreiben, versuchte ich es. Zu kommentieren gab es genug: Die Ermordung Mahatma Gandhis. Die Gründung des Staates Israel. Das Marshall-Plan-Hilfsprogramm und den „Brüsseler Vertrag", der den Auszug der Sowjets aus dem Kontrollrat nach sich zog und letztlich die Viermächteverwaltung Deutschlands beendete.

Dann kommt die „Währungsreform". Am 20. Juni 1948 wird in den Westzonen die Deutsche Mark eingeführt, die sogenannte Westmark. Am 23. zieht die Ostzone mit der „Ostmark" nach. Als am 26. Juni die Deutsche Mark auch in West-Berlin Einzug hält, erklärt die sowjetische Militärregierung das für illegal. Gleichzeitig setzen Repressalien ein. Der Interzonenverkehr ist plötzlich „behindert" und wird dann zusammen mit dem Strassenverkehr von hüben nach drüben ganz eingestellt. Ebenso die Stromzufuhr in die drei Westsektoren. Kein Licht mehr für West-Berlin, kein Radio. Rundfunkwagen des RIAS fahren durch die Strassen und verbreiten über quäkende

Lautsprecher die neuesten Katastrophenmeldungen. Wir sitzen, wenn auch anders als 1945 wieder mal in der Falle. Es beginnt ein neuer Exodus, die Flucht vieler Berliner über die „Luftbrücke“ in den Westen.

Unter den Zurückbleibenden wächst der Trotz: „Nun grade“. Schön gründlich wird alles auseinandersortiert. Im Westen das Stadtparlament, im Osten der Ostmagistrat. Hier Oberbürgermeister Ernst Reuter, dort OB Friedrich Ebert. Hier die Freie Universität (FU), dort die Humboldt-Uni Ost. US-Militärgouverneur Lucius D. Clay übernimmt die Regie des Notprogramms für West-Berlin. Kontinuierlich lässt er die Luftbrücke ausbauen. Täglich werden in fast 1000 Einzelflügen bis zu 6000 Tonnen Lebensmittel, Propangasflaschen, sogar Kohle eingeflogen. Eine gigantische Leistung. Aber so hatten wir es uns 1945 nicht vorgestellt. Nicht wieder zurück in die Steinzeit. Keinen neuen Feind ante portas.

Strom gibt es zwei Stunden am Tag. Fast immer nur nachts. Wir stellen den Aufziehwecker und fangen zwischen ein und drei Uhr an zu bügeln. Oder wir kochen dann: einen Mischmasch aus aufgeweichten Trockenkartoffeln und Cornedbeef, der unter der Bettdecke warmgestellt wird. In den Morgenkaffee gibt es Trokkenmilch, und der Spirituskocher ist wieder dran. Die Strangulierung der Westberliner Wirtschaft nimmt auch der Zeitschrift *Lilith* den Atem. Die Papierzuteilung wird knapp. Meiner Mutter wird vorgeschlagen, die Redaktion in Berlin zu halten, aber im Westen, in Stuttgart, drucken zu lassen und die fertigen Hefte per Luftbrücke wieder zurückzuschicken. Nach längerer Beratung mit Werner Eggert geht sie darauf ein und eröffnet in Stuttgart eine Redaktions-Dependance, um das Blatt zu retten.

Nicht nur das Hebbeltheater, auch die anderen Bühnen leiden massiv unter der Krise. Die neue, harte D-Mark wird nicht mehr so leicht für Theaterbilletts ausgegeben, lieber für das, was, bis zur Währungsreform gehortet, nun glitzernd und verlockend die Läden füllt. Im Herbst 1948 hat Goethes „Egmont“ am Hebbeltheater Premiere. Mit Filmschauspieler Paul Klinger in der Titelrolle und mit mir als einem ebenso faden „Clärchen“. Die Aufführung erntet fast ausschliesslich Verrisse. Wolfgang Harich schreibt: „Das Ärgste, das ich je sah“. Roma Bahn, eine Berühmte des Theaters der zwanziger Jahre, sagt zu mir, und das gab mir im nachhinein mehr zu denken: „Du spielst zu sehr mit dem Kopf.“ Mit dem „Clärchen“ war ich an meine Grenzen gestossen.

Am Abend, bevor meine Mutter Berlin verlässt, um in Stuttgart die *Lilith*-Redaktion einzurichten, am 28. Dezember 1948 nehmen wir Cognac mit auf den Friedhof. Ljowas Grab gegenüber hat man inzwischen auf einem weiten Areal bekannte und unbekannte Tote aus den letzten Kriegstagen beigesetzt. „Weisst Du noch – damals?“, sagt Ruth. „Wir dachten, alles wird anders. Wir waren so voller Hoffnung.“ Sie raucht. Wir trinken den Cognac. Wir sitzen bei Ljowa und versuchen, uns einzureden, dass es nicht das letzte Mal sei. Aber es ist das letzte Mal. Wir haben nie wieder zusammen dort gesessen.

Salto mortale rückwärts

So intensiv wie in den Kriegsjahren und in den ersten Jahren danach, so eng verbunden haben wir, meine Mutter und ich, nie mehr gelebt. Sicher ist es anderen ähnlich ergangen. Das machte anfangs der starke Zusammenhalt gegen das Hitlerregime, das Vertrauen, das wir ineinander setzten und die ständige Nähe zum Tod, später das Warten auf eine repressionsfreie, bessere Zukunft. Was sich dann in den 50er Jahren entwickelte, war der Niedergang unserer Hoffnungen. Meiner Mutter hatte der Zerfall der Gruppe „Onkel Emil“ stark zugesetzt. Für mich war die in den 50ern beginnende Restauration der viel dramatischere Einschnitt. Ein Salto mortale rückwärts. Heute bin ich überzeugt, dass damals die Weichen gestellt wurden in eine Richtung, die uns Jahrzehnte später das Wiederaufleben der Rechtsradikalen eintrug.

Wir wurden zu schnell wieder gebraucht. Die ärgste Not war gerade überwunden, die Lebensmittelrationierung aufgehoben, die Zahl der Arbeitslosen ging zurück. Mit dem Film „Schwarzwaldmädel“ lief die Serie optimistisch getünchter Heimatfilme an, und als Tribut an die Frauen, die im Krieg im Übermass gelitten und sich zwangsläufig emanzipiert hatten, hatte Papst Pius XII. per Dogma die Mutter Gottes nun auch „leiblich“ gen Himmel fahren lassen. Die Zeit wäre reif gewesen, die Auseinandersetzung mit der Nazivergangenheit nicht länger durch ameisenhafte Betriebsamkeit zuzudeckeln. Stattdessen bekamen die Bundesdeutschen Gelegenheit, sich fast erpresserisch aufzuspielen. Remilitarisierung gegen „Schlussstrich". Die „Gefahr aus dem Osten" läutete die Wende ein.

Mit einem Krieg der Worte hatte es begonnen. Während der 462 Tage dauernden Berlinblockade war die Kluft zwischen West und Ost überdeutlich geworden. 1949 wurde sie zementiert. An den Westen gekoppelt: die Bundesrepublik Deutschland (BRD) mit dem Präsidenten Theodor Heuss (FDP) und Kanzler Konrad Adenauer (CDU) an der Spitze. Auf den Osten fixiert: die Deutsche Demokratische Republik (DDR) mit Staatspräsident Wilhelm Pieck und Ministerpräsident Otto Grotewohl vornedran. Zwei Hauptstädte bildeten sich bereits heraus: Bonn und Ostberlin. Es war nicht mehr weit bis zu zwei Fahnen und zwei Nationalhymnen. Die Integration ins westliche beziehungsweise östliche Bündnis schien besiegelt.

Gerade erst hatten die Alliierten das „Entmilitarisierungsgesetz" auf den Weg gebracht, da begannen die Westmächte schon wieder, über eine Remilitarisierung Westdeutschlands nachzudenken. Mit einer demoralisierten Bevölkerung natürlich wäre kein Staat zu machen gewesen, also musste ihr der Rücken gestärkt und die beschädigte Soldatenehre wiederhergestellt werden. Das kam fünf Jahre nach Kriegsende der immer lauter werdenden Forderung nach einer Generalamnestie und einem „Schlussstrich unter den Nazispuk" prächtig entgegen. Als dann im Juni 1950 nordkoreanische, kommunistische Truppen den 38. Breitengrad überrennen, als UN-Soldaten gegen sie aufmarschieren und der Ost-West-Konflikt zu eskalieren droht, geht bald darauf, am 13. September, die erste Lesung des „131er Gesetzes" denn auch elegant über die Bühne.

Dieses Gesetz sollte ehemaligen, bisher ausgegrenzten Angehörigen der NSDAP und anderer NS-Organisationen, keineswegs nur „Mitläufern", auch mehr oder minder Belasteten, die Rückkehr ins Berufsleben ermöglichen und ihre Pensionsansprüche regeln. Im besonderen betraf es einstige Berufssoldaten, Angestellte des Verwaltungsdienstes und die grosse Masse der Beamten, somit auch Lehrer und Juristen. Binde man diese immer renitenter Werdenden an den Staat, hiess es, werde ein neuer

Rechtsdrall am sichersten verhindert. „Weiterverwendung", argumentierte der Vorsitzende des Deutschen Beamtenbundes, Hans Schäfer, „ist in jedem Fall die billigste Lösung." Auch seien „die alten Parteigenossen fachlich und charakterlich jahrzehntelang bewährte Beamte, deren wertvolle Erfahrung nicht brachliegen" dürfe. Ihre wertvollen Erfahrungen sollten sich in den nächsten Jahren leider verheerend auswirken. Das „braune Unterfutter", wie es Günter Grass einmal nannte, war etabliert.

Noch war das Gesetz nicht in Kraft, da überraschte Adenauer schon im November 1950 das Parlament mit der „Frage eines Beitrages der Bundesrepublik Deutschland zur Verteidigung des Westens". Die alten Kämpfer witterten Morgenluft. Jene, die erst kürzlich noch mit den Menschenrechten Schindluder getrieben hatten, gaben sich jetzt als eifernde Hüter des Rechts. Als Anwälte der KZ-Schergen im „Befehlsnotstand", der Einsatzgruppenleiter „aus falsch verstandenem Pflichtgefühl". Als Anwälte der Pflichttäter. Das kulminierte in Landsberg am Lech und andernorts, wo Kriegsverbrecher einsassen, in einer Kampagne für ihre Begnadigung. Als im Januar 1951 bei einer an die 3000 Sympathisanten zählenden Demonstration zugunsten der verurteilten „Rotjacken" von Landsberg 300 Gegendemonstranten aus dem DP-Lager Lechfeld erschienen, gellte es aus der Menge: „Juden raus!" Und der Landsberger Bürgermeister liess sich hinreissen, den Juden zu empfehlen, sie sollten „doch dorthin zurückkehren, woher sie gekommen" seien.

Die zweite und dritte Lesung des 131er Gesetzes passierte im April 1951 fast problemlos den Bundestag. Am 11. Mai wurde es verkündet, zeitgleich mit einem Gesetz, das nun endlich auch die Ansprüche der Opfer der Nazis festschrieb, das „Gesetz zur Regelung der Wiedergutmachung nationalsozialistischen Unrechts für Angehörige des Öffentlichen Dienstes". Hermann Ehlers (CDU) nannte den beschämenden Doppelpack für Opfer und Täter eine gelungene „Flurbereinigung für die Zukunft". Die einstigen Richter legten wieder ihre Roben an. Die Lehrer setzten sich wieder hinter ihr Katheder. Der Rüstungsindustrielle Alfred Krupp bekam seine Freiheit zurück. Und im Auswärtigen Amt sassen bald mehr frühere Mitglieder der NSDAP als vor dem Krieg. Zum Kanzleramtschef wurde Hans Globke bestellt, der Kommentator der „Nürnberger Rassengesetze".

Rosemarie Reichwein, Witwe des hingerichteten Reformpädagogen Adolf Reichwein vom „Kreisauer Kreis“, um nur ein Beispiel zu nennen, wird für sich und ihre vier Kinder erst 1953, acht Jahre nach Kriegsende, eine lächerliche Entschädigungsrente erhalten. Mehr als 40 Jahre sollte es dauern, bis die Urteile gegen die Freunde der „Weissen Rose“ offiziell aufgehoben werden, mehr als 50 Jahre, bis ein bayerischer Ministerpräsident zum ersten Mal das Konzentrationslager Dachau besucht und schliesslich auch die Deserteure des Zweiten Weltkriegs ihre Rehabilitierung erreichen.

Mit dem 131er-Gesetz – Eugen Kogon sah es schon damals richtig – hatte die „stille, allmähliche, schleichende, unaufhaltsame Wiederkehr der Gestrigen“ begonnen. Gespräche über die Nazivergangenheit wurden abgewürgt. Ganze Schülerjahrgänge verliessen auch weiterhin die Schulen, ohne etwas über die Judenvernichtung, die Eroberungskriege der Deutschen, über Hitler und seine Helfershelfer erfahren zu haben. Das erste Geschichtsbuch für die Grundschulen in Bayern, das sich vorbildhaft mit der jüngsten Vergangenheit befasste – ich habe es selbst in der *Süddeutschen Zeitung* besprochen –, erschien 1966 (!) in München. 21 Jahre nach der Kapitulation. Zwei junge Lehrer, Franz Seilnacht und Johannes Hampel, hatten es freiwillig erarbeitet.

Eine Flut skandalöser „Rechtsprechungen“ aus Nachkriegsprozessen trugen Norbert Frei und Jörg Friedrich später zusammen. In ihren penibel recherchierten Büchern – „Furchtbare Juristen“ und „Die kalte Amnestie“ – dokumentieren sie, wie trickreich „wiederverwendete“ Richter durch Verzögerungstaktiken und Haarspaltereien Nazitäter zu rehabilitieren halfen. Von den Blutrichtern des „Volksgerichtshofs“, die Menschen oft schon wegen des Abhörens ausländischer Sender oder einer abfälligen Bemerkung über den „Führer“ zum Tode verurteilt hatten, wurde nur ein einziger kurz vor Gericht gestellt. Dagegen half kein Protest, denn nun befand man sich ja im „freiheitlich demokratischen Rechtsstaat“ – ein Begriff, den seine Protagonisten bis zum Erbrechen im Munde führten. Wer nicht resignieren wollte, konnte nur noch auf eine höhere Gerechtigkeit vertrauen. „Die Rache ist mein; ich will vergelten“ (5. Mose, 32, 35).

Für meine Mutter und mich bedeuteten die 50er Jahre nicht

nur eine erschreckende politische Wende, sondern auch eine persönliche und berufliche. Sie wurde – diesmal bei John Jahrs *Constanze* in Hamburg – wieder freie Mitarbeiterin, nachdem *Lilith* während der Berlinblockade schliesslich am Papiermangel eingegangen war. Die Aufhebung des Lizenzzwanges hatte den Markt zudem mit einer Welle neuer Frauenzeitschriften überschwemmt, die weniger das demokratische Denken als die jährlich wechselnden Modetrends bedienten. Im Jahresrhythmus durfte Christian Dior nun für das „fliessend Weibliche" werben, für die Tulpen-, die H-, die A-Linie und den „Sack". Und als publik wurde, in den USA seien allein 1950 für Kosmetika 2,5 Milliarden Dollar, ein Prozent des Volksvermögens, angelegt worden, setzte man auch in den westdeutschen Blättern auf das Zugpferd Schönheitspflege.

Ruth zog, um unserem ehemaligen Mitstreiter Walter Seitz nahe zu sein, nach München. In ein Untermietzimmer an der Stadtlohner Strasse. Aber im Grunde lebte sie noch halb in Berlin. Denn jetzt bearbeitete sie die Tagebücher ihrer drei letzten Berliner Jahre 1945 – 1948, die freilich nicht so schnell wie die ersten einen Verleger fanden. Daneben schrieb sie für die Frauenzeitschrift *Constanze*, beantwortete wieder Problemleserbriefe unter der Rubrik „Trost und Rat" und veröffentlichte Bücher ohne jeden politischen Unterton: „So benimmt sich die junge Dame", die Gastgeberfibel „Ein reizender Abend" oder das „ABC für Verliebte", das die *Neue Zürcher Zeitung* so rezensierte: „Bei aller Leichtigkeit der Form geht es in die Tiefe und ist bedeutend mehr als ein ‚Knigge für Liebesleute' … Ruth Andreas-Friedrich glaubt an die Verwirklichung echter Liebe und findet schöne Worte zum Preise ihrer Würde. Jeder Zynismus ist ihr fremd."

An den Wochenenden schulterte Ruth den Rucksack und folgte Walter, dem Hochgebirgskletterer, in die Berge. Weissblau-bayerisches Kontrastprogramm zu den Berliner Jahren. „Komm doch nach", schrieb sie mir. Ich wollte nicht „nach drüben". In Berlin fing es gerade an, wieder spannend zu werden. Werner Krauss, der im Film „Jud Süss" die fünf „Kaftanjuden" gespielt hatte, einen abgefeimter und schleimiger als den anderen, sollte in einem Theater am Kurfürstendamm wieder auftreten. Die Jüdische Gemeinde hatte dagegen protestiert und zur Demonstration aufgerufen. Ich fand, wie viele andere auch, für Werner Krauss sei es noch zu früh, zumal er es nicht für notwendig befunden hatte, seine ausufernde Mitwirkung an Harlans Hetzfilm zu erklären, geschweige denn sich zu entschuldigen.

Was Krauss spielen wollte, weiss ich nicht mehr, aber ich weiss noch, dass eine grosse Menschenmenge sich abends auf dem Kurfürstendamm vor dem Theater sammelte. Neben mir im Gedränge standen der Kritiker Friedrich Luft und Ernst Schröder, der Schauspieler. Im offenen Lastwagen fuhr eine Abordnung der Israelitischen Kultusgemeinde vor. Die Theaterblockade endete erst, als Krauss auf seinen Auftritt verzichtet hatte.

Kurz darauf, am 21. 1. 1951, schrieb mir der Intendant Boleslaw Barlog, der mir zuvor angeboten hatte, vom Hebbeltheater zu ihm ans neu eröffnete Schiller-Theater zu wechseln: „... und bitte ich Sie, mir mitzuteilen, ob es den Tatsachen entspricht, dass Sie an den Krawallen gegen Werner Krauss eigenhändig mitgewirkt haben. Sollte dies der Fall sein, muss ich Ihnen leider sagen, dass damit meine Freude an einer Zusammenarbeit mit Ihnen gestorben wäre."

Wie sich herausstellte, hatten sein Chauffeur und andere Augenzeugen Barlog über die Vorgänge auf dem Kurfürstendamm unterrichtet. Als Antwort auf seinen Brief schickte ich ihm den „Schattenmann", das Tagebuch meiner Mutter, mit der Bitte, „nach der Lektüre meiner Überzeugung Verständnis entgegenzubringen". Barlog schrieb zurück: „Ich kannte es (das Buch) und gebe Ihnen zu: Sie haben das Recht, gegen Werner Krauss zu sein." Dennoch sei klar, „dass die Vorgänge am Kurfürstendamm der Kunststadt Berlin unendlich geschadet haben". Und weiter: „Es ist mir unmöglich, dafür Verständnis aufzubringen, dass Schauspieler jüngerer Generationen, die schweigend und lernend im Parkett sitzen müssten, es vorziehen, à la SA auf der Strasse und im Theater zu protestieren." Er schlage eine Aussprache vor, „um gegenseitiges Verständnis zu schaffen".

Ein faires Angebot. Ich habe es nicht angenommen. Der Vorfall hatte mir den längst fälligen letzten Anstoss gegeben, mich vom Theater zu verabschieden. Nicht nur, weil ich an meinem komödiantischen Talent schon lange zweifelte; ich wollte auch nie in die Gefahr geraten, mich eines Engagements oder einer Rolle wegen zu verbiegen.

Für Synchronarbeiten kam ich dann im Herbst 1951 eher zufällig nach München und blieb dort. Bei Hans Habe fand ich in der Redaktion des *Echo der Woche*, das kurz vor der Pleite stand, für fünf Monate eine unbezahlte Volontärstelle im innenpolitischen Ressort. Der beste Auftakt für meine journalistische Arbeit, den ich mir hätte denken können. Schon Anfänger durften mitreden in der täglichen Konferenz. Habe nahm auch Kritik von ihnen an. Mir las er eines Abends in seinem Stammlokal „Humplmayr" aus seinem, Seite für Seite handgeschriebenen Manuskript „Ich stelle mich" vor. Wir blieben bis zu seinem Lebensende in Verbindung. Auch noch, als er bei *BILD* Kommentare schrieb, die seiner politischen Einstellung von damals nicht mehr entsprachen.

Die Poliklinik als Anlaufstelle

Während ich beim *Echo der Woche* Meldungen umschrieb – Habe selbst hatte in seiner Anfängerzeit eine angeblich neunmal umgeschrieben, was mir sehr imponierte –, reist meine Mutter durch die USA zu unseren in der Nazizeit emigrierten Freunden. Zu Grete Salomon in Kalifornien, Ellen und Hans Fischer in Connecticut, zu Fritz Hellin und Eva Landshoff in New York. Der inzwischen zum Professor der Psychiatrie aufgerückte Paul Jossmann, Vater meiner Freundin „Winnetou", hatte ihr aus Boston geschrieben: „Du bist selbstverständlich nach Boston und zu uns eingeladen. Dann lebst Du bei uns, solange Du willst und kannst, d. h. unbegrenzt".

Unbegrenzt will Ruth gar nicht in Amerika leben, eher schnell wieder nach München zurück. Walter, inzwischen geschieden, hat ihr vorgeschlagen zu heiraten. Eigentlich ist sie dagegen. Nach der Ehe mit Otto hatte sie nie wieder heiraten wollen. Dem Lilith-Leitbild getreu. In Gesprächen mit Vizemutter Salomon muss sie ihre Meinung dann doch geändert haben. Zunächst aber reist sie von einem zum anderen durch die Staaten, fühlt sich geliebt, absolviert Lesungen und Empfänge mit vielen Longdrinks und pappigen Sandwichs und logiert ein paar Wochen bei Eva Landshoff, ihrer besten Freundin – nun in New York, wo zu ihrer Verwunderung in den Emigrantencafés noch Hindenburg-Bilder an den Wänden hängen.

Amerika liegt ihr nicht. Aus dem kaputten Deutschland kommend, erscheint es ihr „albern oberflächlich, übertrieben auf Hygiene fixiert und viel zu hektisch – Rotwein gibt's nur tropfenweise". Am Ende tritt sie fast erleichtert die Rückreise an. In New York erreicht sie am letzten Tag noch ein Abschiedsbrief der alten Frau Salomon: „Ich muss Dich noch einmal recht fest an mein Herz drücken", schreibt sie. „Die vielen vergangenen Jahre, in denen wir den innigen Zusammenhang hatten, das bleibt for ever and ever. Ich, die alte Frau, rate Dir, heirate Herrn Seitz. Das Band ist dann nicht fester, aber der Zusammenhalt ist grösser ... Habe eine gute Heimfahrt und habe mich lieb, wie Du es immer hattest ... Innigst, die Vizemutter".

Walter und Ruth heiraten tatsächlich bald. Im Jahr 1952. In jenem Jahr, in dem das Wiedergutmachungsabkommen mit Israel beschlossen und der Plan, Deutschland zu neutralisieren, endgültig abgelehnt wird. Bundespräsident Heuss erhebt nach kontroversen Debatten die 3. Strophe des alten Deutschlandlieds zur Nationalhymne, und die „Blue jeans" kommen in Mode. Von Robert Jungk erscheint richtungweisend „Die Zukunft hat schon begonnen", von Leonhard Frank das Buch mit dem für Ruth symbolträchtigen Titel: „Links, wo das Herz ist".

Ich könnte mir denken, dass bei ihrem Entschluss, sich doch wieder fest zu binden, neben Grete Salomons Rat noch anderes eine Rolle spielte. Drei Jahre zuvor war mein Vater von Elisabeth von Siewers geschieden worden und hatte – inzwischen Vorstandsvorsitzender der Phoenix Gummiwerke in Hamburg-Harburg – zum dritten Mal geheiratet. Seine langjährige Chefsekretärin Adelheid Hartwig. Sie ähnelte der jungen Jeanne Moreau. Die gleiche zarte Figur, die grossen Augen, die gleichen leicht heruntergezogenen Mundwinkel. Während Elisabeth Stendhal und Dostojewskij las und mit drei Kindern einen liebenswert, baltisch-chaotischen Haushalt führte, war Heidi, wie alle sie nannten, eine seltsame Mischung. Agile Büroleiterin von hamburgisch-unterkühlter Herzlichkeit, zugleich eine akribisch um Sauberkeit bemühte Hausfrau und bei besonderen Anlässen „Femme fatale". Otto schien leidenschaftlich verliebt.

Die Dienstwohnung unter dem Dach der Poliklinik, die Walter und Ruth nun bezogen und bis zu seiner Pensionierung beibehielten, war durch beide sehr unterschiedlich geprägt. In seinem Zimmer, mit dem Jawlensky-Bild eines kleinen Mädchens im Blickfeld, wucherte eine üppige Flora, die er selbst täglich überreich wässerte. In Ruths wesentlich kleinerem Zimmer stand zwischen Bücherregalen und Hélènes schwerer, eichener Reisetruhe ein Biedermeier-Glasschränkchen mit Familienerinnerungen. An den Wänden hingen alte Bekannte: Schiller und unser Urahn, der Robespierre-Freund Constant Forgeois im himmelblauen Frack, der „Totentanz" und ihm gegenüber der „Gehenkte" von Peter Weiss. Die „Inconnue de la Seine" und der polierte Totenschädel waren im Bombenkrieg zu Bruch gegangen.

Für Freunde und Verwandte, natürlich auch für mich, wurde die Poliklinik zur ersten Adresse. Manchmal lagerten bis zu sechs Durchreisende auf Matratzen in der grossen Diele, und meine Mutter stemmte wie eine Hofbräuhauskellnerin Tabletts mit Menüs aus der Klinikküche. Zweimal im Monat gab es einen Jour fixe, bei dem Ärzte, Journalisten, SPD-Genossen, Psychotherapeuten und Schriftsteller bei viel Rotwein kontrovers diskutierend zusammenhockten. Zuweilen wurden die alten Ernst-Busch- und Bert-Brecht-Platten wieder aufgelegt. Und immer stand die „politische Lage" im Mittelpunkt der Debatten. Für uns alle war die Poliklinik eine so faszinierende Anlaufstation, dass ich mich noch heute sofort zu Hause fühle, sobald ich irgendwo Krankenhaus rieche.

Belegte Brote und Hugo von Hofmannsthal

Nach dem Ende des *Echo der Woche* hatte Hans Habe mich an die *Süddeutsche Zeitung* empfohlen. Als „Frau, noch dazu Preussin", wie es hiess, war ich der Lokalredaktion, für die ich mich auf seinen Rat hin beworben hatte, jedoch nicht genehm. So durchlief ich stattdessen bei der *Südpost*, einer kleinen, nur dreimal wöchentlich erscheinenden Zeitung der SPD, sämtliche Ressorts. Zum stattlichen Salär von

Ernst Hess

zehn Pfennigen pro Zeile. Die Brotzeit der Setzer war heilig. Wenn sie pausierten, musste man ihnen die Manuskripte durch die Ritze der verschlossenen Tür hindurchschieben. Aber Chefredakteur Joseph Tietz, ein jugendbewegt begeisterter SPD-Mann mit Stefan-George-Mähne, war ein langmütiger Lehrer, der nicht aufgab, bis ich sogar gelernt hatte, bayerischen Dialekt zu schreiben. Bayerisch zu sprechen habe ich nie gelernt.

Beim zweiten Anlauf – das war im Mai 1953, also kurz vor dem Aufstand am 17. Juni in Berlin – kam ich dann doch bei der *Süddeutschen Zeitung* an. Der für seinen feuilletonistischen Münchner Teil bundesweit gerühmte Chef Bernhard Pollak freilich meinte, sich mehrfach räuspernd, die Mode sei doch bei einer Kollegin bereits in besten Händen. Was ich denn wolle?

Seit der *Südpost* wusste ich, was ich will. Ich blieb 39 Jahre bei der *Süddeutschen*. Über Mode habe ich nie geschrieben.

Für meine erste Reportage besuchte ich die „Internationalen Jugendgemeinschaftsdienste", Jugendliche, die helfen wollten, das zerstörte Europa wieder aufzubauen. Danach verzweifelte Flüchtlinge aus dem Osten, die im Münchner „Lager Funkkaserne" gestrandet waren, dann die städtischen Suppenküchen und die Wärme- und Arbeitsstube der „Freien Selbsthilfe". Verarmte, ältere Damen versuchten dort, sich durch Strümpfestopfen, Kragen- und Gardinenausbessern zur Hungerrente ein paar Pfennige dazuzuverdienen.

Bei den sozialen Themen, die damals in der *SZ* noch unterrepräsentiert waren, blieb ich. Wenn der sensible Bernhard Pollak redigierte, sagte er meistens gar nichts. Man hatte sich aus dem gekürzten Manuskript zusammenzureimen, was ihm nicht passte. Wenn sein Stellvertreter Ernst Hess über die Texte ging, erkannte man sie nicht wieder, lernte aber murrend noch mehr. Der Kollege Polizeireporter, Johann Freudenreich, nannte ihn einen „Kribbelbisser", dabei hatte Ernst nur, wie andere das absolute Gehör, ein absolutes Sensorium für gute Sprache.

In der gesamten Lokalredaktion gab es damals eine einzige Schreibmaschine. Also schrieb jeder mit der Hand und stand dann an, um einer schnippischen, dem Lokalmatador Sigi Sommer ergebenen Rothaarigen das Machwerk zu diktieren. Das menschliche Klima unter den Redaktionskollegen war sprichwörtlich gut. Alle unterbezahlt, weil angeblich allein die Zugehörigkeit zur renommierten *Süddeutschen* schon einen Tausender wert sei, darum alle gegen „die oben" zusammenhaltend. Für mich eine Art neues Gruppenerlebnis. Zuweilen trugen wir – kritikbegierig – einander unsere Berichte auch laut vor. Abends fuhren mich ab und an mal Adolf Althen auf der Vespa, mal Ernst Hess in seinem alten VW bis zur Prinzregenten-/Ecke Ismaninger Strasse, meiner Untermietbleibe. Abschied vor der Haustür. Sturmfreie Buden gab es kaum. Ich hatte die strenge Auflage, keinerlei Herrenbesuche zu empfangen.

Der „Hess Ernstl" – ein Belesener mit Brille, hoher Stirn und einer Vorliebe für Mozart-Opern und Karl-Valentin-Humor – zeigte sich bald nicht nur um meine journalistische Fortbildung besorgt, er brachte mir vor Abendterminen von zu Hause auch belegte Brote mit zur Stärkung, stieg auf meine Zigarettenmarke „Dames“ um und kam schon im Oktober 1953 auf die befreiende Idee, mir die Leitung der *SZ*-Hilfsaktion „Adventskalender“ anzutragen. Befreiend für ihn, weil er die Bürde, die er bisher selbst geschultert hatte, gern abwerfen wollte. Arbeitswütig nahm ich natürlich an.

Die Idee für die Hilfsaktion der *Süddeutschen Zeitung* hatte ihr Chefredakteur Werner Friedmann gehabt. An jedem Tag in der Vorweihnachtszeit sollte am Adventskalender der *SZ* ein Fenster geöffnet werden. Durch dieses Fenster würden wir unseren Lesern in Wort und Bild Menschen vorstellen, die unsere Hilfe brauchen. Die Idee war Gold wert. Fortan erschien im Dezember täglich eine Sozialreportage. Das Schlaglicht auf verarmte Alte, chronisch kranke Kinder, Frierende, Hungernde, Verwaiste. Und da bei den meisten Bürgern, mehr als zu anderen Jahreszeiten, das Herz weich wird vor Weihnachten, flossen die Spenden.

Zu den ersten „Adventskalender“-Lagebesprechungen nutzten wir, Ernst und ich, die Wochenenden, fuhren bei romantisch nebligem Novemberwetter über Land, und zum Einstieg ins Milieu der Armen sang ich für den Herrn Redakteur wieder mal „Dreigroschenoper“-Lieder: „Erst kommt das Fressen, dann kommt die Moral ...“ Bald kam Ernst auch zu den Rotweintreffen in die Poliklinik. Und bei ihm, in der elterlichen Wohnung, trug er mir – sehr sanft nun und fern aller intellektuellen Strenge – am blassgelben Kachelofen Gedichte vor. Trakl, Weinheber, Hugo von Hofmannsthal. „Die Beiden“ hiess eins: „... Jedoch, wenn er aus ihrer Hand / Den leichten Becher nehmen sollte, / So war es beiden allzu schwer: / Denn beide bebten sie so sehr, / Dass keine Hand die andere fand / Und dunkler Wein am Boden rollte“.

Die liebe Mama stellte das Tablett mit dem Abendbrot diskret vor der Zimmertür ab, und wenn ihr Sohn mich nachts nach Hause brachte, war sie zur Stelle, um ihm das Nachtlager herzurichten. Ich war sprachlos über so viel Verwöhnung. Später wurde ich den Eltern vorgestellt und durfte miterleben, wie Vater und Sohn sich beim Essen von der Mama bedienen liessen und der Papa, Direktor bei der Löwenbrauerei immerhin, dem „Herrn Sohn“ jedesmal in den Mantel half beim Abschied. Ich konnte mir das nur mit der wohl üblichen „bayerischen Lebensart“ erklären.

Ernst und ich heirateten im Sommer 1955, obwohl ich zweifelte, den hohen Anforderungen, die da auf mich zukamen, zu genügen. Den Käsestrudel und den Schweinsbraten mit Kruste, Mamas Spezialitäten, überliess ich weiter ihr und versuchte erst gar nicht, mich im Bügeln mit ihr zu messen. Zur Hilfe in unserer Zweieinhalb-Zimmer-Wohnung am Hirschgarten in Neuhausen bekamen wir eine Zugehfrau, Maria Eder, eine selbstbewusste Linksorientierte, mit der ich vor der Arbeit die politische Wetterlage ventilierte. Ernst und ich blieben erstmal bei der *Süddeutschen Zeitung*.

Menüs für die Dörfler

Nach dem Aufstand am 17. Juni 1953 in Berlin hatte sich der politische Horizont stark verdüstert. Zwar war Stalin tot, und Chruschtschow mit seiner Kritik am Personenkult hatte an Einfluss gewonnen, aber inzwischen besassen auch die Sowjets die Wasserstoffbombe, und Robert Oppenheimer hatte warnend die beiden Weltmächte mit „zwei giftigen Skorpionen in einer Flasche“ verglichen. Noch war das tödliche Potential nicht ausbalanciert. Die USA verfügten angeblich über 35 000 Atomwaffen, die UdSSR über „nur“ 15 000. Genug auf beiden Seiten, um im Falle eines Krieges die Erde unbewohnbar zu machen.

In der Bundesrepublik freilich trug man den Kopf wieder hoch. Ludwig Erhards Marktwirtschaft hatte gegriffen. Die Arbeitslosigkeit war auf den niedrigsten Stand der Nachkriegszeit abgesunken. Zusätzliche Arbeitskräfte mussten her. Fürs Grobe. Im Dezember 1955 wurde das erste Anwerbe-Abkommen für ausländische Kulis unterzeichnet. Auch die ersten „Bürger in Uniform“ waren zu bestaunen. Nach Abschluss der „Pariser Verträge“ hatte man, trotz massiver Proteste „unverbesserlicher Pazifisten“, das Grundgesetz passgerecht zugeschneidert. 1956 stand dann auch der „Allgemeinen Wehrpflicht“ nichts mehr im Wege.

Grosstante Mieze war in diesem Jahr 1956 unser erster Logiergast in der Wohnung am Hirschgarten. Für meine Mutter ist sie immer Hélènes adäquate Tochter gewesen, ganz anders als die kränkelnde Marguerite, Ruths Mutter. Nach der Flucht aus Breslau und einem Zwischenaufenthalt in Stuttgart hatte sie sich auf dem Land, im kleinen Sigmaringendorf/Hohenzollern, eingerichtet. Mit einem selbst aus Pappe und Silberpapier gebastelten Paravent vor dem Waschbecken, den Bildern ihrer Lieben an der Wand, vielen Blumentöpfen statt des einstigen Wintergartens und dem trophäierten französischen Kochbuch neben Fontaines Fabeln im Regal.

Im Ort war sie schnell bekannt geworden. Mit einem Körbchen am Arm pflegte sie auf zierlichen, hochhackigen Schuhen wie eine Bachstelze von Gartenzaun zu Gartenzaun zu trippeln und so ausdauernd die „lachenden Tomaten“ oder die „knackigen Böhnchen“ zu loben, bis man ihr den Korb damit füllte. Zum Dank lud sie die Spender zum Essen ein. Zu eigens von ihr komponierten, französischen Menüs mit Menükarte. Auf Französisch versteht sich.

Auch bei uns absolvierte sie allmorgendlich ihre 20 Kniebeugen und frühstückte erst, wenn sie im Radio die Nachrichten gehört und ihren Kommentar dazu abgegeben hatte. Sie schwor auf kaltes Wasser und Niveacreme für die Schönheitspflege und drehte sich abends das dünne Haar umständlich mit zwei Dutzend Haarnadeln auf. Am liebsten ging sie, wie Hélène, rund um die Uhr aus. Zu Besorgungen, Ausstellungen, Konzerten. Wir haben sie noch photographiert am Münchner Hauptbahnhof, als sie uns zuwinkte aus dem abfahrenden Zug. Eine pausbäckige, lachende, alte Dame mit Pfirsichhaut. Mit Schleierhütchen und Zwirnshandschuhen. Ein paar Wochen später war sie tot.

Im Leichenkeller des Krankenhauses haben meine Mutter und ich sie noch einmal kurz sehen können. Eine Ordensschwester war gerade dabei, ihr das Haar zu richten. „Die Frau Sanitätsrat“, flüsterte sie, „war doch immer so schön frisiert.“ Wir sind nachts dann lange durch den Ort gelaufen. Hin und her durch fremde Strassen. Ruth meinte, es wäre nun endlich an der Zeit, nach den verschollenen, französischen Verwandten zu suchen, den Nachkommen der Forgeois, die um 1816 wieder nach Frankreich zurückgekehrt waren. Das hätte auch Tante Mieze gewollt. Ja, sicher. Ich selbst hatte in dieser Nacht ein höchst seltsames Erlebnis. Mir schien es, als ob die Tante plötzlich neben uns ginge. Nicht leiblich, aber auf eine andere Art spürbar gegenwärtig. Im nachhinein hätte ich das vermutlich für eine Einbildung gehalten, wenn ich ganz Ähnliches nicht bei mir sehr nahestehenden Gestorbenen noch ein paarmal erlebt hätte.

„Furchtbar peinlich"

Die Suche nach den französischen Verwandten sollte sich hinziehen. Ich wäre gern gleich nach Frankreich gefahren. Doch das ergab sich nicht. Zunächst lieferten die Gazetten spektakuläre Schlagzeilen. In Ungarn rumorte es. Die KPD war in Westdeutschland verboten worden und in Berlin im August Bert Brecht plötzlich gestorben. Ende Oktober liegt eine Einladung für mich in der *SZ*-Lokalredaktion. An „Allerseelen", am 2. November 1956, würden der Rektor der Uni, Prof. Friedrich Klingner, und Prof. Michael Schmaus zur Erinnerung an die im Gefängnis Stadelheim hingerichteten Mitglieder der „Weissen Rose" und 1400 andere Naziopfer einen Kranz in der neugeschaffenen Gedenkstätte niederlegen.

Ich fahre zur Vorbesichtigung hinaus nach Stadelheim. Die Gedenkstätte erweist sich als schlichte Gedenkecke im Vorraum der Anstaltskirche. Eine Leuchte, ein paar Alpenveilchen. Unter einem Kruzifix zu lesen: „Zum Gedenken derer, die unter diesem Kreuze starben". Nichts weiter. Keine Namen. Kein Datum. Kein Hinweis auf die Ermordeten. „Das kann doch nicht alles sein", sage ich. Ob man mich vielleicht zur ehemaligen Hinrichtungsstätte bringen könne? Der Direktor zögert. Dann gehen wir und halten schliesslich im Hof. Vor einem langgestreckten, grauen Bau. Die Türen gehen auf, und wir stehen – in einer Autowerkstatt. Arbeiter in blauen Overalls lassen ihre Werkzeuge fallen und gehen hinaus. Ein Wasserhahn tropft. Es riecht nach Benzin. Öllachen breiten sich aus, wo einst das Fallbeil stand. Wo das Kreuz hing, ist an die Wand ein Schneidbrenner montiert.

Dem Direktor ist das alles „furchtbar peinlich". 1945, stottert er, habe man „alle Erinnerungen an das viele Blutvergiessen auslöschen“ wollen. Da sei auch die Hinrichtungsstätte „umgestaltet“ worden. Ob denn nie jemand Anstoss genommen habe an der Werkstatt, frage ich. Doch, sagt der Direktor. Protestbriefe seien schon gekommen. Einmal habe sich sogar eine Schulklasse gemeldet. Der Brief liegt, einsehbar für mich, noch bei den Akten. „Als wir davon erfuhren“, heisst es da, „haben wir es nicht begreifen wollen, dass diese Welt über dem Tod von 1400 Menschen Autos repariert, dass das Andenken derer, die für uns alle starben, geschändet wird. Wir glauben, dass wir uns vor den anderen Völkern schämen müssen, wenn wir so schlecht das Andenken dieser Menschen wahren. Wir wollen Rechtfertigung für die Toten!“ Unterschrieben haben 36 Kinder.

Mein eigenes Entsetzen unterdrückend, bitte ich den arglosen Direktor, mit dem Vater der Geschwister Scholl einen weiteren Besuch machen zu dürfen. Er ist einverstanden. Am nächsten Tag sind wir zu dritt. Robert Scholl, die Reporterin und *SZ*-Photograph Poehlmann. Während der Vater von Hans und Sophie erstarrt verharrt, macht Poehlmann seine Aufnahmen. Am 31. Oktober 1956, zu „Allerheiligen“, erscheint in der *SZ* Poehlmanns Photo der Werkstatt mit meinem Bericht: „In dieser Werkstatt starben 1400 Menschen“.

Ich durfte Stadelheim danach jahrelang nicht mehr betreten. Der Leiter der Justizpressestelle verlangte noch am gleichen Tag bei der Chefredaktion eine „Gegendarstellung“ des Inhalts, der *SZ*-Bericht werde der „neu geschaffenen Erinnerungsstätte nicht gerecht“. Von einer „feierlichen Ausgestaltung des Hinrichtungsraums selbst“ habe man „Abstand genommen, insbesondere mit Rücksicht auf die Psychologie der Strafgefangenen, die in dem Bestreben, ihr Schuldgefühl zu verdrängen, dazu neigen, sich mit Unschuldigen zu identifizieren ... Nach Rücksprache mit der Organisation der politisch Verfolgten“ sei deshalb eine eigene Gedächtnisstätte geschaffen worden.

Eine solche Rücksprache hatte, wie uns auf Anfrage schriftlich empört mitgeteilt wurde, mit keiner der diversen Verfolgten-Organisationen stattgefunden. Nur unsere lokale Konkurrenz, der konservative *Münchner Merkur*, druckte die Gegendarstellung kommentarlos ab. Es folgten Konferenzen, Schuldzuweisungen, Drohbriefe, ein monatelanger Papierkrieg zwischen der *Süddeutschen* und dem Justizministerium bis hinauf in die höchsten Stellen, der erst Ende März 1957 damit endete, dass die Hinrichtungsstätte von allem Unrat geräumt, geschlossen, der Fussboden erneuert und die Wände geweisst wurden. Heute ist sie abgerissen. Die Inschrift der Gedenkecke in der Anstaltskirche ist so anonym geblieben, wie sie war.

Während der ganzen Zeit, das danke ich ihnen, standen der Chefredakteur der *Süddeutschen*, Werner Friedmann, und unser Lokalchef Bernhard Pollak unverrückbar hinter mir. Über Zeitungsreportagen, das ist mir damals klar geworden, kann man die Welt nicht verändern, aber zuweilen in kleinen Schritten etwas bewegen, zumindest ab und an ein paar Leute nachdenklich machen. Das ist schon viel.

In der gleichen *SZ* Nr. 71 vom 23./24. 3. 1957, in der die Kapitulation des Justizministeriums gemeldet wurde, stand ein Bericht über meinen Besuch in der 8. Klasse der Münchner St. Anna-Oberrealschule. Die Mädchen hatten gerade das „Tagebuch der Anne Frank“ gelesen, manche das gleichnamige Stück in den Kammerspielen gesehen. Eine Schülerin sagte: „In den meisten Familien wird die Vergangenheit nicht mehr erwähnt. Nur, dass das Essen knapp war. Vom Ersten Weltkrieg ist daheim viel öfter die Rede“. Eine andere sagte: „Meine Mutter will von früher überhaupt nichts mehr wissen ... dabei, wenn Anne Frank, ein Mädchen in unserem Alter, das so viel Schlimmes erlebt hat, schreibt: ‚Ich glaube an das Gute im Menschen‘, das hat doch so viel Tröstliches.“

Schon ein paar Jahre später wird das Blatt sich wenden. Die Nachgewachsenen werden der Generation der Eltern ihr Schweigen zum Vorwurf machen und gegen sie aufbegehren. 1958 bereits wollen sie sich nicht mehr alles gefallen lassen. In den grösseren Städten gehen Studenten „Gegen die Atomrüstung“ auf die Strasse. Das Wettrüsten hört deswegen noch lange nicht auf. Aber ein Machtwechsel hat stattgefunden. Papst Johannes XXIII., der „gute Papst“, wie die Italiener ihn nennen, hat den verstockten Schweiger Pius XII. abgelöst. Als neue Ministerpräsidenten grüssen: Nikita Chruschtschow aus der UdSSR, Fidel Castro aus Cuba, de Gaulle aus Frankreich, aus den USA Präsident Dwight D. Eisenhower. Die Karten werden neu gemischt. Und in den Filmtheatern triumphiert das süsse Leben. Fellinis „La dolce Vita“ siegt über die Heimatschnulzen.

„Adventskalender“

Das süsse Leben spielt nicht nur im Kino. Elf Jahre nach der Währungsreform sind die Steine klopfenden Trümmerfrauen nurmehr Legende. Die Bundesbürger hatten sich der reichlich fliessenden Marshallplan-Gelder würdig erwiesen und das Ihre dazu getan, Ludwig Erhards „Wirtschaftswunder“ Realität werden zu lassen. Die „Vollbeschäftigung“ ist fast erreicht. Die CARE-Hilfe läuft aus. Die Schaufenster der Geschäfte quellen über. Es gibt wieder Reiche, aber auch immer noch grosse Armut.

Als wir im Winter 1959 zum 11. Mal die Hilfsaktion der *Süddeutschen Zeitung* starteten – es war meine siebente –, wusste ich nicht, dass es auf Jahre für mich die letzte sein würde. „Wenn wir zurückblättern in unseren ‚Adventskalender‘-Akten“, schrieb ich zum Auftakt, „dann wird deutlich, dass sich wohl die Erscheinungsformen des Elends gewandelt haben, aber Kranke, Verzweifelte, Trostbedürftige gibt es heute wie damals.“

„Wer hört den Wunsch der stummen Kinder?“ hiess dann eine Rubrik. Andere: „Sie finden keine Ruhe auf der Flucht“, „Fünf Menschen in einer Kiste“. „Armselige Einsamkeit“. Dazu die Bilder: verbitterte Gesichter, schmerzverzerrte, beherrschte. Nicht mehr die blanke Not stand nun im Vordergrund, sondern die individuelle. In den Anfangsjahren des „Adventskalender“ hatte es Kinder gegeben mit spitzen Hungergesichtern. Von der Fürsorge ermittelt, etwa 3000 Menschen in München, die keinen Wintermantel besassen. Ein Blinder kampierte mit seinem Kind in einem Hühnerstall, eine Mutter mit ihren Töchtern in einer ehemaligen Flakstellung. Schiessscharten als Fenster. Sein bisschen Brot bewahrte ein Kriegsversehrter in von der Decke seines „Fuchsbaus“ herabhängenden Konservendosen auf, „damit die Ratten es nicht fressen“. Das Wohnungselend war verheerend, aber auch der Hunger. „Einmal ein schönes Stückerl Fleisch“, hatte ein alter Mann sich zum Christfest gewünscht, und ein Sechsjähriger hatte seinen Vater gefragt: „Wenn ich brav bin, krieg ich dann an Weihnachten eine Buttersemmel?“

Der Kleine bekam seine Buttersemmel und nicht nur das. Eine Spendenlawine kam in den folgenden Jahren ins Rollen. Wagenladungen von Kohlen wurden ausgefahren, zentnerweise

Kartoffeln und Mehl verschenkt. Auch Wein, Würste, Kaffee, Schokolade. Die Grossmarkthalle stiftete Obst und Gemüse. Kaufhäuser fuhren Präsentkörbe aus. Firmen kleideten Kinder ein. Die Bargeldeinnahmen des „Adventskalenders" stiegen von 24 500 im Jahr 1953 auf 108 000 zum Jahresende 1959.

Dass damit immer nur kurzfristig geholfen würde und Missstände nicht wirklich beseitigt werden konnten, dass man sich in den Ämtern vielleicht die Hände rieb, weil von der Zeitung geleistet wurde, was sie hätten leisten müssen, war mir klar. Das gilt für die gesamte freiwillige Sozialarbeit. Bert Brecht hat sich schon 1931 dazu geäussert. In seinem Gedicht „Nachtlager". Genauso sehe ich es noch heute. Die Welt ändert sich nicht durch gutgemeinte Hilfsaktionen, aber ein paar Menschen haben ein Dach über dem Kopf, sie haben ein Nachtlager, ein Stück Fleisch oder noch bescheidener: eine Buttersemmel. Die *SZ*-Leser taten freilich von Anfang an mehr, als Buttersemmeln zu spenden. Entscheidender war, was sie sich einfallen liessen, als das Geld noch nicht locker sass. Sie zeigten Solidarität mit den Armen. Sie liessen sich ergreifen von den ‚Adventskalender'-Geschichten und handelten ergreifend.

Ein Schuster besohlte Schuhe umsonst. Ein Zahnarzt plombierte Zähne, eine Putzfrau putzte. Beide ohne Entgelt. Zwei Bundeswehrsoldaten brachten einen Christbaum und selbstgebastelte Hampelmänner zu Kindern in eine Baracke. „Geld hab i net, aber i kannt für a Rentner-Ehepaar d'Wasch mach'n", sagte eine Frau. Als „höchster Besuch" erschien der 3,40 Meter hohe, 105 Zentner schwere Elefant „Sahib" mit seinem Dompteur vom „Circus Carl Busch" vor dem Redaktionsgebäude in der Sendlinger Strasse, um zu einer Benefizvorstellung zugunsten des „Adventskalenders" einzuladen. Und für ein farbiges Waisenkind, über das wir geschrieben hatten, kam mit einem grossen Paket zusammen ein Brief: „Lieber Robert! Wenn Du glaubst, dass das Christkind nur zu Menschen kommt, die eine weisse Hautfarbe haben, dann irrst Du Dich. Die Welt, in der wir leben, ist so gross und bunt, dass es langweilig wäre, wenn es lauter Weisse gäbe."

Das sind wenige Beispiele von Hunderten. Wir vermittelten auch von den Sozialämtern überprüfte Adressen von Hilfsbedürftigen für Hausbesuche, Ferieneinladungen oder Patenschaften, die oft über Jahre hielten. Wir sammelten Kleider und Spielzeug. Ein Dutzend Ehrenamtliche arbeiteten mit uns. Oft von morgens bis Mitternacht. Es war die Pionierzeit des „Adventskalenders". Eine Zeit grosser menschlicher Nähe. Nicht nur im Kreis der Helferinnen. Mehr noch bei den Armen, wo wir oft stundenlang zusammensassen und versuchten, das Eis zu brechen, sie zum Reden zu bringen. Es gab allerdings auch Befremdliches. Spender, die ein gewisses Armutsklischee im Auge hatten. Für sie kamen nur „saubere Arme" als Hilfsbedürftige in Frage. Arme, die ihre Bruchbude mit letzter Kraft „blitzblank" putzten. Oder „blonde, blauäugige Waisenkinder von höchstens vier Jahren". Und am meisten „zogen" die Alten, die ihr letztes Stück Brot mit einem Haustier teilten. Dann wurden noch lieber die Tiere beschenkt als die Alten.

An der Sendlinger Strasse, im Haus der *SZ*, wollte man vom „Adventskalender" wenig wissen. Die Aktion war – vor allem solange die Bittsteller bei uns ein- und ausgingen – nicht gerade beliebt. – Im Februar 1960 wurde ich dann schwanger. Als ich ein gutes Jahrzehnt später den „Adventskalender" wieder übernahm, war vieles anders.

Dr. Read, Dr. Spock und der „Eiserne Vorhang"

Bettina wurde im November 1960 geboren. Ernst und ich wohnten da schon ein Jahr in Gauting im Haus von Tante Guste und Mutter Friedrich, die zu meinem Vater nach Hamburg gezogen waren. Ein Haus mit Charakter. Baujahr 1898. Das einstige Domizil des ersten Försters am Ort. Der Keller feucht, die Mauern dick, die Wände schief. Nachts knisterte es im Gebälk. Das musste der Hausgeist sein.

Zu einer vergnügten Schwangerschaft hatte mir ein fremder Mann verholfen, der – in Tweedjackett und Weste, graulockig, mit sanften Braunaugen – aussah wie einem Dickens-Roman entsprungen: Dr. Grantly Dick Read. Schon 1957 hatte er in München, in der 1. Universitätsfrauenklinik, sein Buch „Childbirth without fear – Geburt ohne Angst" vorgestellt, und ich hatte ihn interviewt. Seine Entdeckung, für die er nicht nur in

England lange angefeindet wurde, war die simpelste von der Welt: Tiere haben keine Schmerzen bei der Geburt; also brauchen auch Frauen keine Schmerzen zu haben. „Schaffen wir die Vorurteile ab, die von Generation zu Generation weitergeschleppt werden", forderte Read. „Schaffen wir die Angst ab!" Angst erzeugt Verkrampfungen, Verkrampfungen erzeugen Schmerz. Durch das Wissen über den Geburtsvorgang, durch leichte Gymnastik, Atem- und Entspannungsübungen während der Schwangerschaft lasse die Angst sich beheben. „Geburt ist Arbeit." Als Kronzeugin des Doktors war mit Grübchenlächeln Mrs. Jessica Read angetreten, die ihren Sohn Ian, logisch, „nach Read" bekommen hatte.

Der Schreckensgeschichte meiner Mutter eingedenk, die für meine Geburt 13 Stunden gebraucht und Mutter Friedrich dabei fast den Daumen durchgebissen hatte, kam für mich nur Read in Frage. Der einschlägige Kurs an der Uniklinik war so entspannend, dass ich jedesmal einschlief. Auf Walters Berghütte, in 1500 Meter Höhe, hat Bettina sich dann zum ersten Mal in meinem Bauch gerührt. Vielleicht steigt sie darum noch heute so gern auf Berge. Als vier Monate später die Wehen begonnen hatten, sass ich bei meiner Mutter in der Küche der Poliklinik und trank mit ihr Sekt. Das lockert ungemein. Es wurde auch wirklich eine „natürliche Geburt". Schmerzfrei. Nur Schwerarbeit. Ernst bestand darauf, noch im Kreisssaal der Frauenklinik Bettinas kleine Finger und Zehen nachzuzählen, weil er anscheinend nicht glauben konnte, dass das Ganze mit rechten Dingen zugegangen war.

Später erzählten wir unserer Tochter, ihr Geburtsjahr sei auch sonst „nicht ohne" gewesen. General de Gaulle hatte auf Schloss Rambouillet dem deutschen Kanzler Adenauer sein Konzept für eine europäische Union entwickelt, Audrey Hepburn im Film „Frühstück bei Tiffany" bezaubert und Frankreich in der Sahara die erste Atombombe gezündet. Den Amerikanern war es gelungen, einen ersten Wettersatelliten, und den Russen, die ersten Kleintiere und Pflanzen in den Weltraum zu schicken, die unversehrt auf die Erde zurückkehrten. In Argentinien hatte der israelische Geheimdienst endlich den ranghöchsten „Schreibtischtäter", den SS-Obersturmbannführer Adolf Eichmann, gefangengenommen, und fast zeitgleich war der Erzbischof von

Lille mit einer fundamentalen Erklärung an die Öffentlichkeit gegangen. Nicht die Juden, hatte er gesagt, sondern die „sündhaften Menschen" überall auf der Welt seien verantwortlich für den Kreuzestod Christi. In einem Brief an Ruth schrieb ihre beste Freundin Eva aus New York: „Glaubst Du etwa an ein Ende der Jahrtausende währenden Sippenhaft?"

Der „Mutterschutzurlaub" war zu jener Zeit noch auf sechs Wochen vor, acht Wochen nach der Geburt beschränkt. Ich hatte, um Bettina nahe zu sein, beschlossen, die feste Arbeit bei der *Süddeutschen* gegen eine freie zu tauschen. Freie Mitarbeit, um nicht ganz aus der Schreibübung zu kommen und Themen, die mir wichtig waren, weiterzuverfolgen. Als „Babysitter" sprangen von Fall zu Fall gleich drei Frauen ein: meine Schwiegermutter, die Omi, meine Mutter, „Mumi", und ihre kürzlich nach Gauting übergesiedelte Schwester, die sanfte Tante Edith. Da Ernst für den *Spiegel* inzwischen Gesellschaftskritisches schrieb und viel reiste, war Bettina mit weiblichen Unterhalterinnen überversorgt.

Mein heimlicher Ratgeber in diesem Frauenreigen war Dr. Benjamin Spock. Man hat ihn später als Vater der antiautoritären Erziehung apostrophiert. Eine ganze „Revoluzzer-Generation" sei auf seinem Mist gross geworden und habe dann gegen die verkrusteten Eltern, gegen den Vietnamkrieg und schliesslich gegen die bestehende Ordnung überhaupt aufbegehrt. Die „jungen Wilden", die 68er. Ich hatte seine Taschenbücher „Baby and Child Care" gelesen. Dass man Kinder in allem und jedem gewähren lassen soll, habe ich darin nirgendwo entdeckt. Im Gegenteil, so, wie ich Spock verstanden habe, sollte man ihnen – auch zum Halt – sehr wohl Grenzen setzen. Aber sie müssen nicht dressiert werden. Sie sind keine Hunde. Sie sind auch keine Treibhauspflanzen. Steril gehaltene werden eher krank. Kinder brauchen Liebe. Kinder machen Spass.

Spass macht Bettina. Sie steht. Sie läuft. Bettina spricht. Ein tägliches bestauntes Wunder. Sie brüllt auch. Das gehört dazu. Indessen gerät die Welt, in die wir sie gesetzt haben, schon wieder ins Wanken. Während man „Twist" tanzt im Westen und „West-Side-Story"-Lieder pfeift, das Neueste aus dem „Land der unbegrenzten Möglichkeiten", fliehen aus dem Osten Tausende nach West-Berlin. In wenigen Monaten über 200 000, 49

Prozent von ihnen sind unter 25. Die DDR droht auszubluten. Um den Strom zu bremsen, wird die Grenze dichtgemacht. Mit der Endlosmauer. Fugendicht. Nicht zu durchdringen. Nicht zu überspringen.

Für den Osten ist die Mauer der „antifaschistische Schutzwall gegen den westlichen Aggressor", für den Westen der „Eiserne Vorhang der Unmenschlichkeit". Bevor der sich schliesst im August 1961, retten Verzweifelte sich noch mit letzter Kraft in die Freiheit. Springen aus Fenstern, schwimmen durch Kanäle, seilen sich ab aus mauernahen Häusern, graben Tunnels, durchbrechen mit Bussen wie mit Rammböcken die Absperrungen. Dann geht nichts mehr. Wir fahren, Ruth und ich, nach West-Berlin. Stehen vor der Mauer, starren nach drüben. Möchten rufen, möchten schreien. Es ist zu weit. Drüben stehen andere, starren zu uns her. Mit leeren Gesichtern. Deutsche winken Deutschen. Sie können zueinander nicht kommen, wie die Königskinder im Volkslied.

Wir sind immer öfter zu Besuch in Berlin und fühlen uns mies, weil wir nicht bleiben. Wir machen die Runde bei den Freunden, die geblieben sind. Ta Zau, das Kinderfräulein der Behrens-Kinder, lebt jetzt mit Minirente in einem Altenheim am Wedding. Nicht ganz ihr Stil. Ein hässliches Gemäuer. Gemeinschaftstoiletten. Hohe Räume. Graue Wände. Ella Zauter nimmt sich darin aus wie eine Dame aus der Jahrhundertwende im aufgezwungenen Exil. Sie trägt noch immer strenge, weisse Blusen und Stehkrägelchen, das dünner gewordene, hundertmal gebürstete Haar hochgesteckt. Und für uns hat sie jedesmal das gleiche, kleine Menü parat, auf einem Gaskocher höchst umständlich zubereitet: grüne Böhnchen, Filetsteaks und Sauce Bearnaise. Mousse au chocolat zum Dessert. „Zur Erinnerung an die Frau Sanitätsrat", sagt sie, „an unsere Tante Mieze." Wir dinieren mit Blick auf einen kahlen, baumlosen Hof und plaudern vom Wintergarten der Tante in Breslau, von den niedlichen Behrens-Kindern, von der 14-Zimmer-Wohnung in Stettin mit den vielen Dienstboten und von der Kuckucksuhr, die immer vorging. Ta Zau lebt, wie viele Alte, fast nur noch in der verklärten Vergangenheit. Die Berliner Gegenwart ist grau. Nicht nur für sie.

Blickt man heute zurück auf die erste Hälfte der 60er Jahre, so sind wir damals ziemlich oft am Rande des Abgrunds entlanggeschlittert. Innen- und aussenpolitisch ging es Schlag auf Schlag: der Mauerbau. Die „Spiegel-Affaire" – „Adieu Rechtsstaat", titelt eine Zeitung. Und immer wieder Naturkatastrophen: 336 Tote bei der Sturmflut in Hamburg, 3500 bei einem Bergsturz in Peru, 12 000 beim Erdbeben in Agadir/Marokko. Aleksander Solschenizyn bringt sein erstes erschütterndes Buch über die Leiden in den sowjetischen „Gulags" heraus: „Ein Tag im Leben des Ivan Denissowitsch". Präsident Kennedy und Chruschtschow legen im letzten Augenblick die brisante Kuba-Krise bei, die in einen Atomkrieg zu münden drohte. Nicht lange danach wird Kennedy ermordet. Die Gerüchte wollen nie verstummen, er sei einem Komplott zum Opfer gefallen. Das Rüstungsfieber steigt. Der gute Papst Johannes XXIII. stirbt, ohne das 2. Konzil und damit sein die Juden einschliessendes Versöhnungswerk vollenden zu können, und die Amerikaner bombardieren Nordvietnam.

Ein Lichtblick in dieser unheilschwangeren Zeit ist der Abschluss des deutsch-französischen Freundschaftsvertrags. Vor der Unterzeichnung am 22. Januar 1963 im Elysée-Palast in Paris war man hin- und hergereist. Der deutsche Bundeskanzler hatte dem „Erbfeind" einen Staatsbesuch abgestattet und mit de Gaulle zusammen in der Cathédrale von Reims an einer Messe teilgenommen. Bald darauf war der französische Staatspräsident zu einem Staatsbesuch in die Bundesrepublik geeilt. Voller Emphase hatte er vor dem Bonner Rathaus die Arme hochgerissen und auf Französisch und Deutsch gerufen: „Vive le grand peuple allemand! – Es lebe das grosse deutsche Volk!"

Ruth gab dem Urahn Constant Forgeois an der Wand einen Kuss und sagte: „Herrgott, warum hat Grossmama das nicht erleben können?" Sie holte Hélènes Nachlass hervor und fing an, Briefe zu schreiben. An Standesämter und Kirchengemeinden in Paris, Arras und Armentières, überall dorthin, wo sie Verwandte, Nachfahren des legendären Forgeois vermutete. Leider ohne Erfolg. Aber sie gab nicht auf. Sie liess französische Dokumente übersetzen und begann zu notieren, was ihr von Hélènes Erzählungen in Erinnerung geblieben war.

Daneben bringt sie in schneller Folge Buch um Buch heraus. Bei „Classen" in Zürich, in der Serie „Angewandte Psychologie" die schon mit John Rittmeister erarbeiteten „Lebenskrisen".

Danach zwei weitere Bücher: „Ursprung und Sinn der Träume“ und „Wege aus der Einsamkeit“. Sie stellt für den Kemper Verlag in Heidelberg Anthologien zusammen. Ihre Tagebuchaufzeichnungen aus der Nazizeit erscheinen bei „Flammarion“ in Paris, bei „Floret“ in Amsterdam, beim „Union-Verlag“ in Ostberlin und als Taschenbuch bei „ro-ro-ro“. Sie ist „bienenfleissig“, wie ihr Verleger sagt. Sie schreibt weiter für *Constanze* und spendet „Trost und Rat“. Nicht nur schriftlich. Auch mündlich. Allen, die bei ihr Rat suchen. Und das sind nicht wenige. Mit denen sitzt sie in der Poliklinikküche – immer noch eine schöne, leidenschaftlich engagierte Frau, mit angespanntem, kühnen Gesicht – sie sitzt da, schenkt Tee, Kaffee, Rotwein aus, raucht, redet, hört zu.

Eine junge Redakteurin, Annemarie Jeske, schreibt ihr nach Jahren: „Als ich anfing, ein Mensch zu werden – im Sinne journalistischer-feuilletonistischer Konvenienz –, da standen Sie mir zur Seite. Mit Rat – welche Bücher ich zu lesen hätte –, und mit Tat, nämlich mit dem Nennen neuer Namen, wodurch ich in eine Welt eingeführt wurde, die mir ohne Ihre Vermittlung immer verschlossen geblieben wäre … Ich bin Ihnen dankbar für das zweite, das eigentliche Leben, das Sie mir einerseits vorgelebt haben, und zu dem Sie mir, ob nun wissentlich und bewusst oder einfach durch die Freigebigkeit Ihres Wissens den Weg geöffnet haben …“

Nach dem Tod meiner Mutter kamen immer wieder Menschen zu mir, die sagten, Gespräche mit ihr hätten ihrem Leben eine neue Richtung gegeben. Sie war unkonventionell. Das gefiel. Sie verachtete alles, was „moralinsauer“ klingen könnte, ohne auf den Kantschen „moralischen Imperativ“ zu verzichten. Und sie hatte die seltene Begabung, ihre eigene Lebensfreude auf andere übertragen zu können. „Wer das Leben liebt“, sagte sie gern, „wird vom Leben wiedergeliebt.“ Damals jedenfalls liebte sie das Leben. Das sah man ihr an. Vielleicht waren die 60er Jahre ihre glücklichsten überhaupt.

Wir waren eine Familie von Schreiberlingen in dieser Zeit. Walter überarbeitete sein „Taschenbuch der Inneren Medizin“, das bei den Studenten gut angekommen war. Er erfreute sich auch bei seinen Ärzten eines gewissen Respekts, weil er als erster Münchner Chefarzt zugunsten ihm untergeordneter Kollegen auf Honorare verzichtete, wenn er selbst nicht behandeln wollte. Und das geschah gar nicht selten. Auf Tiefschneetouren im Winter und auf Berghütten-Wochenenden bei jedem Wetter wollte er ungern verzichten.

Ernst war der Starschreiber unter uns. Seine gesellschaftskritischen Features im „Spiegel“ über „Franz Burdas ‚Bal paré‘ in München“, „Krupps Jubiläum auf der Villa Hügel“ oder den „Kanzlerabschied in Berlin“ waren geschliffen, geistreich komisch und so treffend in ihrer Analyse einer über die Stränge schlagenden Gesellschaft, dass es mich nach der Lektüre oft Mühe kostete, überhaupt noch zum Bleistift zu greifen. Ich überwand meine Hemmungen nur, weil meine Themen nicht die seinen waren.

Bei mir ging es um Strafentlassene, die Begleiter, oder Obdachlose, die Quartier brauchten, um Sinti und Roma, die nach wie vor erbarmungslos ausgegrenzt wurden, um Unfallopfer und Arbeitslose. In der *SZ* brachten wir Berichte über die alte Friedhofswärterin Lina Angermeier, die trotz schwerster Repressalien während der Nazizeit mit ihrem Mann die Gräber auf dem alten Jüdischen Friedhof an der Münchner Thalkirchner Strasse erhalten und gepflegt und nie etwas davon hergemacht hatte. Und am Jahrestag der Hinrichtung dreier Mitglieder der „Weissen Rose“ erschien eine ganze Seite zum „vergessenen Widerstand“. Ihr letztes, das 6. Flugblatt wurde abgedruckt. Dazu nicht nur, wie bisher, die Geschichte der Geschwister Hans und Sophie Scholl, sondern mit Bildern auch die ihrer todesmutigen Freunde: Willi Graf, Hans Leipelt, Christoph Probst, Alexander Schmorell und ihres Professors Kurt Huber.

Zu jener Zeit war das, als es Verleumdern bis hinauf in die Adenauer-Regierung und vor allem gewissen Presseorganen gefiel, Willy Brandt als unehelich Geborenen verächtlich und als

„Landesverräter“ verdächtig zu machen, weil er als Linker von Norwegen aus gegen Hitler gekämpft hatte. Überlebende des „Kreisauer Kreises“, die nach 1945 Mitbegründer oder Mitglieder verschiedener Parteien, zum Teil Politiker in höheren Ämtern gewesen waren, hatten sich fast alle aus der politischen Arbeit zurückgezogen. Enttäuscht über „reaktionäre Kräfte in der Regierung“ und auch darüber, dass das Vermächtnis des „Kreisauer Kreises“ und seiner ermordeten Protagonisten „unerfüllt“ geblieben war. „Sind sie denn umsonst gestorben?“ fragte unser Freund Hans Peters. In seinem Buch „Deutsche Geschichte des 19. und 20. Jahrhunderts“ beklagte Golo Mann die „Gleichgültigkeit der Nation“. Sie habe „die Toten des Widerstands in Vergessenheit geraten“ lassen. Und wir alle, auch ich, hatten doch 1945 gehofft, gerade sie könnten zu Leitbildern für die Nachkriegsjugend werden. Jetzt kannten schon viele Bundesbürger nicht einmal mehr ihre Namen.

Der Zufall wollte es, dass Ernst und ich im Mai 1964 Deutschland für eine Weile hinter uns lassen konnten. Zum ersten und einzigen Mal reisten wir als Journalisten zusammen. In die USA. Noch nicht im Jumbo-Jet, sondern gemächlich mit einem Dampfer, der „France“, über den Atlantik nach New York. Wir sollten über die Eröffnung der Weltausstellung berichten. Er für den *Spiegel*, ich für die *SZ*. Damals waren die „Pilzköpfe“ gerade in Mode. Überall Beatles-Bilder, Beatles-Platten, sogar Beatles-Perücken zur zeitgemässen Kostümierung in den Läden. Und in den Kaufhäusern wurde man mit Beatles-Songs überschallversorgt. „Yeah! Yeah! Yeah!“

Die „World's Fair“, die erste Billion-Dollar-Weltausstellung auf den Flushing Meadows, wäre dann fast ins Wasser gefallen. Im doppelten Sinn. Es goss in Strömen. Die um ihre „civil rights“ kämpfenden Schwarzen hatten beschlossen, die Schau zu stoppen, und blockierten die Zufahrt. Irgendwie kam die Eröffnung dann doch zustande. Ein gigantomanisches Disney-Technik-Wonderland. Ganz anders als zu Hélènes Zeiten in Paris. Ernst und ich schrieben im Hotelzimmer mit der Uhr um die Wette und diktierten die Berichte nachts über den Ozean nach Deutschland durch. Danach reiste er weiter für *Spiegel*-Reportagen. Unter anderem im Fond eines Wagens, eingekeilt zwischen martialischen Männern mit Hakenkreuzbinden am Arm, ins geheime Hauptquartier des später ermordeten „Commanders" der „American Nazi Party", George Lincoln Rockwell. Ich hatte frei und genoss es. Ich war im 5. Monat und habe in den sechs Amerikawochen nicht nur alle emigrierten Freunde besucht, sondern auch so viele Museen wie nie wieder in so kurzer Zeit in meinem Leben. Der Tochter in meinem Bauch, die später Photographin wurde, war das vielleicht sogar förderlich. Auf dem Empire-State-Building, im 102. Stockwerk mit Skyline-Panorama-Blick, hat sie zum ersten Mal angeklopft.

Am Ende der Museumsstrecke sass ich mit Eva Landshoff und Ellen Fischer in Yorkville, dem deutschen Viertel von New York, in der „Kleinen Konditorei". Benannt nach einem Schlager aus den zwanziger Jahren und schon darum ein Muss. Wir bestellten Bienenstich und „Streusselcake", und Ellen sang zum Pläsier der Gäste Lieder aus dem „Zupfgeigenhansl". Ins „Café Hindenburg" schaute ich nur von aussen hinein, ob da immer noch die Hindenburg-Bilder an den Wänden hingen. Sie hingen. „Man spricht deutsch", stand da auch.

Am längsten blieb ich in Lexington/Massachusetts bei meinem liebsten Bruder Winnetou und seinem „Stamm": Ehemann Bob und den Kindern Barbara Karen und Erik. Winnetou war Winnetou geblieben. Fast waschecht indianisch. Mit einem Indianertalisman um den Hals und perlenbestickten Mokassins an den Füssen. Im Sommer kampierten sie alle mit Zelt und Kanu an einem verschwiegenen „Silbersee". Das Jahr über kämpfte Winnetou alias Angelika für die Rechte der Indianer. Als sie ihren „Old Shatterhand" wiedersah, sagte sie, wie in Berlin: „Menschenskind, fabelhaft, dass Du da bist".

Vor der Rückreise traf ich Ernst nochmal in New York. Wir waren beim dicken Fritz Hellin eingeladen. In seinem Appartement in Greenwich Village. Er gab eine Party wie im Film „Frühstück bei Tiffany". Etwa hundert Freunde, Bekannte und Fremde drängten sich auf 30 Quadratmetern bei Cocktails und Chips, und danach gingen wir mit Fritz in ein Kellertheater, ein bekannt oppositionelles. An die Aufführung erinnere ich mich nicht mehr, aber daran: Es spielten nur Schwarze, und am Ende sangen sie: „We shall overcome ..." Sie sangen es laut und triumphierend. Alle Menschen im Zuschauerraum standen auf und sangen mit. Wir auch. „Black power ..."

In Berlin war inzwischen Ella Zauter gestorben. Auch Ruth hatte nicht bei ihr sein können. Man hatte sie erst nach Ta Zaus Tod informiert. Sie sei eingeschlafen nachts, hiess es, und nicht mehr aufgewacht. Für alle kam ihr Testament überraschend. Sie hatte den vier Behrens-Kindern, ihren „Zöglingen", wie sie schrieb, je 1000 Mark hinterlassen. Markstück für Markstück zurückgelegt von ihrer Minirente. Die Zöglinge schenkten, tief ergriffen, das Geld spontan ihren Kindern. Ich habe davon meinen Kindern Silberbestecke gekauft, wie das früher so üblich war. Für die Aussteuer. Sie existieren noch. Mehr als Andenken, denn die Töchter speisen lieber mit „spülmaschinenfesten".

Zur Beerdigung war meine Mutter allein nach Berlin gefahren. Das „Fräulein" wurde auf dem Kreuzkirchhof in Lankwitz begraben. Der Pfarrer sprach wieder den aaronitischen Segen. Meine Mutter hatte die Musik ausgewählt. Mozart und zuletzt ein Lieblingslied von Ta Zau: „Guten Abend, gute Nacht, / mit Rosen bedacht ..." Die Stimmung bei der Beerdigung, erzählte sie, sei eher heiter gewesen. Die Sonne schien, und zwei Eichhörnchen jagten sich von Ast zu Ast. Später hat sie Ella Zauter einen Grabstein setzen lassen mit einem Bibelvers. Offenbarung 3.6: „Sei getreu bis an den Tod, so will ich Dir die Krone des Lebens geben."

„Das Leben geht weiter", pflegen die Leute zu sagen. Ich habe das immer für einen besonders banalen Spruch gehalten. Aber es ging weiter. Am 2. Oktober 1964 kam Nina zur Welt. Wieder „nach Read". Noch flinker als Bettina. Innerhalb von zwei Stunden. Vom Kreisssaal aus konnte ich den weiss-blau-bayerischen Himmel sehen und im Hof die wie von Kokoschka gemalten, herbstlichen Kastanien. Meine Mutter und ich hatten zuvor wieder Sekt getrunken in ihrer Küche. Wie bei Bettina sangen am nächsten Morgen in der Kapelle der Frauenklinik die Nonnen, und Schwester Annella schwebte mit dem Baby im Arm zu mir herein. Durchsichtig zart, umflattert von ihrer Flügelhaube. Nur Ernst war nicht da, um bei seiner zweiten Tochter die kleinen Finger und Zehen nachzuzählen. Er war auf Recherche.

Für Bettina war es gar nicht so leicht, denke ich, nach fast vier Jahren als Einzelkind plötzlich entthront zu sein. Die Fürsorge der drei Feen – Mumi, Omi, Tante Edith – oder Nornen, wie man will, verteilte sich nun auf zwei Töchter. Dafür kam Ester

Katz ins Haus. Damals fast selbst noch ein Kind. Spielfreundin und Babysitterin. Ihr Vater Raphael Katz hatte nach der Befreiung aus dem KZ Dachau nicht mehr weitergekonnt und war schliesslich in Gauting geblieben. Dort hatte er später mit seiner Frau Bronia ein kleines Taxiunternehmen gegründet. Nebenbei versorgte er ein paar Pferde, die nur dafür da waren, bei ihm ein freies Leben zu führen und ihn an Rumänien zu erinnern, an Budest, wo der Rabbiner-Vater vor der Deportation der Familie eine bescheidene Landwirtschaft unterhalten hatte. Ein Pony durfte Ester ab und an ausleihen und Bettina darauf reiten lassen.

Später, als Nina ein richtiges Kleinkind geworden war, mit braunem Haar und braunen Augen im Kontrast zu ihrer blonden, blauäugigen Schwester, wurden die Rollen festgelegt. Bettina übernahm auf Jahre das Kommando, und Nina sah zu ihr auf. Es gibt einschlägige Photos: Bettina, Nina huckepack schleppend, oder Nina, vertrauensvoll Hand in Hand mit der grossen Schwester. Dass die gar nicht so stark, sondern ein kleines Mädchen mit Ängsten war, kam nur heraus, wenn es darum ging, aus dem dunklen Keller eine Flasche Sprudel zu holen. Dann sagte Bettina: „Komm, Nina, Du gehst vor!" Und Nina ging. Mit viel Würde.

„Schlafen könnt Ihr zu Hause"

Nach dem „Schlussstrich"-Gewinsel und den „Von-nichts-gewusst"-Deklamationen der vergangenen Jahre, nach den beschämend lang hingeschleppten KZ-Prozessen und dem Aufstieg ehemaliger Nazigrössen in höchste Ämter kam in den 60er Jahren wieder Hoffnung auf, die Jungen würden es ihren Eltern endlich zeigen. Die Studenten protestierten gegen den Vernichtungskrieg der Amerikaner in Vietnam. Der vom Maler zum weltweit beachteten Schriftsteller avancierte Peter Weiss brachte sein aufstörendes Theaterstück zum Frankfurter Auschwitz-Prozess, „Die Ermittlung", heraus. Alexander und Margarete Mitscherlich publizierten ihre Analyse der deutschen Nachkriegsgesellschaft, „Die Unfähigkeit zu trauern". Der Schriftsteller Günter Grass machte Schreibpause und ging – „Dich singe ich, Demokratie!" – für die SPD auf Wahlkampfreise. Israel und Deutschland nahmen diplomatische Beziehungen auf, und Willy Brandt schliesslich wurde Vizekanzler und Aussenminister einer Koalitionsregierung mit Kurt Kiesinger an der Spitze, dem Beate Klarsfeld wegen seiner Naziverganggenheit denn auch öffentlich eine runterhaute, was nicht rechtens war, aber spektakulär.

Als meine Mutter und ich Anfang April 1967 überraschend nach Israel eingeladen wurden, waren wir uns im klaren, dass wir dort nicht mit offenen Armen empfangen würden, obwohl der Anlass ein höchst erfreulicher war. Der Jerusalemer Verleger Rubin Mass hatte Ruths Tagebücher von Haim Mass ins Hebräische übersetzen lassen und sie unter dem Titel „Schauplatz Berlin“ herausgebracht. Sie sollte dazu Rede und Antwort stehen. Keine Reise hat sie so sehr bewegt wie diese. Mir scheint, wir hätten in den zehn Tagen kein Auge zugetan und Tag und Nacht nur geredet, geschaut, geredet. „Schlafen könnt Ihr zu Hause“, sagte irgendwann zwischendurch Benjamin Jeremias.

Schon beim Anflug auf das „Gelobte Land“ muss es mit einem Wunder zugegangen sein, dass die El-Al-Maschine nicht ins Trudeln kam. Als die Lichterkette des nächtlichen Tel Aviv in Sicht kommt, springen die Menschen von ihren Sitzen, laufen hin und her. Manche singen. Fremde fallen sich um den Hals. Lachen und Weinen. Im babylonischen Sprachengewirr betet eine alte Frau laut auf Ivrith. Die Stewardessen sind machtlos. Wir setzen dann doch in Lod sicher auf, und von da an sind wir bis zur letzten Minute verplant.

Nur der erste Empfang beim deutschen Botschafter Pauls gerät noch förmlich und der erste Aufenthalt im „frommen“ Hotel „Deborah“ in Tel Aviv etwas befremdlich, weil wir am Schabbat höflich, aber streng darauf verwiesen werden, bei Gesetzestreuen herrsche Arbeitsruhe. Wir dürften weder den Liftknopf bedienen – wir logierten im 8. Stock – noch rauchen, noch Postkarten schreiben.

Im „King-David-Hotel“ in Jerusalem ist man dann weniger streng. Als während des Frühstücks Ben Gurion erscheint, ganz leger, mit offenem Kragen, springen wieder viele Menschen auf. Einige umarmen ihn, andere klatschen, und dann wird weitergefrühstückt, als ob nicht der Premier unter uns sässe. So ungezwungen geht es weiter. Vor dem Empfang bei Rubin Mass steigen wir mit Jerusalems Bürgermeister Teddy Kollek – auch er mit offenem Kragen, keiner trägt hier Krawatte – in seinem Amtssitz hinauf zur Aussichtsterrasse, und er erklärt uns die Stadt. Nur ein paar Meter entfernt sehen wir das berühmte „Mandelbaumtor", durch das man nach Israel einreisen, aber nicht nach Jordanien ausreisen darf. Das hat sich Jordanien verbeten. Die Knesseth und das King-David-Hotel gehören zum israelischen Terrain, die Grabeskirche und der Tempelberg mit dem goldschimmernden Felsendom zum arabischen Sektor. Seit 1948 ist den Israelis das Gebet an der „Klagemauer" verwehrt geblieben. Die Heilige Stadt ist geteilt wie Berlin. „Zu lange schon", sagt Kollek. „Aber wir geben die Hoffnung nicht auf."

Im auffallend bescheidenen Haus des Verlegers, aus sandfarbenem Jerusalemstein, das bis zur Decke hinauf nur mit Büchern möbliert ist, erdrücken sich die Gäste dann fast beim Empfang. Ehemalige Breslauer, Frankfurter, Berliner, Wiener. Ruth ist Mittelpunkt allgemeiner Herzlichkeit. Niemand lässt uns spüren, dass wir aus dem Land der Täter kommen. Von Schalom Ben-Chorin sollen wir München grüssen, seine Heimatstadt. Gleich beim Isartor sei er geboren. Jetzt stellt er sich vor als Feuilletonist der *Israel Nachrichten* und „Jünger Martin Bubers". Ein Gast ruft: „Erzählen Sie! Bitte! Gibt es das Deutsche Theater noch in Berlin?" Ein anderer seufzt: „Das Romanische Café – unvergesslich!" Herbert Rosenkranz, Historiker in „Yad Vashem" bietet an, uns in der Gedenkstätte zu begleiten.

Meine Mutter hält das erste Mal ihren Vortrag. Zu einem selbstkritischen Thema: „Ein Wort zum deutschen Widerstand – Warum haben wir nicht mehr getan?" Sie erinnert an die jüdische „Widerstandsgruppe Baum", an die „Weisse Rose", an John Rittmeister von der „Roten Kapelle", an Helmuth von Moltke, Adolf Reichwein und Harald Poelchau vom „Kreisauer Kreis". Sie beschönigt nichts. Gegen eine anfangs erfolgreiche, später von Sieg zu Sieg immer frenetischer umjubelte Regierung zu kämpfen, sagt sie, sei schwerer als gegen den Feind von aussen. Aber eine Entschuldigung sei das nicht.

Nach diesem Abend werden wir weitergereicht von Herzliya nach Netanya und Nahariya, von Tiberias nach Haifa. Ruth hat Lampenfieber vor jedem Vortrag. Unsere junge Freundin Ester Katz, die zufällig auch im Land ist, reist ein paar Stationen mit.

Sie massiert ihr jeden Abend den Rücken und dreht ihr das Haar auf und wünscht viel Glück: „Masel tow!“ Wir sitzen in engen Kibbuzhäusern bis tief in die Nacht und beantworten Fragen zu Nazideutschland damals, zum geteilten Deutschland heute, zu Vergangenheit und Gegenwart. Wir staunen, wie aus einstigen deutschen Juristen und Medizinern „Bauern“ geworden sind, die immer noch Goethe und Schiller zitieren.

Wir fahren mit Benjamin Jeremias, dem Begründer des israelisch-arabischen Freundeskreises „Oliva“, und seiner Frau Hannah im scheppernden Auto durch endlose Olivenhaine zu Beduinen, zu Drusen- und Araberdörfern und nach „Kfar Tikvah“, einer Siedlung, in der geistig Behinderte frei wie in einer Dorfgemeinschaft zusammen leben. Meine Mutter wird von nun an die Einnahmen ihres Buchs für diese Siedlung geben. Wir picknicken unter gewaltigen Ficusbäumen und hören immer wieder, was jeder hört, der nach Israel kommt: dass da, wo jetzt üppiges Grün gedeiht, früher Karstberge waren und Sümpfe, Schwärme von Tsetsefliegen – nichts. Wir lachen über jüdische Witze. Wir kommen nicht zum Schlafen, kaum zum Atemholen. Und wir weinen, als wir im Kibbuz Ein Gev am Genezareth-See endlich Margot umarmen, die gerettete Schwester von Hugo Jacob, unserem Zahnarzt, der Deutschland so sehr geliebt hat, dass er zu lange blieb in Berlin und mit seiner Familie den Mördern nicht mehr entkommen konnte.

Zuletzt sind wir wieder in Jerusalem und mit Dr. Rosenkranz in der Gedenkhalle von Yad Vashem. Wir stehen um die Ewige Flamme, die für die Millionen Toten der Lager brennt. Sobibor, Auschwitz, Treblinka, Buchenwald, Dachau ... Auch für Heinrich Mühsam, für Hugo Jacob und die kleine Evelyne, für Margot Rosenthal und Peterchen Tarnowsky. Der Kantor singt das „Kaddish“. Das Totengebet. Ruth darf die Ewige Flamme hoch auflodern lassen. Dann führt Herbert Rosenkranz sie behutsam hinaus. Beim Abschied sagt er: „Kommen Sie wieder!“

Meine Mutter ist nicht zurückgekommen. Sie meinte, das begründen zu können: „So etwas lässt sich nicht wiederholen. Das muss so bleiben in mir, wie es war.“

Ich werde schon bald wieder in Israel sein. Aber im Mai fahren wir, die Kinder und ich, erstmal zu Vorsaison-Ferien nach Italien. Nicht weit von Venedig, nach Lignano Pineta. Um diese

Vor dem Ferienhaus, 1967, in Lignano Pineta: Catherina und Bettina Hess

Zeit ist es noch menschenleer, das Areal um das gemietete Häuschen, wie wir später erschrocken erfahren, nur bewohnt von einem Vipernpärchen, das uns gnädig gewähren lässt. Immer nachts, wenn die Kinder schlafen, schreibe ich, von Dr. Spock inspiriert, an einem Buch für Babysitter. „Gewidmet meinen Töchtern, von denen ich viel gelernt habe“.

Ernst ist gerade auch bei uns, als im Nahen Osten Anfang Juni der Krieg ausbricht. Der ägyptische Diktator Gamal Abdel Nasser will „die Juden ins Meer jagen“. So hat er geprahlt. Millionen Araber stünden hinter ihm, zum Äussersten entschlossen. In Lignano Pineta sind wir von der Welt nahezu abgeschnitten. Alle paar Stunden sitzen wir im alten Volkswagen am Radio. In kaum erträglicher Spannung. Der Nahostkrieg beherrscht die Nachrichten. Die halbe Welt fiebert mit. In Paris, New York,

Berlin Demonstrationen für Israel. Jüdische Freiwillige melden sich in Scharen. Frauen opfern ihren Schmuck. Kinder sammeln für das kleine Land. Wir telephonieren in grosser Angst mit Ruth. In München hat der „Deutsch-Israelische Jugendkulturkreis" bei einer Grosskundgebung zur Aktion „Blut für Israel" aufgerufen: „Helft, helft schnell, helft alle! Jede Mark heilt Wunden, rettet Leben. Im Namen von Freiheit, Recht und Menschlichkeit, helft!"

Schon nach sechs Tagen ist der Schrecken vorbei. Verteidigungsminister Mosche Dajan, der mit der schwarzen Augenklappe, ist der Held des Sieges. An der befreiten Klagemauer bläst Militärrabbiner Schlomo Goren das Schofar – das Widderhorn. Es soll künden, dass die Stadt Davids wieder im Besitz der Juden ist. Soldaten beten. Bärtige Männer weinen. Und im fernen Deutschland schreibt Rudolf Augstein im *Spiegel*: „Israel, der David unter den Völkern, soll leben!"

Bereits im Dezember 1967 bin ich wieder in Jerusalem. In der nicht mehr geteilten Heiligen Stadt. Diesmal mit Ernst. Das Mandelbaumtor gibt es nicht mehr. Alle Strassen sind frei. Im Bazar haben die Lädchen und Stände geöffnet. Orientalische Düfte. Datteln und Feigen. Gestickte arabische Gewänder neben Wasserpfeifen, Keramik und kupfernen Schnabelkannen. In den engen Gassen verschleierte Frauen, Franziskanermönche, wild gestikulierende Händler. Gedränge. Gelächter. Aber auch finstere Gesichter. Und Spannung in der Luft. Die Stadt Davids gehört wieder den Juden, der Frieden noch nicht.

Wir gehen zur Westmauer des Herodianischen Tempels, zur „Klagemauer". Unten, davor, stehen die betenden Juden. Oben, ganz nah auf dem Tempelberg, die Araber. Ich drücke meine Stirn an einen der mächtigen Quader aus Stein und denke: „Lass Frieden sein."

Die Zeiten ändern sich

In Israel wird es noch lange keinen Frieden geben. Auch in Vietnam ist er noch nicht in Sicht. Die USA haben ihre Truppen dort eben erst auf 510 000 Mann verstärkt. In der Tschechei werden Panzer des Warschauer Pakts im

Herbst den „Prager Frühling“ beenden und Alexander Dubčeks hoffnungsvolle Reformbewegung ersticken. 1968 – ein Jahr der Unruhen. Die Jugend begehrt auf. Hunderttausende marschieren nach Washington, um den charismatischen Martin Luther King zu unterstützen und seiner Vision – „I have a dream …“ – von einer gerechteren Welt für die Schwarzen zuzujubeln. Als er kurz darauf ermordet wird, geht ein Aufheulen durch das Land.

Auch in Rom, in Paris und Berlin ziehen die Studenten auf die Strasse. Sie proben den Aufstand gegen die Eltern. Gegen das feige Beschweigen der Nazivergangenheit. Gegen die Hochschulmisere. Gegen den unmenschlichen Krieg in Vietnam. Als Bürgerschreck, untergehakt, in Zehnerreihen kommen sie auf dem Kurfürstendamm im Laufschritt gerannt, den Namen ihres Idols skandierend: „Ho-Ho-Ho-Tschi-Minh! … Keine Mark und keinen Mann / für den Krieg in Vietnam!“ *BILD* titelt: „Stoppt den Terror der Jungroten jetzt!“ *BILD* fordert: „Man darf nicht die ganze Drecksarbeit der Polizei überlassen!“ Das kommt an.

Am Gründonnerstag 1968 schiesst der Arbeiter Josef Bachmann in Berlin den „Volksfeind Nr. 1“ Rudi Dutschke nieder, den fanatischen Vordenker der APO, der Ausserparlamentarischen Opposition. Ein Zeitungsphoto erschüttert weltweit: Rudis Schuhe, zurückgeblieben auf dem Trottoir, nachdem man den Schwerverletzten abtransportiert hat. Rudi Dutschke überlebt, aber der Sturm ist entfesselt. Nun macht die APO den Springer-Konzern verantwortlich für die Eskalation und belagert das Springer-Haus. Die Protestbewegung der Studenten schlägt Wellen. Morgenluft wittern die einen, Umsturz die anderen. Gegen die rasch aus dem Hut gezauberten, repressiven „Notstandsgesetze“ machen nicht nur die Studenten mobil. In Theatern werden auf offener Bühne Protestnoten verlesen. Aber das hilft nichts. Am 30. Mai 1968 kommen die Gesetze im Bundestag durch.

Den APO-Kämpfern machen sie das Leben eindeutig schwerer, gegen die gewaltlose Bewegung der „Hippies“, der „Blumenkinder“, sind sie machtlos. Das empört nur den braven Bürger. In Kommunen wird die freie Liebe, in „Kinderläden“ die antiautoritäre Erziehung praktiziert. Die Männer kommen langhaarig daher, die Frauen in langen Röcken. Studentinnen bringen ihr Strickzeug mit in die Vorlesungen und stillen in der Uni ungeniert ihre Kinder. Rosen statt Gewehre. Liebe statt Krieg. Das Musical „Hair" macht volle Häuser. Sogar mein Vater, ein strikter APO-Gegner, besuchte mit uns eine Vorstellung von „Hair" und wurde mitgerissen. Der Kontrast zu seiner Welt konnte grösser nicht sein. 1966 hatte er sich als Vorstandsvorsitzender von den Phoenix-Gummiwerken verabschiedet und war als „Gesellschafter" ins Milieu der Mammutindustriellen nach Düsseldorf zum Flick-Konzern gewechselt, 1969 Präsident der Deutschen Arbeitgeberverbände (BDA) geworden. Von so hohen Tieren wird gern berichtet, wie menschlich und bescheiden sie im Umgang seien. Er war es – sicher unter dem Einfluss von Mutter Friedrich – immer gewesen und blieb es.

Nach dem Krieg hatte er anfangs zur Untermiete bei seinem Chauffeur und Duzfreund Hermann Albers, einem gestandenen Sozialdemokraten, auf dessen Rat er viel gab, und dessen Frau Guschi im ländlichen Meckelfeld gewohnt. Wie die anderen aus dem Backsteinhäuschen angewiesen auf ein Plumpsklo im Stall über den Hof, wo bei nächtlichen Besuchen Gänse und Enten freudig zu schnattern anfingen. Das Abendessen hatten die drei in der Küche eingenommen. In Gesellschaft eines Papageis, der laut krächzend der kleinen zerzausten Guschi nicht von der Schulter wich. Für alle Friedrich-Kinder ein bleibendes Erlebnis.

Als Phoenix-Direktor wohnte er nolens volens repräsentativer und entsprach mit kleinem Embonpoint äusserlich eher der Wirtschaftsbossnorm. Aber auch im modernen Ambiente in Düsseldorf – viel Leder und Chrom – ass er mit karger Regelmässigkeit abends nur Weisskäse- oder Schinkenschnittchen und erzählte gern vom alten Flick, der zum Mittagessen sein „Butterbrot von zu Hause" aus dem Papier gepackt habe.

Seine, aus dem spröden Norden an den Rhein versetzte Frau Heidi jedoch schien sich in der neuen Umgebung nicht sonderlich wohl zu fühlen, und Andreas, ihr gemeinsamer Sohn aus der nunmehr dritten Ehe meines Vaters, hatte es mehr mit den langhaarigen Blumenkindern. In seiner Bude unter dem Dach grüssten auf Postern Bob Dylan und Joan Baez von den Wänden. Aus übergrossen Lautsprechern tönten Tag und Nacht ihre Lieder. Obwohl das Düsseldorfer Haus für Partys prädestiniert schien, fanden dort aber nie welche statt. Auch seine Kinder aus drei Ehen hat mein Vater dort nie gemeinsam eingeladen. Selbst an runden Geburtstagen nicht. Er reiste lieber von einem zum anderen. Da wir Geschwister uns immer gut verstanden, habe ich mich oft gefragt, warum. Meine Mutter fragte sich, warum er zu ihr meist „ohne Punkt und Komma" nur über Ludwig Erhard, den alten Adenauer oder über die „Wirtschaft in grossen Zusammenhängen" referierte. Sie nannte das seine „Generaldirektorsmaske". Aber sie liebte ihn weiter sehr.

Was Menschen vermögen, demonstrierten am 21. Juli 1969 die amerikanischen Astronauten Neil Armstrong und Edwin Aldrin mit ihrem Spaziergang auf dem Mond, entzaubern ihn damit aber auch für immer. Die Arbeitslosenzahl sinkt in diesem Jahr in der BRD auf den Tiefstand von 0,5 Prozent. Fürs Grobe hat man bereits 1,5 Millionen „Gastarbeiter" ins Land geholt und gibt sich entsprechend nutzbringend ausländerfreundlich. Willy Brandt (SPD) tritt im Herbst als neuer Bundeskanzler mit dem Versprechen an, Ost- und Westdeutschland einander endlich näherzubringen. Ein hoffnungsvoller Auftakt für die 70er Jahre. Damals ahnten wir nicht, dass das neue Jahrzehnt für uns alle in vielerlei Hinsicht zur Wende werden sollte.

Schon im Februar 1970 starb Ruths Schwester, die sanfte Tante Edith, elend an Krebs. Von gnadenlos pflichtbewussten Ärzten noch wochenlang mit Infusionen und Spritzen kunstvoll qualvoll am Leben erhalten. Meiner Mutter erschien sie fast überirdisch, weil sie die Leiden klaglos ertrug, im festen Glauben an einen Weisen namens „Bô Yin Râ", der ihr „helfende Hände" in der Todesstunde verheissen hatte. Zuletzt sagte sie: „Ich sehe sie schon – die helfenden Hände." Meine Mutter erzählte das später immer wieder, weil sie selbst nicht an ein, wie auch immer geartetes, Weiterleben nach dem Tod glaubte.

Ruth hörte jetzt auf, für die *Constanze* zu arbeiten und hatte mehr Zeit. Sie traf sich mit Dolly und Paul Jossmann, die Deutschland nie mehr betreten wollten, im Schweizer Engadin. Ihre besten Freundinnen – Ellen Fischer und Eva Landshoff – reisten aus Amerika an. Ellen als burschikoser, grauhaariger Globetrotter, die Nina und Bettina stundenlang mit ihrem Repertoire aus dem „Zupfgeigenhansl" ergötzen konnte. Eva Landshoff, immer noch mit dem Flair einer Gamine aus den Zwanziger

Jahren, half meiner Mutter, wenn auch oft „mufflig", Briefe der Forgeois-Vorfahren ins Deutsche zu übersetzen und diverse neue Anfragen an französische Standesämter zu formulieren. Auch diesmal ohne Erfolg. „Na, dann nicht", sagte meine Mutter und legte die Korrespondenz zu den Akten. An der deutsch-französischen Familiengeschichte arbeitete sie dennoch weiter.

Eine andere Familiengeschichte nahm ein trauriges Ende. Im November 1970 liessen wir uns scheiden, Ernst und ich. Das war kein plötzlicher Entschluss gewesen. Eher ein langer Abschied. Zwei Jahre hatten wir davor schon, wie man so sagt, „von Tisch und Bett getrennt" gelebt. Zur „Rettung der Ehe" hatte ich eine Analyse gemacht. Mit dem Effekt, dass ich danach sicher wusste, wir würden es zusammen nicht schaffen. Wir hatten uns zu gegensätzlich entwickelt. Eine Weile wohnte Ernst noch bei uns. Er war vorher schon viel für den *Spiegel* gereist und reiste auch nach der Scheidung. Den Kindern haben wir lange nichts gesagt. Schliesslich musste es sein. Das war das Härteste. Kindern, deren Eltern auseinandergehen, wird plötzlich der Boden unter den Füssen weggerissen. Damals, als Otto und Ruth sich scheiden liessen, habe ich das, scheint mir, bewusst kaum wahrgenommen. Bettina und Nina waren zehn Jahre und sechs und schon viel bewusster. Auch wenn ihnen grosse Kräche zwischen den Erwachsenen weitgehend erspart geblieben sind, den Eltern wird das nagende Gefühl bleiben, ihnen gegenüber versagt zu haben. Und ich war nun „Alleinerziehende".

Zunächst gibt es reichlich Ablenkung. Politisch und privat. Wütende, auch anmassende Proteste Heimatvertriebener gegen den „Warschauer Vertrag", mit dem die Oder-Neisse-Grenze endgültig anerkannt werden soll. Kanzler Willy Brandt fährt im Dezember nach Warschau. „Der Vertrag", sagt er, alle Einwände blockierend, „gibt nichts preis, was nicht längst verspielt worden ist … von einem verbrecherischen System, dem Nationalsozialismus." Bei seiner Unterschrift bleibt es nicht. Vor dem Mahnmal für die Toten des Ghetto-Aufstands kommt es zu einer bewegenden Geste. Willy Brandt kniet nieder. Ein Augenzeuge schreibt danach: „Dann kniet er, der das nicht nötig hat, für alle, die es nötig haben, aber nicht knien …" Das anrührende Bild geht um die Welt. Ein Jahr später wird dem deutschen Bundeskanzler der Friedensnobelpreis verliehen werden. Nicht für den Kniefall von Warschau, sondern für die von ihm und Egon Bahr eingeleitete neue Ostpolitik – „Wandlung durch Annäherung".

„For the times – they are a changing" – die Zeiten wandeln sich. So hat Bob Dylan damals gedichtet und gesungen. Und „Woodstock"-like, wie frisch aus Kalifornien importiert, die Gitarren im Gepäck, macht 1971 ein Sängerduo bei uns Station. Mein 30 Jahre jüngeres Brüderchen Andreas und sein Freund Eckhard Kurrek aus Düsseldorf. Sie sitzen im Wohnzimmer auf dem Boden am Kamin und singen. Der schnauzbärtige Sportlehrer Eckhard: Elvis-Presley-Lieder. „Sweet Caroline …" Das Haus hallt davon wider. Andreas, die roten Haare schulterlang, ist fast perfekt als Dylan-Doppelgänger: „The answer, my friend, is blowing in the wind …" Als die beiden von dannen ziehen, sind wir Dylan-infiziert. Bettina lernt Gitarre spielen, und ich lasse das alte Haus umbauen, um – wie einst Mutter Friedrich – an Studenten vermieten zu können.

Der erste, der einzog, war uns von einer Tante dringlichst empfohlen worden und sorgte für Aufsehen im Ort: Bajo, ein Medizinstudent aus Nigeria. Jeden Sonntag kochte er sich ein Huhn. Zu besonderen Anlässen verliess er das Haus, wie ein Häuptling, im farbenprächtigen, nigerianischen Gewand. So geschmückt, feierte er mit uns auch den Heiligen Abend und trug mit einem Trommelwirbel zur Weihnachtsstimmung bei. Mit der kleinen Nina gründete er eine „Band". Bajo schlug die Trommel, Nina zupfte die Gitarre. Sie sangen im Duett. Es gibt noch ein Tonband davon. Auf Bajo, der nach seinen Examen in die Heimat zurückkehrte, folgte Harald, Studienrat an einem Pasinger Gymnasium und bei den Töchtern besonders beliebt, weil er mit ihnen Streifzüge zu Sperrmülldeponien unternahm und die gehobenen Schätze zu bizarren Einrichtungsgegenständen auffrisierte.

Im zwei-mal-drei-Meter grossen Gartenhaus hatte gleichzeitig der Jurastudent Ulrich Wohnung genommen. Um dort überhaupt Platz finden zu können, baute er es zur Kajüte um. Mit einer harten, über eine Leiter zu erreichenden Lagerstatt unter dem Plafond. Vor dem Eingang wurde ein Rotweinfässchen deponiert, aus dem er und Freunde sich zuweilen schon morgens bedienten. Die Diskussionsrunden neben dem Fässchen dauerten oft bis in die Nacht. Bei schlechtem Wetter wurden sie in meine Küche verlegt. Auch für die Freundinnen und Freunde meiner Töchter bekam das alte Haus von Mutter Friedrich und Tante Guste eine fast magische Anziehungskraft.

Meist sassen noch etliche in der Küche auf der blauen Bank, wenn ich abends aus der Redaktion zurückkehrte. Als Harald und Ulrich bei uns wohnten, arbeitete ich schon längst wieder bei der *Süddeutschen Zeitung*. Am 1. Mai 1971 hatte ich überraschend dort anfangen können, wo ich aufgehört hatte – in der Münchner Lokalredaktion. Zuständig für soziale Themen und den „Adventskalender". Ich schrieb also wieder über kranke Kinder, Alte und Behinderte, Strafentlassene, Sinti und Roma, den neu gegründeten Ausländerbeirat und Integrationshilfen für die sogenannten Gastarbeiter. Und das in einer guten Zeit, in der Spenden reichlicher flossen und Verbesserungen für Randgruppen eher durchzusetzen waren.

Bei der Hilfsaktion „Adventskalender" hatte es inzwischen einen grundsätzlichen Wandel gegeben. Die Armen wollten als Arme nicht mehr blossgestellt und erst recht nicht mehr photographiert werden in ihrem Elend. Je aufdringlicher die Saturierten ihren Wohlstand vor sich hertrugen, desto grösser die Furcht der anderen, zu den „underdogs" zu zählen. Darauf war Rücksicht zu nehmen. In der Adventszeit entfielen darum schliesslich die täglichen Geschichten mit Bild zugunsten einer einzigen grossen Reportage am Wochenende. Es entfielen auch die bisherigen Sachspenden und die Vermittlung von Adressen und Patenschaften. Dafür brachte der „verschlankte" Adventskalender von Jahr zu Jahr mehr Geld. Aber am meisten gerührt haben uns doch nach wie vor jene, die auch menschliche Wärme weitergaben. So eine Redaktionssekretärin, die einer Rheumagelähmten aus den ersten „Adventskalender"-Tagen durch viele Jahre bis zu deren Ende die Treue hielt.

Nicht nur verfestigte, soziale Vorstellungen waren einem Wandel unterworfen. Was den 68ern nicht mit Aufruhr und den Blumenkindern mit Sanftmut nicht gelungen war, wollten die Anhänger der RAF (Rote Armee Fraktion) nun mit Gewalt erzwingen: eine andere Gesellschaft. Terror als letztes Mittel, die Verhältnisse zu ändern. Die Krise der Regierung Brandt ging 1972 noch glimpflich aus. Brandt wurde letztendlich in seinem

Amt bestätigt. Ernst war gerade bei uns, als die Nachricht kam. Und Bettina schrieb Brandt spontan einen Brief, der später mit vielen anderen Kinderbriefen in einem Buch zu seinem 70. Geburtstag erschien. Sie schrieb: „Lieber Willy, wir (bzw. meine Familie) sind sehr stolz auf dich. Ich verstehe schon ziemlich viel von Politik, obwohl ich erst elf Jahre alt bin. Aber meine Mutter erklärt mir oft etwas. Ich habe mich so gefreut, dass ich immer in die Luft gesprungen bin. Mein Vater hat geweint vor Freude. Meine Mutter auch. Also dann, machs gut Willy! Du bist klasse, toll, prima, herrlich, der Beste! Viel Glück! Übrigens trage ich viele SPD-Blätter aus. Bin sozusagen mitwirkend."

Auch Nina war losgetrabt und hatte SPD-Flugblätter in Briefkästen gesteckt. Wir haben die beiden nie zu solchen Aktionen ermuntert. Allerdings wurde bei uns, wie schon bei Grossmama Hélène, bei meiner Mutter und Ljowa, vor den Kindern immer offen über alles geredet. Das galt für die Politik ebenso wie für die sexuelle Aufklärung. Auf Fragen versuchten wir, klare Antworten zu geben. Politisch waren sie freilich etwas einseitig SPD-gefärbt. Neutralität hätte ich verlogen gefunden. Irgendwann würden sich die Töchter schon ihre eigene Meinung bilden, und die würde man dann auch diskutieren.

Die Beilegung der Regierungskrise und der erleichterte Reiseverkehr zwischen BRD und DDR, später vor allem der Waffenstillstand in Vietnam – das waren so ziemlich die einzigen guten Nachrichten in dieser Zeit. 555 Terror- und Gewaltdelikte wurden allein in einem einzigen Jahr in der Bundesrepublik gemeldet. In der Sowjetunion verfolgte man die politischen Dissidenten, von denen der Physiker Sacharow und der Schriftsteller Solschenizyn auch bei uns Schlagzeilen machten. In Irland wüteten die Bombenleger der IRA, in Italien die Neofaschisten, in Westdeutschland die Anhänger der Rote Armee Fraktion.

Den Terror der Palästinensischen PLO erlebten wir 1972 fast hautnah. In München bei der Olympiade der „heiteren Spiele" überfallen arabische Terroristen das Quartier der israelischen Sportler und nehmen Geiseln. Beim Versuch, ihren Abflug zu verhindern, werden neun Israelis, fünf Terroristen und ein Polizeibeamter getötet. Die heiteren Spiele gehen als die blutigsten in die Geschichte ein. Weitere Attentate folgen, Erpressungen, Flugzeugentführungen, Überfälle. Die Araber drehen den

Ölhahn zu und stürzen Europa in eine schwere Öl- und Treibstoffkrise. In Chile wird der sozialistische Präsident Salvador Allende gestürzt, um General Pinochets brutaler Militärdiktatur Platz zu machen. Und am höchsten Feiertag der Juden, an „Yom Kippur", entfesseln die Ägypter einen neuen Krieg mit Israel.

1973 war das. Im gleichen Jahr, in dem Walter Seitz sich nach 25 Jahren von der Poliklinik verabschiedete. Er nahm das nicht sonderlich schwer. Seine Patienten schon. Dazu gehörte auch die Familie im weitesten Sinne. Er war nie ein „Halbgott in Weiss" gewesen, immer ein Zuhörender, ein Arzt, der sich Zeit nahm für Kranke, ganz gleich, ob arm oder reich. Die von Freunden so oft frequentierte Dienstwohnung unterm Dach der Klinik wurde aufgegeben. Grossmama Hélènes schwere, eichene Reisetruhe, der „Gehenkte", der „Totentanz" und das kleine Porträt unseres Urahnen Constant Forgeois zogen wieder mal um. Zusammen mit Hunderten von Büchern in ein ausgebautes Sommerhaus, in Königswiesen bei München. Von uns aus leicht mit dem Fahrrad zu erreichen. Die meisten Wochenenden verbrachten Walter und Ruth aber nun in 1500 Metern Höhe auf der Klausen-Kogl-Alm, einzig umringt von Kühen und Haflinger Pferden, die sommers oben grasten. Wenn sie nicht reisten, war meine Mutter dort mit Walter am liebsten.

„Ich will das Leben leben"

Auch mein Vater ging 1973 in einen partiellen Ruhestand. Nachdem er zuletzt noch in Moskau versucht hatte, mit dem Ministerpräsidenten Alexej Kossigyn bessere Wirtschaftsbeziehungen einzuläuten, empfahl er Hanns Martin Schleyer als seinen Nachfolger für den BDA. Im Kino lief gerade der Marco-Ferreri-Film „Das grosse Fressen". Den Frauen hatten die Modezaren klobige „Kothurnschuhe" verordnet und zu festlichen Anlässen Hosenanzüge gestattet. Das Geld sass locker. Zu Silvester 1973 verknallten die Bundesbürger – ein Rekord – für 100 Millionen Mark Feuerwerkskörper.

In der gleichen Nacht stirbt im 95. Lebensjahr Mutter Friedrich. Nur Otto ist bei ihr. Ihm stirbt die engste Vertraute. Keine seiner drei Frauen hatte an sie heranreichen können. Sie haben das alle hingenommen. Sie liebten sie auch. Jeder liebte sie – die Arbeiterfrauen und die inzwischen längst selbst ergrauten Patenkinder aus ihrer Fürsorgezeit im Berliner Osten, die Gemeindealten von Pasewalk und Gauting, Enkel und Urenkel, die geschiedenen Frauen ihrer Söhne und Ottos Chauffeur.

Die kleine Frau hatte Grösse. Dabei sah sie sich selbst „ganz kümmerlich", wie sie es nannte. Kurz vor ihrem Tod, bei einem Gespräch mit ihrem Sohn Wolf, dem Pfarrer, hatte sie noch einmal ausgesprochen, was sie ihr Leben lang bedrückte: „Denk immer daran, wie es auf meiner Seele liegt, dass ich es mit Lotte, mit meiner einzigen Tochter, nicht verstanden hab', ihr gerecht zu werden."

Mutter Friedrichs Beerdigung war kaum vorüber, da wurde mein Vater mit schweren Blutungen ins Krankenhaus gebracht. Die Operation dauerte nur kurz. Gerade lang genug, um festzustellen, dass es nichts mehr zu operieren gab. Der Krebs war zu weit fortgeschritten. Das sagte man ihm aber nicht. Walter hatte es „von Arzt zu Arzt" erfahren. „Einen Tag bis ein Jahr" hätte mein Vater noch zu leben. Er hielt länger aus. Ohne Strahlen-, ohne Chemotherapie, fast ohne Schmerzen.

Ein paarmal war er im Sanatorium. Auf der Bühler Höhe. Ich habe ihn oft dort besucht. Er war dünner geworden, wie blutleer im Gesicht, das Haar weiss. Fleisch und Gemüse konnte er nur durchpassiert vertragen. Aber er rauchte noch. Er rauchte Zigarren und hatte als eiserne Reserve weiter seine Reiseflasche mit „Remi Martin" in der Aktentasche dabei. Das hatte ihm sein Arzt wohl erlaubt. Er hätte auch „gesündigt", wenn man es ihm nicht erlaubt hätte. Politik schien nicht mehr so vordergründig für ihn, obwohl sein Freund Helmut Schmidt, mit dem er 1962 bei der Hamburger Flutkatastrophe eng zusammengearbeitet hatte, 1974 Bundeskanzler wurde und der von ihm geschätzte Giscard d'Estaing französischer Ministerpräsident. Auch eine weitere Annäherung zwischen Ost und West bahnte sich an. BRD und DDR tauschten endlich wenigstens „ständige Vertreter" aus.

Mein Vater wusste oder ahnte, denke ich, wie es um ihn stand. Auch wenn er mit mir über den Tod nicht sprach. An meinen Bruder Andreas schrieb er: „Ich will das Leben leben." Er erinnerte sich immer häufiger an seine Jugend: „Ich war ein Träumer", schrieb er. „Ich habe, was mir heute seltsam vorkommt, überaus Hölderlin geliebt und daneben die grossen Dramatiker. Heute geht mir Goethe über alles an Literatur." Goethe begleitete ihn weiter durchs Jahr. Er war so intensiv mit dem Leben befasst, dass für die Krankheit kaum Raum blieb.

Erst als im September 1975 seine Frau Heidi ganz plötzlich starb, gab er auf. Sie war lange schon leidend gewesen, aber nicht so, dass man mit ihrem Tod hätte rechnen können. Er fand sie morgens leblos im Bett. Drei Monate später, am 8. Dezember, starb er ihr nach. Von der Bühler Höhe hatte er zwei Wochen zuvor noch – das war sein letzter Gruss – meiner Tochter Bettina zum Geburtstag geschrieben: „Vielleicht können wir bei schönerem Wetter mal mit Nina eine Tour in die lustigen Schwarzwalddörfer und -stuben machen. Selbst jetzt im November, wo es draussen stürmt und schneit, sieht es so lustig und mollig aus wie hier umseitig auf der Karte. Küss Mami und Nina – alle sehr und streichle Deine Tiere von mir."

Otto wollte in Hamburg-Harburg neben seiner Frau begraben werden. Die Trauerfeiern möchte ich am liebsten vergessen. Während wir uns in Harburg noch für den Kirchgang sammelten, räumten Bedienstete der Phoenix-Gummiwerke schon das Haus halb leer und stellten Tische und Stühle für das Kalte Buffet bereit. Das Kalte Buffet spielte auch eine dominierende Rolle bei der offiziellen Trauerfeier am nächsten Tag in Köln. Nach sechs mir schier endlos erscheinenden, ehrenden Reden vor 350 Gästen aus Wirtschaft und Politik – die zentrale Ansprache hielt Kurt Biedenkopf – war wieder angerichtet. Riesengarnelen, Aalhäppchen, Kaviar und Gänseleber – das Beste. Ich dachte an Ottos Schnittchen und brachte keinen Bissen hinunter. Ein paar Tische von mir entfernt sass Hanns Martin Schleyer und lachte schallend. Den sehe ich als einzigen noch vor mir – schallend lachend.

Statt Blumen hatte mein Vater um eine Spende für den Fonds „Hilfe für Menschen in Not" gebeten. Die Friedrich Flick-Kommanditgesellschaft würdigte in grossen Anzeigen den nach ihm benannten ersten „Plan zur Vermögensbildung der Arbeitnehmer", sein „wahrhaft umfassendes Wissen, sein anerkanntes Verhandlungsgeschick" und „sein auf fairen Ausgleich zielendes sozialpolitisches Wirken". Der Siemens-Aufsichtsrat schrieb:

„Mit seinem Tod verlieren wir einen Freund von hoher Gesinnung." Der Generaldirektor der Phoenix-Gummiwerke, Peter Weinlig, zugleich Testamentsvollstrecker, hatte es vor allem eilig. Aus dem gemieteten Düsseldorfer Haus liess er das gesamte Inventar schnellstens ins gemietete Harburger Haus transportieren und dort wahllos niederfallen. Das Chaos war unbeschreiblich. Die Tage der Auflösung durchzustehen, war nur möglich, weil wir Geschwister keinen Augenblick lang uneinig waren.

Ein paar sehr persönliche Dinge, die ich mir ausgesucht hatte – drei rote Goethebändchen, eine Tabakdose mit dem Relief Friedrich des Grossen und eine Armbanduhr meines Vaters – brachte ich aus Harburg mit. Ich legte sie im Wohnzimmer zusammen auf einen Tisch. Gleich am ersten Abend erschien meine Mutter. Wir kamen, ohne dass sie es merkte – Bettina, Nina und ich –, zufällig dazu, als sie zärtlich mit der Hand über die Goethebändchen strich. Dann nahm sie die Uhr, sah sie lange an, legte sie um und küsste sie. Wir gingen leise wieder hinaus.

Der Guru und das Wiener Gulasch

Der heisseste Sommer seit 100 Jahren wird 1976 notiert. Aber auch das „Jahr der Erdbeben": 45 bedeutende Beben, elf schwere und drei sehr schwere mit über 150 000 Toten in Italien, der Türkei, China und auf den Philippinen. Ulrike Meinhoff begeht Selbstmord. Jimmy Carter rückt nach als US-Präsident, und der kritische Liedermacher Wolf Biermann wird aus der DDR ausgebürgert.

Walter und Ruth reisen. Diesmal durch sieben südamerikanische Staaten. Wenn sie zurückkommen, ist das jedesmal ein Fest. Ruth schüttet eine Wundertüte exotischer Mitbringsel über uns aus. „Überall an Euch gedacht", sagt sie. Aber auf den Photos, die sie mitbringt, fällt mir zum ersten Mal auf, dass sie sich verändert hat. Sie lacht nie auf den Bildern. Schaut meist zu Boden. Selten sieht man die Augen. Der ganze Körper drückt Abwehr aus. Später habe ich die Bilder mit anderen verglichen aus den vorangegangenen Jahren und festgestellt, dass sie schon da selten lacht. Das Leidenschaftlich-ins-Leben-Verliebtsein ist aus ihrem Gesicht geschwunden. Mir war es nur nie aufgefallen. Ich habe nicht richtig hingeschaut.

Einmal, fiel mir ein, hatte sie gesagt: „Du wirst schon sehen, wenn Du so alt bist wie ich, wie Dir die Liebe dann fehlen wird.“ Ich hatte gelacht. Im Mai 1968 hatte sie bei uns ins Gästebuch geschrieben: „Dies Buch ist begonnen in der Minne. / Es mög’ auch enden in der Minne. / Denn allen Lebens Anfang, Inhalt und Ende ist die Minne (frei nach Mechthild von Magdeburg)“. Sie hatte mit der Minne nicht die karitative, sondern die erotische gemeint. So, wie es Nietzsche ausgedrückt hat in einem ihrer Lieblingsgedichte: „Doch alle Lust will Ewigkeit, / Will tiefe, tiefe Ewigkeit“.

Ich erinnere mich an einen Spaziergang mit ihr in diesem heissesten Sommer seit hundert Jahren. Ich sehe noch die gestapelten Fichtenstämme vor mir, auf denen wir damals sassen. Ich rieche noch den herben Harzduft, als sie sagte: „Es ist vorbei mit den schönen Arabesken.“ Sie sagte das tieftraurig. Jetzt, wo sie älter geworden sei, sagte meine Mutter, sei aus Walters Arabesken eine feste Nebenfrau geworden, und der „Day off“, den sie sich jede Woche für kleine Abenteuer zugestanden hätten, „den Day off verbringe ich mit Euch“. Früher hätte sie sich gern ausgemalt, im Alter mit ihm vor der Berghütte zu sitzen. „Hand in Hand, wie Philemon und Baucis.“ Aber nun falle es ihr immer schwerer hinaufzugehen. Darunter litt sie. Ich fand, es sei doch nicht zu spät, das Ruder herumzureissen und dem Leben einen anderen Sinn zu geben. Sie schüttelte nur den Kopf.

Als im Januar 1977 Carl Zuckmayer starb, dem Ruth verbunden war, seit er nach dem Krieg ihr Tagebuch an den Verlag Henry Holt empfohlen hatte, sprach sie auch oft vom Tod. Sie glaubte an keine Fortsetzung danach. Ich schon, ohne allerdings eine konkrete Vorstellung davon zu haben. Jenes rätselhafte Wesen Seele lebt weiter, glaube ich, das sich gerade jetzt in der Person „Karin Friedrich“ verbirgt. Wie ein Schauspieler, der mal in der Rolle des „Räubers Karl Moor“, mal als „König Lear“ auftritt und doch immer der Schauspieler XY bleibt. Ich vertraue darauf, dass sich alles in einem höheren Sinn ordnet. Sie sagte: „Woher hast Du dieses Vertrauen?“ Ich sagte erstaunt: „Na, von Dir.“ Irgendwie muss es sich mir mitgeteilt haben, als ich ein Kind war.

Wir kamen wieder ab von dem Thema. Die Politik hielt uns in Atem. Das Jahr 1977 war nicht nur das Jahr der Erdbeben, es war auch das Jahr der gezielten, mörderischen Attentate der RAF auf Buback, Ponto und Hanns Martin Schleyer, Ottos Nachfolger beim BDA. Und es war das Jahr der Jagd auf „Sympathisanten“ der RAF. Die Schriftstellerin Inge Deutschkron schrieb dazu: „Zur Abwehr der gewalttätigen Truppe fiel dem Gesetzgeber in Bonn ein Sondergesetz nach dem anderen ein, was sie bei Naziverbrechen stets brüsk von sich gewiesen hatten.“ Die Schriftsteller Heinrich Böll und Günter Grass gerieten in die Schusslinie der Denunzianten. Sie galten als „Sicherheitsrisiko“.

Es gab freilich auch ein Ereignis, das später als die „Friedenstat des Jahres“ gefeiert werden sollte. Der ägyptische Präsident Anwar al Sadat reiste zum ersten Mal nach Israel, um Frieden anzubieten. Der Frieden zwischen Ägypten und Israel kam dann auch wirklich zustande und hat Sadat und Menachem Begin den Friedensnobelpreis eingetragen. Nicht annähernd so sensationell, aber für uns ein Ereignis, war die Eröffnung einer grossen Ausstellung mit Gemälden und Collagen von Peter Weiss in Berlin und München. Peter kam aus Stockholm und gleich zu Ruth. Sie nahm ihn wortlos beim Arm und führte ihn zu seinen Bildern. Sein Gesicht – unbeschreibbar. Er hatte vergessen, dass sie ihm die Bilder entrissen hatte, als er sie vor der Emigration vernichten wollte. Der „Totentanz“ und der „Gehenkte“ wurden von der Wand genommen und mit 14 Aquarellen und Zeichnungen, die sie auch aufbewahrt hatte, noch rechtzeitig in die Ausstellung integriert. Wir waren alle dabei, als sie eröffnet wurde.

Wir waren auch vollzählig, als am 8. Juli bei uns in Gauting in Haus und Garten das grosse „Bhagwan-Fest“ ablief. Gewöhnliche Sterbliche waren zugelassen, obwohl die Nacht ihre eigentliche Weihe durch einige dem indischen Guru Bhagwan ergebene Jünger und ihren Münchner Meister „Krishna“ erhielt. Bettina hatte sich eng mit Krishna befreundet und arbeitete an sich, in den Kreis der Erwählten aufgenommen zu werden. Sie trug seitdem Orange, sprich: oräntsch, und das ging so weit, dass sie alle Kleider mitsamt den Hemdchen und Höschen erst entfärbt und dann oräntsch eingefärbt hatte. Sogar die Haare schimmerten orange.

So komplett umgefärbt ging sie auch tapfer in die Schule. Die Lehrer erstaunlicherweise duldeten es. Ich war schon immer der Ansicht gewesen, dass man Kinder loslassen muss, aber nie aufhören sollte, ihre Interessen zu teilen. Eigentlich ist alles interessant, was Menschen bewegt, auch wenn man nicht immer der gleichen Meinung ist. Also war ich bemüht, mir mit Bettina zusammen Bhagwans Offenbarungen zu erschliessen. Später erkannte sie sie als die ihr nicht gemässen. Aber soweit war es noch nicht.

Zuerst gab es das Fest. Lagerfeuer im Garten. Grillwürstchen und Makrobiotisches. Tiefschürfende Gespräche. Räucherstäbchen im Gras. Gitarrespiel draussen und drinnen. Junge und Alte tanzten. Besonders umschwärmt wurde Clärchen Kemp, eine alte Freundin von uns, 76, die nicht nur wissbegierig den Bhagwan-Jüngern lauschte, sondern auch wenige Tänze ausliess. Meine Mutter sass bei Wein und Wasser, ihrem bevorzugten Gemisch, seltsam abwesend dabei. Aber ins Gästebuch hat sie sich noch eingeschrieben, bevor sie frühmorgens ging und die ermatteten Feierer sich neben den niedergebrannten Feuern in ihre Schlafsäcke rollten.

Ziemlich bald färbte sich auch Nina für eine Weile oräntsch ein. Makrobiotisch ging es sowieso weiter. Mein Bruder Andreas, der nach dem Tod seiner Eltern zu uns gezogen war, um in München Philosophie zu studieren, hatte zwar nicht Bhagwan, aber die Weisheiten der alten Chinesen für sich entdeckt und lebte streng nach den Regeln von „Yin und Yang“. Das vertrug sich gut mit den Essgewohnheiten der Töchter. Es gab viel Körniges. Tomaten waren „igitt“ und Fleisch grundsätzlich tabu. Nie wieder habe ich mir, wenn ich abends aus der Redaktion heimkam, so heisshungrig wie damals immer wieder Koteletts gebraten. Um mich herum die Körndlesser und das Brüderchen, Philosophisches von Husserl und Wittgenstein vortragend.

Während der Schulferien machten Nina und Bettina Urlaub auf Walters Klausen-Kogl-Hütte. Bettina hatte gerade aus Bhagwans indischer Residenz Poonah ihre „Malah“ und ihren neuen Namen erhalten: „Ma Prem Samwara – Mutter der Liebe und Disziplin“. Sie stieg entsprechend beflügelt auf. Nach ihrer Rückkehr duftete es im ganzen Haus nach Wiener Gulasch. Oben auf der Hütte hatte sie sich in den Hüttenwirt verliebt und beschlossen, dem Bhagwan die Gefolgschaft aufzusagen. Damit entfiel auch das Körndlessen.

„... schwimmt nun mein Nachen hinaus"

Meiner Mutter war der Bhagwan-Kult von Anfang an etwas befremdlich erschienen. Dabei hatte sie in ihrer Jugend doch selbst ähnliche Phasen durchgemacht. Sie trug sich jetzt mit dem Gedanken, eines ihrer lädierten Hüftgelenke operieren zu lassen, um wieder auf die Berghütte steigen zu können. Am 16. September telephonierten wir abends um neun darüber. Sie war fast entschlossen, die Operation zu wagen. Aber vorher, an ihrem Geburtstag, sagte sie, wolle sie uns alle in den „Austernkeller" einladen. Sie stelle sich das „so schön französisch" vor. „Alle zusammen Austern schlürfen!" Sie liebte Austern. Und Weisswein dazu. Wir redeten lange über dies und das. Und auf die Austern kam sie ein paarmal zurück. „Also, bis dann", sagte sie zuletzt. „Ich freu' mich. Schlaf gut, mein Sönnchen."

Am nächsten Morgen, es ist Samstag, klingelt schon um sieben das Telephon. Walter sagt atemlos und sehr laut: „Komm schnell, Deine Mutter hat sich vergiftet." Ich weiss nicht, wie schnell ich in die Sachen und ins Auto und überhaupt nach Königswiesen gekommen bin. Und als ich sie dann in ihrem Zimmer liegen sehe, auf der Seite wie immer, die Decke bis ans Kinn hochgezogen, da will ich es auch nicht glauben: „Sie lebt doch noch." Ich streichle sie. „Sie ist doch noch warm." Ich küsse sie. „Sie atmet doch." Aber das ist eine Täuschung.

Walter steht, grau im Gesicht, mit hängenden Schultern unter der Tür und schüttelt den Kopf. Morgens, sagt er, sei er wie gewohnt von seinem Zimmer in ihres gegangen, um sie zu wekken und sich zu ihr zu legen, und habe sie schon bewusstlos gefunden. „Die Spritzen halfen nichts mehr. Es war zu spät."

In der Küche steht ihr kleines Weinglas, aus braunem, italienischen Glas, in dem sie, wie später festgestellt wird, Tabletten aufgelöst hat. Auf dem Tisch in der Veranda liegt ihr Abschiedsbrief. In entschlossener, grosser, steiler Schrift: „„Viele sterben zu spät – manche sterben zu früh – noch klingt fremd die Lehre – stirb zur rechten Zeit'. Mir scheint für mich jetzt eine *gute* Zeit gekommen, um zu sterben. Ich habe ein schönes Leben gehabt, und ich danke Euch allen, die Ihr mich geliebt habt und die ich Euch geliebt habe. Lebt gesegnet, solange es Euch beschieden ist, weiter. Ich liebe Euch".

Ich starre auf den Brief und lese wieder und wieder: „... stirb zur rechten Zeit". Das ist Nietzsche. Vor ein paar Stunden hatte sie noch nicht sterben wollen. Ich setze mich neben sie. Ich berühre sie. Ich will glauben, dass sie nur schläft.

Dann kommt der Arzt, den Walter gerufen hat. Er stellt den Totenschein aus und sagt sachlich, er müsse den Selbstmord melden. Selbstmord, denke ich. Wovon redet er? Dann drängeln Polizeibeamte ins Haus, sehen sich um und lesen den Brief. Er kommt mir plötzlich beschmutzt vor. Walter bittet, die Presse nicht zu verständigen. Am nächsten Tag steht es, wenn auch ohne Namen, doch in der *BILD*.

Es geht alles entsetzlich schnell. Viel, viel zu schnell. Ich kann noch gerade erreichen, dass man mich zehn Minuten mit ihr allein lässt. Ich küsse sie. Ich sage den aaronitischen Segen. „... Der Herr lasse leuchten sein Angesicht über Dir." Ich öffne das Fenster. Ich sehe nur Nebel. Dann trägt man sie fort.

Walter und ich blieben zurück und umarmten uns wie zwei Kinder, die plötzlich allein stehen im finsteren Wald. Später musste ich es Bettina und Nina sagen. Sie fingen an, bitterlich zu weinen. Abends sassen wir zusammen unter den Sternen. Meine Mutter liebte das „Siebengestirn", die Plejaden. „Da müsst Ihr mich suchen", hatte sie einmal zu den Kindern gesagt.

In ihrem vom 25. Februar 1974 datierten Testament hatte sie genau bestimmt, was nach ihrem Tod zu geschehen habe. Den Text der Anzeige, den Ablauf der Gedenkfeier, die Inschrift auf dem Grabstein. Wir haben versucht, dem nachzukommen. In ihrem Entwurf für die Anzeige fehlte nur das Datum: „Am ... vollendete Ruth Andreas-Friedrich ihr schönes erfülltes Leben. In Liebe: ihr Mann ... ihre Tochter ..., ihre Enkelkinder ..." Sie wollte zusammen mit dem ihr von Grossmama Hélène geschenkten Schillerporträt verbrannt werden. Dafür war es zu spät. „Meine Asche", hiess es weiter, „möge, wenn irgend möglich, an einem schönen Ort verstreut werden. Gelingt das nicht, so würde ich am liebsten einmal *in einer Urne* zusammen mit meinem geliebten Walter, wo immer es ihm beliebt, beigesetzt werden." Auch dieser, in jedem Fall schwer zu realisierende Wunsch ging nicht in Erfüllung. Walter wurde 20 Jahre später im Seitzschen Familiengrab beigesetzt. Am Ende ihrer Verfügungen stand: statt Blumen als Abschiedsgruss erbitte sie eine Spende an das israelische Behindertendorf Kfar Tikvah. Das wurde realisiert. Es kam eine grössere Spende zusammen, und ich habe sie selbst nach Kfar Tikvah gebracht.

Jede öffentliche Zeremonie oder Trauerfeier hatte meine Mutter sich ausdrücklich verbeten. Der Ablauf einer privaten Gedenkfeier, die ihr vorschwebte, war festgelegt. Ein Spiegelbild ihres Lebens. Die gesamten Texte und Musikvorschläge lagen beigefügt. Für das Volkslied am Anfang hatte Ljowa noch die Noten geschrieben: „Wenn ich einst sterben muss, / sterb ich bei Dir ..." Zwischen zwei Nietzsche-Texten – „Vom Wege des Schaffenden" und „Nachtgesang" – sollte ein Choral gespielt werden: „Grosser Gott, wir loben Dich ..." Und am Ende der letzte Satz aus der 9. Symphonie von Beethoven, die wir in der Nazizeit immer zu Silvester gehört hatten, mit dem „Lied an die Freude". „Mit der Freude", hatte sie geschrieben, „und mit mir im Herzen mögen dann alle auseinandergehen oder sich etwas anderem zuwenden."

Wir setzten die Feier kurzfristig in unserem Haus für den 23. September an. Am Tag ihres 76. Geburtstags, den sie sich „so schön französisch" im Austernkeller vorgestellt hatte. Alles lief ab, wie sie es wollte. Es kamen sehr viele Menschen. Ob sie „mit Freude im Herzen" auseinandergingen, weiss ich nicht. Für mich war es herzzerreissend.

Zur Urnenbeisetzung gingen wir nur zu dritt. Walter, mein Bruder Andreas und ich. Eine makabre Zeremonie. Der Friedhofswärter war schwer betrunken und schwankte uns mit der Urne voran, die er wie einen Napfkuchen auf einem Tablett balancierte. Immer noch schwankend, versenkte er sie in der Grube, lehnte seinen Spaten an einen Baum und entfernte sich schwankend. Wir hätten die Urne leicht nach Hause mitnehmen und die Asche verstreuen können, wie meine Mutter es wollte. Aber das fiel uns nicht ein. Stattdessen nahm Walter den Spaten und schaufelte die Grube zu. Er pflanzte Farnkräuter aus dem Königswieser Garten ein und klopfte die Erde mit den blossen Händen fest. Er sah das als den letzten Dienst an, den er Ruth leisten konnte. Auf den Stein kam später die Nietzsche-Zeile, die sie sich ausgesucht hatte: „Silbern leicht – ein Fisch – schwimmt nun mein Nachen hinaus …"

Wenn Menschen Selbstmord begehen, bleiben den Zurückgelassenen Schuldgefühle. Walter hatte mich gebeten, es für mich zu behalten, dass Ruth sich das Leben genommen hat. Auch seine Freundin, die später seine Frau wurde, wisse nichts davon. Ich habe es ihm versprochen, aber bald bereut. Ich hatte lange niemanden, mit dem ich mich aussprechen konnte. Warum hatte sie das getan? Warum war es ihr unmöglich gewesen, das Ruder noch einmal herumzureissen? Warum waren Bettina, Nina und ich, ihre vielen Freunde ihr nicht wichtig genug, dass sie zumindest für uns hätte weiterleben wollen? Warum konnte sie nicht zugeben, dass sie mit ihrem Ideal von einer im letzten treuen, aber unabhängigen „Lilith" zum dritten Mal gescheitert war? Oder war ihr Freitod im Grunde die letzte Manifestation dieser Unabhängigkeit gewesen?

In den *Israel Nachrichten* erschien im Oktober 1977 ein Nachruf von Dr. Alfred Frankenstein, mit dem sie seit unserem Besuch vor zehn Jahren in Israel korrespondiert hatte: „Sie war jene Mischung", schrieb er, „die so selten ist, ein grosses Herz mit einem unersättlichen geistigen Streben … Sie hatte feste und ganz unorthodoxe Meinungen, war aber immer bereit, die Meinungen des anderen nicht nur zu hören, sondern auch gelten zu lassen und aus ihnen zu lernen … Für uns steht der Mensch Ruth Andreas-Friedrich im Vordergrund, ein Mensch, den wir, ihre Freunde, nicht vergessen werden. Sie ist eine jener gerechten Deutschen, die den guten Namen des Volkes in seiner schlimmsten Zeit gerettet haben. Ihr Andenken sei gesegnet."

Sieben Jahre später ging, schwerkrank, auch Ruths Bruder Wolfgang, der inzwischen von ihrem Selbstmord wusste, freiwillig in den Tod. In seinem Abschiedsbrief an mich schrieb er: „Leb wohl, ich bin wie Deine Mutter der Ansicht, die rechte Stunde für mich ist gekommen … Sie war der Leitstern meines Lebens."

Herz und Flamme

Mit dem Tod meiner Mutter sollte das Buch eigentlich enden. Das Schillerporträt, die eichene Reisetruhe von Hélène und das Bild unseres französischen Vorfahren Constant Forgeois hatte ich aus dem Sommerhaus in Königswiesen mitgenommen. Der Ahnherr mit dem herausfordernden Blick hing nun bei mir über dem Schreibtisch und sollte mich bald antreiben, die Suche meiner Mutter nach den verschollenen Verwandten in Frankreich fortzusetzen. Wenn sie geahnt hätte, was in der Zukunft verborgen war, hätte sie vielleicht länger ausgehalten.

Bettina, nunmehr volljährig, gab im Frühjahr 1979 die Schule auf, verbrannte, Brücken hinter sich abbrechend, alle Schulbücher im Garten und ging als Au-pair-Mädchen nach Rom. Ihr Vater sah sie schon in der Via Veneto auf dem Strich. Aber sie kam bald ernüchtert zurück, arbeitete, um Geld zu verdienen und das restliche Schuljahr zu überbrücken, drei Monate in einer Fabrik und während der Theaterfestspiele bei einer uns befreundeten Transvestitengruppe, den „Stupidas" in Avignon. Danach ging sie wieder zur Schule und mit einer glatten Zwei durchs Abitur. Sie hatte den Ausflug ins Leben offenbar nötig, um aus eigener Überzeugung die Schule für wichtig zu halten. Später wurde sie Journalistin wie Ruth.

Während sie in Rom noch verwöhnte Bambinis hütete, war ich mit Nina nach Israel gereist. Für mich das achte Mal, dass ich dort die Menschen besuchte, die 1967, vor dem Sechs-Tage-Krieg, meine Mutter so herzlich aufgenommen hatten. Mit einem gemieteten Auto fuhren Nina und ich von einem zum anderen. Bei Schalom Ben-Chorin und seiner Frau Avital feierten wir im weinlaubbewachsenen, altväterlichen Haus in Jerusalem-Romema den Schabbat-Beginn, bei Herbert Rosenkranz und Erica im Stadtteil Rehavia, mit Panoramablick auf die Knesseth, den Schabbat-Ausklang. In Nahariya brachten uns Hannah und Benjamin Jeremias wieder zu den Beduinen und ihren arabischen Freunden, Benjamins Leitsatz getreu: „Wer den Hass bekämpfen will, muss die Unkenntnis bekämpfen." Und das hiess für ihn: Menschen anderer Kulturen kennenlernen. Bei Margot und ihrem Mann Dov Singer im Kibbuz Ein Gev schliesslich kamen wir gerade zu einer Bar-Mitzwa-Feier zurecht. Am Ufer des Genezareth-Sees, unter turmhohen Dattelpalmen, tafelten Verwandte und Freunde an rotgedeckten Tischen und prosteten sich mit Orangensaft zu: „Lehaim – aufs Leben!" Hinter den Bergen am anderen Ufer des Sees versank die Sonne in einem nie zuvor gesehenen Meer brandroter Federwolken.

Zu den alten Freunden kamen in diesem Jahr in Ma'ale Hachamisha neue hinzu. Der Kibbuz, für sein Luftkurortklima gerühmt, liegt nur 15 Autominuten von der Jerusalemer Altstadt entfernt in den Judäischen Bergen. Wir hatten uns im Gästehaus eingemietet und kamen beim Frühstück mit dem gerade als Hoteldirektor amtierenden Leon Harari ins Gespräch. Ein Mann mit Jean-Gabin-Gesicht, ein Weiser mit breiten Arbeiterhänden. Leon war in Warschau Redakteur bei der *Kleinen Rundschau*, einer Zeitung von Kindern für Kinder des Waisenhausleiters Janusz Korczak, gewesen. Er nahm uns mit zu seiner aus Berlin immigrierten Frau Geula in den Kibbuz, wo wir dann mehrmals – zahllose Bücher, Chanukka-Leuchter, Chagall-Bilder und Afrikamasken um uns herum – bis nach Mitternacht auf dem Ecksofa im Häuschen sassen, um Geschichten aus dem Leben des Kinderfreunds, des „guten Doktors", des grossen Pädagogen Janusz Korczak zu hören. Leon und Geula sollten uns noch oft in Deutschland besuchen. Nina gaben diese Begegnungen letztlich den Anstoss, Jahre später für das Jüdische Museum München eine Photoausstellung über die Bewohner des Shoul-Eisenberg-Seniorenheims zu realisieren, die auch als Buch erschien unter dem Titel „Wir sind eine Familie".

Was bald nach der Israelreise folgte, ist Ruth erspart geblieben. Am 2. Weihnachtsfeiertag 1979 kam ich ins Krankenhaus und erst drei Monate später wieder hinaus. Totale Erschöpfung, urteilten die Ärzte. Zuviel Alkohol, zuviel Kaffee, zuviel Nikotin. Ein Zusammenbruch, der meine Mutter masslos erschreckt hätte. Für mich geriet er, nachdem ich das tiefe, tiefe Tal erstmal genommen hatte, zur Wende.

Ich kam dahinter – Zeit genug hatte ich –, dass ich eine verrückte Perfektionistin gewesen war und mich mit einem Bündel von Aufgaben weit überfordert hatte. Die Überfrau im Visier: als Alleinerziehende für die Kinder stets ansprechbar, im Beruf parat wie eine, aller Beziehungen ledige, politisch wachsam und informiert, für Freunde immer erreichbar, eine tadellose Gastgeberin, Briefeschreiberin, Haushälterin. Ich wollte alles gleichzeitig sein und keinen Fehler machen. Dabei gehören Fehler, Ecken und Kanten doch zum Leben dazu. Die Krankheit hat mir – mehr als die Analyse – die Augen über mich selbst geöffnet. Offenbar brauchte ich erst eins aufs Dach, um zu begreifen.

Ich habe dann wieder angefangen. Zu Hause und in der Redaktion. Behutsamer und etwas bewusster, glaube ich. Nicht mehr so gnadenlos von mir selber gejagt. Mit mehr Atem im Heute lebend. Die 80er Jahre hätte ich dann auch meiner Mutter gewünscht. Da ist ihr manches entgangen, einiges, das sie direkt betraf. Schon Ende der 70er hatte der Holocaust-Film über das tragische Schicksal der jüdischen Familie Weiss eine Flut von Publikationen, Dokumentationen und öffentlichen Gesprächsrunden über die lange tabuisierte jüngste Vergangenheit ausgelöst. Als wäre ein Damm plötzlich gebrochen. Zum 33. Jahrestag seiner Nachkriegsproduktion brachte der Suhrkamp Verlag in der „Weissen Reihe" die bemerkenswertesten Erstausgaben aus drei Jahrzehnten neu aufgelegt heraus. Als zweites Buch im Autorenalphabet erschien 1983 „Der Schattenmann" von Ruth Andreas-Friedrich, als letztes „Die Ästhetik des Widerstands" von Peter Weiss.

Unter dem Titel „Schauplatz Berlin" veröffentlichte Suhrkamp 1984 auch Ruths Tagebücher aus den Jahren 1945 bis 1948, die sie zu ihren Lebzeiten nur auszugsweise hatte unterbringen können. Und im gleichen Jahr riefen junge SPDler und Gewerkschafter zu einem ersten „Antifaschistischen Rundgang" durch Steglitz auf, dem etliche folgen sollten. Unter dem Motto: „Wir wollen nicht vergessen" ging man da unter anderem den Spuren der „Gruppe Onkel Emil" nach. Der erste Rundgang fand am 18. November 1984 bei heftigem Schneetreiben statt. Mit Schülern, Studenten und alten Steglitzern standen wir, knöcheltief im Schnee, auch an Leo Borchards Grab. Ein stupsnasiges kleines Mädchen zündete Lichter an.

Das alles ist Ruth entgangen. Vier Jahre später, am 20. Oktober 1988, kurz vor dem 50. Jahrestag der Pogromnacht vom 9. November, der sogenannten Reichskristallnacht, wurde am

Haus Hünensteig 6 noch eine Gedenktafel zur Erinnerung an Ljowa und Ruth enthüllt. Auch das von den jungen SPDlern initiiert und nicht gerade zur Freude einiger neuer Bewohner, die fürchteten, das Haus werde einschlägig bekannt und die Tafel Ziel zahlreicher Schmierereien werden. Ein Antrag der Steglitzer SPD-Fraktion im gleichen Jahr 1988, den nach einem Wegbereiter der Nazis benannten Dietrich-Schäfer-Weg in Leo-Borchard-Weg umzubenennen, scheiterte am Veto der CDU. Schulkinder sammelten nichtsdestotrotz über 2000 Unterschriften, und im Dezember kam dann doch noch ein von allen Parteien getragener Kompromiss zustande. In Zukunft sollte die Musikschule Steglitz *Leo-Borchard-Musikschule* heissen, der Park am Fichteberg *Ruth-Andreas-Friedrich-Park*.

Offiziell vollzogen wurde die Umbenennung erst im April 1990 im bereits vereinigten Berlin. Mit einem musikalischen Festakt in der Musikschule und der Enthüllung eines Gedenksteins im Park. Walter, der mit seiner dritten Frau gekommen war, hielt eine kurze, anrührende Rede auf Ruth, die damit endete, sie sei „das Herz und die Flamme der Gruppe Onkel Emil" gewesen. So war es. Und jedesmal, wenn ich später dort stand neben dem Stein, dachte ich, schöner und sinnvoller hätte man ihrer nicht gedenken können als mit diesem Park. Im Sommer blühen Rosen in der kleinen Anlage. Auf dem Spielplatz schaukeln Kinder. Wenn Schnee liegt im Winter, rodeln sie den Berghang hinunter. Hier, in Berlin, ist Ruth mir näher als in Gauting, wo man sie beigesetzt hat.

Das glücklichste Volk der Welt

Ganz sicher wäre Ruth damals, 1989, als die Mauer fiel, spornstreichs ins wiedervereinigte Berlin gereist, nein geflogen, um so schnell wie möglich am Tatort zu sein. In München hatten wir die Wende, Tag für Tag, nur am Fernseher miterlebt. Erst die Feiern zum 40. Staatsgründungstag der DDR am 6. Oktober: Michail Gorbatschow und Erich Honecker noch Seit' an Seit'. Schon davor und danach die immer machtvoller anwachsenden Demos couragierter DDR-Bürger gegen das Regime und die Massenflucht Tausender über die plötzlich durchlässig gewordene ungarische Grenze in den Westen. Erich Honeckers Ablösung dann am 18. Oktober. Schliesslich das jede Bildschirmdimension sprengende, herzbewegende Schauspiel – die Öffnung der Grenzen zur Bundesrepublik und nach West-Berlin. Die Öffnung der Mauer.

„In dieser Nacht war das deutsche Volk das glücklichste der Welt", sagte später der Mann mit dem roten Schal, der Berliner Regierende Bürgermeister Walter Momper. Vor der Mauer, auf der Mauer, Kopf an Kopf weinende, sich umarmende, lachende, tanzende, jubelnde Menschen. Wie im Rausch. Ost-West-Verbrüderung. Vopos werden umhalst. Wildfremde winken Arm in Arm von der Mauer. Die ersten Souvenirjäger brechen schon Stücke heraus aus dem „antifaschistischen Schutzwall". In dieser Nacht und in den darauffolgenden Tagen, als Hunderttausende in den Westen, Hunderttausende in den Osten strömen, gibt es nur noch Gewinner. Das hält an bis Silvester, bis am Brandenburger Tor um Mitternacht neben der schwarz-rot-goldenen die Europafahne gehisst wird und die Brüder und Schwestern aus West und Ost unter Feuerwerkskaskaden gemeinsam das „Lied an die Freude" singen. „Unser" Lied während des Kriegs in jeder Silvesternacht.

Als ich mit den Töchtern im Februar 1990 nach Berlin reise, um dort meinen 65. Geburtstag erinnerungsträchtig zu begehen, hat die anfängliche Euphorie bereits einer gewissen Ernüchterung Platz gemacht. Jetzt steht die Frage an: Wirtschafts- und Währungsunion – Ja oder Nein? Soll es eine Konföderation zweier deutscher Staaten geben oder „ein einig Vaterland"? Der Taxifahrer, der uns vom Bahnhof Zoo zur Wielandstrasse fährt, sagt: „Bloss nich allet so fix." Jeder weiss heute, wie es gekommen ist. Es ging sehr schnell. Zu schnell. Und was die „Wessis" betrifft: zu habgierig und zu selbstgerecht.

Wir wohnen, wo ich in Berlin immer wohne, um mich nicht zu sehr als Touristin zu fühlen, in der Altbau-Pension „Modena" beim Olivaer Platz. Mit einem wildschönen Baum im Hinterhof. Mit einem ächzenden, edel vergitterten Fahrstuhl aus der Gründerzeit im Treppenhaus. Um die Ecke haben früher mein Nachhilfefreund Hans Oppenheimer und mein liebster Bruder Winnetou gewohnt. In der nahen Mommsenstrasse hatte ich ausdauernd Hopse gespielt. Französisch feiern wir rein in den

Geburtstag, im „Petit Paris“ am Kurfürstendamm. Altberlinisch feiern wir raus. In Ostberlin. In der ältesten, seit dem Jahr 1621 erhaltenen Gaststätte „Zur letzten Instanz“, in der schon Napoleon, Alfred Döblin, Henny Porten und zuletzt Gorbatschow eingekehrt sind. Schwere, verräucherte Balkendecken. Moosgrüne Majolikaöfen. Auf der Speisekarte nur zwei Gerichte. „Wie bei Oma“: Eisbein oder Schweinebraten mit Rotkohl. Überreichlich.

Zwischen den west-östlichen Mahlzeiten die Geburtstags-Highlights: das Brandenburger Tor und die Mauer. Weitgehend steht der „Schutzwall“ noch. Doch wo Nina vor ein paar Jahren gleich neben dem Martin-Gropius-Bau die endlosen Mauergraffitti photographiert hat, ist von Graffittis nichts mehr zu sehen. Wie von Mäusen abgenagt sind die Wände. Bis zum oberen Rand. Ein paar Männer stehen auf Leitern und klopfen die Reste ab. Unten verpacken ihre cleveren Freundinnen die Trophäen in Zellophan und pappen Aufkleber drauf: „Original Berliner Mauer“. Das geht wie am Fliessband, begleitet vom Hämmern der „Mauerspechte“. Auf Treppchen und Plattformen klettert niemand mehr hinauf, um wie früher mit ängstlichem Schauder nach drüben zu starren. Man blickt jetzt bequemer durch Mauerspalten ins Niemandsland. Die Berliner gucken schon gar nicht mehr hin. Längst Alltag.

Am Brandenburger Tor ist Volksfeststimmung. Touristenboom. Gedränge um heisse Waffeln, Döner Kebab, Limo und Currywurst. Im Ausverkaufsangebot sind Sowjetorden, russische Offiziersmützen „pro Stück 70 DM“ und der Bestseller, die „Puppe in der Puppe“. Keine Babuschkas mehr, sondern hochaktuell: Gorbatschow mit Breschnew, Stalin und Lenin im Bauch. Mauerbrocken gibt es auch. In Suppentellergrösse, für 800,– Mark. „Nicht grad billig“, sagt Bettina. Der blässliche Verkäufer hat die Ruhe weg: „Keene Bange. Der nächste Ami kommt bestimmt.“

Direkt vor dem Tor ist noch immer Grenzkontrolle. In meinen neuen Europapass kommt der erste Stempel mit dem Berliner Wahrzeichen, dem Tor. Daneben das Datum: 18. 2. 1990. Dann schreite ich unbehelligt zum ersten Mal wieder unter Schadows Quadriga hindurch. Den Töchtern ist dabei nicht ganz so feierlich zumute wie mir.

„Chère Cousine ...“

Zu Hause finden wir – ein nachträgliches Geburtstagspräsent – zwei Briefe aus Frankreich vor. Beide mit dem gleichen Absender: Forgeois. Der eine von unserem guten Docteur Alfrèd Forgeois aus Arras, in dem er uns mitteilt, er habe die Verwandten nun endlich aufgespürt und zweifelsfrei identifiziert. Langwierig sei es gewesen, weil die Familie inzwischen den Adelstitel aus der Zeit vor der Französischen Revolution wieder angenommen habe. Adresse anbei.

Der andere Brief kommt schon von dort. Aus Courdimanche bei Paris. Absender: Jean-Pierre Forgeois de Semerpont. „Chère Madame“, heisst es da auf französisch und noch recht förmlich, „Docteur Forgeois hat mir Ihren Brief vom 23. 9. 86 übermittelt ... Ich nenne mich Jean-Pierre Forgeois de Semerpont. Die Recherchen der Heraldischen Dienste der Stadt Paris aus Anlass des 200. Jubiläums der Französischen Revolution haben die Herkunft unserer Familie von den de Semerpont, Comte de Blangermont offiziell bestätigt. Die Dokumente, die ich besitze, beweisen ohne Zweifel auch unserer beider Verwandtschaft, so wie sie Docteur Forgeois ermittelt hat ... Ich hoffe, wir werden in Verbindung bleiben und uns vielleicht bald begegnen können. Recevez, chère parente, nos meilleurs sentiments ...“

„Jesses“, hätte meine Mutter gesagt, „jetzt ist es heraus.“ 1939 war das, als sie kurz vor dem Krieg zum ersten Mal auf den Gedanken kam, nach den verschollenen Verwandten zu suchen. Vor gut 50 Jahren. Sie wäre sofort aufgebrochen nach Courdimanche. Ich kann noch nicht fahren. Bin verplant. Aber wir korrespondieren, Jean-Pierre und ich. Meine Ururgrossmutter und sein Urgrossvater, das haben wir schnell geklärt, waren Geschwister: Adèle Forgeois, die mit dem Dickkopf Jodocus Vissing nach Amerika ging, und Emile Forgeois, der Adèles Tochter Hélène aus der Ehe mit Vissing später in Paris-Montparnasse so grosszügig aufnahm. Er hatte nach Sidonies Tod zum 2. Mal geheiratet und zwei Kinder aus dieser Ehe: Caroline und Charles-Emile – Jean-Pierres Grossvater. Wir tauschen Photographien der Porträts unseres Ahnherrn Constant Forgeois. Auf Jean-Pierres Gemälde wirkt er jünger, weicher, auf meinem gereifter und ernster. Aber die Ähnlichkeit, auch in der Kleidung, ist frappant.

Jean-Pierre schreibt fortan an die „Chère Cousine“ und stellt sich selbst und seine Familie im nächsten Brief näher vor: „Jean-Pierre, geb. 1931 in Paris, Marie-Christine, mit Mädchennamen Blondel, geb. 1942 in Conty bei Amiens. Drei Söhne: Christian (1964), Patrick (1965); Jacques-Olivier (1967).“ In der Anlage: die Postkartenansicht eines Rehabilitationszentrums in Menucourt bei Paris, wo Jean-Pierre als Verwaltungschef tätig ist, und eine etwas unscharfe Photographie. Toute la famille. Nur Christian ähnelt mit dunklem Haar und lachenden, braunen Augen der Mutter. Die beiden anderen sind, wie der Vater, blond, blauäugig, hochgewachsen. Alle geben sich locker. Ich lege unseren Daten und Photos einen Artikel von mir aus der *Süddeutschen* über das Zentrum für behinderte Kinder der „Aktion Sonnenschein“ bei – Stichwort: gleiche Interessen – und die französische Ausgabe von Ruths Tagebüchern: „Berlin sous les Nazis“.

Jean-Pierre ist ein hurtiger Schreiber. In einem der nächsten Briefe zählt er seine Liebhabereien auf. Er spielt gern Eisenbahn. Im Keller bastle er mit Christian Modellschiffe und Flugzeuge zusammen. Und bei Festen sei er ziemlich gefragt an der Hammondorgel. Oder als Akkordeonspieler. Er schickt auch bald eine Kassette nach. Ich höre zum ersten Mal seine Stimme. Männlich sanft à la Georges Brassens. Am Ende sagt er auf Deutsch „Auf Wiedersehn“ und auf Französisch: „Je vous embrasse très affectueusement.“ Ich revanchiere mich mit der Handschrift einer Komposition, die François Forgeois einst der angebeteten Adèle zugeeignet hat. „Vielleicht was für die Hammondorgel?“ Und so geht das weiter hin und her, her und hin – „Cher Cousin“ … „Chère Cousine“ – bis zum Golfkrieg.

Scud-Raketen und „Ausländer raus“

Meistens lasse ich mich in dieser Zeit morgens vom Radio wecken. Wach werden mit den ersten Nachrichten. Nach dem 17. Januar 1991, einem Donnerstag, habe ich das lange unterbrochen. An diesem frühen Morgen höre ich noch halb im Schlaf den Diktator Saddam Hussein: „Die Mutter aller Schlachten hat begonnen". Es hebt mich senkrecht aus dem Bett. Nach Saddams Überfall auf Kuwait haben die Luftstreitkräfte der Westkoalition die ersten irakischen Ziele bombardiert. Was folgt, ist der blanke Horror. In der Nacht vom 17. auf den 18. Januar schlagen sieben Scud-Raketen aus dem Irak in Israel ein. Zwei davon in Tel Aviv. Stundenlang ist ungewiss, ob sie mit Giftgas beladen sind. Mit Gasmasken hocken die Menschen dort in ihren mit Klebeband notdürftig isolierten Zimmern. Man muss sich das vorstellen: Millionen Menschen mit einem Giftgastrauma aus der Nazizeit wieder durch Gas bedroht. Und auch deutsche Firmen sollen Zulieferer der tödlichen Ladung sein. Schlägt Israel jetzt zurück, könnte der ganze Nahe Osten in Brand geraten.

Israel hält still. Aus dem Kibbuz, aus ihrem abgedichteten Schlafzimmer telephoniert Leon Harari: „Wir sind ruhig. Licht ist da. Lesen kann ich nicht, weil die Brille geht nicht in die Maske ... Natürlich, es kommen Gedanken, von anno dazumal bis heute ... Ja, immer wieder Alarm ... Die Kinder – Gespensterchen in Gasmasken. Was haben die Kinderchen getan?"

Nach sechs Wochen endlich hat Saddam die Schlacht aller Schlachten verloren. Der Golfkrieg ist beendet. Aber bedrohlich geht es weiter in diesem bösen Jahr 1991, das für uns nur durch Bettinas Hochzeit mit ihrem langjährigen Freund Pete Hirschheiter farbenfroh und weinselig unterbrochen wird. Im August: Massenansturm albanischer Flüchtlinge auf die Hafenstadt Bari. Das Bild des bis zur Mastspitze von Menschen überquellenden, auf die italienische Küste zusteuernden Schiffs wird allen, die es gesehen haben, als Menetekel unauslöschlich in Erinnerung bleiben. Im Herbst dann Michail Gorbatschows Sturz, das Ende der „Perestroika" und ein neuer, noch undurchschaubarer Kremlchef namens Boris Jelzin. Schliesslich die Auflösung der UdSSR und der ein Flüchtlingschaos auslösende Bürgerkrieg in Jugoslawien.

Auch wenn es angesichts des Zusammenbruchs einer Weltmacht und der Kriegsgreuel auf dem Balkan befremdlich erscheinen mag, die Attacken der Neonazis auf das Asylbewerberheim im sächsischen Hoyerswerda im Monat September und das Beifallsgeschrei fanatisierter Bürger haben mich mehr aufgewühlt. Das war hausgemacht. Ein Rückfall in die alte Barbarei. Menschenhatz als Volksfest neben Würstlbuden.

Die Chronique scandaleuse eskaliert von Jahr zu Jahr. Allein 1991 listet der Verfassungsschutz 1483 Gewalttaten auf (1990 waren es 270), davon 383 Brand- und Sprengstoffanschläge. Immer wieder werden jüdische Friedhöfe geschändet. Neonazis überfallen in Recklinghausen eine Unterkunft für Sinti und Roma. Schwarze werden mit Baseballschlägern zu Tode geprügelt. In Hünxe/Nordrhein-Westfalen explodiert ein Brandsatz auf dem Bett zweier kleiner libanesischer Mädchen. In Berlin hetzen Skins einen Angolaner vor ein heranpreschendes Auto. Die Gewalt kulminiert im August 1992 in Rostock-Lichtenhagen. Pogromnächte. „Deutschland den Deutschen ... Ausländer raus!" Und nahe am Tatort wieder die Sympathisanten. Sie klatschen.

Die konservativen Parteien sehen ihre Chance, nun das Asylbewerberrecht zu verschärfen: „Stop! Das Boot ist voll! Jetzt das Asylrecht ändern!" plakatiert die Christlich Soziale Union (CSU). Ihr bayerischer Vordenker Edmund Stoiber hatte schon längst vor einer „durchrassten Gesellschaft" gewarnt. Aber auch Widerstand formiert sich. „Ausländer, lasst uns mit diesen Deutschen nicht allein!" halten die anderen dagegen. Im Bundestag wirft der SPD-Fraktionsvorsitzende Hans-Jochen Vogel der Union „Brandstiftung" vor. „Die ‚Reichskristallnacht' schien weit zurückzuliegen", schreibt Heribert Prantl in der *Süddeutschen Zeitung*. „Jetzt sehen wir einen kleinen Widerschein." Und in einem Leitartikel Giovanni di Lorenzo: „Man muss wohl feststellen, dass nunmehr die schlimmste Krise seit Bestehen der Bundesrepublik eingetreten ist".

Ende Oktober 1992 protestieren mehr als 2000 Münchner Schülerinnen und Schüler in strömendem Regen auf dem Geschwister-Scholl-Platz vor der Uni „gegen Fremdenhass und Gewalt". Die „Weisse-Rose-Stiftung" hatte die Demo initiiert. Wir waren dabei. Um diese Zeit war ich schon nicht mehr bei der *Süddeutschen Zeitung*. Am 1. Mai 1992, mit 67 Jahren, hatte ich aufgehört. Ich wollte ein Buch schreiben, ein längst recherchiertes. Durch die Ereignisse gebremst, kam ich nur langsam voran.

Zwei türkische Kinder und ihre Tante kommen im November bei einem Brandanschlag in Mölln ums Leben. Diesmal gelingt es vier Freunden, darunter Giovanni di Lorenzo, die keine grosse Organisation und keinen Parteiapparat hinter sich haben, noch im Dezember für eine „Lichterkette“ in München mehr als 450 000 Menschen, später auch Hunderttausende in anderen Städten auf die Beine zu bringen – rund zwei Millionen insgesamt. Mit Kerzen in der Hand. „Gegen Fremdenfeindlichkeit – für mehr Toleranz“. Lichter in der Finsternis.

Für wenige Stunden scheint eine Mehrheit den „hässlichen Deutschen“ Paroli zu bieten. Ich sehe in den nächtlichen Strassen Busfahrer neben ihrem Bus, Kellnerinnen vor ihrer Gaststätte, Verkäuferinnen vor ihrem Laden, Bewohner eines Mietblocks fast vollzählig vor ihrem Haus. Auf dem Geschwister-Scholl-Platz sechs Überlebende der „Weissen Rose“. Kerzen strassauf, strassab. Walter Seitz, inzwischen 88, unser Freund aus dem Widerstand, steht vor der Feldherrnhalle. Schwarze stehen neben Weissen, Türken, Japaner, Israelis neben Deutschen – eine multikulturelle Demonstration der Solidarität.

Die Grundgesetzänderung, das verschärfte „Asyl(aussperr)-recht“ (Prantl) passiert dennoch am 26. Mai 1993 mit 551 gegen 132 Stimmen den Bundestag. Vier Tage danach kommen in Solingen in der Nacht zum Pfingstsonntag wieder fünf Menschen durch Brandstiftung um. Rechtsradikale versuchen, die Lübekker Synagoge niederzubrennen. Die täglichen Meldungen im Polizeibericht über erschlagene, erstochene, zu Tode getrampelte Ausländer werden Gewohnheit.

Jahre später wird man sich lustig machen über die „Gutmenschen“ der Lichterkette. „Humanitätsduselei“, schreibt ein Leser an die *SZ*. „Was hat der Klimbim schon gebracht?“ Was der Klimbim gebracht hat, schlug sich in den Medien kaum nieder. Die neuen Aktivitäten entwickelten sich von der Basis her. Aus den gleichen Kreisen, die – ein Novum nach dem Zweiten Weltkrieg in Deutschland – seit Jahrzehnten schon überparteilich Hilfen für Behinderte, Alte, Kinder, Strafentlassene oder psychisch Kranke entwickelt hatten.

In und um München herum gibt es inzwischen über 80 Ausländer-Helferkreise, „Miteinander leben – Pro Asyl“, Hunderte in der gesamten Bundesrepublik, in denen sich vornehmlich Frauen um ausländische Flüchtlinge kümmern. Ehrenamtlich, versteht sich. Von der Schulaufgabenhilfe bis zum Streit mit

Behörden. Weit über hundert Kirchengemeinden haben vielen zu Unrecht von der Abschiebung bedrohten Flüchtlingen Asyl geboten. Auch dies eine Folge der belächelten Lichterkette oder weil man aus der Nazivergangenheit doch einmal Konsequenzen gezogen hat.

Das ist ein Ansatz zumindest. Aus Frankreich schrieb mir Jean-Pierre: „Ich bin sehr beunruhigt über das Wiedererstarken der Nazis in Deutschland. Die Jugend unserer beider Länder leidet unter einem Mangel an Vorbildern und Perspektiven. Dazu kommt die Arbeitslosigkeit. Sie ist die Quelle aller Konflikte, und oft geht sie Diktaturen voraus."

50 Jahre nach der Befreiung

Ausser der Wende, Anfang der 50er Jahre, als das 131er Gesetz auch die alten Nazis wieder nach oben schwemmte, hat kaum etwas mich so niedergedrückt wie das Wüten der Neonazis Anfang der 90er Jahre. Die Saat war aufgegangen. Zudem fand in dieser Zeit mein älterer Bruder Paul Joachim bei seinen Recherchen zu einem Buch[7] über unseren Vater heraus, dass der nicht erst 1943, sondern schon 1941 Mitglied der NSDAP geworden war. An seinem 39. Geburtstag ausgerechnet. Am 3. Juli. Als die Deutschen noch siegten. Er hatte meine Mutter belogen. Der treue Nibelunge – ein Opportunist. Das konnte er ihr wohl nicht eingestehen. Mich hat dabei am meisten getroffen, was auch die 68er ihren Eltern zur Last gelegt haben – das Verschweigen.

Für ein klärendes Gespräch war es nun zu spät. Ich vergrub mich in die Arbeit an meinem Buch über fünf Männer und fünf Frauen, die sich in den dreissiger Jahren noch nach Palästina retten konnten und mitgeholfen hatten, Israel aufzubauen. Geschichten der Hoffnung anfangs auf eine friedliche Welt. Im Dezember 1994 brachte Friedrich Veitl, einen Flop mutig einkalkulierend, „Wege ins gelobte Land" im Berliner Metropol Verlag heraus. Zwei Lesungen muss ich erwähnen zum Dank an die, die sie möglich gemacht haben. Zur ersten lud Dr. Rachel Salamander von der Münchner „Literaturhandlung" ins Stadtmuseum ein. Vorher hatte ich Lampenfieber. Mein Mund schien mir wie mit Sägespänen gestopft. Mir fiel ein: früher beim Theater war es vor jeder Premiere genauso gewesen.

In Berlin, bei der zweiten Lesung, ging es schon besser. Die hatten Prof. Wolfgang Benz, Ludger Bült und Marianne Conrad für den 23. Februar 1995, eine Woche nach meinem 70. Geburtstag, im Brecht-Haus arrangiert. Im „Scheunenviertel", wo Geula Harari geboren wurde. 50 Jahre, nachdem ich am Hebbeltheater in Brechts „Dreigroschenoper" die „Hure Pen" gewesen war, schloss sich jetzt an der Chausseestrasse sozusagen der Kreis.

Zufällig waren Leon und Geula für einen Korczak-Vortrag gerade auch in Berlin. Sie sassen bei der Lesung im Brecht-Haus neben meinem Freund Hans Oppenheimer. Ich las auch Passagen aus ihrer eigenen Geschichte. Später im „Brecht-Keller", wo Gerichte nach Rezepten aus Helene Weigels Kochbuch en vogue sind, unterhielt Leon die Tischrunde bei Apfelkücheln mit Weinschaumsauce noch eine Stunde lang mit jüdischen Witzen.

Es sollte Leons und Geulas letzte gemeinsame Reise nach Deutschland gewesen sein. Ein halbes Jahr später starb er während eines Aufenthalts in Budapest ganz plötzlich am Herzinfarkt: ein kaum verwindbarer Schock für Geula. Für alle, die ihm nahestanden: Eine Stimme weniger für eine bessere Zukunft, für Liebe, Freundschaft und Brüderlichkeit …

Viermal war ich in diesem Jahr 1995 in Berlin. Ein Jahr der Rückerinnerung. 50 Jahre Kriegsende. Die Befreiung. Gedenkrituale. Viel Kammermusik. Viel Getragenes. Betroffenheitsreden von Offiziellen, die nicht betroffen sind. Strassenschlachten der Polizei mit linken Demonstranten, die anders gedenken wollen als vorgeplant.

Im Berliner Abgeordnetenhaus eröffneten Anneliese Knoop-Graf, Franz J. Müller und Dr. Marie-Luise Schultze-Jahn eine Ausstellung über die „Weisse Rose". Auch Walter Seitz, nun fast 90 Jahre alt, war staunenswert beweglich dabei. An der Oranienburger Strasse feierte man die Einweihung der restaurierten Goldkuppelsynagoge. Zum Auftakt legten am gleichen Tag Rechtsradikale ein zweites Mal Feuer an die Lübecker Synagoge. Das überschattet die Andacht der 4000 dreifach durch Sicherheitsschleusen gelotsten Ehrengäste. Zur Erinnerung schliesslich an Leo Borchard, den ersten Dirigenten der Philharmoniker nach dem Krieg und an sein tragisches Ende, dirigierte Claudio Abado bei den 45. Berliner Festwochen die 6. Symphonie a-Moll von Gustav Mahler. Draussen vor der Philharmonie steht an einer Plakatwand „Ausländer raus“, aber Störer blieben aus.

Nur einmal in diesem Jubiläumsjahr 1995 waren in Berlin alle Gegensätze aufgehoben. Während der Sommerwochen, als der Reichstag Hauptperson war. Der „verhüllte“ Reichstag. Zwei etwas abgehobene amerikanische Künstler, Christo und Jeanne-Claude hatten den verrückten Einfall gehabt, das geschichtsträchtige Monument in ein Aluminiumgewebe zu packen, und ihre Idee gegen die Bonner Beamtenempörung durchgesetzt. Letztlich ausschlaggebend: sie wollten kein Geld.

„Es gibt keinen Vergleich zu diesem verhüllten Reichstag“, habe ich nach meinem ersten Rundgang notiert. „Der Eindruck, schon von weitem, ist überwältigend. ‚Magic‘, sagte meine Freundin Sabine Reichwein. Das trifft es am ehesten. Silbrige Unwirklichkeit. Menschen kommen in Strömen, mit Kind und Kegel, Hund und Picknickkörben. Die Anlagen sind freigegeben. Das klobige, graue Gemäuer, das einmal der Reichstag war, scheint zu schweben. Warum kann das nicht immer so bleiben? Die Menschen gehen umher mit heiteren Gesichtern, niemand hetzt. Unbekannte reden miteinander. Berlin für begrenzte Zeit eine Stadt des Lächelns.“

Offenbar hatte der verzauberte Reichstag noch dazu eine geheime Anziehungskraft. Angelika, mein liebster Bruder Winnetou, kam nach 45 Jahren aus Amerika zurück nach Berlin. Sie sagte wie früher: „Menschenskind, is’ das fabelhaft.“ Wir umkreisten Christos Wunderwerk, und in den nächsten Tagen liefen wir alle vertrauten Plätze, soweit noch vorhanden, ab. Am längsten standen wir im Zoologischen Garten im Aquarium, das die Bomben im Krieg verschont hatten. Von der Brücke über den künstlichen Teich schauten wir auf die gähnenden Krokodile hinab und fingen an, uns wieder so schön zu gruseln. Winnetou sagte: „Berlin hat sich eigentlich gar nicht verändert.“

Wieder in Arras

Ein Jahr später hatte ich endlich Zeit, zu den wiedergefundenen Verwandten nach Frankreich zu fahren. 1996 war das, als in Berlin im Martin-Gropius-Bau die deutsch-französische Ausstellung „Marianne und Germania" lief. Ein hundertfach bebilderter Beitrag zur Aussöhnung der ungleichen Schwestern. In der *Süddeutschen* schrieb Claus Heinrich Meyer dazu: „Die Vernunft hat gesiegt, die alten Erb- und Erzfeinde bilden das Kernstück in einem riesigen, kalten Wirtschaftsverbund, genannt Europäische Union ... Endlich fanden auch Paris und Berlin, Hauptstädte und Metropolen Preussens und Galliens zur Städtepartnerschaft." Stresemann und Briand hätten darauf bestimmt mit Champagner angestossen. Und Hélène und Ruth? Die nahm ich in Gedanken mit auf die Reise.

Zehn Jahre zuvor war ich mit Nina über Strasbourg nach Arras gefahren. Diesmal fuhr ich wieder über das Elsass, aber allein. Damals, 1986, war gerade der 25. Jahrestag des „antifaschistischen Schutzwalls" gefeiert worden. Jetzt gibt es keine Mauer mehr und auch keine DDR. Erich Honekker ist entmachtet. Seit der Ermordung Jitzhak Rabins scheint für den Nahen Osten der Frieden wieder in weite Ferne gerückt. François Mitterrand, der dem deutschen Kanzler in Verdun die Hand gereicht hatte, ist tot, Helmut Kohl freilich weiter Kanzler und das politische Klima rauher.

Die Preise haben sich verdoppelt. Die Arbeitslosenzahlen ebenfalls. Von 2,1 Millionen 1986 auf 4,2 im Jahr 1996. Die Gewerkschaften gehen gegen den Sozialabbau auf die Strasse, die „alten Kämpfer" gegen die provozierende Ausstellung „Verbrechen der Wehrmacht". Um die „organisierte Kriminalität" in den Griff zu bekommen, hat man trotz massiver Bürgerproteste im Bundestag den „Grossen Lauschangriff" abgesegnet. Auch der unbescholtene Bürger weiss nun: „Big brother is watching you". Das hat es technisch so perfekt selbst im Dritten Reich nicht gegeben.

Eigentlich kam ich erst oben im Norden, in Arras, wieder richtig zum Stehen, und dort nahm ich diesmal im „Hotel des 3 Luppars – Zu den 3 Leoparden" Quartier, das 1986 noch im

Umbau gewesen war. Besser freilich konnte ich nicht logieren. Bei Wirten „wundermild“, Viviane und Robert de Troy, in einem frühgotischen Backsteinhaus am Grand’ Place, das schon 300 Jahre gestanden hatte, als Robespierre und der junge Forgeois sich unter den Arkaden ergingen.

Ich beschliesse, die Runde, die ich damals mit Nina gemacht habe, noch einmal abzugehen. Jenes Haus, in dem Robespierre als Advokat zwei Jahre lang gewohnt hat, ist immer noch „fermé“. Und noch verfallener. Die Fensterläden abgeblättert. Schmutzigweiss. Nebendran steht der verrammelte Bau, in dem zwischen 1942 und ’44 über 9000 Franzosen für die Zwangsarbeit in Deutschland rekrutiert wurden. Gegenüber hat ein Laden aufgemacht: „Au bal masqué“. Kuriositäten. Der „Unbestechliche“ wäre schockiert gewesen. Neben abgelegten Kommunionskleidchen ein Porzellannachttopf in Damenhutform, Menjoubärtchen zum Ankleben, ein Vampirgebiss und Plastikpenisse in allen Formen und Farben.

Die Hitze wird sizilianisch an diesem Tag. In der Rue de la Housse, wo die Forgeois logierten beim gotischen Rathaus: Neubaunüchternheit. Ich schleiche die Strasse entlang und ende am Place du théâtre in der Bar Le Bailly. Grüne Heineken-Bier-Schirme. Rote Plastiksessel. Auf der anderen Seite das Haus mit den vollbusigen Karyatiden, das schon während der Revolution dort gestanden hat. Die Guillotine davor. Heute in der gleissenden Sonne fällt es schwer, sich die grausigen Szenen vorzustellen. Den Scharfrichter. Die Voyeure an den Fenstern. Den kreischenden Gesang der Weiber: „Dansez la Carmagnole …“

Um mich herum sitzen hübsche Gamines in Minis, Jeanswesten, Netzhemden, Goldsandaletten. Junge Männer in Bermudashorts, poppig karierte Jacketts darüber. Jeder hat etwas Giftgrünes oder Signalrotes im Glas. Ein Junge fährt auf einem Fahrrad vorbei und schwenkt über dem Kopf eine brennende Fackel. Burschen mit Luftballons jagen in einer offenen „Ente“ hinterher. Einer ruft: „La vie est belle!“ Am Strassenrand schüttelt ein Glatzkopf lachend die Faust. Lebensfreude. Selbst die Clochards, die unter den Arkaden ihren Stammplatz haben, ziehen lächelnd die speckigen Baskenmützen und wünschen: „Une belle journée, Madame.“

Bei unserem Ahnenforscher Dr. Alfrèd Forgeois spreche ich

am nächsten Tag vor. Einen rundlichen Doktor Doolittle hatte ich mir vorgestellt. Am Boulevard Carnot kommt mir ein hagerer, alter Herr am Stock entgegen. Fast blind, eben von einer Operation genesen. „Darum bitte zu schonen." Die viel kleinere, liebenswürdige Madame Forgeois im Rüschenblüschen küsst mich rechts, küsst mich links, lässt Tee und Bisquits servieren. Wir haben vor dem Kamin Platz genommen, rühren mit silbernen Löffelchen in hauchdünnen Tässchen und tauschen Artigkeiten. „De tout mon cœur – Von ganzem Herzen" danke ich für die grosse Hilfe bei der Suche nach den Verwandten. Ich sei, sage ich, nun direkt auf dem Weg zu ihnen. Der Doktor lässt sie grüssen. „Très affectueusement." Fragt nach dem „ganz persönlichen Wohlbefinden" und nach den Töchtern. Man habe uns alle schon lange erwartet. Im vergangenen Jahr sei er noch rüstiger gewesen. Ich erkundige mich gleichfalls nach der lieben Familie. Und nach einer Stunde sage ich manierlich Adieu. Wieder Küsse rechts, Küsse links. Dann stehe ich draussen unter den alten Platanen. Warum bin ich nicht schon früher hierhergekommen, denke ich. Es wird höchste Zeit weiterzufahren.

Bei Jean-Pierre und Marie-Christine Forgeois hatte ich mich bereits angesagt. Aber auch da wäre ich besser schon früher dran gewesen. Als der Cousin sich vor fünf Jahren pensionieren liess, haben die beiden ihren Wohnsitz bei Paris aufgegeben. „Sein" Paris hatte Jean-Pierre mir zeigen wollen. Das ist mir entgangen. Nun wohnen sie, 300 Kilometer etwa von Arras entfernt, in der Normandie, in Pont L'Évêque, und haben einen kleinen Laden. Jean-Pierre hat seine Bastel-Liebhaberei zum Beruf gemacht. Er bietet Bausätze für Schiffe und Aeroplane an und Serien von Minicars. Begehrte Sammlerstücke.

Auf der Fahrt nach Pont L'Évêque mache ich über Umwege noch dreimal kurz Station. Zuerst in Wervik/Wervicq-Sud, an der Grenze zwischen Frankreich und Belgien, wo man sich – so putzig blitzblank und baukastenneu ist alles – nur auf der Brücke über die Lys gerade noch vorstellen kann, dass hier Constant Forgeois und die Seinen nachts heimlich ans andere Ufer gewechselt sind. Danach halte ich in Maisnil. Die Kirche, inzwischen zum Baudenkmal erhoben, mit der Jahreszahl 1769 über dem Portal, wird gerade geweisst. Der ganze Ort, der Nina und mir vor zehn Jahren so gesichtslos erschienen ist, wirkt jetzt wie frisch gewaschen. In der Ferme Roufflin kaufe ich Gläser mit Gänserillette. Ein Andenken an das Maisnil, in dem die Semerponts einmal Lehnsherren waren.

Fünfzig Kilometer weiter, in Blangermont, gibt es nichts einzukaufen. Ein freundliches Dorf wie hundert andere auch in der Gegend. Im 17. Jahrhundert, hatte Jean-Pierre mir geschrieben, soll hier das Schloss der Semerponts gestanden haben. Aber es lohne sich nicht, dorthin zu fahren: „Man sieht gar nichts mehr." Einzig die zugesperrte, kleine, romanische Kirche könnte vielleicht aus jener Zeit stammen. Durchs Schlüsselloch erkenne ich nur Spinnweben und zerbrochene Bänke. Ich setze mich auf die Eingangsstufen und sehe den weissen Kühen zu, die rundherum wiederkäuen. Die hügelige Landschaft mit Wiesen und Hecken erinnert an Burgund. Am Ende grabe ich einen Stein aus für den Comte de Blangermont, für Jean-Pierre. Einen Stein von seinem Grund.

„Seh' ich ihm ähnlich?"

Es ist seltsam aufregend, plötzlich ans Ziel zu kommen nach so vielen Jahren, in denen meine Mutter vergeblich versucht hatte, wieder eine Brücke nach Frankreich zu schlagen. Nach Jahrzehnten, in denen ich, wie eine ständige Mahnung, nur das kleine Porträt des geheimnisvollen Forgeois vor Augen hatte und Hélènes Leitsatz im Ohr „Sei wachsam". Von kleinauf waren mir die Geschichten von Constant Forgeois und seinem Freund Robespierre, der unglücklichen Mimi, Adèle mit der Reisetruhe und der liberalen Hélène vertrauter als Grimms Märchen gewesen. Jetzt fuhr ich auf Pont L'Évêque zu und fürchtete, ich, die Deutsche könnte vielleicht doch nicht ganz so willkommen sein, wie in den Briefen von Jean-Pierre immer wieder versichert.

Darum hielt ich erstmal auf einem Feldweg an, rauchte und wünschte mir Ruth herbei. Noch besser meine Töchter, die – im Französischen gewandter –, das Wiedersehen hätten begleiten können. Ich hätte vielleicht dort noch lange gesessen, wenn nicht plötzlich ein Bauer vorübergekommen wäre, der mir ganz unvermittelt zurief: „Bonne chance, Madame!“ Er trug einen blauen Kittel, hatte ein rotes Tuch um den Hals geknotet und zog einen müden, weissen Ochsen hinter sich her. Das „bonne chance“ brachte mich wieder auf die Beine. „Merci, Monsieur, une belle journée!“ – und ab dafür.

Pont L'Évêque ist ein Fachwerkstädtchen, für seine frühgotische Kirche St. Michel bekannt und für seinen Käse. Die Kirche besuche ich zuerst. Sie erinnert mich gleich an die viel jüngere Église St. Pierre de Montrouge in Paris-Montparnasse, wo Hélène mit ihrem Rittmeister getraut wurde, und auch weil hier über züngelnden Flammen plakatgross ein Spruch hängt, der ihr sicher gefallen hätte: „Comme un feu brûlant / vient l'Esprit Saint“ – wie ein brennendes Feuer / kommt der Heilige Geist.

Von der Kirche zur Rue Hamelin 24 sind es nur fünf Minuten, und den Laden der Forgeois erkenne ich sofort nach dem Photo, das Jean-Pierre mir geschickt hat. Weiss-gelb gestreifte Markisen, im Schaufenster Lord Nelsons historisches „Flagship“ und eine Parade wenig sympathischer deutscher Panzer, Marke „Tiger“. In Frankreich regt Kriegsspielzeug niemanden auf. Am Eingang muss ich an einem rehbraunen, würdevoll dreinblickenden Hund vorbei, der mich nicht zur Kenntnis zu nehmen beliebt, und an zwei Katzen, die sich zwischen Kampffliegern und Minicars räkeln.

Jean-Pierre sitzt im Hintergrund an der Kasse. Er wirkt, als er aufspringt, gross, schlank und beweglich. In der schottisch karierten, langen Hose und dem weissen Hemd darüber sieht er aus wie ein englischer Landlord. Mit einem fast schüchternen Lächeln streckt er die Hand aus und sagt: „Bien venue, chère Karine! Comment ça va? – Herzlich willkommen! Wie geht's?“ Und nach kurzem Zögern: „Darf ich Dir Geugène vorstellen?“ Geugène ist der rehbraune Hund am Eingang. Ein Mischling, halb Braque, halb Labrador, der jetzt gähnt, sich streckt und ein Nicken andeutet. Die Katzen heissen „Sweety“ und „Barth“. Und da haben wir schon die ersten Gemeinsamkeiten. In Gauting hatten wir 14 Jahre lang auch einen Rehbraunen, einen Spaniel, und die Töchter haben noch immer ihre zwei Katzen. „Ninas,“ sage ich, „heissen Dali und Goya, Bettinas Samson und Delila.“ Jean-Pierre lacht. Der Bann ist gebrochen.

Jean-Pierre Forgeois de Semerpont und Karin,
1996 in Pont l'Évêque mit dem Originalporträt ihres Urahnen
Constant Forgeois

Von den Tieren kommen wir mühelos auf den Bauern von vorhin mit seinem Ochsen und auf die weissen Kühe in Blangermont. Ich präsentiere den Stein „vom eigenen Grund". Jean-Pierre bietet an, mir sein derzeitiges „Schloss" zu zeigen. Das Haus wird noch ausgebaut und besteht bisher nur aus dem Laden, einer Behelfsküche und zwei Zimmern sowie einigen wenigen Stücken des in einer Scheune eingelagerten Mobiliars. Leider reüssiere der Laden nicht, sagt Jean-Pierre. Man habe die Bastelfreude der Leute am Ort überschätzt. „Jetzt müssen wir improvisieren." Marie-Christine habe inzwischen ein kleines Anwesen in Aussicht. „Wiese, Apfelbäume, Bienenstöcke, ein Haus", nicht weit von Pont L'Évêque, in Le Mesnil sur Blangy. „Ein kleines Blangermont", sage ich. „Oh, non," sagt er, „Clos de Mesnil würde eher passen."

Die Schlossführung findet dann doch statt. Unter vielen „Pardon" und „Stell dir dort mal irgendwann den Wintergarten vor und da hinten das Ankleidezimmer." Im Séjour, dem Wohnraum, ist man schon fast komplett. Ein runder Tisch in der Mitte, Louis-Seize-Stühlchen drumherum. Louis-Seize dominiert. Über der Kommode eine holländische Flachlandschaft. Daneben auf einem Maxifarbphoto die Enkeltöchter Sherley und Darlène, 3 und 7 etwa, in ausgebeulten Latzhosen. Der Hammondorgel gegenüber: eine Vitrine mit Marie-Christines Chinoiserien.

„Jetzt Augen zu und dann wieder auf", sagt Jean-Pierre und führt mich zuletzt vor ein Gemälde. Goldumrahmt, fast lebensgross blickt er mich plötzlich durchdringend an – unser Ahnherr Constant Forgeois. Im himmelblauen Frack, das Haar à la Löwenherz, ein Lächeln nur angedeutet. Jean-Pierre stellt sich neben ihn. „Seh ich ihm ähnlich?" fragt er. Er sieht ihm tatsächlich ähnlich. Jean-Pierre hat Constants energisches Kinn geerbt, auch den Gesichtsschnitt, vor allem aber das scheue Lächeln. Bloss die Haarmähne nicht.

Ich halte mein Miniporträt neben das um ein Vielfaches grössere, und es gibt keinen Zweifel. Das grosse Porträt im Goldrahmen muss das berühmte, in der Forgeois-Familie weitervererbte Original sein, das kleine die Kopie, die gefertigt wurde, als die Familie sich in Holland trennte. Auf meinem Bild allerdings blickt Constant sehr viel fordernder. Das Lächeln ist verschwunden. Er ist kein Jüngling mehr.

In diesem Moment kommt Marie-Christine. Sie kommt nicht. Sie reisst die Tür auf, sieht mich und umarmt mich „très fort". Küsse rechts, Küsse links. Marie-Christine arbeitet in einem Immobilienbüro, ist einen Kopf kleiner als Jean-Pierre und könnte als „Marianne" Modell stehen – wie ich sie mir vorstelle jedenfalls. Braunes, gelocktes Haar, glänzende Augen, gespannte Aufmerksamkeit, geballte Energie. Fehlt nur die Trikolore. Sie improvisiert in Kürze das Abendessen. Wie berufstätige Frauen das können. Ohne Echauffement. Suppe, Thunfischsalat, Spargel, Schinken und Sauce mousseline, Käse, Früchte. Jean-Pierre bringt den Wein.

Wir tafeln zu dritt. Eine kleine Runde. Ohne die Kinder und Kindeskinder in München und Paris. „De rien" – macht nichts, sagt Marie-Christine, „wir feiern trotzdem." Denn das ist die erste deutsch-französische Familienzusammenkunft seit 121

Jahren, seit Hélène 1875 mit Max von Drewitz endgültig von Paris nach Hamburg gezogen ist.

Eigentlich müsste jetzt ein riesiges Feuerwerk am Himmel abbrennen oder meine Urgrossmutter Hélène Arm in Arm mit Stresemann und Briand auf uns niederschweben. Aber wir sitzen noch etwas steif herum. Wir betrinken uns nicht. Wir tanzen nicht auf dem Tisch. Wir sitzen und bemühen uns, abwechselnd deutsche und französische Brocken zusammensuchend, etwas aus unserem Leben zu erzählen. Wie überbrückt man hundertzwanzig Jahre? Jean-Pierre macht es mit Musik. Er holt das Akkordeon und spielt Heinrich Heines melancholisches Lied von der „Loreley“: „Ich weiss nicht, was soll es bedeuten …“ und dann ein Chanson von Brassens: „Au bois de mon cur / il y 'a des copaens … – Im Wald meines Herzens gibt es Freunde …“ Marie-Christine summt mit. Und Constant Forgeois schaut uns aus seinem Goldrahmen zu.

Zwei Tage hocken wir danach – Papiere um uns verstreut, mit dem Dictionnaire in der Hand – über der Familiengeschichte, und wenigstens teilweise lichtet sich das Dunkel. Ninas Recherchen aus Arras kann *ich* beisteuern. Von Pierre I. und Pierre II. de Semerpont hatte Jean-Pierre nie gehört. Dafür weiss er Details über die Nachkommen der beiden Pierres und über das Schloss Blangermont. Im 17. Jahrhundert sei es noch im Besitz von Constants Onkel Adrien de Semerpont gewesen. Als der starb, habe er nur ein einziges Kind, seine Tochter Anne-Marie, hinterlassen. Nach dem „Droit d'ainé“ war sie nicht berechtigt, den Adelstitel zu übernehmen, wohl aber Adriens Bruder Eloy Forgeois, Constants Vater. Das Schloss ging schnell verloren. Im Jahr 1700 musste es Anne-Maries verschwenderischer Gatte Alexandre de Zouche an die Jesuiten von Bethune verkaufen. Später brannte es auf ungeklärte Weise bis auf die Grundmauern nieder. Für die Familie war es ohnedies dahin.

Warum dann Constants Vater Eloy den Adelstitel abgelegt hat – ob er ein Jansenist, ein Sozialist oder ein ängstlicher Königstreuer war –, wird weiter ungeklärt bleiben. Darüber habe er nichts entdecken können, sagt Jean-Pierre. Erst sein Onkel Robert habe mehr als 200 Jahre später den Titel wieder angenommen. Nach seinem Tod sei er an Roberts Bruder, an Jean-Pierres Vater René, übergegangen und nach dessen Tod im Dezember 1975 – zur gleichen Zeit, als mein Vater starb – schliesslich an ihn, an Jean-Pierre.

Im dunklen bleibt auch, ob Constant wirklich ein Freund des jungen Robespierre gewesen ist und ein Anhänger der Revolution. Stichhaltige Beweise hat Jean-Pierre dafür ebensowenig gefunden wie wir. Auch darüber nichts, wo der Urahn nach seiner Rückkehr nach Frankreich geblieben ist. Das enttäuscht mich. Ich hätte ihn gern, romantisch verklärt, die Deklaration der Menschenrechte schwingend, auf einer Barrikade gesehen und später ehrenhaft alternd. Aber vielleicht ist es besser so. Der geheimnisvolle Constant wird geheimnisvoll bleiben. Ein Enträtselter würde uns sicher weniger faszinieren.

Leider gab es unter Jean-Pierres Verwandten niemanden, der wie Hélène Geschichten und Dokumente zusammengetragen hätte. Jean-Pierres magere Kenntnisse setzen erst bei seinem Urgrossvater ein. Beim guten Emile Forgeois in Paris-Montparnasse, der nach dem Tod seiner ersten Frau, Hélènes geliebter Tante Sidonie, die Witwe Caroline Mougin geheiratet hatte und mit ihr zwei Kinder bekam: Caroline und Charles-Emile.

Offenbar hatte diese zweite Ehe Emiles die Familie endgültig entzweit, und das lag nicht an Emile, sondern an der unnachgiebigen Haltung Hélènes, die ihrem Onkel nicht verzeihen wollte, dass er nach Sidonie überhaupt wieder heiraten konnte. Die von Ruth so bewunderte, tolerante, weltoffene Hélène war tatsächlich nie wieder nach Frankreich zurückgekehrt und stand bei den Forgeois bald im Rufe einer herzlosen, selbstgerechten Person, die Emile tiefen Kummer bereitet habe, obwohl sie ihm nach ihren Erbschaften wenigstens mit Geld ausgeholfen hatte. Für Emile jedoch zählte anderes weit mehr: „La tendresse de ma petite Hélène – die Zärtlichkeit meiner kleinen Hélène“, die ihm fehlte.

Charles-Emile, der Sohn, muss seinem Vater, dem guten Emile nachgeraten sein. Für Jean-Pierre war er der „grandpère préféré“, der bevorzugte Grossvater. Ein unendlich geduldiger Alter mit einem Paul-Ehrlich-Gesicht. Eigentlich habe er Architekt werden wollen und sich während des Studiums in Rom durch eine hohe Auszeichnung auch prädestiniert dafür erwiesen. Dann aber, um die seinem Vater einzig gebliebene „Fabrique chimique“ in Arceuil zu retten, das Studium abgebrochen und das Unternehmen schliesslich auch wieder hochgebracht.

Später heiratete er ein Nachbarskind. Cécile, genannt Marthe, Bourgeois, eine Nichte des grossen, französischen Politikers und zeitweiligen Ministerpräsidenten Léon Bourgeois, Vertreter Frankreichs auf den Haager Friedenskonferenzen, der 1920 mit dem Friedensnobelpreis geehrt wurde. Auf den Bildern, die von Marthe erhalten sind, hat sie eine feingebogene Nase, übergrosse Augen und trägt Stehkrägelchen. Ihre Kinder mit Charles-Emile – Robert (1898), René (1900) und Généviève (1902) Forgeois wuchsen in Colombes bei Paris in einem ähnlich weiträumigen Haus heran wie meine Mutter ein paar Jahre lang in Metz. Der Photographie nach sieht es wie ein Zwilling des Metzer Anwesens aus.

Jean-Pierre sagt, er habe in Colombes richtige Jungen-Ferien verbracht, sei geradelt, auf Bäume geklettert, habe Boccia und Fussball gespielt und den Grossvater Charles-Emile begleitet zum Angeln. Nur über seine Eltern spricht er nicht. Wenn ich auf seinen Vater René und auf seine Mutter Marie-Thérèse, geborene Durget, zu sprechen komme, die vier Jahre nach den meinen geheiratet haben, weicht er jedesmal aus. Ich sollte erst ganz zuletzt erfahren, warum.

Der Schal

Mittags gehen in Frankreich um zwölf an allen Geschäften rasselnd die Rolläden herunter. Man kann die Uhr danach stellen. Und das war auch für uns jedesmal das Zeichen, die Familienrecherchen zu unterbrechen. Der Hund Geugène, den ich beschlossen hatte seiner unverändert würdevollen Haltung wegen „Monsieur Geugène" zu nennen, bewacht dann den Laden. Jean-Pierre und Marie-Christine treffen sich in ihrer Stammbrasserie „Le Normandie", drinnen oder draussen im Vorgarten, mit Freunden. Das „Normandie" an der Hauptstrasse von Pont L'Évêque ist von aussen ein perfekt renoviertes Fachwerkhaus, im Gastraum weitgehend rustikal gehalten. Unter dem Schild „Rauchen verboten" zünden sich die Gäste besonders gern Zigaretten an.

Der rotgesichtige Wirt ist mittags auf die schnelle Küche spezialisiert. Tagessuppe, Omelette surprise, Käsetoasts, Pastetchen. Wir sitzen im Vorgarten, jeder ein „Croque Monsieur“ vor sich, aus dem Käse, Tomaten und Salatblätter quellen, und Marie-Christine erzählt, wie sie und Jean-Pierre ein Paar geworden sind. Eine nicht alltägliche Geschichte. Sie sei, sagt Marie-Christine, als Schwester und Krankengymnastin ausgebildet gewesen und habe im Thermalbad in Dax auch Jean-Pierres Mutter behandelt. „Eine besondere Frau, trés fragile. Und so verliebt in ihren Sohn!“ Tagtäglich habe sie von ihm erzählt, so dass sie, Marie-Christine, sich in Jean-Pierre schon verliebt hatte, bevor sie ihn zum ersten Mal sah. „Das war am 1. Juni 1962. Fünf Tage später haben wir uns verlobt und schon am 28. August 1962 in Dax geheiratet. Ich war 20. Für die Familie Forgeois ‚viel zu jung‘ und für die Maman eine ‚böse Frau‘. Ich hatte ihr ihren vergötterten Sohn ‚weggenommen‘. In den ersten Jahren war das très difficile.“ Abgefunden mit dem „Malheur“ habe man sich erst, als zwei Jahre nach der Hochzeit in Avranches Christian geboren wurde. Im gleichen Jahr 1964 übrigens, in dem meine Tochter Nina zur Welt kam. Christian ist nur ein paar Monate älter als sie.

Jean-Pierre sitzt während der Erzählung still dabei und nickt ab und an bestätigend. Später, zu Hause, breitet er eine Serie vornehm erhaben auf Bütten gedruckter Einladungen zur Feier des 200. Jubiläums der Französischen Revolution vor mir aus. Vom damaligen Bürgermeister der Metropole Paris, Jacques Chirac, unterzeichnet. Irgend jemand hatte den grossartigen Einfall gehabt, die Nachkommen aller an der Revolution Beteiligten aufzuspüren, sie zu einem Empfang einzuladen und anschliessend neben den Namen ihrer Ahnen mit ihren Unterschriften in einem Goldenen Buch zu verewigen.

Ich darf ein Photo bewundern, auf dem Marie-Christine und Jean-Pierre – sie von Kopf bis Fuss in Goldlamé, er im Smoking – lächelnd posieren, kurz bevor sie am 26. März 1989 im Hôtel de Ville an Chiracs Empfang teilnehmen. In den Salons ergingen sie sich da auf spiegelndem Parkett, im festlich aufstrahlenden Licht aus Wand- und Kronleuchtern unter den Nachkommen einstiger Akteure, denen man freilich nicht ansah, ob ihre Vorfahren damals auf den Barrikaden standen oder unter dem Fallbeil starben.

Jacques Chirac habe sie alle gleichermassen respektvoll begrüsst: die Abgesandten der Familien Danton, Desmoulins, Mirabeau, Robespierre, auch die des Tischlers Duplay, der Robespierre in der Rue Honoré beherbergt hatte. Wirklich *alle* begrüsste er: die Nachfahren der Königstreuen und die der Erstürmer der Bastille, der Soldaten der Nationalgarde, der verfolgten kirchlichen Würdenträger und der unter der Guillotine Gestorbenen, last not least die Familie jenes Jean Nicolas Pache, der als erster die Devise „Liberté, Egalité, Fraternité – Freiheit, Gleichheit, Brüderlichkeit“ an öffentliche Gebäude geschrieben hatte. Und am Ende hatte Chirac beschwörend gerufen: „So wie wir die Verbrechen nicht vergessen dürfen, die im Namen der Freiheit begangen worden sind, dürfen wir nicht vergessen, was die Revolution uns gebracht hat: die nationale Souveränität, die Abschaffung der Privilegien und die Deklaration der Menschenrechte.“

Vier Wochen später konnte die ganze Familie Forgeois – ausdrücklich seien auch die beiden Enkelkinder geladen gewesen – am 24. Juni an einem nächtlichen Volksfest auf dem „Champs de mars“ teilnehmen, dort, wo Robespierre einst mit einem Feldblumenstrauss in der Hand dem „Höchsten Wesen und der Unsterblichen Seele“ gehuldigt hatte. Aber diesmal sei es weniger feierlich zugegangen. Eher lustig. „Die Kinder waren kaum zu bändigen. Das kann man sich denken, mitten in der Nacht.“ Ganz zuletzt holt Jean-Pierre ein gedrucktes Exemplar des Goldenen Buchs und schlägt es auf. Neben Constant Forgeois de Semerpont ist er dort mit seinem Namen, wie alle anderen Nachfahren, eingetragen. Unter dem Titel: „Paris écrit son histoire – Paris schreibt seine Geschichte“.

Im Jahr 1989 wäre meine Mutter 88 gewesen und hätte diesen historischen Tag durchaus miterleben können. Ich wusste damals noch nichts von Jean-Pierres Existenz. Erst im Herbst 1990 hatte ich durch Docteur Forgeois von ihm erfahren. Aber Nina war im Jubiläumsjahr in Paris. Sie hatte mir von dort eine blau-weiss-rote Kokarde mitgebracht, die noch immer in meinem Peugeot am Armaturenbrett klebt, und eine Auswahl des schönsten Revolutionskitschs: darunter eine mit einer roten, phrygischen Mütze geschmückte Gans aus Keramik und saure Drops in den französischen Farben. Jean-Pierre findet das wohl nicht angemessen. Er lächelt höflich.

Kurz vor meiner Abfahrt erzählt er mir dann doch noch von seinen Eltern. Wir sitzen wieder am runden Tisch, den Ahnen im Goldrahmen über uns. Jean-Pierre hat seine randlose Brille aufgesetzt und sortiert alte Photos. Überall, wo er und Marie-Christine logierten, hing irgendwo auch Constants Bild an der Wand. Wie bei uns. „Und hier", sagt er, „das ist mein Vater." René als junger Mann. Blond, schlank, sehr gross. Feingliedrige Hände. Römerprofil. Oder René als Ingenieur, die Hände leger in den Hosentaschen. Ein Mann, dem die Frauen nachschauen.

Schon bald nach seiner Geburt, sagt Jean-Pierre – darum wisse er so wenig von seinem Vater –, hätten seine Eltern sich einander entfremdet. Das scheint sehr behutsam ausgedrückt. René hatte wohl eine ähnliche Auffassung von der Treue wie Ruth. Bei Männern, noch dazu in den wilden Zwanziger Jahren, gar nicht ungewöhnlich. Für Marie-Thérèse, seine Frau, äusserst schmerzhaft. Sie war keine Lilith. Sie hatte ihn ausschliesslich geliebt.

Als die Deutschen dann 1940 in Frankreich einfielen, arbeitete René in der „Armée interieure" gegen sie. Also gegen Hitler wie wir. Es gibt Photographien aus dieser Zeit, aber keine Geschichten, wenn man von der einzigen absieht, die überliefert ist, was auch wieder für die oben erwähnte Entfremdung spricht, weil sie von einem Reinfall handelt. René, heisst es, habe aus einem Güterzug französische Gefangene befreien wollen. Als er mit seinen Leuten aber den Zug zum Stehen gebracht hatte und die Waggontüren aufgerissen wurden, seien ihnen nur lauter Bidets entgegengefallen. An denen hatten die deutschen Besatzer offenbar besonderen Gefallen gefunden.

Andere Taten sind nicht überliefert. Die Photos, die Jean-Pierre nach dem Tod seines Vaters an sich genommen hat, weisen diesen freilich eindeutig als einen Mann der Résistance aus – als einen Offizier mit einem angespannt wachsamen Blick. Einmal steht er mit seinen „Maquisards" zusammen im Wald. Etwa zu der Zeit war das, als Konrad Latte als Untergetauchter zu uns kam. Die Männer um René herum rauchen hastig. Einer trägt ein langes Gewehr. Die Frauen mit ausgebeulten Hosen und Schiebermützen wären in der deutschen „Wochenschau" bestimmt unter der Rubrik „Flintenweiber" gelaufen. Zum Abschuss freigegeben. Hier nehmen sie Renés Instruktionen entgegen.

Am historischen 25. August '44 – wenige Tage zuvor hatte man Adam von Trott zu Solz vom Kreisauer Kreis in Berlin zum Tode verurteilt – ist René wieder auf einem Bild zu sehen. Als Befreier von Paris. Noch einmal umgeben von seinen Maquisards. Alle lachen. René lehnt an einem Funkwagen. Er hat die Uniformjacke aufgeknöpft, eine Pfeife im Mund und wirkt sehr entspannt. Zwei junge Frauen sehen zu ihm auf wie zu einem Halbgott.

In Paris ist René in jenen Tagen auch mit seinem Sohn zusammengetroffen. Jean-Pierre war damals 13. Er erinnert sich, dass seine Mutter ihm, bevor er ging, noch schnell einen Schal umgebunden hat. Aus Liebe. Denn für einen Schal war es viel zu heiss. Schals webte sie damals zum Verkauf, um Geld zu verdienen. Jean-Pierre trägt den Schal auch auf dem Photo, das ihn beim Treffen mit seinem Vater zeigt. Der sitzt in Offiziersuniform lässig auf einem Klappstuhl, das linke Bein im gespornten Schnürstiefel vorgestreckt, und der Junge lehnt an seinem Knie, die Schultern hochgezogen, den karierten Fransenschal um den Hals. Er lacht etwas verkrampft. Vielleicht, weil ihm die Kniestrümpfe rutschen.

Eigentlich sei das doch ein sehr schöner Tag gewesen, sagt Jean-Pierre. Jubel in den Strassen, Menschen, die sich umarmten, lachende Gesichter. Dann geht er ins Nebenzimmer und kommt erst nach einer Weile wieder zurück. Mit dem Schal. „Ein halbes Jahrhundert aufbewahrt“, sagt er. Er streicht mit der Hand darüber. Dann wendet er sich schnell ab und geht. Ich sehe den Schal, und mir fällt ein Treffen mit meinem eigenen Vater ein. Irgendwann nach dem Krieg. Er gab mir damals ein Buch, das sollte ich meiner Mutter bringen, ein französisches von Jacques Chardonne. Es hiess, was ich damals nicht verstanden habe, aber jetzt verstand ich es: „L'amour c'est beaucoup plus que l'amour“ – Die Liebe ist viel mehr als die Liebe.

Nachwort

Jean-Pierres Laden mit den Minicars, den „Tiger"-Panzern und Lord Nelsons Flagship im Schaufenster blieb eine Episode. Zwei Jahre später war ich wieder in Frankreich, und da wohnten die Forgeois schon in der Normandie auf dem Lande, zwischen Bienenstöcken und Apfelbäumen in Le Mesnil sur Blangy. 1998 war das, ein Jahr nach Walters gnädigem, plötzlichem Herztod und kurz vor dem Regierungswechsel in Bonn, der nach 16 Jahren der schwarz-gelben Ära Kohl eine rot-grüne Koalition ans Ruder brachte.

In Arras hatte man Robespierre wiederentdeckt, sein Domizil milchkaffeefarben gestrichen und eine Gedenktafel angebracht. Die französischen Verwandten waren vor ihrem Schieferdachhaus diesmal vollzählig beim Empfang. Neben Jean-Pierre und Marie-Christine die drei sie um Kopflänge überragenden Söhne, Christian, Patrick und Jacques-Olivier, die zwei Enkeltöchter und ihre Mutter Viviane. Alle drei à la Germain-des-Prés mit Ponyfransen über der Stirn.

Das „rencontre historique" wurde ausgelassen mit immer neuen Gaumenfreuden und immer mehr Wein gefeiert. Mal am langen Tisch in der Veranda, mal am Kamin. Urahn Constant blieb als einziger streng im Rahmen. Natürlich kamen wir auch auf ihn und die Französische Revolution zu sprechen. „Wir brauchen eine neue", sagte Patrick, der Maler. „Les droits de l'homme – die Menschenrechte – liegen weltweit im argen." Jean-Pierre sagte nichts. Aber er griff in die Tasten und spielte: „Au bois de mon cœur . . ." Wenn meine Mutter dabeigewesen wäre und ein paar Jährchen jünger, hätte sie bestimmt Krakowiak getanzt.

Anmerkungen

1 *Robespierre* „Erinnerungen von ihm selbst“ nebst einigen seiner Reden und einem Nachtrag von M. Laponneraye, hrsg. von Konrad Merling, Paul Franke Verlag, Berlin, 1929
2 *Albert Burkhardt* „Berlin-Friedrichshagen – in alten Ansichten“, Europäische Bibliothek, Zaltbommel/Niederlande, 1996
3 *Rolf und Inge Kießbauer* „Friedrichshagener Strassen und Plätze“, – Heft 1–5, hrsg. vom „Bürgerverein Friedrichshagen e. V.“, 1992
4 *Matthias Sträßner* „Leo Borchard – Der erste Dirigent“, Transit Verlag, Berlin 1999
5 *Ruth Andreas-Friedrich* „Der Schattenmann“, Suhrkamp-Verlag, Berlin 1986
6 *Matthias Sträßner* (s. o.)
7 *Volker R. Berghahn und Paul J. Friedrich* „Otto A. Friedrich – ein politischer Unternehmer“, Campus Verlag, Frankfurt/Main 1993

Dank

Herzlichen Dank für Ermutigung, Rat und Kritik:

- meinen Töchtern, Catherina Hess und Bettina Hirschheiter, den Freunden Clara Kemp, Sabine Reichwein, Maria Respondek, Eva-Maria Täubert, Friedrich Veitl, Helga Zahr und meiner Lektorin Dr. Christine Zeile.
- in memoriam meiner Urgrossmutter Hélène und meiner Mutter Ruth für akribisches Sammeln und Bewahren der Familiendokumente und Docteur Alfrèd Forgeois in Arras/Frankreich, der mir entscheidend geholfen hat, unsere französischen Verwandten wiederzufinden.

Inhaltsverzeichnis

Biographien und Erinnerungen

Freya von Moltke
Erinnerungen an Kreisau
1930–1945
19. Tausend. 1997. 138 Seiten mit 20 Abbildungen. Leinen

Verena Mühlstein
Helene Schweitzer Bresslau
Ein Leben für Lambarene
1998. 298 Seiten mit 18 Abbildungen. Leinen

Elisabeth Kraus
Die Familie Mosse
Deutsch-jüdisches Bürgertum im 19. und 20. Jahrhundert
1999. 793 Seiten mit 23 Abbildungen
und 1 Stammtafel. Leinen

Christoph Gann
Raoul Wallenberg
So viele Menschen retten wie möglich
1999. 274 Seiten mit 18 Abbildungen. Gebunden

Christabel Bielenberg
Als ich Deutsche war
1934–1945. Eine Engländerin erzählt
Autorisierte deutsche Fassung von Christian Spiel
Nachdruck der 5., unveränderten Auflage. 1996.
320 Seiten. Paperback
(Beck'sche Reihe Band 326)

Lucie Aubrac
Heldin aus Liebe
Eine Frau kämpft gegen die Gestapo
Aus dem Französischen von Andrea Spingler
2. Auflage. 1997. 279 Seiten mit 11 Abbildungen. Gebunden

Verlag C. H. Beck München